"十四五"职业教育国家规划教材

icve 智慧职教 高等职业教育电类课程新形态一体化教材

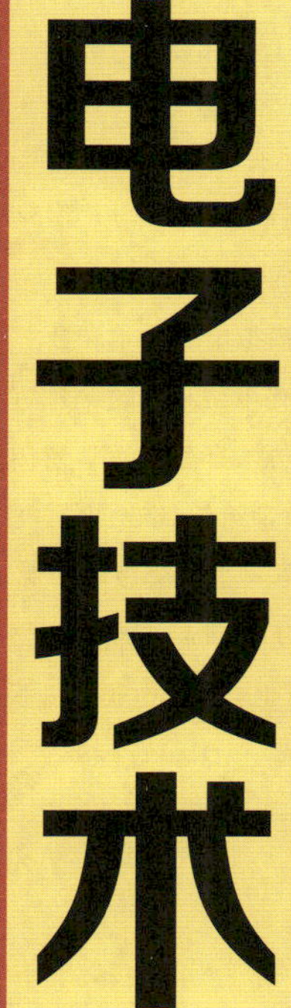

电子技术

（第6版）

◎主　编　吕国泰
侯聪玲
白明友

中国教育出版传媒集团
高等教育出版社·北京

内容提要

本书是“十四五”职业教育国家规划教材，也是高等职业教育电类课程新形态一体化教材。本书是在《电子技术》（第5版）的基础上，对原有内容进行精选、改写、调整和补充修订而成的。

全书共七章，包括模拟电子技术和数字电子技术两部分。书中有丰富的例题和练习与思考题，每章后有小结和习题，书末有附录，还附有汉英名词对照。

本书数字化资源丰富，有配合教学使用的教学课件（PPT）、微课、动画、拓展阅读、习题解答等，便于教师组织教学，也有利于学生学习，具体使用方式详见“智慧职教”服务指南。教师如需本书配套教学资源，请登录“高等教育出版社产品信息检索系统”（https://xuanshu.hep.com.cn）免费下载。

本书可作为高等职业院校非电类专业及部分电类专业相关课程的教材，也可供其他工程技术人员参考。

图书在版编目（CIP）数据

电子技术 / 吕国泰，侯聪玲，白明友主编. -- 6版. 北京 ：高等教育出版社，2025. 7. -- ISBN 978-7-04-063947-6

Ⅰ. TN

中国国家版本馆CIP数据核字第2025Y8D809号

DIANZI JISHU

策划编辑　郑期彤　　责任编辑　郑期彤　　封面设计　赵　阳　　版式设计　杜微言
责任绘图　裴一丹　　责任校对　高　歌　　责任印制　张益豪

出版发行　高等教育出版社
社　　址　北京市西城区德外大街4号
邮政编码　100120
印　　刷　北京鑫海金澳胶印有限公司
开　　本　889 mm×1194 mm　1/16
印　　张　15.5
字　　数　410千字
购书热线　010-58581118
咨询电话　400-810-0598

网　　址　http://www.hep.edu.cn
　　　　　http://www.hep.com.cn
网上订购　http://www.hepmall.com.cn
　　　　　http://www.hepmall.com
　　　　　http://www.hepmall.cn
版　　次　1993年4月第1版
　　　　　2025年7月第6版
印　　次　2025年7月第1次印刷
定　　价　49.80元

物 料 号　63947-00

“智慧职教”服务指南

“智慧职教”（www.icve.com.cn）是由高等教育出版社建设和运营的职业教育数字教学资源共建共享平台和在线课程教学服务平台，与教材配套课程相关的部分包括资源库平台、职教云平台和 App 等。用户通过平台注册，登录即可使用该平台。

- 资源库平台：为学习者提供本教材配套课程及资源的浏览服务。

登录“智慧职教”平台，在首页搜索框中搜索“电子技术”，找到对应作者主持的课程，加入课程参加学习，即可浏览课程资源。

- 职教云平台：帮助任课教师对本教材配套课程进行引用、修改，再发布为个性化课程（SPOC）。

1. 登录职教云平台，在首页单击“新增课程”按钮，根据提示设置要构建的个性化课程的基本信息。

2. 进入课程编辑页面后，在“教学任务”的“课程设计”中“导入”教材配套课程，可根据教学需要进行修改，再发布为个性化课程。

- App：帮助任课教师和学生基于新构建的个性化课程开展线上线下混合式、智能化教与学。

1. 在应用市场搜索“智慧职教+”App，下载安装。

2. 登录 App，任课教师指导学生加入个性化课程，并利用 App 提供的各类功能，开展课前、课中、课后的教学互动，构建智慧课堂。

“智慧职教”使用帮助及常见问题解答请访问 help.icve.com.cn。

“电子技术”在线课程

第 6 版前言

本书是“十四五”职业教育国家规划教材，以党的二十大精神为指引，坚持立德树人和教书育人相统一，有机融入科技强国、民族自信、工匠精神等课程思政内容，在第 5 版的基础上经过多方论证修订而成。

本书结构合理，体系完整，符合认识规律。全书共七章，以电子技术的基本知识、基本技能及其相应的基础理论为主，适当介绍电子技术的发展历史和科技成就，厚植爱国情怀。其中，第一章～第六章覆盖了模拟电子技术和数字电子技术教学的基本知识要求，以分立元器件电路为基础，以集成电路为重点。在模拟电子技术中，加强集成运算放大器及其应用；在数字电子技术中，侧重数字集成电路的应用。第七章为拓展知识，是供某些专业选学而编写的。本版将“正弦波振荡电路”和“非电量电测技术”这两部分内容以二维码的形式附于“附录六　拓展阅读”中，有需要的读者可扫描二维码进行学习。

本书以培养高素质技能人才为目标，注重职业素养和创新能力的培养，坚持理论实践一体化的教学理念，增加技能训练实践环节，适应高等职业教育发展需要。在保证内容科学性的前提下，书中简略了某些原理的论证及烦琐的公式推导，充实了较多工程技术中的应用实例。对于电子器件，重点讲述外部特性，对内部电路或机理一般不做精细描述；对于电子电路，以定性分析为主，重点讲述实际应用，体现了掌握概念、强化应用的原则，有利于培养学生的知识应用能力。本书结构体系安排具有明显特色和创新，编写层次按教学程序安排，每章开头有引言，每节有练习与思考题，节末的“点睛”栏目便于读者阅后汲取精华，章末有小结和习题，例题、练习题及习题丰富，同时配有同步技能训练，充分满足教学需要。书末附有本书教学所必需的参考资料以及汉英名词对照，便于教学。

本书内容较好地体现了课程的基础性、先进性和实践性，内容丰富，实用性强。为适应“互联网+”时代对教学提出的新要求，本书配套提供丰富的数字化教学资源，包括教学课件（PPT）、微课、动画、拓展阅读、习题解答等。其中，微课、动画、拓展阅读等数字资源配有二维码，读者可以通过手机、iPad 等移动终端随扫随学。

本书正文全部采用彩色印刷，图文并茂、重点突出、层次分明、概念清晰，增强了教材的可读性，有利于激发学生的学习积极性和阅读兴趣。

本书由哈尔滨理工大学吕国泰教授、广东工贸职业技术学院侯聪玲副教授、哈尔滨理工大学白明友副教授担任主编。全书由广东工贸职业技术学院徐勇军教授主审。配套微课由上海电子信息职业技术学院马光军、江苏电子信息职业学院王海燕制作。深圳市汇川技术股份有限公司提供技术支持。曾参与本书前几版编写和修订的有魏玉清、吴项、陈涛、张丽娟和张德锋。编者在此谨向为本书做出贡献的各位老师表示衷心感谢。

限于编者水平，书中错误和不妥之处在所难免，殷切希望使用本书的师生和读者批评指正。

编者

2025 年 5 月

第1版前言

本书是在国家教育委员会高教司组织指导下，根据《高等学校工程专科电子技术课程教学基本要求》编写的基本教材，经全国高等学校工程专科电工学课程教材编审组审查通过，作为高等学校工程专科非电类专业教材出版，可与席时达主编的《电工技术》教材配套使用。

本书从高等工程专科学校培养应用型技术人才这一总目标出发，以“电子技术”课程教学基本要求为依据，以应用为目的，以必需够用为度，组织编写教材的内容和结构。全书共八章，包括模拟电子技术和数字电子技术。其中第一、二、三、五、六、七章覆盖了“电子技术”课程教学基本要求，并适当拓宽（标“*”部分为选学内容）；第四章和第八章是在“电子技术”课程教学基本要求之外，为供某些特殊专业选学而编写的。本书以电子技术的基本知识、基本技能及其相应的基础理论为主，也适当反映或介绍现代电子科学技术发展的新成就。在电子技术中，以分立元件为基础，以集成电路为重点，加强数字电路。在模拟电子技术中，加强集成运算放大器及其应用；在数字电子技术中，侧重集成数字电路及其应用。为体现专科教学“掌握概念，强化应用”的原则，本书在保证内容科学性的前提下，简略了某些原理的论证及烦琐的公式推导。对于电子器件，重点讲述外部特性，对内部电路或机理一般不作精细描述，或者从略；对于电子电路，以定性分析为主；应用力求联系工程实际。为适应当前工程实践的发展需要，本书图形符号及产品型号采用国家最新标准。为便于教学和自学，本书编写层次按教学程序安排，每章开头有概述，每节有练习与思考题，每章末有小结和习题，书末有部分习题参考答案，并有本书教学时必需的资料附录。考虑教师使用及学生阅读方便，本书叙述力求语言通顺，说理清楚，深入浅出，通俗易懂。

本书参考学时为54~63学时（第四章和第八章除外），其中实验为16~20学时。

参加本书编写的有：哈尔滨机电专科学校吕国泰（编写第一章、第四章、第五章、第六章和第七章），郑州机械专科学校魏玉清（编写第二章、第三章和第八章）。吕国泰担任主编。

本书由汕头大学黄义源副教授主审。

参加《电子技术》杭州审稿会议的有北京轻工业学院孙骆生教授，汕头大学黄义源副教授，上海交通大学孙文卿教授、朱承高高级工程师，上海机械专科学校席时达副教授，哈尔滨机电专科学校吕国泰副教授，山东水利专科学校邱少岳副教授，湖南省纺织专科学校易源屏副教授，武汉冶金建筑专科学校沈时伦高级工程师，江南大学刘琴芳副教授，郑州机械专科学校王文胜副教授、魏玉清，上海纺织专科学校周瑞华，浙江工学院林镜钏副教授、俞荣泉副教授，合肥联合大学金树德副教授。

在本书的编写过程中，还得到了许多学校的老师和同学的大力支持与帮助，在此一并致谢。

由于编者水平有限，书中可能有错误和不妥之处，殷切期望使用本书的师生和广大读者提出批评和修改意见。

编者

1991年11月

目　录

第一章　半导体二极管和晶体管

引言

半导体二极管和晶体管是电子技术中最基本的半导体电子器件，它们的基本结构、工作原理、特性和参数是学习电子技术和分析电子电路的基础。而半导体的导电特性和 PN 结的基本原理，又是人们了解半导体二极管和晶体管的基础。因此，本章首先简要地介绍半导体的导电特性和 PN 结的基本原理，然后介绍半导体二极管和晶体管的结构、工作原理、特性曲线和主要参数，为后面各章的讨论打下必要的基础。

教学课件：
半导体二极管
和晶体管

1-1　半导体的导电特性

拓展阅读：
中国半导体
奠基人王守武

半导体器件具有体积小、质量小、耗电少、效率高、寿命长、工作可靠、价格低廉等一系列优点，在很多科学技术领域中都有应用，并且在人们的生产活动和日常生活中发挥着巨大作用。

一、半导体的特点

半导体是一种导电能力介于导体与绝缘体之间的物质。常用的半导体材料有锗、硅、硒、砷化镓及大多数金属氧化物和硫化物等。

半导体之所以能获得广泛的应用，主要是因为在各种外界条件的影响下，其导电能力将会发生很大的变化。

① 掺入杂质后导电能力激增。在纯净的半导体材料（称为本征半导体）中掺入微量的某种杂质元素后，其导电能力将猛增几十万倍到几百万倍。例如在纯硅中加入百万分之一的硼，即可使其电阻率从 $0.214\times10^{6}\ \Omega\cdot m$ 减小到 $0.4\ \Omega\cdot m$，利用这种特性可制成各种不同的半导体器件，如二极管、晶体管、场效应管、晶闸管等。

② 光照影响导电能力。某些半导体材料受到光照射时，其导电能力将显著增强。例如硫化镉（CdS）材料在有光照和无光照的条件下，其电阻率有几十倍到几百倍的差别，利用半导体的光敏特性可以制成各种光敏器件，如光敏电阻、光电管等。

③ 对温度的变化反应灵敏。当温度升高时，半导体材料电阻率减小，导电能力显著增强。例如纯锗，当温度从 20 ℃升高到 30 ℃时，其电阻率约降低一半。利用半导体的这种热敏特性，可以制成各种热敏器件，用于检测温度变化。但是，半导体器件对温度变化的敏感，也常常会严重影响其正常工作。

二、本征半导体

不含杂质且具有完整晶体结构的半导体称为本征半导体。最常用的本征半导体是锗和硅晶体，它们都是四价元素，即在其原子结构模型的最外层轨道上各有四个价电子。下面以硅晶体为例来说明半导体的导电特性。

微课：
本征半导体与
杂质半导体

图 1-1-1 是硅晶体中原子排列方式的立体示意图，硅原子在空间排列成很有规律的空间点阵，即晶格。由于晶格中原子之间的距离很近，处于每个原子最外层的价电子不仅受到所属原子核的作用，而且还会受到相邻原子核的吸引，因而任何一个价电子都为相邻的原子核所共有，即任何两个相邻的原子都具有一对价电子，称为共价键。图 1-1-2 是硅晶体共价键结构平面示意图。

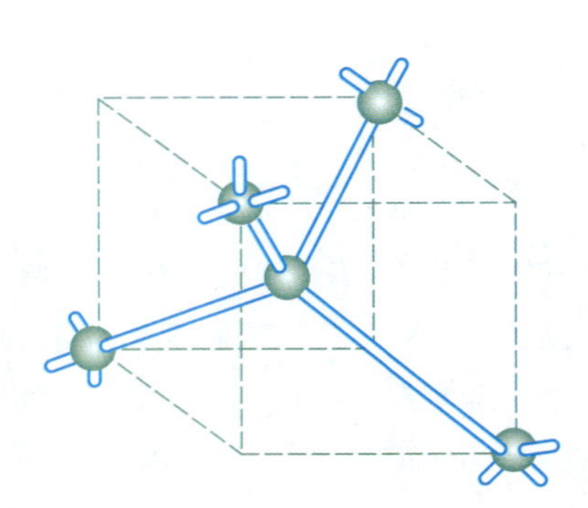

图 1-1-1 硅晶体中原子排列方式的立体示意图

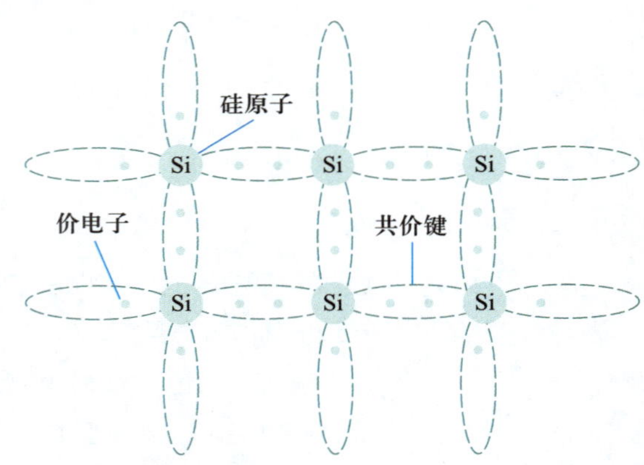

图 1-1-2 硅晶体共价键结构平面示意图

本征半导体在温度 $T=0$ K（热力学温度零度）且没有其他外部能量作用时，其共价键中的价电子被束缚得很紧，不能成为自由电子，这时的半导体不导电，在导电性能上相当于绝缘体。但是，当半导体的温度升高或给半导体施加能量（如光照）时，就会使共价键中的某些价电子获得足够的能量而挣脱共价键的束缚，成为自由电子，这个过程称为激发。显然，自由电子是本征半导体中可以参与导电的一种带电粒子，称为载流子。

价电子脱离共价键成为自由电子之后，在原来的位置上就留下一个空位，称为空穴（见图 1-1-3）。由于失去价电子（即带空穴）的原子带正电，它将吸引邻近原子的价电子来填补这个空穴，因而这个邻近原子也因失去价电子而产生新的空穴。这个空穴又会被其他价电子所填补，又产生一个新的空穴。如此下去，就好像是带正电的空穴在一步步移动。实际上，空穴是不动的，移动的只是价电子。于是空穴就可以被看作带正电的载流子，所带电荷量与电子相等，但符号相反。空穴的运动相当于正电荷的运动。在没有外电场作用时，自由电子和空穴的运动都是无规则的，半导体中并不产生电流。

动画：
半导体材料中的
两种载流子

在有外电场作用时，带负电的自由电子将逆着电场方向做定向运动，形成电子电流；带正电的空穴则顺着电场方向做定向运动（实际上是共价键中的价电子在运动），形成空穴电流。两部分电流方向相同，总电流为电子电流与空穴电流之和，如图 1-1-4 所示。由此可见，半导体中具有自由电子和空穴两

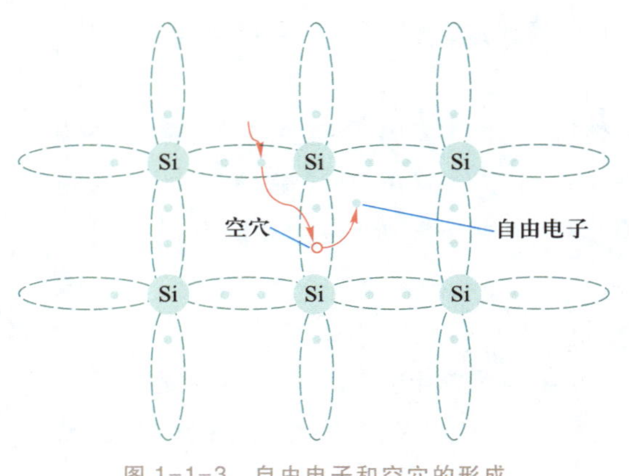

图 1-1-3 自由电子和空穴的形成

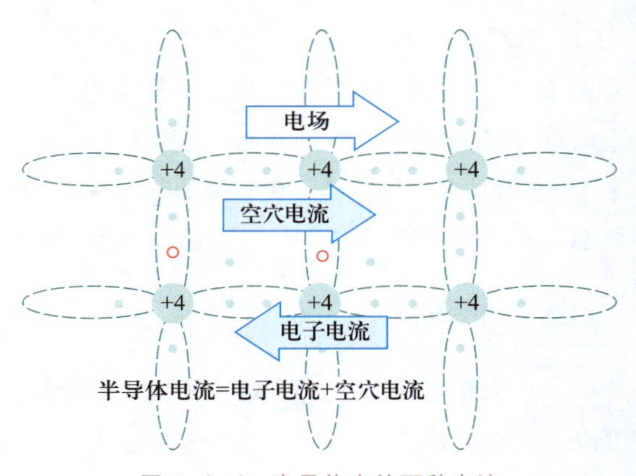

图 1-1-4 半导体中的两种电流

种载流子，因而存在着电子导电和空穴导电两种导电方式，这是半导体导电方式的最大特点，也是其在导电原理上和金属导电方式的本质差别。半导体中载流子数量的多少是衡量其导电能力的主要标志。当然，由于自由电子和空穴总是成对产生的（称为自由电子-空穴对），因而本征半导体在带电性质上仍是中性的。

半导体导电能力的大小取决于载流子数量的多少，而载流子的数量又与温度、光照强度和掺入杂质浓度等有关，因此半导体的导电能力受温度、光照和掺入杂质等的影响。在本征半导体中，受激发后自由电子和空穴总是成对产生的。同时，自由电子在运动中如果和空穴相遇，可以放出多余的能量而填补这个空穴，二者同时消失，这种现象称为复合。在一定温度下，激发与复合达到动态平衡，于是半导体中的载流子便维持一定数量。当温度接近于热力学温度零度（即-273 ℃）时，不能产生电子-空穴对，半导体不能导电。在室温（25 ℃）下，只有极少量的价电子挣脱共价键的束缚，产生的电子-空穴对数量很少，因此半导体的导电能力很弱。当温度升高或受光照时，有更多共价键中的价电子挣脱束缚，产生的电子-空穴对的数量增多，半导体的导电能力便显著增强。这就是半导体的导电性具有热敏性和光敏性的原因。下面重点讨论掺入杂质对半导体导电能力的影响。

三、N 型半导体和 P 型半导体

本征半导体的载流子数量太少，不能直接用来制造半导体器件。为了提高半导体的导电能力，需在本征半导体中掺入微量的杂质元素，如磷、硼、砷、铟等，使其成为杂质半导体。根据掺入杂质性质的不同，半导体可分为 N 型半导体和 P 型半导体两大类。

例如，在本征硅（或锗）晶体中掺入微量的磷（或其他五价元素），则磷原子将取代某些位置上的四价硅原子。由于掺入的杂质磷原子数量很少，因此不会使晶体结构受到破坏。在磷原子的 5 个价电子中，只需 4 个价电子和相邻的硅原子组成共价键结构，多余的一个价电子不参加共价键，只受磷原子核的微弱吸引，因而在室温下很容易脱离磷原子而成为自由电子，磷原子则因失去了一个电子变成了正离子，称为空间电荷，如图 1-1-5 所示。磷杂质含量虽很低，但由此而产生的自由电子数量却比本征半导体激发所产生的电子-空穴对数量大得多。这种以自由电子导电为主的杂质半导体称为 N 型半导体，其中的自由电子为多数载流子，空穴为少数载流子。

若在本征硅（或锗）晶体中掺入微量的硼（或镓、铟等三价元素），则晶体中某些位置上的硅原子将被硼原子取代，而硼原子只能提供 3 个价电子，它与相邻的 4 个硅原子构成共价键时，必有一个共价键因缺少一个电子而出现空穴，在室温下这个空穴将吸引邻近的价电子来填补，因而使硼原子成为负离子（空间电荷），如图 1-1-6 所示。同样，掺入三价元素将使半导体中的空穴数量大为增加，因而在这种

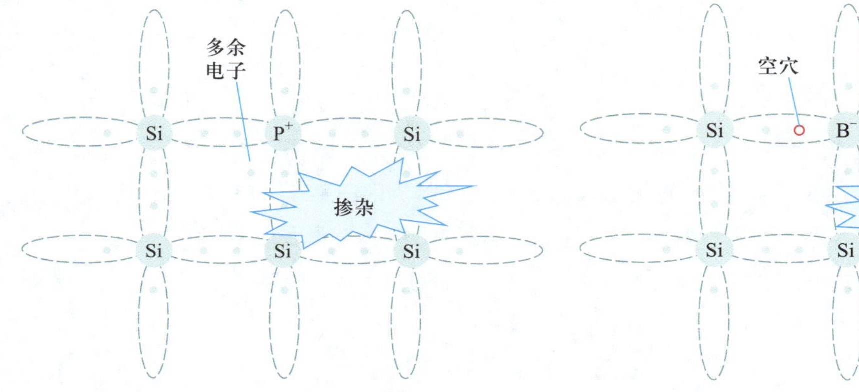

图 1-1-5　硅晶体中掺入磷形成 N 型半导体

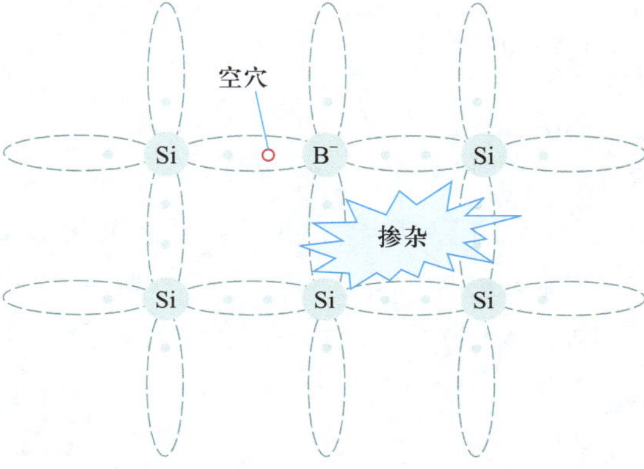

图 1-1-6　硅晶体中掺入硼形成 P 型半导体

拓展阅读：
半导体发展历史

以空穴导电为主的 P 型半导体中，空穴是多数载流子，而自由电子是少数载流子。

由此可见，不论在 N 型半导体还是 P 型半导体中，多数载流子主要由掺杂产生，掺入的杂质越多（但以不破坏半导体的晶体结构为度），多数载流子的数量就越多。少数载流子则是由于电子挣脱共价键的束缚而产生的，温度越高或光照越强，少数载流子的数量就越多。掺入少量的杂质元素，可使晶体中的多数载流子数量剧增，这样就大大提高了半导体的导电能力。不过，不论是 N 型半导体还是 P 型半导体，虽然都有一种载流子占多数，但是整个晶体仍然是电中性的。

由上述可知，在晶体中掺入微量的某种元素，可使晶体中的自由电子或空穴数量剧增。这样，既大大提高了半导体的导电能力，又可控制半导体中自由电子和空穴浓度的相对比例。在 N 型半导体中，自由电子浓度远大于空穴浓度；而在 P 型半导体中，空穴浓度则远大于自由电子浓度。

点睛

半导体具有光敏性、热敏性和掺杂特性。

练习与思考

1-1-1　什么是本征半导体？什么是杂质半导体？本征半导体与杂质半导体的载流子有何异同？

1-1-2　电子导电和空穴导电有什么区别？

1-1-3　N 型半导体中的自由电子多于空穴，N 型半导体是否带负电？P 型半导体中的空穴多于自由电子，P 型半导体是否带正电？为什么？

1-2　PN 结

单一的 N 型半导体或 P 型半导体还不能直接制成半导体器件。只有将这两种类型的半导体以某种方式结合在一起，才能制成各种具有不同特性的半导体器件。利用掺杂质的方法，可使一块半导体的一部分成为 P 型半导体，而另一部分成为 N 型半导体，它们的交界面就形成一个具有特殊性质的区域，称为 PN 结。PN 结是大多数半导体器件的基本结构，如半导体二极管、晶体管、晶闸管分别由一个、两个、三个 PN 结所构成。因此，了解 PN 结的形成和性质对于理解大多数半导体器件的工作原理是非常重要的。

一、PN 结的形成

动画：
PN 结的形成

利用掺杂工艺，可使一块本征硅（或锗）的一边成为 N 型半导体，另一边成为 P 型半导体。在二者交界处，由于 P 区的空穴浓度远大于 N 区的空穴浓度，因此，空穴将由 P 区向 N 区扩散，于是，在交界处 P 区一侧留下带负电荷的离子（空间电荷）。同理，交界处 N 区的自由电子浓度远大于 P 区的自由电子浓度，因而电子将由 N 区向 P 区扩散，并在 N 区边界留下带正电荷的离子（空间电荷）。于是在 P 区和 N 区的交界面上产生了一个空间电荷区，形成一个电场，称为内电场。电场方向是由正电荷区指向负电荷区，即由 N 区指向 P 区，如图 1-2-1 所示。

内电场有两种作用。一方面，它对多数载流子的扩散运动起阻挡作用；另一方面，它又可以推动少数载流子越过空间电荷区进入另一侧，称为少数载流子的漂移运动。显然，多数载流子的扩散运动方

图 1-2-1　PN 结及其内电场

向和少数载流子的漂移运动方向是相反的。当扩散运动和漂移运动达到平衡时，空间电荷区的宽度便基本稳定下来。这个空间电荷区便称为 PN 结。PN 结内电场的电位差约为零点几伏，宽度一般为几微米到几十微米。

二、PN 结的单向导电性

如果在 PN 结两端加上电压，就会打破载流子扩散运动和漂移运动原有的动态平衡状态。

1. 外加正向电压

微课：PN 结的单向导电性

如图 1-2-2(a)所示，PN 结两端外加电压为 u_F，P 区接正极性端，N 区接负极性端，称为外加正向电压或正向偏置。这时外电场方向与内电场方向相反，有利于多数载流子的扩散而不利于少数载流子的漂移，其结果是使空间电荷区变窄，内电场被削弱，多数载流子的扩散运动强于少数载流子的漂移运动，从而形成了以扩散运动为主的正向电流 i_F。在一定范围内，外加电压越大，外电场越强，正向电流就越大，即 PN 结呈现很小的电阻，处于正向导通状态。在外电源的作用下，便可维持电流的流通。图 1-2-2(b)是 PN 结外加正向电压时的伏安特性曲线。

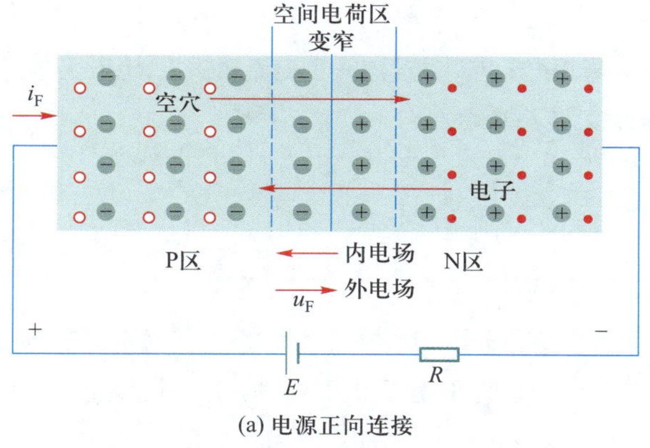

(a) 电源正向连接

(b) 正向伏安特性曲线

图 1-2-2　PN 结外加正向电压

2. 外加反向电压

如图 1-2-3(a)所示，PN 结两端外加电压为 u_R，P 区接负极性端，N 区接正极性端，称为外加反向电压或反向偏置。这时外电场方向与内电场方向一致，有利于少数载流子的漂移而不利于多数载流子的扩散，其结果是使空间电荷区变宽，内电场被增强，但因少数载流子在一定温度下数量有限，故由少数载流子漂移运动所构成的反向电流 i_R 很小，PN 结呈现大电阻特性。可以认为 PN 结在反向偏置时基本不导电，即处于截止状态。图 1-2-3(b)是 PN 结外加反向电压时的伏安特性曲线。

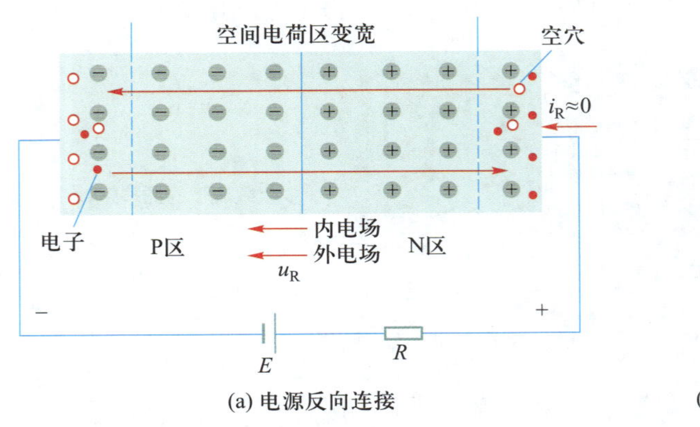

图 1-2-3　PN 结外加反向电压

由上述可知，PN 结正向偏置时，PN 结导通，其正向电阻很小，正向电流 i_F 较大；PN 结反向偏置时，PN 结截止，其反向电阻很大，反向电流 i_R 很小，这就是 PN 结的单向导电性。单向导电性是 PN 结的基本特性。

点睛

PN 结具有单向导电性，加正向电压导通，加反向电压截止。

练习与思考

1-2-1　说明空间电荷区的含义。

1-2-2　什么叫扩散运动？什么叫漂移运动？PN 结的正向电流和反向电流是何种运动的结果？

1-2-3　当 PN 结两端加正向电压或反向电压时，为什么正向电流比反向电流大？当环境温度升高时，反向电流会增大吗？为什么？

1-2-4　既然 PN 结存在内电场，如果将 PN 结两端通过一个电流表短接，电流表中是否有电流通过？当用光照射这个 PN 结时，情况又怎样？为什么？

1-3　半导体二极管

半导体二极管（以下简称二极管）是最简单的半导体器件，它的用途十分广泛，例如用于整流、高频检波、元件保护以及用作开关元件等。本节主要介绍常用二极管的结构、特性和参数等。

微课：
二极管的结构、类型和应用

一、二极管的结构

二极管的主要构成部分就是一个 PN 结。在一个 PN 结两端接上相应的电极引线，外面用金属（或玻璃、塑料）管壳封装起来，就成为二极管。从 P 端引出的电极称为阳极，从 N 端引出的电极称为阴极。常用二极管的外形如图 1-3-1 所示。

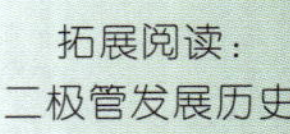
拓展阅读：
二极管发展历史

按照内部结构的不同，二极管可分为点接触型和面接触型等类型。

点接触型二极管的结构如图 1-3-2(a) 所示，它是由一根很细的金属丝和一块半导体（如 N 型锗片）熔接在一起而构成 PN 结的。面接触型二极管的结构如图 1-3-2(b) 所示。

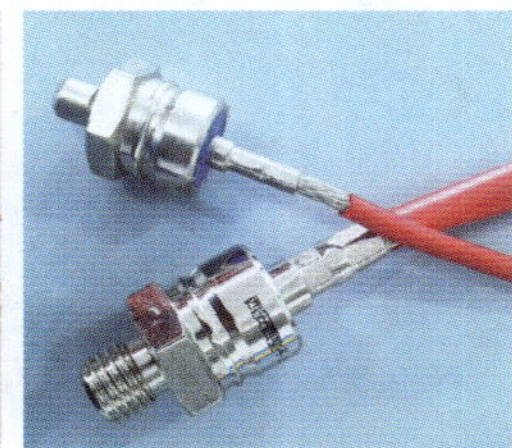

图 1-3-1　常用二极管的外形

PN 结内的正负离子层相当于存储的正负电荷，与极板电容器带电的作用相似，因此 PN 结具有电容效应，这种电容称为结电容或极间电容。

点接触型二极管的 PN 结结面积很小，因而极间电容很小，适用于高频工作，但不能通过较大电流，主要用于高频检波、脉冲数字电路，也可用于小电流整流电路。

面接触型二极管的 PN 结结面积大，因而极间电容也大，一般用于整流电路，而不宜用于高频电路中。

按照所用半导体材料的不同，二极管又分为硅二极管和锗二极管。一般锗二极管多为点接触型，硅二极管多为面接触型。

图 1-3-2(c)是二极管的图形符号，三角形箭头表示电流的导通方向。

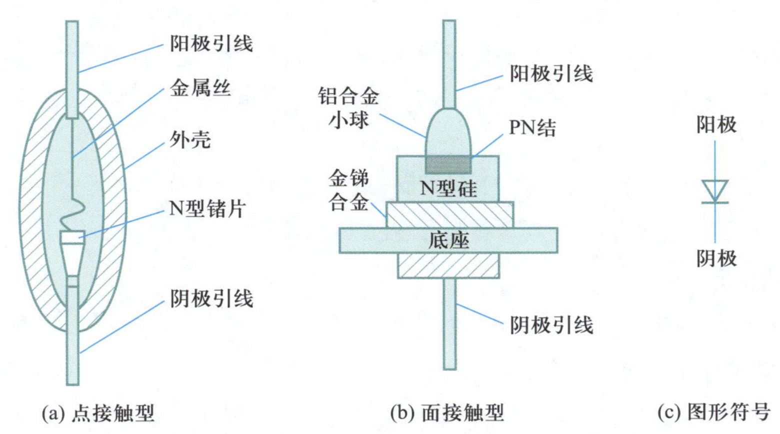

图 1-3-2　二极管的结构和图形符号

二、二极管的伏安特性

二极管的伏安特性就是加在二极管两端的电压与流过二极管的电流之间的关系。由于二极管由一个 PN 结构成，因此它的伏安特性也就是 PN 结的伏安特性。图 1-3-3 是通过实验测出的硅二极管及锗二极管的伏安特性曲线。

由图可见，二极管的伏安特性是非线性的。为清楚起见，下面对二极管的伏安特性曲线分三部分来说明。

1. 正向特性

图 1-3-3 中曲线①为正向特性。由图可见，在外加正向电压较低时，由于外电场较弱，还不足以克服 PN 结内电场对多数载流子扩散运动的阻力，所以正向电流很小，几乎为零。此时二极管呈现出很大的电阻。这段电流几乎为零的范围称为死区。电压 U_T 称为二极管的死区电压或阈值电压。硅二极管

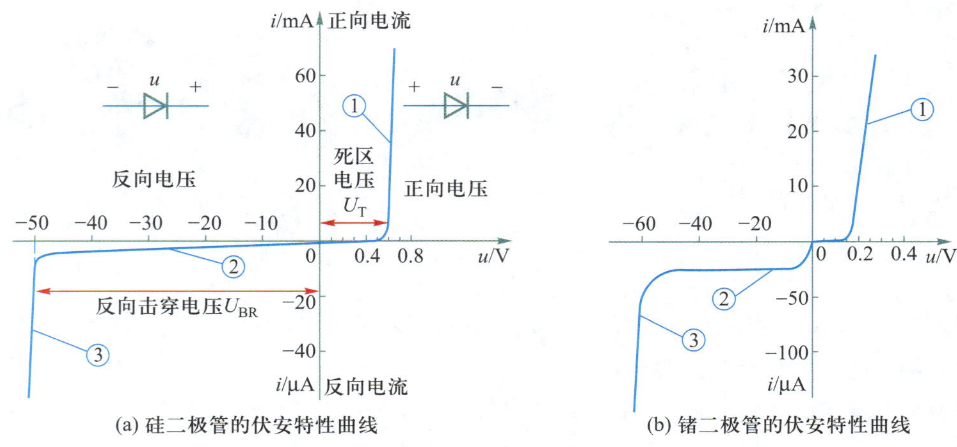

(a) 硅二极管的伏安特性曲线 (b) 锗二极管的伏安特性曲线

图 1-3-3 二极管的伏安特性曲线

的死区电压约为 0.5 V，锗二极管的死区电压约为 0.1 V。当正向电压超过死区电压以后，PN 结内电场被大大削弱，电流急剧增加，二极管处于正向导通状态。此时，二极管的电阻变得很小，其电压降很小，一般硅二极管的正向电压降为 0.6~0.7 V，锗二极管的正向电压降为 0.2~0.3 V。

2. 反向特性

动画：二极管的伏安特性——反向特性

图 1-3-3 中曲线②为反向特性。二极管加反向电压时，由少数载流子漂移而形成的反向电流很小，且在一定电压范围内基本上不随反向电压的变化而变化，处于饱和状态，故这一段的电流称为反向饱和电流。硅二极管的反向电流比锗管的小，常温下一般小于 1 μA；锗二极管的反向电流可达几十微安到几百微安。

温度升高时，由于少数载流子数量增加，因而反向电流将随之急剧增加。

由二极管的正向特性及反向特性可以看出，二极管具有单向导电性。

3. 反向击穿特性

如图 1-3-3 中曲线③所示，当反向电压增加到一定大小（U_{BR}）时，反向电流突然急剧增加，这种现象称为二极管的反向击穿。使二极管发生反向击穿时的反向电压 U_{BR} 称为反向击穿电压。产生反向击穿的原因是在强电场作用下，少数载流子急剧增加，引起反向电流急剧增大。这种现象的产生分为两种类型：一种是当反向电压高到一定数值时，因外加电场过强，而把共价键中的价电子强拉出来，产生自由电子-空穴对，从而使少数载流子数量急剧增加；另一种是强电场可引起自由电子加速后与原子碰撞，将价电子轰出共价键，产生新的自由电子-空穴对，使少数载流子数量剧增。这两种因素产生的击穿现象均称为电击穿。

发生电击穿后，如果反向电压很高，反向电流又很大，则消耗在二极管 PN 结上的功率就会很大，将超过 PN 结允许的耗散功率，产生过多的热量散发不出去，使 PN 结温度升高，结温升高又使反向电流增大，而电流增大又使结温进一步升高，结果使 PN 结因过热而烧毁。这种现象称为热击穿。二极管发生热击穿后，便失去单向导电性。因此应避免二极管发生热击穿。

三、二极管的主要参数

二极管的参数是表征二极管性能及其适用范围的数据，是选择和使用二极管的重要参考依据。二极管的主要参数有下面几个。

1. **最大整流电流 I_F**

它是指二极管长期运行时，允许通过二极管的最大正向平均电流。电流太大，发热量超过限度会使 PN 结烧坏。使用时应注意，通过二极管的平均电流值不能超过规定的最大整流电流值。

2. **最高反向工作电压 U_{RM}**

它是指二极管不被击穿所允许的最高反向电压，一般是反向击穿电压的 1/2～2/3。使用时，二极管上的实际反向电压值不能超过规定的最高反向工作电压值。点接触型二极管的 U_{RM} 一般为几十伏，而面接触型二极管的 U_{RM} 为几百伏。

3. **最大反向电流 I_R**

它是指二极管加最高反向工作电压时的反向电流。反向电流越小，二极管的单向导电性能越好。室温下，硅二极管的反向电流一般小于 1 μA；锗二极管的反向电流较大，一般为几十微安到几百微安。反向电流受温度影响大，温度越高，其值越大，硅二极管的温度稳定性比锗管好。

4. **最高工作频率**

由于 PN 结存在结电容，高频电流很容易从结电容通过，从而使 PN 结失去单向导电性，因此规定二极管有一个最高工作频率。

除上述主要参数之外，尚有结电容、工作温度等参数。各种型号二极管的各种参数，都可在半导体器件手册中查到。附录二中列出一些国产二极管的型号和主要参数，以供参考。

二极管型号命名方法可参见附录一。

四、二极管应用举例

二极管的应用范围很广，应用时主要利用的是它的单向导电性。二极管可用于整流、检波、限幅、钳位、隔离以及在脉冲与数字电路中作为开关器件。二极管整流电路将专门在第四章讲解，下面举例说明二极管的一些应用。

动画：二极管的等效电路

1. **整流**

利用二极管的单向导电性可以将交流电压变为单方向的脉动电压，称为整流。简单的整流电路如图 1-3-4 所示。

2. **检波**

收音机从载波信号中检出音频信号称为检波，其工作原理与整流相似，载波信号经过二极管后负半波被削去，经过电容使高频信号旁路，负载上得到低频的音频信号。检波电路如图 1-3-5 所示。

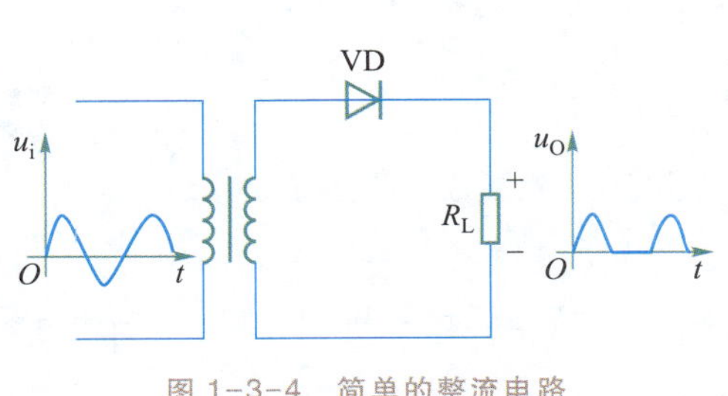

图 1-3-4　简单的整流电路

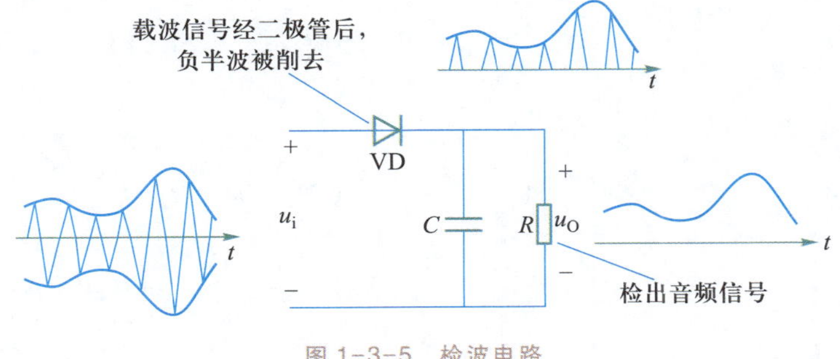

图 1-3-5　检波电路

3. **限幅**

限幅的作用是限制输出电压的幅度。某二极管限幅电路如图 1-3-6(a)所示。设 u_i 为正弦波，且

$U_m > U_S$。当 $u_i < U_S$ 时，VD 截止，此时电阻 R 中无电流，故 $u_O \approx u_i$。当 $u_i > U_S$ 时，VD 导通，此时如果忽略二极管压降，则 $u_O = U_S$。输出波形如图 1-3-6(b)所示，可见达到了限幅的目的。

4. 钳位与隔离

当二极管正向导通时，由于正向压降很小，可以忽略，所以强制使其阳极电位与阴极电位基本相等，这种作用称为二极管的钳位作用。当二极管加反向电压时，二极管截止，相当于断路，阳极与阴极被隔离，称为二极管的隔离作用。例如在图 1-3-7 所示电路中，当输入端 A 的电位 $U_A = +3$ V，B 的电位 $U_B = 0$ V 时，因为 A 端电位比 B 端电位高，所以 VD_A 优先导通，如果忽略二极管正向压降，则 $U_F \approx +3$ V。当 VD_A 导通后，VD_B 上加的是反向电压，因而 VD_B 截止。在这里，VD_A 起钳位作用，把输出端 F 的电位钳制在+3 V；VD_B 起隔离作用，把输入端 B 和输出端 F 隔离开来。

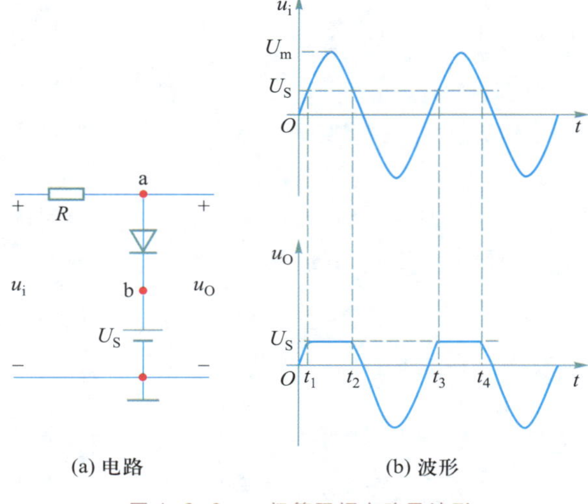

图 1-3-6　二极管限幅电路及波形

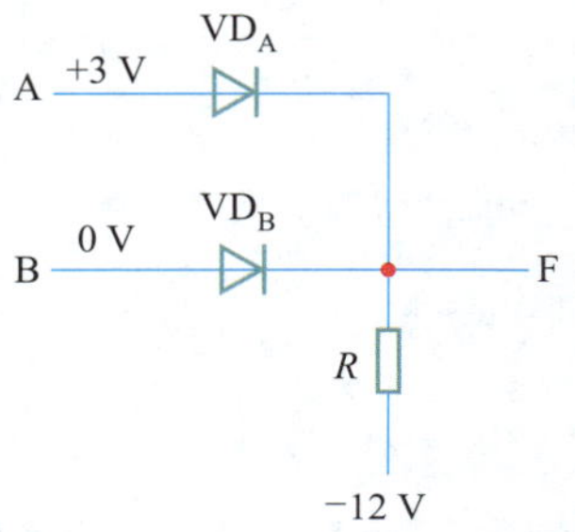

图 1-3-7　二极管的钳位与隔离作用

点睛

二极管具有单向导电性，加正向电压导通，加反向电压截止。

练习与思考

1-3-1　怎样判断二极管的阳极和阴极？怎样判断二极管的好坏？

1-3-2　比较硅二极管与锗二极管的死区电压、正向压降、反向电流及反向电阻，哪种二极管的大些？

1-3-3　何为反向击穿？电击穿和热击穿有何区别？

1-3-4　说出下列二极管的名称，并在附录二中查阅其主要参数，试述其主要用途。

2AP7　　2CP15　　2CP20　　2CZ11A　　2CZ12B

1-3-5　一个二极管的反向电流在 25 ℃时是 10 μA，若温度每升高 10 ℃反向电流增加一倍，问在 65 ℃时该二极管的反向电流是多少？

1-4　稳压二极管

一、稳压二极管及其特性

稳压二极管是一种特殊的面接触型半导体硅二极管，简称稳压管。它和普通二极管一样，实质上也是一个 PN 结。由于它在电路中与适当数值的电阻配合后能起稳定电压的作用，所以称为稳压管。

稳压管的伏安特性曲线和图形符号如图 1-4-1 所示。

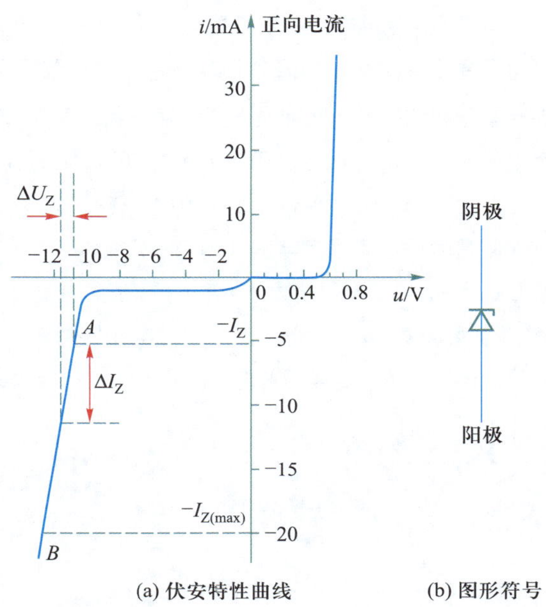

图 1-4-1　稳压管的伏安特性曲线和图形符号

稳压管的伏安特性与二极管的伏安特性相似，其差别是稳压管的反向特性曲线比较陡。稳压管与普通二极管不同，它工作在反向击穿区，即对应于反向特性曲线的 *AB* 段。由图可见，稳压管被击穿后，反向电流在相当大的范围内变化时，稳压管两端的电压却变化很小。利用这一特性，稳压管在电路中能起稳压作用。

稳压管的 PN 结是经过特殊设计和特殊工艺处理的，其击穿电压可以做得比普通二极管的击穿电压低，反向击穿电流大，只要限制其反向电流不超过容许的数值，稳压管就不致过热而损坏。外加电压消失后，稳压管又恢复到原来的状态，这和普通二极管被击穿后便损坏是不同的。

二、稳压二极管的主要参数

稳压管的主要参数有下面几个。

1. 稳定电压 U_Z

稳定电压 U_Z 就是稳压管的反向击穿电压，也就是在正常的反向击穿工作状态下稳压管两端的电压。由于工艺和其他方面的原因，即使是同一型号的稳压管，其实际稳定电压值也不一定完全相同，而具有一定的分散性，所以，在产品手册中给出的通常是某一型号稳压管的稳定电压范围，使用时要进行测试，按需要挑选。例如，稳压管 2CW18 的稳定电压值为 10～12 V。

2. 稳定电流 I_Z 和最大稳定电流 $I_{Z(max)}$

稳定电流 I_Z 是指工作电压等于稳定电压时的反向电流，最大稳定电流 $I_{Z(max)}$ 是指稳压管允许通过的最大反向电流。使用稳压管时，要限制其工作电流不能超过 $I_{Z(max)}$，否则可能使稳压管发生热击穿而损坏。

3. 动态电阻 r_Z

动态电阻 r_Z 是稳压管在正常工作区（即反向击穿区）工作时两端电压变化量与相应电流变化量的

比值，即

$$r_Z=\frac{\Delta U_Z}{\Delta I_Z}$$

动态电阻是衡量稳压管稳压性能好坏的指标。稳压管的反向伏安特性曲线越陡，则动态电阻越小，稳压性能越好。

4. 最大耗散功率 P_{ZM}

最大耗散功率 P_{ZM} 是稳压管工作时所允许的最大耗散功率，等于最大稳定电流与相应稳定电压的乘积。

5. 电压温度系数 α_u

电压温度系数 α_u 是用于说明稳压管的稳定电压受温度变化影响程度的系数。环境温度变化 1 ℃时稳定电压变化的百分比称为电压温度系数。例如，2CW15 的 α_u = 0.07%/℃，若环境温度为 20 ℃时稳定电压值 U_Z = 8 V，那么当环境温度为 50 ℃时，稳定电压值将为

$$8\ \text{V}+8\ \text{V}\times0.07\%/℃\times(50\ ℃-20\ ℃)=8.168\ \text{V}\approx8.2\ \text{V}$$

电压温度系数与稳定电压范围有一定的关系。一般来说，稳定电压值小于 5 V 的稳压管，电压温度系数是负的；稳定电压值大于 6 V 的稳压管，电压温度系数是正的；而稳定电压值为 5~6 V 的稳压管，电压温度系数最小。因此，选用稳定电压值为 5~6 V 的稳压管，可得到较好的温度稳定性。在需要较高稳定电压值的电路中，可将几个 5~6 V 的稳压管串联起来使用。

点睛

稳压管工作在反向击穿区。

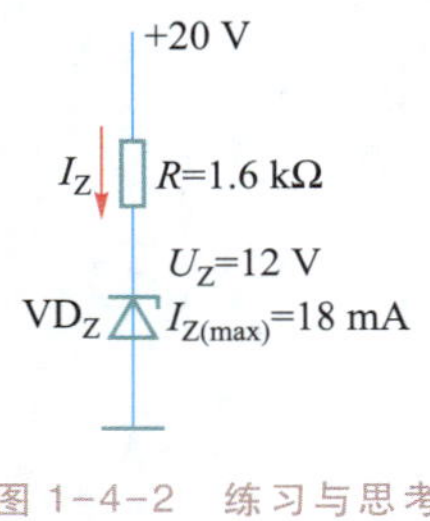

图 1-4-2 练习与思考 1-4-5 图

练习与思考

1-4-1 稳压管与普通二极管在结构、特性与应用方面各有何异同点？

1-4-2 稳压管为什么能稳压？

1-4-3 使用稳压管时应注意什么？

1-4-4 说出 2CW15、2DW7A、2DW7C 的名称及型号的含义，并在附录二中查阅其主要参数。

1-4-5 在图 1-4-2 中，R 是限流电阻，以限制通过稳压管的电流不超过最大稳定电流。求图示电路中通过稳压管的电流 I_Z，并检验限流电阻值是否合适。

1-5 晶体管

晶体管是一种重要的半导体器件。

一、晶体管的结构

晶体管的种类很多，外形不同，但是它们的基本结构相同，都是通过一定的工艺在一块半导体基片上制成两个 PN 结，再引出三个电极，然后用管壳封装而成。因此，晶体管是一种具有两个 PN 结的半导体器件。图 1-5-1 所示是几种常见的晶体管外形。

拓展阅读：三极管发展历史

晶体管的管芯结构，目前最常见的有平面型和合金型两类，如图 1-5-2 所示。硅管主要是平面型，锗管多为合金型。

图 1-5-1　几种常见的晶体管外形

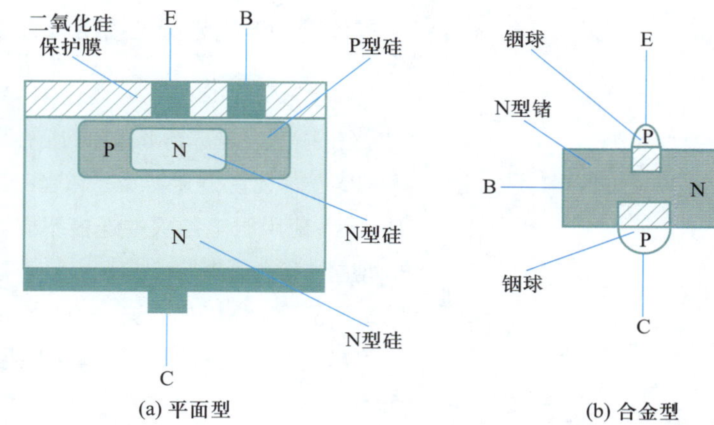

图 1-5-2　晶体管的管芯结构

不论是平面型还是合金型，晶体管都是由三层不同的半导体构成的。根据结构不同，晶体管可分成 NPN 型和 PNP 型两类。

图 1-5-3 为晶体管结构示意图。NPN 型晶体管或 PNP 型晶体管的三层半导体形成三个不同的导电区。中间薄层半导体，厚度只有几微米到几十微米，掺入杂质最少，因而多数载流子浓度最低，称为基区。基区两边为同型半导体，但两者掺入杂质的浓度不同，因而多数载流子的浓度不同。多数载流子浓度较大的一边称为发射区，是用来发射多数载流子的。多数载流子浓度较小的另一边称为集电区，是用来收集载流子的。发射区与基区交界处的 PN 结称为发射结。基区与集电区交界处的 PN 结称为集电结。集电结的面积比发射结的大，以保证集电区能有效地收集载流子。从发射区、基区和集电区引出的三个电极分别称为发射极、基极和集电极，并分别用字母 E、B、C 表示。

NPN 型晶体管和 PNP 型晶体管的图形符号如图 1-5-4 所示。图中发射极的箭头方向表示电流方向。

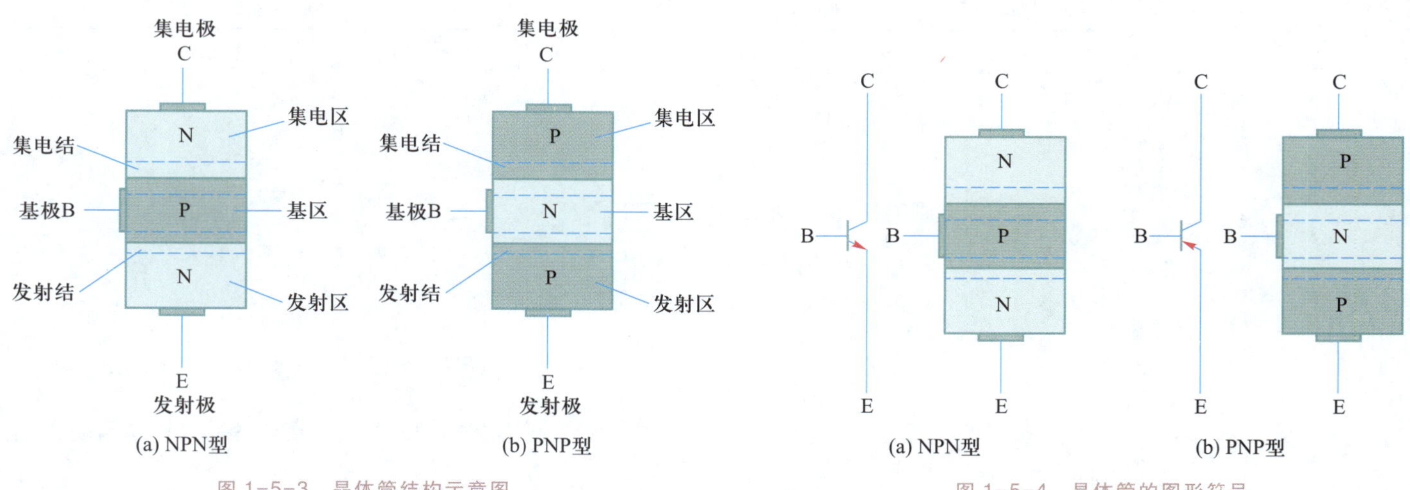

图 1-5-3　晶体管结构示意图

图 1-5-4　晶体管的图形符号

晶体管按用途可分为低频小功率管、低频大功率管、高频小功率管、高频大功率管和开关管等。

晶体管型号命名方法可参见附录一。我国生产的硅管多为 NPN 型，如 3DG6、3DD4、3DK4 等；锗管多为 PNP 型，如 3AX31、3AD6 等。

二、晶体管的电流分配关系与电流放大作用

晶体管有两个按一定关系配置的 PN 结。由于两个 PN 结之间互相影响，晶体管表现出不同于单个 PN 结的特性。晶体管最重要的特性是具有电流放大作用。

NPN 型晶体管和 PNP 型晶体管的工作原理类似，但在使用时电源极性连接不同。下面以 NPN 型晶体管为例来分析。

为了了解晶体管的电流分配关系和电流放大作用，先做一个简单的实验，实验电路如图 1-5-5 所示。

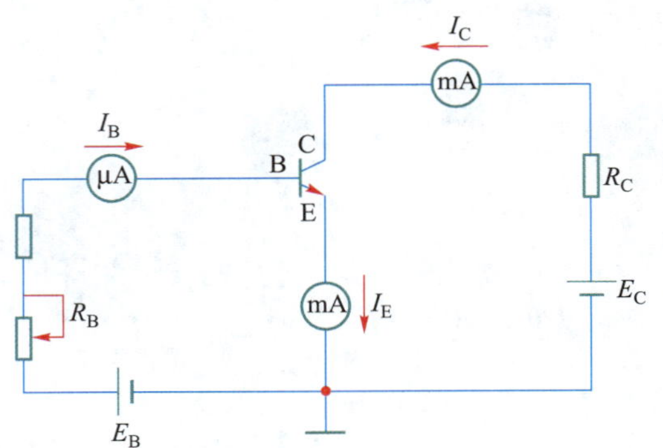

图 1-5-5 晶体管电流放大作用实验电路

如前所述，晶体管发射区的作用是向基区发射载流子，基区的作用是传送和控制载流子，而集电区的作用是收集载流子。因此，要使晶体管能正常工作，必须外加合适的电压。首先，发射区要向基区发射电子，因此要在发射结加上正向电压（正向偏置）。其次，要保证发射到基区的电子绝大多数能经过基区传输到集电区，为此必须在集电结加上反向电压（反向偏置）。如图 1-5-5 所示，晶体管的发射结由直流电源 E_B 供给较低的正向电压，一般 $u_{BE}<1$ V；集电结由直流电源 E_C 供给较高的（几伏到几十伏）反向电压。这种以发射极为公共端的接法称为共发射极接法。

改变可变电阻 R_B 的阻值，使基极电流 I_B 为不同的值，测出相应的集电极电流 I_C 和发射极电流 I_E。电流方向如图 1-5-5 所示。测量结果列于表 1-5-1 中。

表 1-5-1 晶体管各极电流测量值

I_B/mA	0	0.02	0.04	0.06	0.08	0.10
I_C/mA	<0.001	0.70	1.50	2.30	3.10	3.95
I_E/mA	<0.001	0.72	1.54	2.36	3.18	4.05

对表中数据进行比较分析，可得出如下结论：

① 观察实验数据中的每一列，可得

$$I_E = I_B + I_C \tag{1-5-1}$$

三个电流之间的关系符合基尔霍夫电流定律。

② I_C 稍小于 I_E，而比 I_B 大得多。I_C 与 I_B 的比值远大于 1，且在一定范围内基本不变。例如，由表 1-5-1 中 $I_B=0.04$ mA 和 $I_B=0.06$ mA 这两列的数据可得

$$\frac{I_C}{I_B}=\frac{1.50}{0.04}=37.5 \qquad \frac{I_C}{I_B}=\frac{2.30}{0.06}=38.3$$

当基极电流产生微小变化 ΔI_B 时，集电极电流会产生较大的变化 ΔI_C。例如，由表 1-5-1 中上述两列的数据可得

$$\frac{\Delta I_C}{\Delta I_B}=\frac{2.30-1.50}{0.06-0.04}=40$$

这就是晶体管的电流放大作用。

集电极电流 I_C 与基极电流 I_B 的比值称为共发射极直流电流放大系数，用 $\bar{\beta}$ 表示，即

$$\bar{\beta}=\frac{I_C}{I_B} \tag{1-5-2}$$

所以

$$I_C=\bar{\beta}I_B \tag{1-5-3}$$

将式(1-5-3)代入式(1-5-1)中,则

$$I_E=\bar{\beta}I_B+I_B=(\bar{\beta}+1)I_B \tag{1-5-4}$$

集电极电流变化量 Δi_C 与基极电流变化量 Δi_B 的比值称为共发射极交流电流放大系数,用 β 表示,即

$$\beta=\frac{\Delta i_C}{\Delta i_B} \tag{1-5-5}$$

在一定范围内 $\bar{\beta}$ 与 β 数值相差甚小,所以有

$$i_C\approx\beta i_B \tag{1-5-6}$$

$$i_E\approx(\beta+1)i_B \tag{1-5-7}$$

晶体管的电流放大作用可通过晶体管内部载流子的运动过程来说明。

1. 发射区向基区扩散电子

由于发射结外加正向电压,多数载流子的扩散运动加强,因此发射区的多数载流子(自由电子)不断通过发射结进入基区,并由电源不断向发射区补充电子,形成发射极电流 I_E。同时,基区的多数载流子(空穴)也向发射区扩散,但因基区的空穴浓度远低于发射区的自由电子浓度,所形成的空穴电流很小,可以忽略不计,故 I_E 主要是电子电流,其方向与自由电子运动方向相反,自发射极流出,如图 1-5-6 所示。

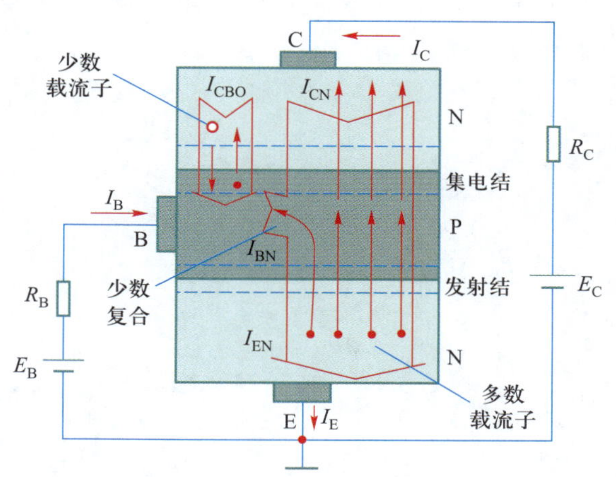

图 1-5-6 晶体管中的电流分配

动画:晶体管内载流子运动与电流放大作用

2. 电子在基区扩散和复合

从发射区扩散到基区的自由电子由于浓度的差别,将向集电结的方向继续扩散。在扩散过程中,一部分自由电子将与基区中的空穴相遇而复合,而基极电源又不断向基区补充空穴(拉走电子),以补充基区中被复合掉的空穴,于是形成了基极电流 I_B。因基区很薄且空穴浓度低,故复合机会很少,即 I_B 很小。

3. 集电区收集电子

由于基区为 P 型区,从发射区扩散过来的自由电子在基区内成了非平衡少数载流子,当它们到达集电结边缘时,在集电结反向电压的作用下,很容易就漂移过集电结而被集电区收集,形成集电极电流 I_C。

由上述分析可见,由发射区扩散到基区的电子,少部分与基区的空穴复合而形成基极电流 I_B,绝大部分将越过集电结而形成集电极电流 I_C。因 $I_E=I_B+I_C$,I_B 很小,故 $I_E\approx I_C$。I_C 值为 I_E 值的 90%以上(典型值为 98%),即 $I_C>>I_B$,且二者具有一定的比例关系,晶体管制成以后,这个比例关系便基本确定。如果 I_E 发生变化,I_B 和 I_C 也将随之变化。但因 I_B 和 I_C 具有基本确定的比例关系,故 I_B 的变化量 ΔI_B 也比 I_C 的变化量 ΔI_C 小得多,即微小的 I_B 变化将引起很大的 I_C 变化,这就是晶体管的电流放大作用。

要实现晶体管的电流放大作用,一方面要使发射区的多数载流子浓度远大于基区的多数载流子浓度;另一方面发射结要正向偏置,集电结要反向偏置。

三、特性曲线

晶体管的特性曲线是指晶体管各电极电压与电流之间的关系曲线，它是晶体管内部载流子运动规律的外部表现，能反映晶体管的性能，是分析晶体管放大电路的重要依据。由于晶体管和二极管一样也是非线性器件，所以通常用伏安特性曲线描述其特性。因此，了解晶体管的特性曲线，才能正确使用晶体管。最常用的特性曲线是共发射极接法时的输入特性曲线和输出特性曲线，可利用专用图示仪进行直观显示，或通过实验测量绘制出来。各种型号晶体管的典型特性曲线可从产品手册中查到。

图 1-5-7 所示为测量 NPN 型晶体管特性曲线的实验电路。E_B 和 E_C 是基极和集电极回路的可调直流电源。R_B 和 R_C 是限流电阻，用于防止因电源电压调节过高导致晶体管出现过大电流而损坏。

1. 输入特性曲线

输入特性曲线是指当集-射极电压 u_{CE} 为某一常数时，晶体管输入回路中基极电流 i_B 与基-射极电压 u_{BE} 之间的关系曲线，用函数关系式表示为

$$i_B = f(u_{BE})\big|_{u_{CE}=\text{常数}}$$

图 1-5-8 所示为 NPN 型硅晶体管 3DG6 的输入特性曲线。

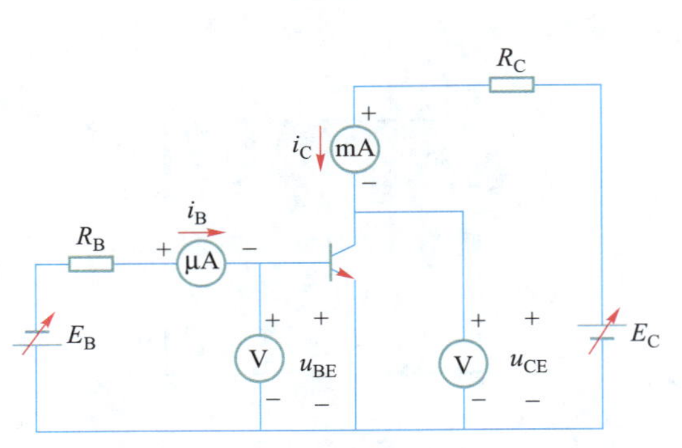

图 1-5-7　测量 NPN 型晶体管特性曲线的实验电路

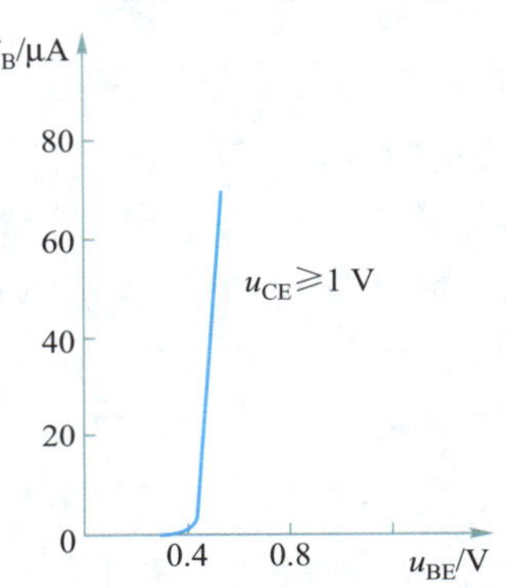

图 1-5-8　3DG6 的输入特性曲线

对于硅晶体管，当 $u_{CE} \geq 1$ V 时，集电结已反向偏置，只要 u_{BE} 相同，则从发射区发射到基区的电子数必相同，而集电结所加的反向电压已能把这些电子中的绝大部分拉入集电区，以至 u_{CE} 再增加，i_B 也不再明显减小。也就是说，$u_{CE} > 1$ V 后的输入特性曲线基本上是重合的。由于实际使用时，$u_{CE} > 1$ V，所以通常只画出 $u_{CE} \geq 1$ V 的一条输入特性曲线。

由输入特性曲线可见，当 u_{BE} 较小时，$i_B = 0$。$i_B = 0$ 的这段区域称为死区。这表明晶体管的输入特性曲线与二极管的正向伏安特性曲线相似，也有一段死区。只有在发射结外加电压 u_{BE} 大于死区电压时，晶体管才会出现 i_B。硅管死区电压大约为 0.5 V，锗管死区电压大约为0.2 V。在晶体管正常工作情况下，硅管的发射结压降 $u_{BE} = 0.6 \sim 0.7$ V，锗管的 $u_{BE} = 0.2 \sim 0.3$ V（注：此处的电压值均为绝对值）。

2. 输出特性曲线

微课：晶体管输出特性

输出特性曲线是指当基极电流 i_B 为某一常数时，晶体管输出回路（集电极回路）中集电极电流 i_C 与集-射极电压 u_{CE} 之间的关系曲线，用函数关系式表示为

$$i_C = f(u_{CE})\big|_{i_B=\text{常数}}$$

由于 i_C 不仅与 u_{CE} 有关，而且与 i_B 有关，因此需要在 i_B 保持为某一定值时测量相应的 u_{CE} 和 i_C。例如，设定 $i_B = 20$ μA，然后改变 E_C，每改变一次 E_C，测一次 u_{CE} 和 i_C。将多次所测数据在i_C-u_{CE} 直角坐标平

面上用点标出来，并连成一条曲线，就得到 $i_B=20\ \mu A$ 的输出特性曲线。再设定 $i_B=40\ \mu A$，用同样方法绘出另一条输出特性曲线。以此类推，就可得到一簇对应于不同 i_B 的 i_C-u_{CE} 关系曲线，如图 1-5-9 所示。

由图 1-5-9 可见，各条特性曲线的形状基本一样。

每一条特性曲线的起始部分陡斜上升，然后弯曲变为平坦，这表明在一定的 i_B 下，u_{CE} 较小时，i_C 随 u_{CE} 的变化而变化，而且 u_{CE} 略有增加，i_C 增加很快，但是当 u_{CE} 超过 1 V 以后，i_C 几乎不受 u_{CE} 变化的影响。这反映出晶体管的恒流特性。

当 i_B 增大时，相应的 i_C 也增大，曲线上移，而且 i_C 比 i_B 增加得多得多，这就是前面所说的晶体管的电流放大作用。

根据晶体管工作状态不同，输出特性曲线通常可分成三个工作区，如图 1-5-10 所示。

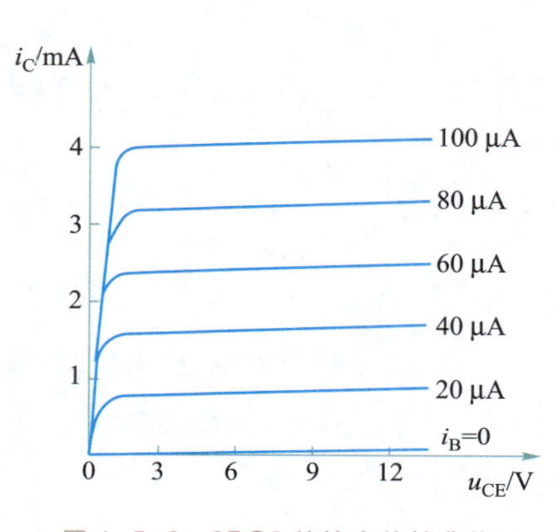

图 1-5-9　3DG6 的输出特性曲线

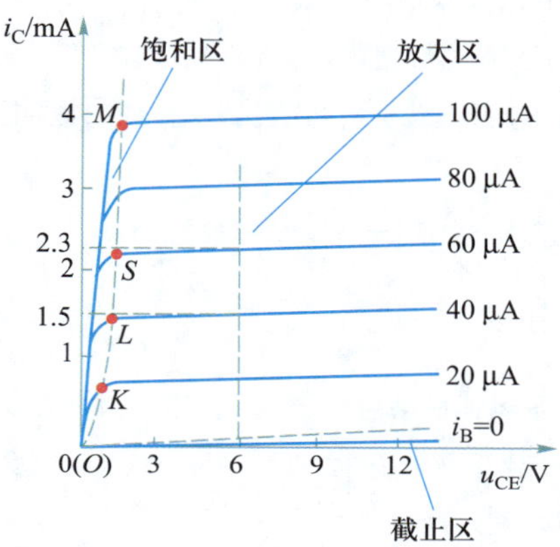

图 1-5-10　晶体管的三个工作区

（1）放大区

输出特性曲线近于水平的部分是放大区。放大区的特点是：发射结处于正向偏置，集电结处于反向偏置，在此条件下，i_C 几乎不随 u_{CE} 变化，而只受 i_B 的控制，并且 i_C 的变化量远大于 i_B 的变化量，这反映出晶体管的电流放大作用。在放大区，$i_C=\bar{\beta} i_B$。

由放大区的特性曲线，可求出电流放大系数 β。例如，设 i_B 从 40 μA 变到 60 μA，其变化量 $\Delta i_B=0.02$ mA，相应地 i_C 则从 1.5 mA 变到 2.3 mA，其变化量 $\Delta i_C=0.8$ mA，所以晶体管的电流放大系数为

$$\beta=\frac{\Delta i_C}{\Delta i_B}=\frac{0.8\ \text{mA}}{0.02\ \text{mA}}=40$$

由此可见，各条输出特性曲线水平部分之间的距离直接反映出电流放大系数 β 的大小。

（2）截止区

$i_B=0$ 对应曲线以下的区域称为截止区。$i_B=0$ 时，$i_C=I_{CEO}$。I_{CEO} 称为穿透电流，其值在常温下很小，$i_B=0$ 的曲线几乎与横轴重合，所以可以认为此时晶体管处于截止状态。NPN 型硅管在 $u_{BE}<0.5$ V 时即已开始截止，但是为了使截止可靠，常使 $u_{BE}\leqslant 0$。因此，晶体管工作在截止区时，发射结和集电结均处于反向偏置状态。

（3）饱和区

如图 1-5-10 所示，各条输出特性曲线上对应于集电结处于零电压状态（即 $u_{CE}=u_{BE}$，$u_{CB}=u_{CE}-u_{BE}=0$）的各点的连线 $OKLSM$，称为临界饱和线。在此临界饱和线左侧的区域称为饱和区。在饱和区，$u_{CE}<u_{BE}$，集电结处于正偏状态，其内电场被削弱，不能把从发射区扩散到集电结边缘的电子全部拉入集电

区，而只能把其中的一部分电子拉入集电区形成 i_C。因此在 u_{CE} 一定时，i_B 增加，i_C 不能相应地增加，这种现象就称为饱和。在此区域内当 u_{CE} 变化时，因集电结内电场变化，拉入集电区的电子数也变化，因而 i_C 随 u_{CE} 变化。由此可见，在饱和区内，晶体管处于饱和导通状态，i_B 对 i_C 的控制作用减弱，两者不成正比，因而失去像在放大区那样的线性放大作用。此时的 u_{CE} 称为饱和管压降 u_{CES}。一般硅管的饱和管压降为 0.3~0.5 V，锗管的饱和管压降为 0.1~0.2 V。晶体管饱和时，发射结和集电结均处于正向偏置状态。

四、主要参数

晶体管的特性除用特性曲线表示外，还可用一些数据来说明，这些数据就是晶体管的参数。晶体管的参数用来表征晶体管的性能优劣和适用范围，是正确选用的依据。下面介绍一些主要参数。

1. 电流放大系数

电流放大系数是表示晶体管放大能力的重要参数。

晶体管在接成共发射极放大电路时，根据工作状态不同，有直流电流放大系数 $\bar{\beta}$ 和交流电流放大系数 β。

共发射极直流电流放大系数为

$$\bar{\beta}=\frac{I_C}{I_B}$$

上式表明，晶体管集电极的直流电流 I_C 与基极的直流电流 I_B 的比值，就是晶体管接成共发射极放大电路的直流电流放大系数。它是在无输入信号情况下晶体管处于直流工作状态（称为静态）时表示电流放大能力的参数。

共发射极交流电流放大系数为

$$\beta=\frac{\Delta i_C}{\Delta i_B}$$

上式表明，当晶体管在有信号输入情况下处于交流工作状态（称为动态）时，基极电流的变化量 Δi_B 引起集电极电流的变化量为 Δi_C。因此，β 表示晶体管处于交流工作状态时的电流放大能力。

显然，$\bar{\beta}$ 与 β 的含义不同，但两者数值较为接近，所以在分析估算电路时，常用 $\bar{\beta}\approx\beta$ 这个近似关系。

由于制造工艺的分散性，即使是相同型号的晶体管，其 β 值也有差异。常用晶体管的 β 值在 20~100 之间。

2. 极间反向电流

（1）集-基极反向饱和电流 I_{CBO}

I_{CBO} 是在发射极开路的情况下集电极与基极间加反向电压时的反向电流，其测量电路如图 1-5-11 所示。它实际上和单个 PN 结的反向电流一样，因此受温度的影响较大。在一定温度下，I_{CBO} 基本上是个常数，因此称为反向饱和电流。室温下，小功率锗管的 I_{CBO} 为几微安到几十微安，小功率硅管的 I_{CBO} 小于 1 μA。显然，I_{CBO} 越小，晶体管的工作稳定性越好。在温度变化范围大的工作环境下应选用硅管。

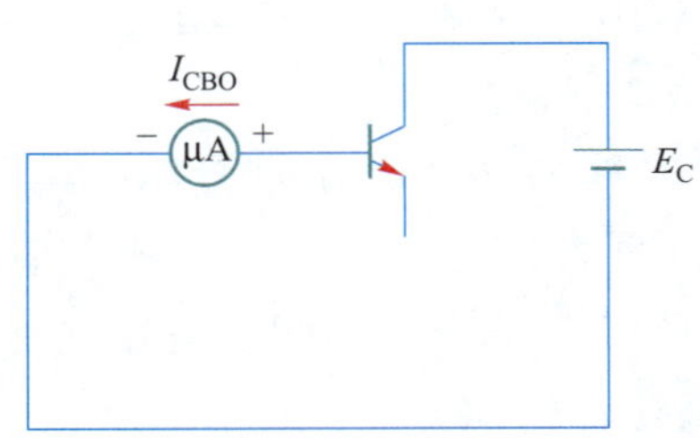

图 1-5-11 I_{CBO} 的测量电路

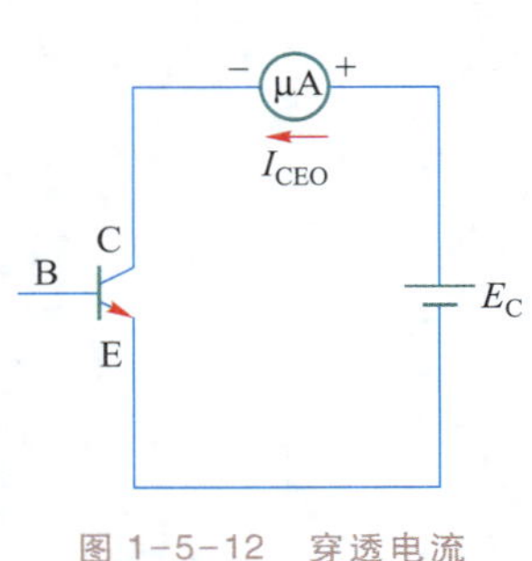

图 1-5-12 穿透电流 I_{CEO} 的测量电路

（2）集-射极反向穿透电流 I_{CEO}

I_{CEO} 是在基极开路的情况下集电极与发射极间加一定反向电压时的集电极电流，其测量电路如图 1-5-12 所示。由于这个电流是从集电区穿过基区流至发射区，所以称为穿透电流。根据载流子在

晶体管内部的运动规律及电流分配关系，可推导出

$$I_{CEO}=(\bar{\beta}+1)I_{CBO} \qquad (1-5-8)$$

在共发射极放大电路中，当有基极电流 I_B 存在并考虑穿透电流 I_{CEO} 时，可得集电极电流 I_C 的精确表达式为

$$I_C=\bar{\beta}I_B+I_{CEO} \qquad (1-5-9)$$

温度升高时，$\bar{\beta}$ 和 I_{CEO} 都要随之增大，故 I_C 也要增加，所以晶体管的温度稳定性较差。I_{CEO} 和 I_{CBO} 都是衡量晶体管稳定性的重要参数，但 I_{CEO} 比 I_{CBO} 随温度的变化更大，因而对晶体管的工作影响也更大。小功率锗管的 I_{CEO} 为几十微安到几百微安，硅管在几微安以下。由于 I_{CEO} 与 $\bar{\beta}$ 及 I_{CBO} 有关，因此在选用晶体管时，要求 I_{CBO} 尽可能小些，而 $\bar{\beta}$ 值以不超过 100 为宜。

3. 极限参数

(1) 集电极最大允许电流 I_{CM}

集电极电流超过某一定值时，电流放大系数 β 就要下降。I_{CM} 就是 β 下降到其正常值的三分之二时的集电极电流。使用晶体管时，I_C 超过 I_{CM}，晶体管并不一定会损坏，但 β 会显著下降。

(2) 集-射极反向击穿电压 $U_{(BR)CEO}$

$U_{(BR)CEO}$ 是在基极开路时加在集-射极间的最大允许电压。当晶体管的集-射极电压 u_{CE} 大于 $U_{(BR)CEO}$ 时，I_{CEO} 突然剧增，说明晶体管已被击穿。产品手册中给出的 $U_{(BR)CEO}$ 一般是室温（25 ℃）下的值，在较高温度下，$U_{(BR)CEO}$ 的值会降低，使用时应特别注意。

(3) 集电极最大允许耗散功率 P_{CM}

当集电极电流通过集电结时，要消耗功率而使集电结发热，若集电结温度过高，则会引起晶体管参数变化，甚至烧毁晶体管。因此规定当晶体管因受热而引起的参数变化不超过允许值时集电极所消耗的最大功率为集电极最大允许耗散功率 P_{CM}。

根据晶体管的 P_{CM}，由

$$P_{CM}=i_C u_{CE}$$

可在输出特性曲线上画出一条 P_{CM} 曲线，称为集电极功耗曲线，如图 1-5-13 所示，它是一条双曲线。在曲线右侧，集电极耗散功率 $i_C u_{CE}>P_{CM}$，这个区域称为过损耗区。而在曲线左侧，$i_C u_{CE}<P_{CM}$，所以由 I_{CM}、$U_{(BR)CEO}$、P_{CM} 三者共同确定了晶体管的安全工作区。P_{CM} 与环境温度有关，温度越高，P_{CM} 越小。为了提高 P_{CM}，常采用散热装置。

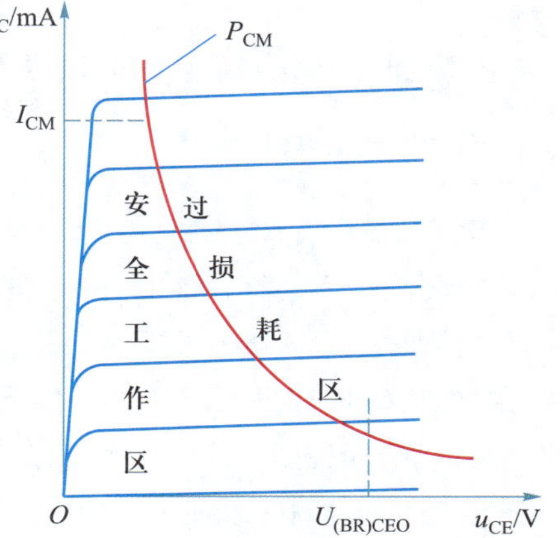

图 1-5-13　晶体管的集电极功耗曲线与安全工作区

以上介绍的几个主要参数中，β、I_{CBO} 和 I_{CEO} 是表示晶体管性能优劣的主要指标；I_{CM}、$U_{(BR)CEO}$ 和 P_{CM} 都是极限参数，用于说明晶体管的使用限制范围。特别要注意，晶体管工作时，不允许同时达到 I_{CM} 和 $U_{(BR)CEO}$，否则集电极功耗将大大超过 P_{CM} 而使晶体管损坏。同时还要考虑温度对 P_{CM} 的影响。此外，晶体管还有一些表示其他特性的参数，例如截止频率 f_β、结温 T_j 等。

附录二中列出了几种常用晶体管的参数，可供参考。

点睛

晶体管具有电流放大作用，是电流控制器件，用小 I_B 控制大 I_C。晶体管根据外加电压不同，有放大区、截止区和饱和区。

练习与思考

1-5-1　晶体管的结构有何特点？试说明其结构特点与电流分配的关系。

1-5-2　什么是晶体管的电流放大作用？晶体管具有电压放大作用吗？

1-5-3　晶体管实现电流放大的内部条件和外部条件是什么？

1-5-4　测得某晶体管的电流如下：$I_C = 5.202$ mA，$I_B = 50$ μA，$I_{CBO} = 2$ μA。试计算 I_E 和 $\bar{\beta}$。

1-5-5　已知晶体管发射极电流的变化量 $\Delta i_E = 9$ mA，集电极电流的变化量 $\Delta i_C = 8.8$ mA，试计算基极电流的变化量 Δi_B 及电流放大系数 β。

1-5-6　试根据表 1-5-1 中的数据指出被测试晶体管的 I_{CBO} 和 I_{CEO} 的值。

技能训练一　二极管应用电路测试

一、技能训练目的

① 学习万用表的使用方法，练习用万用表判断二极管管脚的正、负极和二极管的质量。

② 利用二极管的单向导电性原理，设计半波整流电路、限幅电路，并测量电路参数。

③ 学习示波器的使用，练习用示波器测量电路电源和输出波形。

二、技能训练使用器材

万用表（见图 1-6-1）、直流稳压电源、信号发生器、二极管 1N4007、示波器、电阻等。

图 1-6-1

三、技能训练内容及步骤

1. 电子仪器仪表训练：用万用表测量和判断二极管

一般情况下，二极管有标志环的一端是阴极。把万用表调至二极管挡，红色表笔接无标志环一端，黑色表笔接有标志环一端，此时万用表的读数是此二极管导通时的正向压降。一般来说，硅二极管的正向压降是 0.6～0.7 V，锗二极管的正向压降是 0.2～0.3 V。如果测到导通时的正向压降过低或过高，则此二极管可能已经损坏。

把红、黑色表笔对调，此时万用表显示“OL”，表示超出量程。如果此时万用表显示比较小的数值，则表示此二极管已经被击穿。

2. 二极管电路设计及测试

（1）半波整流电路

利用二极管的单向导电性原理，设计半波整流电路，如图 1-6-2 所示。

① 调节信号发生器，输出频率为 1 kHz、幅值为 5 V 的正弦波作为输入信号 u_i，二极管 VD 的型号是 1N4007，负载 $R_L = 10\ k\Omega$。

② 将示波器的一个探头接输入电压 u_i 两端，另外一个探头接输出电压 u_o 两端，观察输入波形和输出波形，并分析为什么输出波形只有正半周？

（2）限幅电路

利用二极管的单向导电性原理，设计限幅电路，如图 1-6-3 所示。

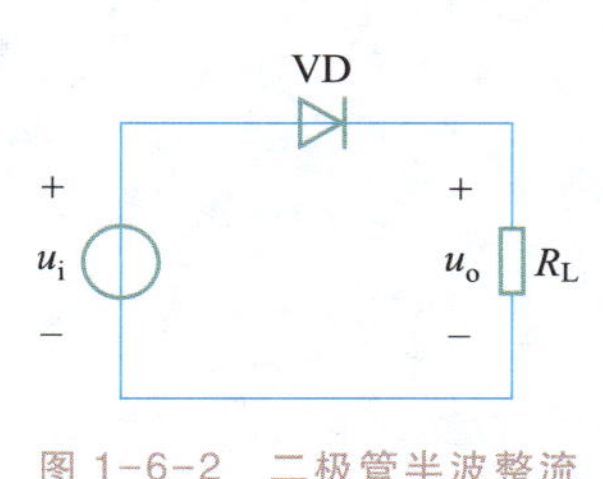

图 1-6-2　二极管半波整流电路原理图

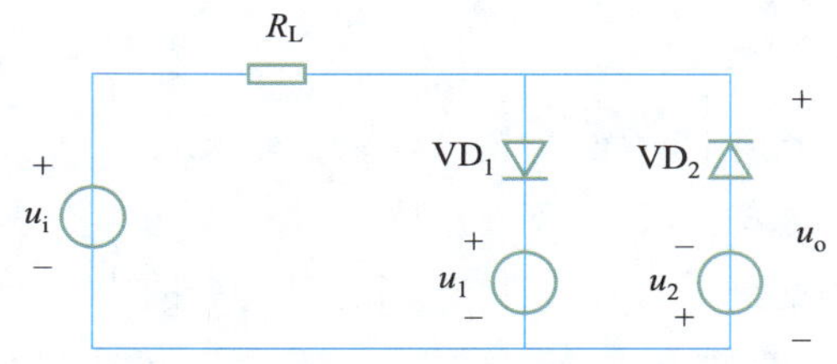

图 1-6-3　二极管限幅电路原理图

① 调节信号发生器，输出频率为 1 kHz、幅值为 5 V 的正弦波作为输入信号 u_i，二极管 VD_1 和 VD_2 的型号是 1N4007，电阻 $R_L = 10\ k\Omega$，调节直流电压使 $u_1 = 3\ V$、$u_2 = -3\ V$。

② 将示波器的一个探头接输入电压 u_i 两端，另外一个探头接输出电压 u_o 两端，观察输入波形和输出波形，并根据二极管的单向导电性分析输出波形。

本章小结

1. 半导体中有两种载流子：自由电子和空穴。在本征半导体中掺入三价或五价元素杂质，可形成 P 型半导体或 N 型半导体。在 P 型半导体中，空穴是多数载流子，自由电子是少数载流子。在 N 型半导体中，自由电子是多数载流子，空穴是少数载流子。

2. PN 结是现代半导体器件的基础，一个 PN 结可制成一个二极管，两个以一定关系配置在一起的 PN 结即可形成一个晶体管。二极管、稳压管和晶体管都是利用 PN 结中载流子的扩散运动和漂移运动而体现出不同的性能。例如，在二极管中利用 PN 结正向偏置时以多数载流子扩散运动为主、反向偏置时以少数载流子漂移运动为主的特点，而体现单向导电性；在稳压管中利用载流子在强电场中的漂移运动造成的反向击穿现象，而体现稳压特性；在晶体管中则利用基区中非平衡少数载流子的扩散和复合，而体现 I_B 对 I_C 的控制作用。

3. 二极管的基本性能是单向导电性，利用这一特性可实现整流、检波和限幅等应用。稳压管是一种特殊的二极管，可用来稳压。二极管的伏安特性曲线是非线性的，所以它是非线性器件。

4. 晶体管是一种电流控制器件，它通过基极电流去控制集电极电流和发射极电流。所谓放大作用，实质上是一种控制作用。要使晶体管具有放大作用，晶体管的发射结必须正向偏置，而集电结必须反向偏置。晶体管的特性曲线也是非线性的，所以它和二极管一样，也是非线性器件。

习题

一、填空题

1. 半导体中有________和________两种载流子。

2. 根据掺入杂质性质的不同，半导体可分为________半导体和________半导体两大类。

3. PN 结正向偏置时，PN 结________，其正向电阻________；PN 结反向偏置时，PN 结________，其反向电阻________。

4. 按照所用半导体材料的不同，二极管分为________二极管和________二极管。

5. 晶体管根据结构不同分为________型和________型。

6. 根据晶体管的工作状态不同，输出特性曲线分为________区、________区和________区。

二、判断题（正确的题后面打√，错误的题后面打×）

1. 半导体是一种导电能力介于导体与绝缘体之间的物质。（ ）

2. 半导体导电能力的大小取决于载流子数量的多少。（ ）

3. 晶体管具有两个 PN 结，所以任意两个 PN 结都可以直接连成一个晶体管。（ ）

4. 二极管的伏安特性是指加在二极管两端的电压与流过二极管的电流之间的关系，二极管的伏安特性是线性的。（ ）

5. 当二极管两端的正向电压大于死区电压时，二极管才能导通。（ ）

6. 晶体管共发射极直流电压放大倍数是基极电流 I_B 与集电极电流 I_C 的比值。（ ）

7. 稳压管击穿后，稳压管两端的电压变化很小。（ ）

8. 稳压管外加电压消失后，稳压管不能恢复到原来的状态。（ ）

9. 晶体管放大区的特点是，发射结和集电结均处于反向偏置状态。（ ）

三、分析计算题

1. 二极管电路如题图 1-1 所示，判断图中的二极管是导通还是截止，并求出 A、O 两点间的电压 U_O。图中二极管均为硅管。

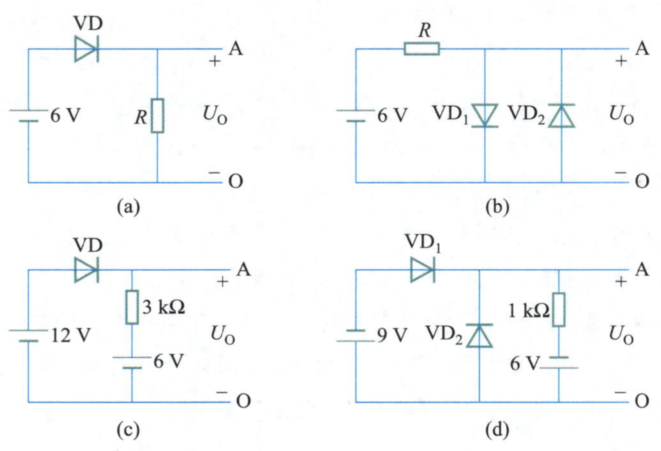

题图 1-1 分析计算题 1 图

2. 在题图 1-2 所示的各电路中，$u_i = 10\sin \omega t$ V，$E = 5$ V，试分别画出电压 u_o 的波形。二极管的正向压降可忽略不计。

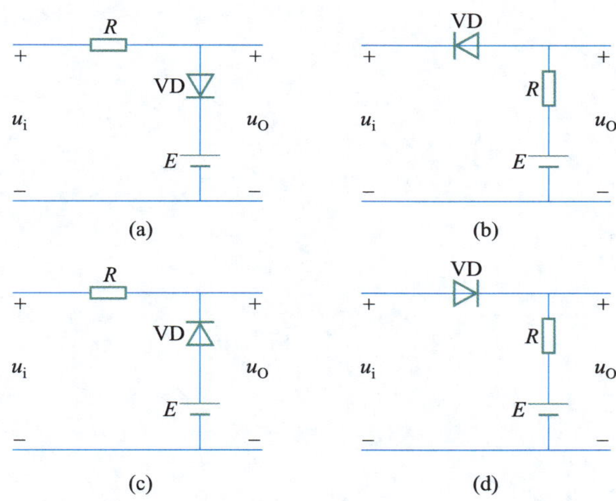

题图 1-2　分析计算题 2 图

3. 电路如题图 1-3 所示，在下列几种情况下，试求输出端电位 U_F 及 R、VD_A、VD_B 中通过的电流。（1）$U_A = U_B = 0$ V；（2）$U_A = +3$ V，$U_B = 0$ V；（3）$U_A = U_B = +3$ V。二极管的正向压降可忽略不计。

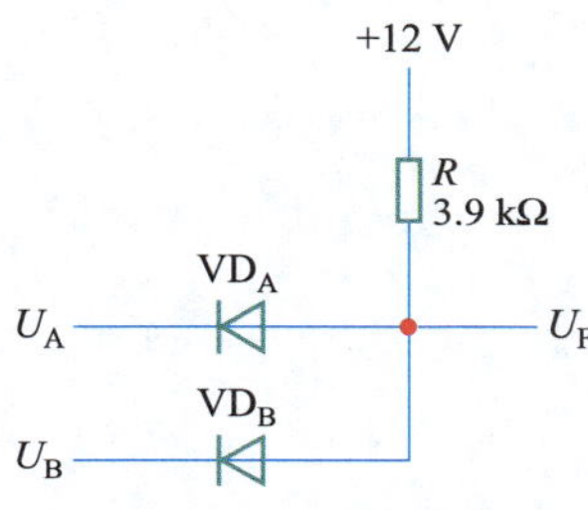

题图 1-3　分析计算题 3 图

第二章　基本放大电路

引言

由晶体管组成的放大电路的主要作用是将微弱的电信号（电压、电流）放大成为所需要的较强的电信号。例如，把反映温度、压力、速度等物理量的微弱电信号进行放大，去推动执行元件（如继电器、电动机、指示仪表等）。又如，广播电台发射出的无线电信号，通过天线接收到收音机中时是很微弱的，必须由机内的放大电路把信号放大，才能驱动扬声器发出声音。另外，放大电路在机械加工自动控制系统、电力、铁路、地质勘探、地震预报、建筑施工自动化等方面均获得广泛应用。总之，晶体管放大电路在生产、科研及日常生活中的应用是极其广泛的。

本章主要介绍晶体管低频放大电路的基本工作原理、基本分析方法、常用的典型放大电路、负反馈在放大电路中的应用和对放大电路性能的影响，并对功率放大电路等做简要介绍。

教学课件：基本放大电路

微课：晶体管放大电路组成及其工作原理

2-1　基本放大电路的组成

放大电路通常包括两部分，如图 2-1-1 所示。第一部分为电压放大电路，是放大电路的前置级，它的任务是将微弱电信号加以放大去推动功率放大电路。一般电压放大电路的输出电流比较小。第二部分为功率放大电路，是放大电路的输出级，它的任务是输出足够大的功率去推动执行元件（如继电器、电动机、扬声器、指示仪表等）工作。功率放大电路的输出电压和电流都比较大。下面首先讨论电压放大电路。

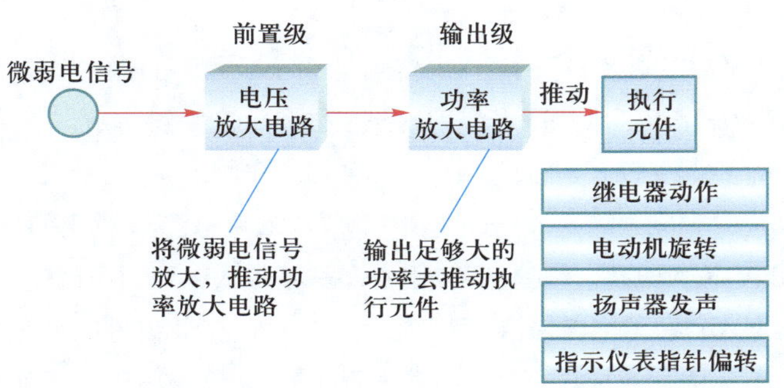

图 2-1-1　放大电路组成框图

在工业电子技术中，常用交流放大电路的输入交流信号的频率一般在 20～20 000 Hz 范围内，这类放大电路通常称为低频放大电路。

一、基本电压放大电路的组成

用晶体管组成放大电路的基本原则是：

① 晶体管应工作在放大状态。发射结正向偏置，集电结反向偏置。

② 信号电路应畅通。输入信号能从放大电路的输入端加到晶体管的输入级上，信号放大后能顺利地从输出端输出。

③ 希望放大电路工作点稳定，失真（即放大后的输出信号波形与输入信号波形不一致的程度）不超过允许范围。

图 2-1-2 所示为根据上述要求由 NPN 型晶体管组成的共射极基本放大电路，由直流电源、晶体管、电阻和电容组成。这是最基本的放大单元电路，许多放大电路就是以它为基础而构成的。因此，掌握它的工作原理及分析方法是分析其他放大电路的基础。

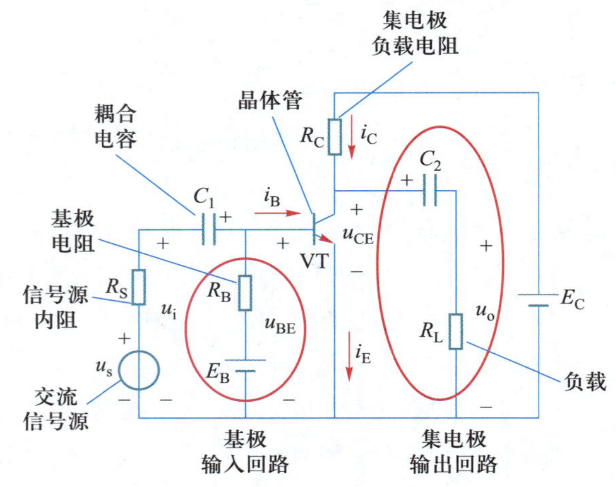

图 2-1-2 共射极基本放大电路

动画：
基本共射极放大电路的组成

图 2-1-2 所示的基本放大电路中有两个电流回路：一个是从发射极 E 经交流信号源、电容 C_1、基极 B 回到发射极 E 的回路，称为放大电路的输入回路；另一个是从发射极 E 经电源 E_C、集电极电阻 R_C、集电极 C 回到发射极 E 的回路，称为放大电路的输出回路。因输入回路和输出回路是以发射极为公共端的，故称为共射极放大电路。下面具体分析各元器件的作用。

二、各元器件的作用

① 晶体管 VT：图中的 VT 是一个 NPN 型硅管，是电路的放大器件。从能量观点来说，能量是守恒的，不能放大。输出的较大能量来自直流电源 E_C。由于输出端得到的能量较大的信号是受晶体管输入电流 i_B 控制的，因此也可以说晶体管是一个控制器件。

② 集电极直流电源 E_C：它一方面保证集电结处于反向偏置，以使晶体管起放大作用；另一方面又是放大电路的能源。E_C 一般为几伏到几十伏。

③ 基极电源 E_B 和基极电阻 R_B：它们的作用是使发射结处于正向偏置，串联 R_B 是为了控制基极电流 i_B 的大小，使放大电路获得较合适的工作状态。从后面分析会看到，i_B 的大小与放大电路质量的好坏是有密切关系的。R_B 的阻值较大，一般为几十千欧到几百千欧。

④ 电容 C_1、C_2：C_1、C_2 分别为输入、输出隔直电容，又称耦合电容。它们具有两个作用：其一，起隔直作用，C_1 隔断信号源与放大电路之间的直流通路，C_2 隔断放大电路与负载之间的直流通路，使三者之间（信号源、放大电路、负载）无直流联系，互不影响；其二，起交流耦合作用，使交流信号畅通无阻。当输入端加上信号电压 u_i 时，可以通过 C_1 送到晶体管的基极与发射极之间，而放大了的信号电压 u_o 则从负载 R_L 两端取出。C_1、C_2 容量较大，一般取值为 5～50 μF。容量大对通过交流是有利的，当信号频率足够高时，在分析放大电路的交流通路时，C_1、C_2 对交流信号可视作短路。C_1、C_2 一般采用有极性电容（如电解电容），因此连接时一定要注意其极性。

⑤ 集电极负载电阻 R_C：它能将集电极电流 i_C 的变化转换成集-射极电压 u_{CE} 的变化，以实现电压的放大作用。R_C 一般取值为几千欧到几十千欧。

图 2-1-2 所示电路用 E_B 和 E_C 两个电源供电。为减少电源的数量以方便使用，考虑到 E_B 和

E_C 的负极是接在一起的，因此可用 E_C 来代替 E_B。一般 E_C 大于 E_B，这样只要适当增大 R_B，即可产生合适的基极电流 i_B。

在放大电路中，通常假设公共端电位为 0，作为电路中其他各点电位的参考点，在电路图上用接地符号表示；在实际装置中，公共端一般接在金属底板或金属外壳上。同时为了简化电路的画法，习惯上常不画出电源 E_C，而只在连接其正极的一端标出它对地的电压 U_{CC} 和极性（“+”或“-”），这样图 2-1-2 所示的共射极基本放大电路可绘成图 2-1-3 所示的简化形式。

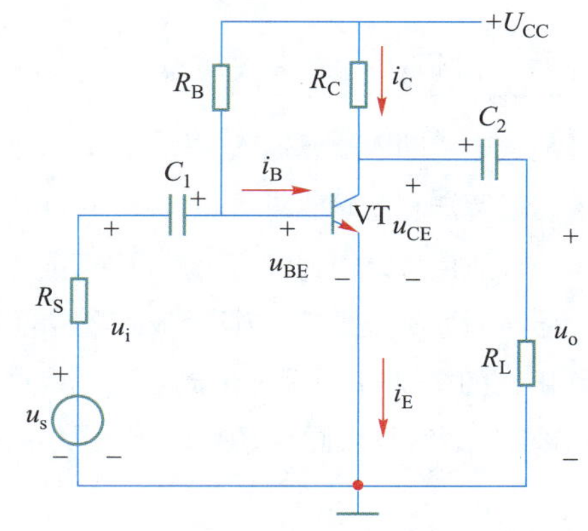

图 2-1-3 共射极基本放大电路的简化形式

点睛
晶体管工作在放大状态的外部条件是：发射结加正向电压，集电结加反向电压。

练习与思考

2-1-1 组成晶体管放大电路的基本原则是什么？
2-1-2 在共射极放大电路中，各个元件的作用是什么？
2-1-3 如果放大电路中的晶体管是 PNP 型，请画出它的基本放大电路。

2-2 放大电路的分析

微课：放大电路的直流、交流通路及微变等效电路

对于放大电路可从两种工作状态来分析，即静态和动态。当放大电路没有输入信号，即 $u_i=0$ 时的工作状态称为静态；当放大电路有输入信号，即 $u_i\neq 0$ 时的工作状态称为动态。

动画：基本放大电路的工作原理

静态分析的主要任务是确定放大电路的静态值（直流值）I_B、I_C、U_{CE} 和 U_{BE}。放大电路的质量与静态值关系甚大。动态分析的任务是确定放大电路的电压放大倍数 A_u、输入电阻 r_i 和输出电阻 r_o 等。

为了便于分析，这里对晶体管放大电路中各个电压和电流的符号做统一的规定，见表 2-2-1。

表 2-2-1 晶体管放大电路中各个电压和电流的符号

名称	静态值	交流分量		总电压或总电流		直流电源
		瞬时值	有效值	瞬时值	平均值	
基极电流	I_B	i_b	I_b	i_B	$I_{B(AV)}$	
集电极电流	I_C	i_c	I_c	i_C	$I_{C(AV)}$	
发射极电流	I_E	i_e	I_e	i_E	$I_{E(AV)}$	
集-射极电压	U_{CE}	u_{ce}	U_{ce}	u_{CE}	$U_{CE(AV)}$	
基-射极电压	U_{BE}	u_{be}	U_{be}	u_{BE}	$U_{BE(AV)}$	
集电极电源						U_{CC}
基极电源						U_{BB}
发射极电源						U_{EE}

一、静态分析

放大电路输入端无输入信号,即 $u_i=0$ 时,电路中只有直流电压和直流电流,为了确定静态值,通常可通过估算法和图解法求得。

估算法用放大电路的直流通路确定静态值。

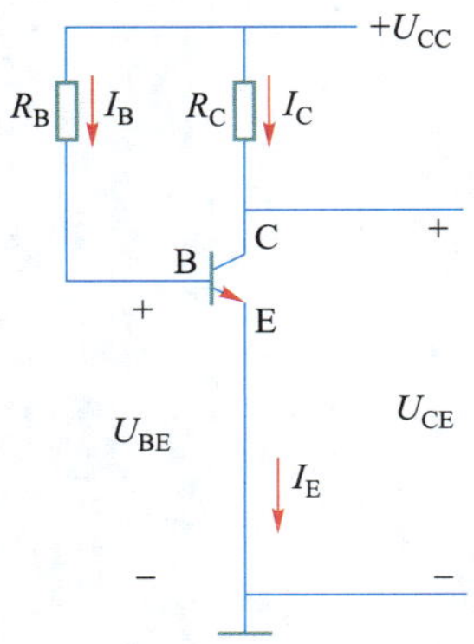

静态值既然是直流,故可用放大电路的直流通路进行分析。由于电容 C_1、C_2 的隔直作用,图 2-1-3 可简化成图 2-2-1 所示的形式。它包含两个独立回路:由直流电源 U_{CC}、基极电阻 R_B、晶体管的基极-发射极组成基极回路;由直流电源 U_{CC}、集电极负载电阻 R_C、晶体管的集电极-发射极组成集电极回路。

图 2-2-1 共射极放大电路的直流通路

根据图 2-2-1 可得

$$U_{CC}=I_B R_B+U_{BE} \tag{2-2-1}$$

则

$$I_B=\frac{U_{CC}-U_{BE}}{R_B} \tag{2-2-2}$$

式中,U_{BE} 为晶体管发射结的正向压降。当发射结处于正向导通状态时,它类似于一个二极管,其导通压降约为 0.7 V(锗管约为 0.3 V)。通常 $U_{CC}>>U_{BE}$,故

$$I_B\approx\frac{U_{CC}}{R_B} \tag{2-2-3}$$

即基极电流 I_B 主要由 U_{CC} 和 R_B 决定。显然当 U_{CC} 和 R_B 确定后,静态基极电流 I_B 就近似为一个固定值,因此,常把这种电路称为固定式偏置放大电路,I_B 称为固定偏置电流,R_B 称为固定偏置电阻。

由 I_B 可求出静态时的集电极电流为

$$I_C=\beta I_B \tag{2-2-4}$$

静态时的集-射极电压为

$$U_{CE}=U_{CC}-I_C R_C \tag{2-2-5}$$

静态时 I_B、I_C、U_{CE} 的值称为放大电路的静态工作点。

例 2-2-1 在图 2-2-1 中,已知 $U_{CC}=12$ V,$R_C=2$ kΩ,$R_B=200$ kΩ,$\beta=50$,试求电路的静态值。

解:

$$I_B\approx\frac{U_{CC}}{R_B}=\frac{12}{200\times10^3}\ \text{A}=6\times10^{-5}\ \text{A}=60\ \mu\text{A}$$

$$I_C=\beta I_B=50\times60\ \mu\text{A}=3\ \text{mA}$$

$$U_{CE}=U_{CC}-I_C R_C=(12-3\times2)\text{V}=6\ \text{V}$$

例 2-2-2 在上题中若 $U_{CC}=24$ V,$\beta=50$,已选定 $I_C=2$ mA,$U_{CE}=8$ V,试估算 R_B 和 R_C 的阻值。

解:

$$I_B=\frac{I_C}{\beta}=\frac{2\times10^3}{50}\ \mu\text{A}=40\ \mu\text{A}$$

$$R_B\approx\frac{U_{CC}}{I_B}=\frac{24}{40\times10^{-6}}\ \Omega=600\ \text{k}\Omega$$

$$R_C=\frac{U_{CC}-U_{CE}}{I_C}=\frac{24-8}{2}\ \text{k}\Omega=8\ \text{k}\Omega$$

动画:
放大电路的
图解分析法

二、动态分析

在上述静态的基础上,放大电路接入交流输入信号 u_i,如图 2-2-2(a)所示,这时放大电路的工作状态称为动态。动态分析就是分析信号在电路中的传输情况,即分析各个电压、电流随输入信号变化

的情况。交流信号在放大电路中的传输通道称为交流通路。画交流通路的原则是：在信号频率范围内，电路中耦合电容 C_1、C_2 的容抗 X_C 很小，可视为短路；直流电源的内阻一般很小，也可以忽略，视为短路。按此原则画出图 2-2-2(a)所示电路的交流通路如图 2-2-2(b)所示。

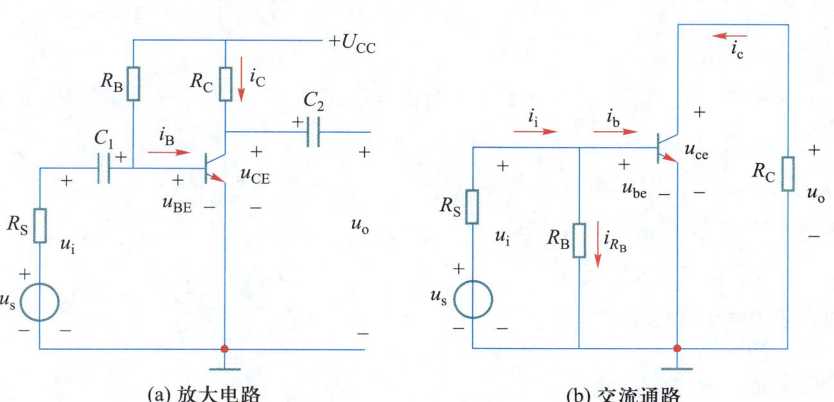

(a) 放大电路　　　(b) 交流通路

图 2-2-2　放大电路的交流通路

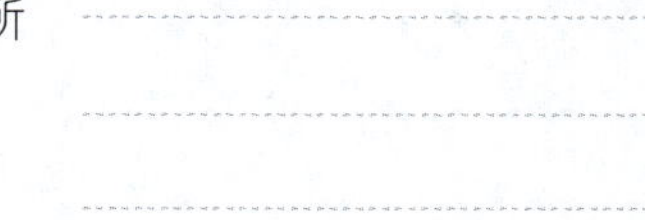

动态时，晶体管的各个电流和电压都含有直流分量和交流分量，即交直流共存。电路中的电流(电压)是交流分量和直流分量的叠加。设输入信号电压 $u_i=U_{im}\sin\omega t$ 是正弦交流电压，如图 2-2-3(a)所示。这时用示波器可观察到放大电路各极电压、电流波形如图 2-2-3(b)~(e)所示。

图 2-2-3(b)　$u_{BE}=U_{BE}+u_{be}=U_{BE}+U_{im}\sin\omega t$

图 2-2-3(c)　$i_B=I_B+i_b=I_B+I_{bm}\sin\omega t$

图 2-2-3(d)　$i_C=I_C+i_c=I_C+I_{cm}\sin\omega t$

图 2-2-3(e)　$u_{CE}=U_{CE}+u_{ce}=U_{CE}+U_{cem}\sin(\omega t+\pi)$

由于耦合电容 C_2 的隔直作用，输出电压为 $u_o=u_{ce}=U_{cem}\sin(\omega t+\pi)$，如图 2-2-3(f)所示。

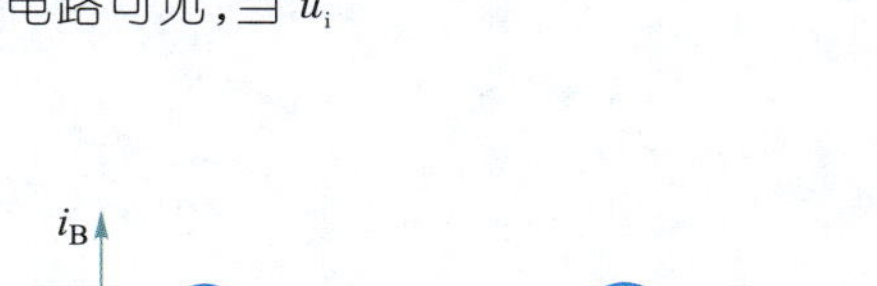

由图 2-2-3(a)、(e)、(f)可见，输出信号 $u_o(u_{ce})$与输入信号 u_i 相位相反。这是因为，在共射极放大电路中，u_o 和 u_i 的参考方向(即正、负极性)都是以地为参考点，由图 2-2-2(b)所示电路可见，当 u_i 增大时，i_b 也增大，$i_c=\beta i_b$随之增大，但 $u_{ce}=-i_cR_C$ 却减小，可见$u_o(u_{ce})$与 u_i 是反相的。

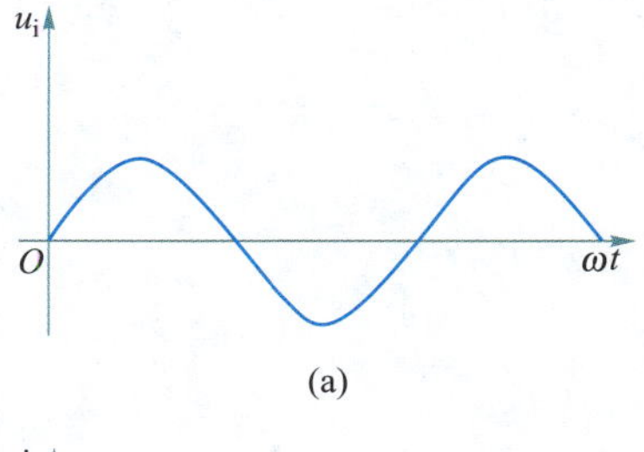

(a)

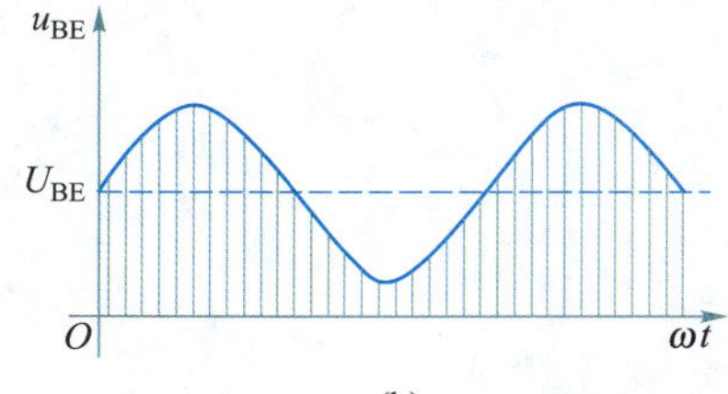

(b)

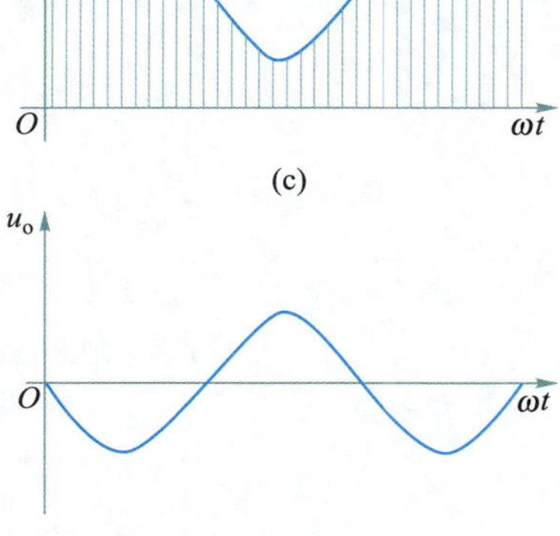

(c)

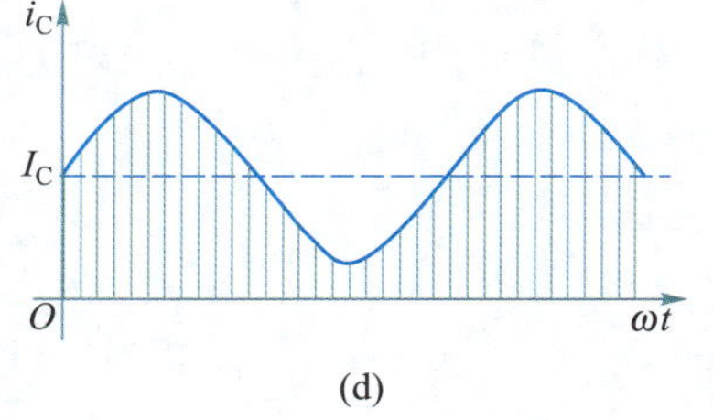

(d)

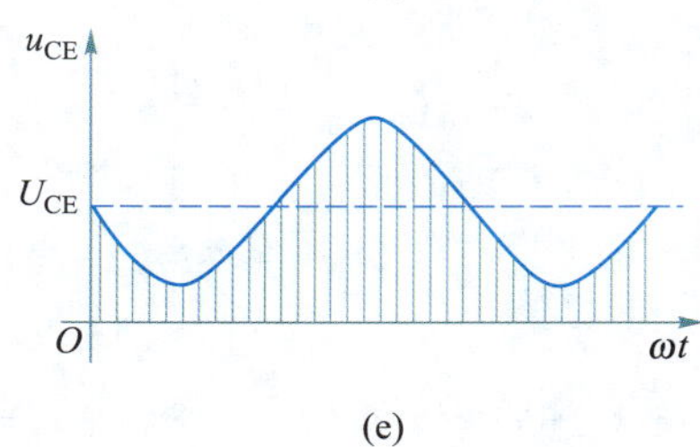

(e)

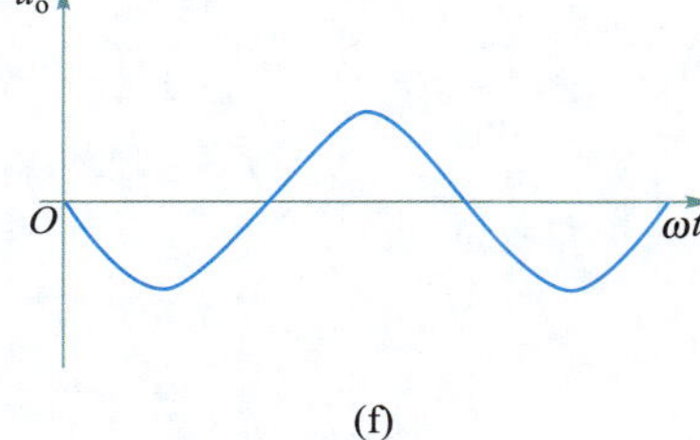

(f)

图 2-2-3　电压、电流波形

综上所述可知：

① 放大电路在动态时的电压、电流是由直流和交流两种分量叠加而成的单方向脉动量，其大小随 u_i 变化。

② 电路中的 u_{be}、i_b、i_c 与 u_i 同相，而 u_{ce} 与 u_i 反相。输出电压 u_o 与输入电压 u_i 相位相反，这是单管共射极放大电路的重要特点。

综上所述，改变 R_B、R_C、U_{CC} 均能改变放大电路的静态工作点，但由于采用改变 R_B 的办法最方便，因此，调节静态工作点时，通常总是首先调节 R_B。

固定式偏置放大电路的优点是电路简单，容易调整；其缺点是外部因素（如温度变化、电源电压波动、晶体管老化等）的影响会引起静态工作点的变化，严重时可导致放大电路无法正常工作。

动画：温度对放大电路性能的影响

三、分压式偏置放大电路

图 2-2-4 是应用比较广泛的分压式偏置放大电路，它能够提供合适的偏流 I_B，又能自动稳定静态工作点。

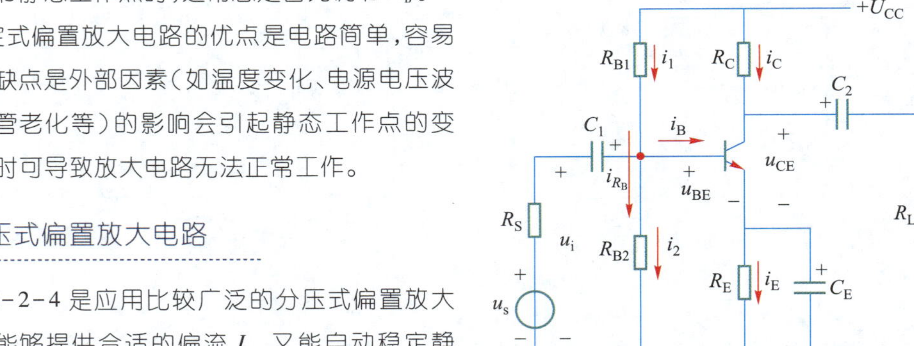

图 2-2-4 分压式偏置放大电路

1. 电路基本特点

① 利用 R_{B1}、R_{B2} 分压来固定基极电位 V_B。由电路可见

$$I_1 = I_2 + I_B$$

若使

$$I_2 >> I_B \tag{2-2-6}$$

则

$$I_1 \approx I_2 \approx \frac{U_{CC}}{R_{B1}+R_{B2}}$$

$$V_B = I_1 R_{B2} = \frac{R_{B2}}{R_{B1}+R_{B2}} \cdot U_{CC} \tag{2-2-7}$$

由此可认为 V_B 与晶体管参数（I_{CEO}、β、U_{BE} 等）无关，即与温度无关，而仅由分压电路 R_{B1}、R_{B2} 的阻值决定。

② 利用发射极电阻 R_E 即可求出反映 I_C 变化的电位 V_E。V_E 作用于输入偏置电路，能自动调整工作点，使 I_C 基本不变。

因

$$U_{BE} = V_B - V_E = V_B - I_E R_E$$

若使

$$V_B >> U_{BE} \tag{2-2-8}$$

则

$$I_C \approx I_E = \frac{V_B - U_{BE}}{R_E} \approx \frac{V_B}{R_E} \tag{2-2-9}$$

当 R_E 固定不变时，I_C、I_E 也稳定不变。

由上可知，只要满足式(2-2-6)、式(2-2-8)两个条件，则 V_B、I_C、I_E 均与晶体管参数无关，不受温度变化的影响，静态工作点得以保持不变。在估算时，一般可选取

$$I_2 = (5 \sim 10) I_B$$

$$V_B = (5 \sim 10) U_{BE}$$

分压式偏置放大电路能稳定静态工作点的物理过程可表示如下：

温度上升 → I_C ↑ → I_E ↑ → $I_E R_E$ ↑ →

I_C ↓ ← I_B ↓ ← U_{BE} ↓ ←

从上面的分析可见，R_E 越大，静态工作点的稳定性越好。但是，R_E 太大，必然使 V_E 增大，当 U_{CC} 为某一定值时，将使静态管压降 U_{CE} 相对减小，从而减小了晶体管的动态工作范围。因此 R_E 不宜太大，小电流情况下一般为几百欧到几千欧，大电流情况下为几欧到几十欧。实际使用时，常在 R_E 上并联一个大容量的极性电容 C_E，它具有旁路交流的功能，称为发射极交流旁路电容。它的存在对放大电路直流分量并无影响，但对交流信号相当于把 R_E 短接，避免了在发射极电阻 R_E 上产生交流压降，否则这种交流压降被送回到输入回路，将减弱加到基-射极间的输入信号，导致电压放大倍数下降。C_E 一般取几十微法到几百微法。

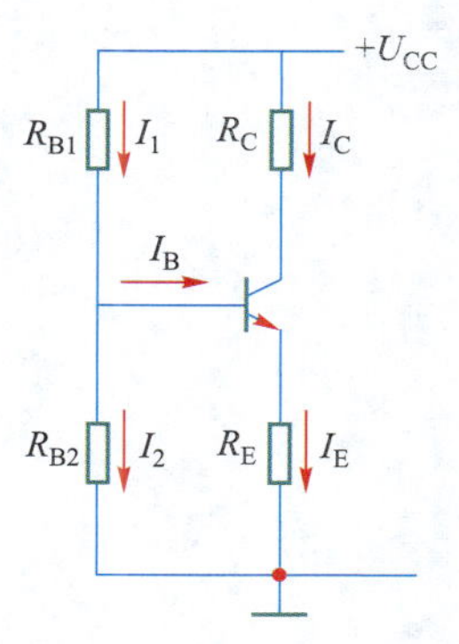

图 2-2-5　分压式偏置放大电路的直流通路

2. 静态工作点的估算

估算放大电路的静态值要用它的直流通路。分压式偏置放大电路的直流通路如图 2-2-5 所示。

因 $I_2 >> I_B$，故先计算 I_B 比较困难，一般先计算 V_B。

由式(2-2-7)和式(2-2-9)有

$$V_B = \frac{R_{B2}}{R_{B1}+R_{B2}} \cdot U_{CC}$$

$$I_C \approx I_E = \frac{V_B - U_{BE}}{R_E} \approx \frac{V_B}{R_E}$$

即可得出

$$I_B = \frac{I_C}{\beta}$$

$$U_{CE} = U_{CC} - I_C R_C - I_E R_E \approx U_{CC} - I_C(R_C + R_E) \tag{2-2-10}$$

例 2-2-3　在分压式偏置放大电路(图 2-2-5)中，已知 $U_{CC}=18\ \text{V}$，$R_C=3\ \text{k}\Omega$，$R_E=1.5\ \text{k}\Omega$，$R_{B1}=33\ \text{k}\Omega$，$R_{B2}=12\ \text{k}\Omega$，晶体管的 $\beta=60$，试求放大电路的静态值。

解：由式(2-2-7)可求得基极电位为

$$V_B = \frac{R_{B2}}{R_{B1}+R_{B2}} \cdot U_{CC} = \frac{12}{33+12} \times 18\ \text{V} = 4.8\ \text{V}$$

静态集电极电流为

$$I_C \approx I_E = \frac{V_B - U_{BE}}{R_E} = \frac{4.8-0.7}{1.5}\ \text{mA} \approx 2.7\ \text{mA}$$

静态基极电流为

$$I_B = \frac{I_C}{\beta} = \frac{2.7}{60}\ \text{mA} = 0.045\ \text{mA} = 45\ \mu\text{A}$$

静态集-射极电压为

$$U_{CE} \approx U_{CC} - I_C(R_C+R_E) = [18-2.7\times(3+1.5)]\ \text{V} \approx 5.9\ \text{V}$$

例 2-2-4　在分压式偏置放大电路(图 2-2-5)中，已知电源电压 $U_{CC}=18\ \text{V}$，晶体管的 $\beta=50$。现要求静态值为 $I_C=2\ \text{mA}$，$U_{CE}=6\ \text{V}$，试估算 R_{B1}、R_{B2}、R_C 和 R_E 的阻值。

解：由 $V_B=(5\sim10)U_{BE}$ 的关系，取 $V_B=4\ \text{V}$，则发射极电阻为

$$R_E = \frac{V_B - U_{BE}}{I_E} \approx \frac{V_B}{I_C} = \frac{4}{2}\ \text{k}\Omega = 2\ \text{k}\Omega$$

静态基极电流为

$$I_B = \frac{I_C}{\beta} = \frac{2}{50}\ \text{mA} = 0.04\ \text{mA} = 40\ \mu\text{A}$$

设流经电阻 R_{B2} 的电流 $I_2=10I_B$，即 $I_2=0.4\ \text{mA}$，则

$$R_{B1}+R_{B2}\approx\frac{U_{CC}}{I_2}=\frac{18}{0.4}\ \text{k}\Omega=45\ \text{k}\Omega$$

由式(2-2-7)得基极电位为

$$V_B=\frac{R_{B2}}{R_{B1}+R_{B2}}\cdot U_{CC}=\frac{R_{B2}}{45\ \text{k}\Omega}\times18\ \text{V}$$

故可算出

$$R_{B2}=\frac{45}{18}\times4\ \text{k}\Omega=10\ \text{k}\Omega$$

$$R_{B1}=45\ \text{k}\Omega-R_{B2}=35\ \text{k}\Omega$$

由式(2-2-10)可求得集电极电阻为

$$R_C\approx\frac{U_{CC}-U_{CE}}{I_C}-R_E=\left(\frac{18-6}{2}-2\right)\ \text{k}\Omega=4\ \text{k}\Omega$$

点睛

对于放大电路可从两种工作状态来分析，即静态和动态。静态分析的主要任务是确定放大电路的静态值（直流值）I_B、I_C、U_{CE} 和 U_{BE}。动态分析的任务是确定放大电路的电压放大倍数 A_u、输入电阻 r_i 和输出电阻 r_o 等。

练习与思考

2-2-1　在图 2-2-1 所示放大电路中，如果调节 R_B 使基极电位升高，试问此时 I_C、U_{CC} 及集电极电位 V_C 将如何变化？

2-2-2　区别交流放大电路的：(1) 静态工作和动态工作；(2) 直流通路和交流通路；(3) 电压和电流的直流分量和交流分量。

2-2-3　在实际中调整分压式偏置放大电路的静态工作点时，调节哪个元件的参数比较方便？接上发射极交流旁路电容 C_E 后是否影响静态工作点？

2-2-4　对分压式偏置放大电路而言，为什么只要满足 $I_2>>I_B$ 和 $V_B>>U_{BE}$ 两个条件，静态工作点便能基本得以稳定？更换晶体管对放大电路的静态值有无影响？试说明之。

2-3　放大电路的微变等效电路分析法

微变等效电路法和图解法是分析放大电路动态的两种基本方法。但是用图解法分析时必须有晶体管的特性曲线，而同一类型的晶体管特性曲线又各有差异，同时用图解法分析不仅比较麻烦，而且存在误差大及无法计算输入电阻、输出电阻等动态参数的缺点，故动态分析时多采用微变等效电路法，这里也只介绍微变等效电路分析法。

所谓放大电路的微变等效电路，就是把由非线性器件晶体管组成的放大电路等效为一个线性电路。一般分析放大器在输入小信号情况下的工作状态时，常使用微变等效电路。如一般应变仪中的输入信号、从传声器输出到放大电路中的信号都是小信号，而驱动记录装置、扬声器的输入信号都是大信号。

当输入小信号（微变量）时，放大器工作于静态工作点附近，在这一范围内，晶体管的特性曲线可以近似为一条直线。在这种情况下，就可以把由非线性器件晶体管组成的放大电路等效为一个线性电路来分析。

微变等效电路是在交流通路基础上建立的，只能对交流等效，只能用来分析交流动态、计算交流分量，而不能用来分析直流分量。

一、晶体管的微变等效电路

分析一个放大电路，一般首先从晶体管的输入回路着手。我们知道，从晶体管的基极、发射极之间看进去是晶体管的发射结，发射结对输入信号要呈现一定的动态电阻，设为 r_{be}。如果 r_{be} 是一个常数，那么晶体管的输入回路可以等效为图 2-3-1(a)所示的形式。

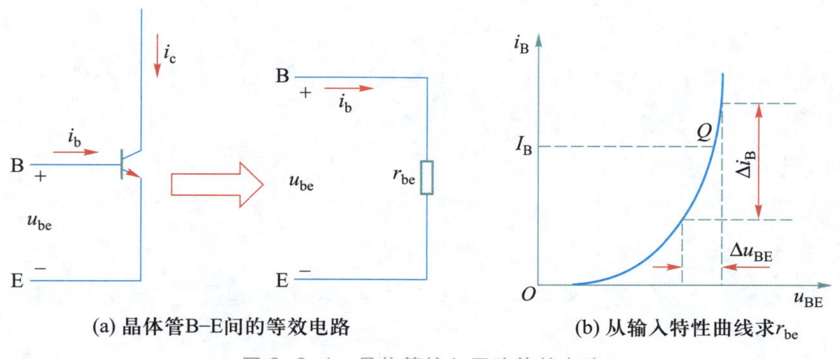

(a) 晶体管B-E间的等效电路　　(b) 从输入特性曲线求r_{be}

图 2-3-1　晶体管输入回路等效电路

晶体管的输入特性曲线是非线性的，各点切线斜率是不相同的，因此 r_{be} 大小也不一样，也就是说 r_{be} 与静态工作点 Q 有关。如果输入信号很小，如图 2-3-1(b)所示，则静态工作点 Q 附近的工作段可认为是直线，这样 Q 点的切线与原特性曲线重合，使 r_{be} 成为一常数，所以有

$$r_{be}=\left.\frac{\Delta u_{BE}}{\Delta i_B}\right|_{u_{CE}=\text{常数}}=\left.\frac{u_{be}}{i_b}\right|_{u_{CE}=\text{常数}}$$

动态电阻 r_{be} 称为晶体管的输入电阻。低频小功率管的输入电阻常用下式估算：

$$r_{be}=300\ \Omega+(\beta+1)\frac{26\ \text{mV}}{I_E(\text{mA})} \tag{2-3-1}$$

式中，I_E 为发射极电流静态值。r_{be} 在晶体管手册中常用 h_{ie} 代表，它的值一般为几百欧到几千欧。

下面分析晶体管的输出回路。晶体管 C-E 间的等效电路如图 2-3-2(a)所示，图 2-3-2(b)为晶体管的输出特性曲线，对于输出特性，当 i_B 一定时，i_C 在放大区内近似恒定。

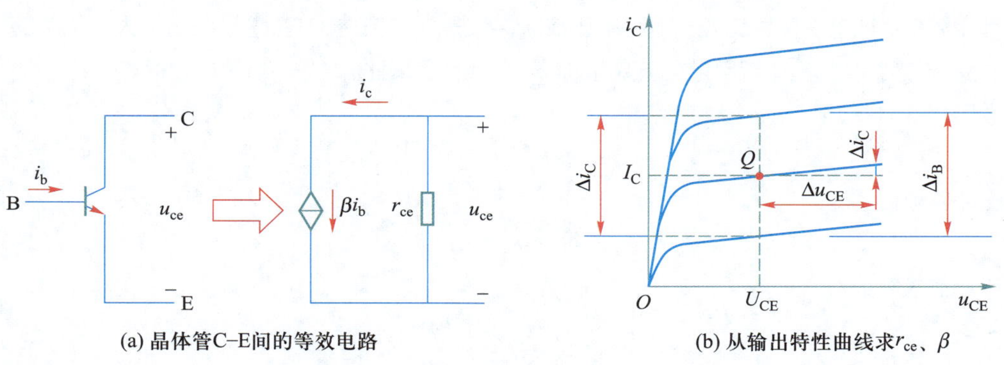

(a) 晶体管C-E间的等效电路　　(b) 从输出特性曲线求r_{ce}、β

图 2-3-2　晶体管输出回路等效电路

当 u_{CE} = 常数时，Δi_C 与 Δi_B 之比为

$$\beta=\frac{\Delta i_C}{\Delta i_B}\bigg|_{u_{CE}=\text{常数}}=\frac{i_c}{i_b}\bigg|_{u_{CE}=\text{常数}}$$

若特性曲线的间距相等，则 β 为一常数。所以晶体管的电流放大作用可以用一个等效电流源 $i_c=\beta i_b$ 来代替。在放大区内 i_c 是受 i_b 控制的，因此这里所说的电流源是个受控电流源。另外从输出特性曲线可以看出，输出特性曲线不完全与横轴平行，因此有下式成立：

$$r_{ce}=\frac{\Delta u_{CE}}{\Delta i_C}\bigg|_{i_B=\text{常数}}=\frac{u_{ce}}{i_c}\bigg|_{i_B=\text{常数}}$$

r_{ce} 称为晶体管的输出电阻。由此可见晶体管的输出回路并非恒流源，而是具有内阻 r_{ce} 的电流源，即输出回路应由 βi_b 和内阻 r_{ce} 并联组成，如图 2-3-2(a)所示。图 2-3-3 为结合输入回路和输出回路所得到的晶体管微变等效电路。由于 r_{ce} 的阻值很大，一般为几十千欧到几百千欧，因此在画微变等效电路时一般可不画出。

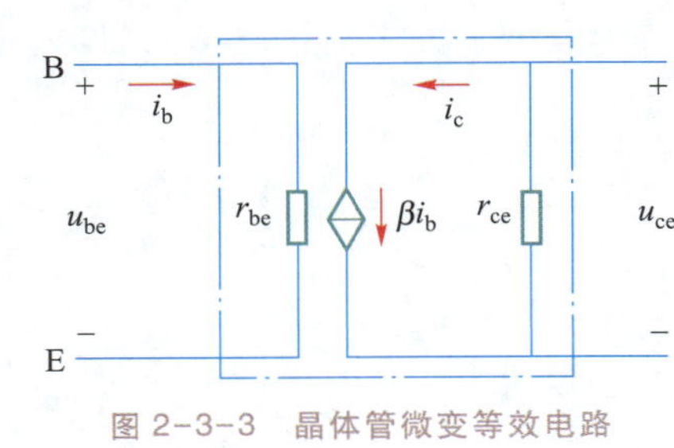

图 2-3-3 晶体管微变等效电路

动画：晶体管微变等效电路的画法

由此可得出放大电路的微变等效电路。对于小信号输入放大电路进行动态分析时，首先应画出放大电路的交流通路，然后根据交流通路画出微变等效电路。图 2-3-4 为固定式偏置放大电路微变等效电路的简化过程。

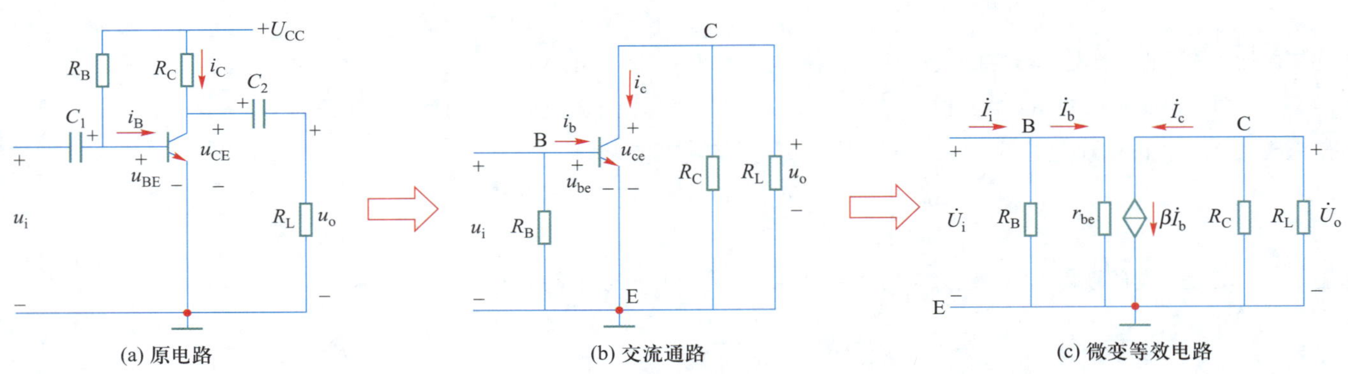

(a) 原电路 (b) 交流通路 (c) 微变等效电路

图 2-3-4 固定式偏置放大电路微变等效电路的简化过程

二、电压放大倍数的计算

动画：放大电路的微变等效电路分析法

利用微变等效电路计算放大电路的电压放大倍数是非常方便的，首先应画出放大电路的交流通路，再将交流通路中的晶体管用它的微变等效电路来代替，即如图 2-3-4 所示的过程。

由图 2-3-4(c)所示的输入回路可得

$$\dot{U}_i=\dot{I}_b r_{be} \tag{2-3-2}$$

由输出回路可得

$$\dot{U}_o=-\dot{I}_c R'_L=-\beta\dot{I}_b R'_L \tag{2-3-3}$$

所以电压放大倍数为

$$A_u=\frac{\dot{U}_o}{\dot{U}_i}=-\beta\frac{R'_L}{r_{be}} \tag{2-3-4}$$

式中，R'_L称为等效负载电阻，有

$$R'_L = R_C // R_L$$

若 $R_L = \infty$，则有

$$A_u = -\beta \frac{R_C}{r_{be}} \tag{2-3-5}$$

式中，负号表示输出电压与输入电压相位相反。

如果信号源含有的内阻 R_S 不可忽略，则其微变等效电路如图 2-3-5 所示。因放大电路的实际输入信号电压 $\dot{U}_i < \dot{U}_s$，所以输出信号电压 $\dot{U}_o$也相应减小，即对 $\dot{U}_o$而言电压放大倍数降低了。

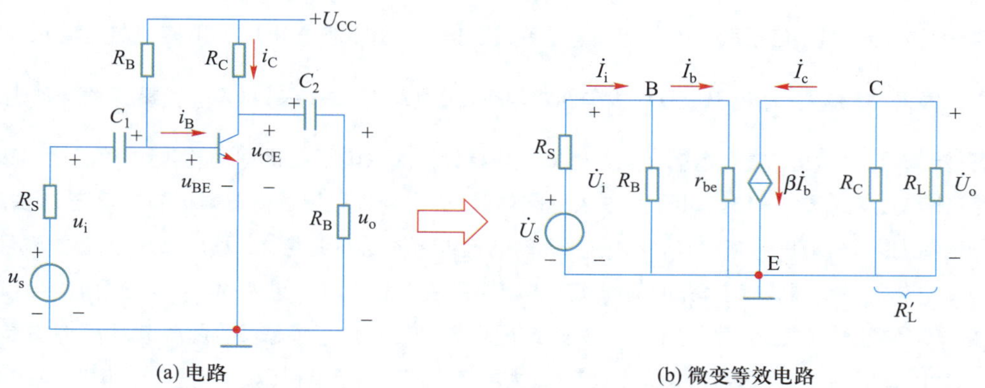

图 2-3-5　信号源含有内阻的微变等效电路

由图 2-3-5(b)可知

$$\dot{U}_i = \frac{\dot{U}_s}{R_S + r_{be}} \cdot r_{be} \tag{2-3-6}$$

因此，对信号源 $\dot{U}_s$ 的电压放大倍数为

$$A_{us} = \frac{\dot{U}_o}{\dot{U}_s} = \frac{\dot{U}_o}{\dot{U}_i} \cdot \frac{\dot{U}_i}{\dot{U}_s} = -\beta \frac{R'_L}{r_{be}} \cdot \frac{r_{be}}{R_S + r_{be}} = -\beta \frac{R'_L}{R_S + r_{be}} \tag{2-3-7}$$

可见，考虑信号源内阻 R_S 的影响时，放大电路的电压放大倍数降低了，R_S 越大，A_{us}越小。

例 2-3-1　电路如图 2-3-5(a)所示，已知 $U_{CC} = 12$ V，$R_B = 300$ kΩ，$R_C = 4$ kΩ，晶体管 $\beta = 40$，试：

(1) 估算静态工作点；

(2) 估算 r_{be}；

(3) 求当 $R_S = 0$、$R_L = \infty$ 时的电压放大倍数 A_u；

(4) 求当 $R_S = 0.5$ kΩ、$R_L = 4$ kΩ 时的电压放大倍数 A_{us}。

解：(1) 估算静态工作点。

$$I_B \approx \frac{U_{CC}}{R_B} = \frac{12}{300}\ \text{mA} = 0.04\ \text{mA} = 40\ \mu\text{A}$$

$$I_C = \beta I_B = 40 \times 0.04\ \text{mA} = 1.6\ \text{mA}$$

$$U_{CE} = U_{CC} - I_C R_C = (12 - 1.6 \times 4)\ \text{V} = 5.6\ \text{V}$$

(2) 估算 r_{be}。

$$I_E = I_B + I_C = (0.04 + 1.6)\ \text{mA} = 1.64\ \text{mA}$$

所以

$$r_{be} = 300\ \Omega + (\beta + 1)\frac{26\ \text{mV}}{1.64\ \text{mA}} = 950\ \Omega$$

（3）因 $R_S=0$，放大电路输出端开路，使用式（2-3-5）计算电压放大倍数，有

$$A_u=-\beta\frac{R_C}{r_{be}}=-40\times\frac{4\times10^3}{950}\approx-168$$

（4）当 $R_S=0.5\ \text{k}\Omega$，接入负载电阻 $R_L=4\ \text{k}\Omega$ 时，有

$$R_L'=R_C\,/\!/\,R_L=\frac{R_LR_C}{R_L+R_C}=\frac{4\times4}{4+4}\ \text{k}\Omega=2\ \text{k}\Omega$$

此时的电压放大倍数 A_{us} 为

$$A_{us}=-\beta\frac{R_L'}{R_S+r_{be}}=-40\times\frac{2\times10^3}{500+950}\approx-55$$

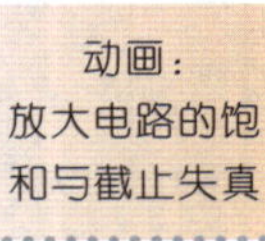

电压放大倍数是小信号放大电路的一个重要性能指标，通过例 2-3-1 可知，信号源内阻 R_S 对放大倍数影响很大，R_S 越大，A_{us} 越小。从放大电路本身来说，因为 $A_u=-\beta\frac{R_L'}{r_{be}}$，从表面上看，要提高电压放大倍数，只要选用 β 大的晶体管、增加 R_L（或 R_C）、减小晶体管输入电阻 r_{be} 即可，但实际上这三个参数之间是互相影响的，从式（2-3-1）可以看出，β 大的晶体管，r_{be} 也较大。如果将发射极静态电流 I_E 提高，在一定的范围内因 I_E 增加，r_{be} 减小，将使 A_u 显著增大，但 I_E 不能无限地增大，因 I_E 增大时，放大电路的静态工作点 Q 将沿着负载线向上移动，可能使放大电路产生饱和失真。另外，A_u 与 R_L' 成正比，所以放大电路输出端负载增加（即 R_L 减小）时，A_u 会下降，而且 R_L 越小，A_u 下降越多。负载电阻 R_L 往往是已经确定的，所以要提高 A_u，可适当增大 R_C，但 R_C 太大易产生波形失真，在低频小信号放大电路中，通常 R_C 为几千欧到几十千欧。

由以上分析可知，要想提高 A_u，必须对 R_C、β、r_{be} 三者进行综合考虑，一般情况下可选用 β 大的晶体管，但 β 值以不超过 100 为宜。

三、放大电路输入电阻和输出电阻的计算

放大电路总是和其他电路连接在一起，它的输入端接信号源或前级放大电路，而它的输出端常与后级放大电路或负载相连接。因此，放大电路与信号源、负载之间，以及放大电路级与级之间都是相互联系、相互影响的。

1. 放大电路的输入电阻

如图 2-3-6 所示，从放大电路的输入端看进去所呈现的交流等效电阻称为放大电路的输入电阻 r_i。此时，对信号源而言，放大电路相当于负载，故可用一个等效电阻来代替，这个等效电阻就是放大电路本身的输入电阻。对于图 2-3-6 所示的共射极放大电路，有

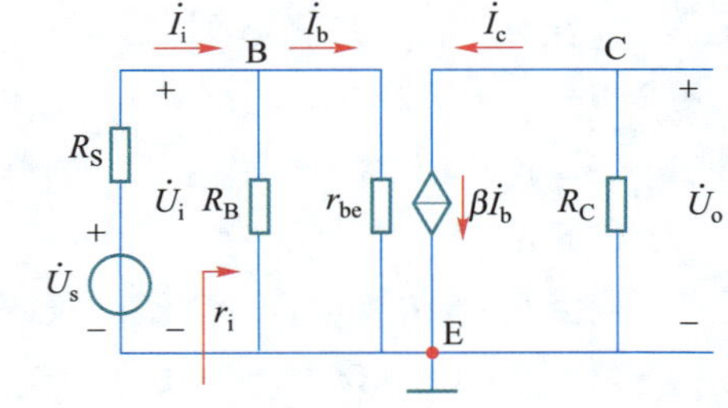

图 2-3-6 求输入电阻 r_i

$$r_i=\frac{\dot{U}_i}{\dot{I}_i}$$

而

$$\dot{I}_i=\dot{I}_{R_B}+\dot{I}_b=\left(\frac{1}{R_B}+\frac{1}{r_{be}}\right)\dot{U}_i=\frac{1}{r_i}\dot{U}_i$$

所以

$$r_i=R_B\,/\!/\,r_{be}=\frac{R_Br_{be}}{R_B+r_{be}} \tag{2-3-8}$$

由于 $R_B>>r_{be}$，所以 $r_i\approx r_{be}$。通常希望放大电路的输入电阻大一些，一是可以减轻信号源负担，二是可以提高电压放大倍数。注意：r_i 和 r_{be} 意义不同，不能混淆。

2. **放大电路的输出电阻**

从放大电路的输出端看进去所呈现的交流等效电阻称为放大电路的输出电阻 r_o。此时，对负载 R_L 而言，放大电路相当于信号源，其内阻即为放大电路本身的输出电阻。放大电路的输出电阻 r_o 是在输入信号源短接和负载电阻 R_L 开路的情况下求得的，如图 2-3-7 所示。

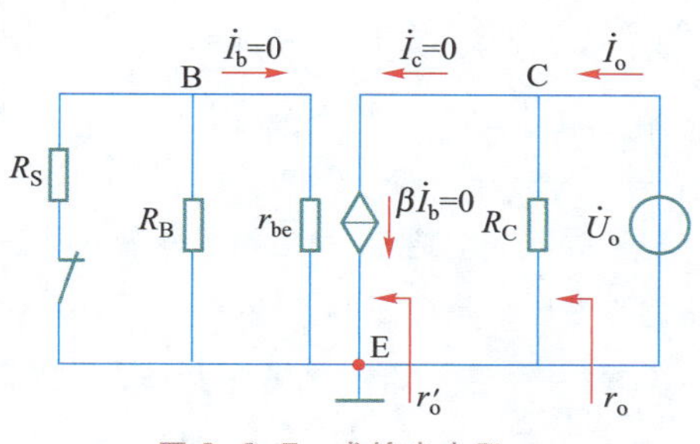

图 2-3-7　求输出电阻 r_o

当 $\dot{U}_s=0$，$\dot{I}_b=0$，$\beta\dot{I}_b=0$（即 $\dot{I}_c=0$）时，r'_o 为晶体管的输出电阻 r_{ce}（其数值很大，前面简化时已忽略），这样在输出端加电源 $\dot{U}_o$，即产生电流 $\dot{I}_o$，于是电路的输出电阻为

$$r_o=\frac{\dot{U}_o}{\dot{I}_o}$$

而

$$\dot{I}_o=\left(\frac{1}{R_C}+\frac{1}{r'_o}\right)\dot{U}_o=\frac{\dot{U}_o}{r_o}$$

所以

$$r_o=R_C /\!/ r'_o\approx R_C$$

R_C 一般为几千欧，因此，共射极放大电路的输出电阻较大。

点睛

微变等效电路法和图解法是分析放大电路动态的两种基本方法，用图解法分析不仅比较麻烦，而且存在误差大及无法计算输入电阻、输出电阻等动态参数的缺点，故动态分析时多采用微变等效电路法。绘制放大电路微变等效电路的原则是：晶体管 B-E 间用动态电阻 r_{be} 等效，C-E 间用受控电流源等效，直流电压源和大电容对交流信号视为短路。

练习与思考

2-3-1　晶体管用微变等效电路来代替的条件是什么？

2-3-2　r_{be}、r_{ce}、r_i、r_o 是交流电阻还是直流电阻？它们各是什么电阻？在 r_o 中是否包括 R_L？

2-3-3　电压放大倍数 A_u 是不是与 β 成正比？

2-3-4　A_u 与哪些因素有关？如何提高 A_u？

拓展动画：场效应管及其放大电路

2-4　多级放大电路

前面分析的放大电路，都是由一个晶体管组成的单级放大电路，它们的放大倍数是极其有限的。但是在实际应用中，例如通信系统、自动控制系统及检测装置中，输入信号都是极微弱的，需将微弱的输入信号放大到几千倍乃至几万倍才能驱动执行机构（如扬声器、伺服电动机、测量仪器等）进行工作。实用的放大电路都是由多个单级放大电路组成的多级放大电路，其中前几级为电压放大级，末级为功率放大级。

微课：多级放大电路

多级放大电路的框图如图 2-4-1 所示，图中每一个方框代表一个单级放大电路，方框间带箭头的连线表示信号传递方向，前一级的输出总是后一级的输入。第一级称为输入级，其任务是将小信号进

行放大；最末一级（有时也包括末前级）称为输出级，担负着电路功率放大的任务；其余各级称为中间级，担负着电压放大的任务。

一、级间耦合方式

在多级放大电路中，一级与另一级之间的连接称为“耦合”。通常采用的耦合方式有阻容耦合、直接耦合和变压器耦合三种。耦合方式虽有不同，但必须满足下述要求：

① 级与级连接起来后，要保证各级放大电路的静态工作点设置合理。

② 要求前级的输入信号能顺利地传递到后级，而且在传递过程中损耗和失真要尽可能小。

1. 阻容耦合放大电路

图 2-4-2 所示为一个典型的两级阻容耦合放大电路，每一级都是前面讨论过的分压式偏置放大电路。

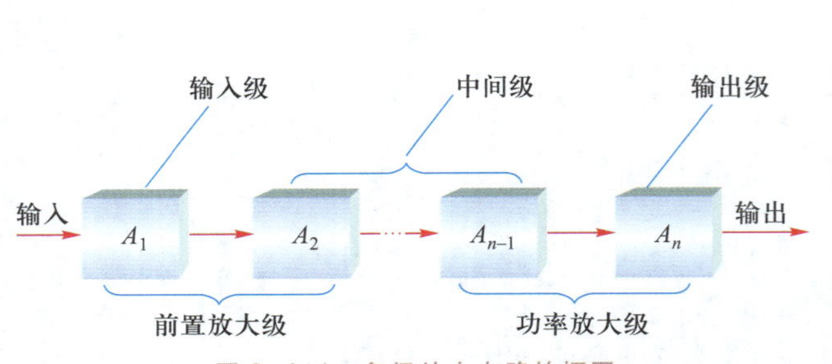

图 2-4-1 多级放大电路的框图

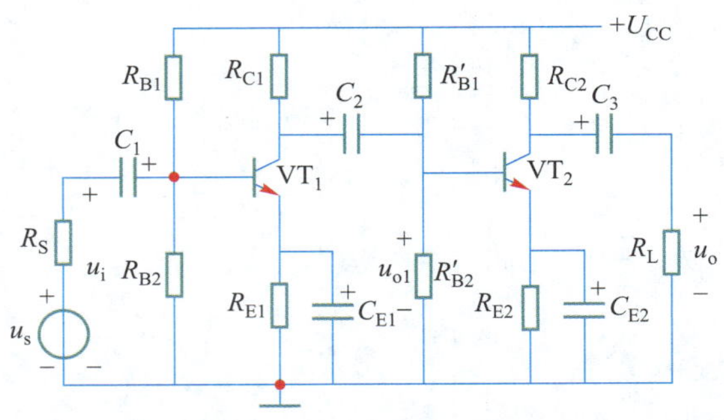

图 2-4-2 两级阻容耦合放大电路

阻容耦合方式的优点是：由于前后级之间通过耦合电容 C_2 相连，所以各级直流通路是独立的，同时每一级的静态工作点也是独立的，这就保证了前后级的静态工作点互不影响。另外，只要耦合电容选得足够大（通常选取几微法到几十微法），就可以做到前一级的输出信号几乎不衰减地加到下一级的输入端，使信号得以充分利用，因此阻容耦合方式在多级放大电路中获得广泛应用。如前所述，在单级放大电路中，输入信号电压与输出信号电压相位相反。在两级放大电路中，由于两次反相，因此输入电压 $\dot{U}_i$ 与输出电压 $\dot{U}_o$ 的相位相同。

动画：
直接耦合方式

2. 直接耦合放大电路

不经过电抗元件，把前后级直接连接起来，这种耦合方式称为直接耦合，如图 2-4-3 所示。由于直接连接，各级的直流通路相互沟通，因而各级静态工作点相互关联、相互牵制，使静态工作点调整出现困难。但直接耦合放大电路不仅能放大交流信号，也能放大直流或缓慢变化的信号，所以获得广泛应用。在集成电路中因无法制作大容量的电容而必须采用直接耦合放大电路。

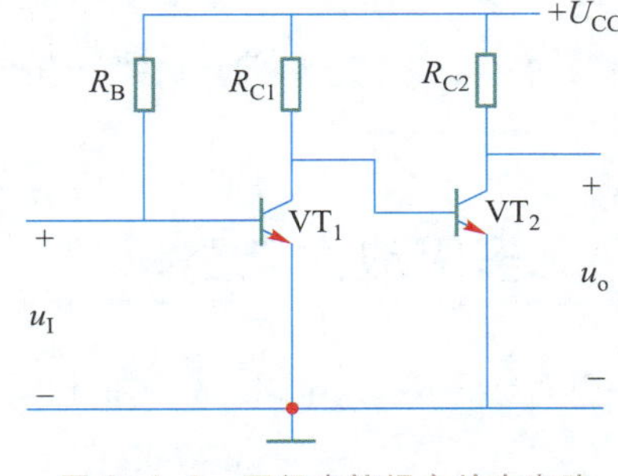

图 2-4-3 两级直接耦合放大电路

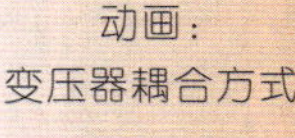

3. 变压器耦合放大电路

通过变压器实现级间耦合，如图 2-4-4 所示。变压器 Tr_1 将第一级的输出电压变换成第二级的输入电压，变压器 Tr_2 将第二级的输出电压变换成负载 R_L 所要求的电压，同时进行阻抗变换，使负载获得足够的输出功率。变压器可以隔断直流量，传输交流信号。但变压器比较笨重，体积大，成本高，又无法集成化，所以一般不采用变压器耦合。只有遇到特殊需求时，例如利用变压器进行阻抗变换时才采用。

二、多级放大电路电压放大倍数的计算

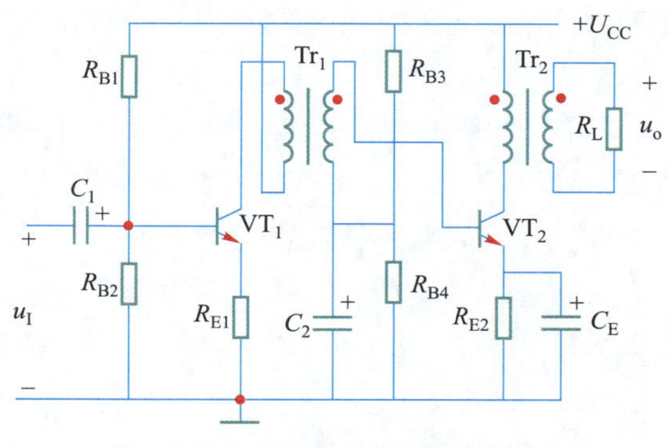

图 2-4-4 两级变压器耦合放大电路

在放大电路中，存在着隔直（耦合）电容、旁路电容以及晶体管的极间电容、连接导线之间的分布电容等，它们的容抗将随信号频率的改变而改变，因而当输入信号频率不同时，放大电路的电压放大倍数将会发生变化。但从一般工业应用来说，信号频率的范围大致与音频范围相当，与无线电频率（射频、视频等）相比属于低频范围。在低频范围内，有相当宽的一个频段，所有外接电容（耦合电容、旁路电容）都因容抗很小而可视为短路，而极间电容、分布电容等则因容抗很大而可视为开路，这个频段就称为中频段（低频范围内的中频段，不是无线电频谱中的中频段）。放大倍数通常是指中频段内的电压增益，这时放大电路可认为是一种纯电阻电路，因而放大倍数等参数就和频率无关了。

在输入信号较小时，放大电路处于线性工作状态，各项参数均为常数，则多级放大电路亦可用微变等效电路表示，如图 2-4-5 所示。图中每一级放大倍数的计算与单级放大电路相同。因前一级的输出为后一级的输入，即 $\dot{U}_{o1}=\dot{U}_{i2}$，故前一级的负载电阻应包含后一级的输入电阻。

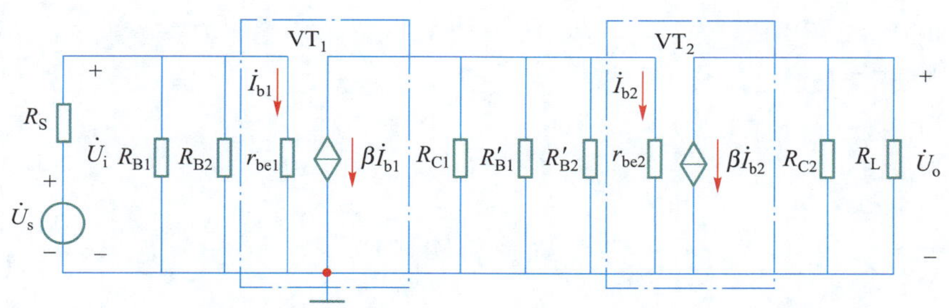

图 2-4-5 两级阻容耦合放大电路（图 2-4-2）的微变等效电路

第一级的电压放大倍数为

$$\dot{A}_1=\frac{\dot{U}_{o1}}{\dot{U}_{i1}}=-\beta_1\frac{R'_{L1}}{r_{be1}} \tag{2-4-1}$$

式中

$$R'_{L1}=R_{C1}/\!/R'_B/\!/r_{be2}=R_{C1}/\!/r_{i2}$$

$$R'_B=R'_{B1}/\!/R'_{B2}$$

第二级的电压放大倍数为

$$\dot{A}_2=\frac{\dot{U}_{o2}}{\dot{U}_{i2}}=-\beta_2\frac{R'_{L2}}{r_{be2}} \tag{2-4-2}$$

式中

$$R'_{L2}=R_{C2}/\!/R_L$$

由于两级放大电路是逐级连接地进行放大，其总的电压放大倍数为

$$\dot{A}=\dot{A}_1\dot{A}_2=\frac{\dot{U}_{o1}}{\dot{U}_{i1}}\cdot\frac{\dot{U}_{o2}}{\dot{U}_{i2}} \tag{2-4-3}$$

多级放大电路是把前一级输出的信号电压作为后一级的输入电压逐级进行放大，其总的电压放大

倍数将为各级电压放大倍数的乘积。如果有 n 级,则总的电压放大倍数为

$$A=A_1\cdot A_2\cdot\cdots\cdot A_{n-1}\cdot A_n \tag{2-4-4}$$

用式(2-4-4)计算时必须注意:在计算每一级的电压放大倍数时要把后一级的输入电阻作为前一级的负载电阻。另外,第一级的输入电阻即为整个多级放大电路的输入电阻,最后一级的输出电阻即为整个多级放大电路的输出电阻。

多级放大电路的放大倍数很大,计算和表示都不方便,于是人们就取两个电压之比的对数为电压增益,并取名为“贝尔(Bel)”。应用时“贝尔”单位太大,人们又取它的十分之一,即“分贝(dB)”作为电压增益的单位。

定义电压增益为

$$A_u(\text{dB})=20\lg\frac{U_o}{U_i}(\text{dB}) \tag{2-4-5}$$

采用分贝表示方法的最大优点是,它可以将多级放大电路的乘除关系转化为对数的加减关系,便于使用和计算。

在中频段范围内,放大电路每级输出电压与输入电压相位相反。可见,经两级放大后,输出信号与输入信号同相;对于三级放大电路,输出信号则与输入信号反相;以此类推。

例 2-4-1 在图 2-4-2 所示的两级阻容耦合放大电路中,已知 $R_{B1}=30\ \text{k}\Omega$,$R_{B2}=15\ \text{k}\Omega$,$R'_{B1}=20\ \text{k}\Omega$,$R'_{B2}=10\ \text{k}\Omega$,$R_{C1}=3\ \text{k}\Omega$,$R_{C2}=2.5\ \text{k}\Omega$,$R_{E1}=3\ \text{k}\Omega$,$R_{E2}=2\ \text{k}\Omega$,$R_L=5\ \text{k}\Omega$,$C_1=C_2=C_3=50\ \mu\text{F}$,$C_{E1}=C_{E2}=100\ \mu\text{F}$。如果晶体管的 $\beta_1=\beta_2=40$,$U_{CC}=12\ \text{V}$,试求:(1) 各级的静态值;(2) 两级放大电路的电压放大倍数及电压增益。

解:(1) 求各级的静态值。

第一级:

$$V_{B1}=\frac{R_{B2}}{R_{B1}+R_{B2}}U_{CC}=\frac{15}{30+15}\times 12\ \text{V}=4\ \text{V}$$

$$I_{C1}\approx I_{E1}=\frac{V_{B1}-U_{BE1}}{R_{E1}}=\frac{4-0.7}{3}\ \text{mA}=1.1\ \text{mA}$$

$$I_{B1}=\frac{I_{C1}}{\beta_1}=\frac{1.1}{40}\ \text{mA}=0.027\ 5\ \text{mA}=27.5\ \mu\text{A}$$

$$U_{CE1}=U_{CC}-I_{C1}(R_{C1}+R_{E1})=[12-1.1\times(3+3)]\ \text{V}=5.4\ \text{V}$$

第二级:

$$V_{B2}=\frac{R'_{B2}}{R'_{B1}+R'_{B2}}U_{CC}=\frac{10}{20+10}\times 12\ \text{V}=4\ \text{V}$$

$$I_{C2}\approx I_{E2}=\frac{V_{B2}-U_{BE2}}{R_{E2}}=\frac{4-0.7}{2}\ \text{mA}=1.65\ \text{mA}$$

$$I_{B2}=\frac{I_{C2}}{\beta_2}=\frac{1.65}{40}\ \text{mA}\approx 0.041\ 3\ \text{mA}=41.3\ \mu\text{A}$$

$$U_{CE2}=U_{CC}-I_{C2}(R_{C2}+R_{E2})=[12-1.65\times(2.5+2)]\text{V}\approx 4.6\ \text{V}$$

(2) 求电压放大倍数。

由图 2-4-5 所示的微变等效电路可知,晶体管 VT_1 的输入电阻为

$$r_{be1}=300\ \Omega+(1+\beta_1)\frac{26\ \text{mV}}{I_{E1}(\text{mA})}=\left[300+(1+40)\times\frac{26}{1.1}\right]\Omega\approx 1\ 269\ \Omega\approx 1.27\ \text{k}\Omega$$

晶体管 VT_2 的输入电阻为

$$r_{be2}=300\ \Omega+(1+\beta_2)\frac{26\ \text{mV}}{I_{E2}(\text{mA})}=\left[300+(1+40)\times\frac{26}{1.65}\right]\Omega$$

$$\approx 946\ \Omega\approx 0.95\ \text{k}\Omega$$

第二级的输入电阻为

$$r_{i2}=R'_{B1}/\!/R'_{B2}/\!/r_{be2}\approx 0.83\ \text{k}\Omega$$

第一级的负载电阻为

$$R'_{L1}=R_{C1}/\!/r_{i2}\approx 0.65\ \text{k}\Omega$$

第二级的负载电阻为

$$R'_{L2}=R_{C2}/\!/R_L\approx 1.7\ \text{k}\Omega$$

第一级的电压放大倍数为

$$A_{u1}=\frac{\dot{U}_{o1}}{\dot{U}_{i1}}=-\beta_1\frac{R'_{L1}}{r_{be1}}=-40\times\frac{0.65}{1.27}\approx -20.5$$

第二级的电压放大倍数为

$$A_{u2}=\frac{\dot{U}_{o2}}{\dot{U}_{i2}}=-\beta_2\frac{R'_{L2}}{r_{be2}}=-40\times\frac{1.7}{0.95}\approx -71.6$$

总的电压放大倍数为

$$A_u=A_{u1}\cdot A_{u2}=(-20.5)\times(-71.6)\approx 1\ 468$$

电压增益为

$$A_u(\text{dB})=20\lg\frac{U_o}{U_i}(\text{dB})=20\lg 1\ 468\ \text{dB}\approx 63\ \text{dB}$$

点睛

在多级放大电路中，级与级之间的耦合方式有三种：阻容耦合、变压器耦合和直接耦合。多级放大电路将微弱的电压信号逐级放大，输出较大的功率，去推动负载正常工作。总的电压放大倍数为各级电压放大倍数的乘积。

练习与思考

2-4-1　放大电路级与级之间的连接方式有哪几种？在低频小信号放大电路中，为什么多采用阻容耦合方式？

2-4-2　放大电路级与级之间的耦合应满足哪些条件？

2-4-3　如何利用输入电阻和输出电阻的概念来分析多级放大电路的级间影响？

2-4-4　有人在计算两级放大电路的放大倍数时得到下列表达式：

$$A_u=A_{u1}\cdot A_{u2}=\frac{\dot{U}_{o1}}{\dot{U}_i}\left(\frac{r_{i2}}{r_{i2}+r_{o1}}\cdot\frac{\dot{U}_o}{\dot{U}_{o1}}\right)$$

式中，$\dot{U}_o$ 和 $\dot{U}_i$ 是整个放大电路的输出电压和输入电压，$\dot{U}_{o1}$ 是考虑第二级输入电阻后第一级的输出电压。你认为这个表达式是否正确？为什么？

2-5 放大电路中的负反馈

采用负反馈能改善放大电路的性能。负反馈不仅在电子技术中应用非常广泛，而且在其他科学领域中应用也很普遍。例如，自动控制系统就是通过负反馈实现自动调节的，所以研究负反馈有一定的普遍意义。本节重点分析交流放大电路中的负反馈。

一、负反馈的一般概念

所谓反馈，就是将放大电路（或某一系统）输出端的电压信号或电流信号的一部分或全部，通过某种电路引回到放大电路的输入端。

反馈有正反馈和负反馈两种类型。若引回的反馈信号加强了原输入信号，使放大电路的电压放大倍数比原来增大，则为正反馈；若反馈信号削弱了原输入信号，使放大电路的电压放大倍数降低，则为负反馈。

图 2-5-1 为反馈放大电路的框图。它主要包括两部分：标有 A_o 的方框称为基本放大电路，它可以是单级或多级的；标有 F 的方框称为反馈电路，它是联系放大电路输出回路和输入回路的环节，多由电阻元件组成。符号⊗表示比较环节。$\dot{X}_i$ 为输入信号；$\dot{X}_o$ 为输出信号；$\dot{X}_f$ 为反馈信号；$\dot{X}_d$ 为基本放大电路净输入信号，即 $\dot{X}_i$ 与 $\dot{X}_f$ 的差值信号。

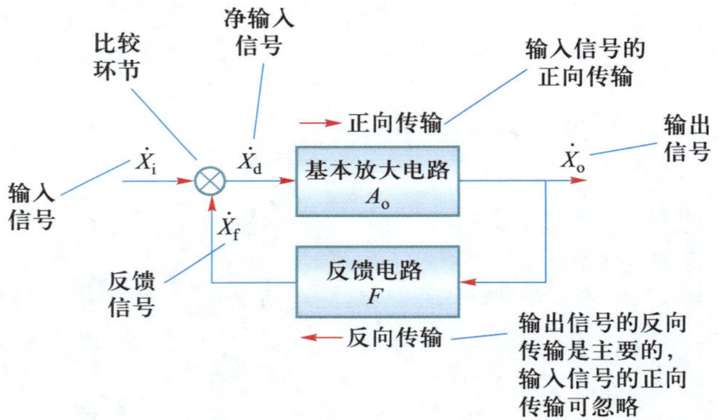

图 2-5-1 反馈放大电路的框图

根据负反馈电路与基本放大电路的输出、输入端连接方式的不同，负反馈可以分成下列几种类型。

1. 从基本放大电路的输出端看，分为电压反馈和电流反馈

电压反馈如图 2-5-2(a)、(c)所示。由图可知，将基本放大电路的输出电压 $\dot{U}_o$ 送至反馈网络的输入端，反馈电压 $\dot{U}_f$ 与输出电压 $\dot{U}_o$ 成正比，其数学表达式为

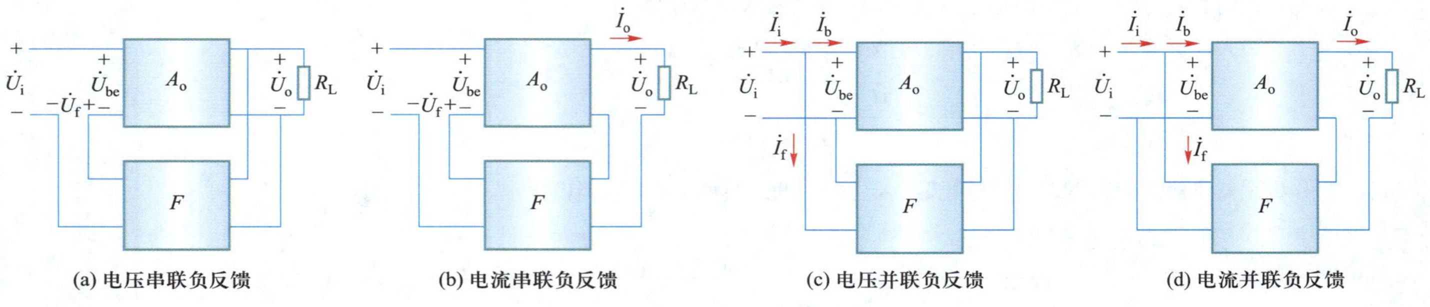

图 2-5-2 负反馈放大电路的反馈形式

$$\dot{U}_f = F\dot{U}_o$$

式中，F 为反馈系数。

电流反馈如图 2-5-2(b)、(d)所示。基本放大电路的输出电流 $\dot{I}_o$ 流经反馈网络，反馈网络的输出电压 $\dot{U}_f$ 与输出电流成正比，即

$$\dot{U}_f = F\dot{I}_o$$

2. 从基本放大电路的输入端看，分为串联反馈和并联反馈

串联反馈如图 2-5-2(a)、(b)所示，将反馈网络的输出端与基本放大电路的输入端和信号源串联，此时，实际输入基本放大电路的电压为

$$\dot{U}_{be} = \dot{U}_i - \dot{U}_f$$

并联反馈如图 2-5-2(c)、(d)所示，将反馈网络的输出端与基本放大电路的输入端并联，图中 $\dot{I}_f$ 为反馈电流，此时，实际输入基本放大电路的电流为

$$\dot{I}_b = \dot{I}_i - \dot{I}_f$$

二、负反馈放大电路举例

对于具有反馈环节的放大电路，要判别它是负反馈还是正反馈，常用一种简便而实用的方法，称为瞬时极性法。判别时，首先假设输入端交流信号处于某一瞬时极性，然后根据放大电路的集电极与基极瞬时极性相反、发射极与基极瞬时极性相同的关系，逐级地推出各点的瞬时极性，并在图中用"⊕""⊖"号表示出来，如图 2-5-3 所示。最后判断反馈到输入端的信号的瞬时极性，看其是否对净输入信号(U_d 或 I_d)起削弱作用，如果是削弱的，为负反馈；反之，则为正反馈。

微课：瞬时极性法判断反馈极性

动画：交流正负反馈的判断

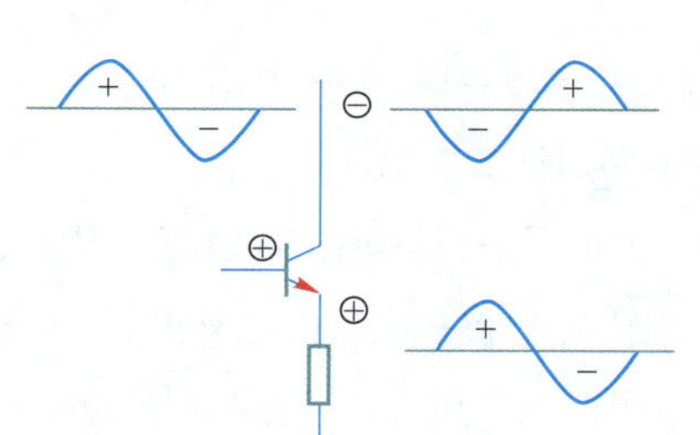

图 2-5-3　瞬时极性

1. 电流串联负反馈放大电路

图 2-5-4(a)所示为常见的单级负反馈放大电路。如果在射极电阻 R_E 两端并联一个电容 C_E，那么这个电路与 2-2 节分析过的稳定静态工作点的分压式偏置放大电路完全相同。

为了突出分析交流负反馈，画出它的微变等效电路，如图 2-5-4(b)所示，其中 $R_B = R_{B1} /\!/ R_{B2}$。

用瞬时极性法分析它是正反馈还是负反馈。如果假设输入端基极的瞬时极性为正，用"⊕"号表示，如图 2-5-4(b)所示，则 $\dot{U}_i$ 的正半周引起基极电流 $\dot{I}_b$ 和发射极电流 $\dot{I}_e$ 的正方向如图中箭头所示。发射极电流 $\dot{I}_e$ 在电阻 R_E 上产生的压降 $\dot{U}_f = \dot{U}_e = \dot{I}_e R_E$，即反馈电压。从图中可见，由于反馈电压 $\dot{U}_f$ 与输入信号电压 $\dot{U}_i$ 同相位，即都在正半周，所以可将 $\dot{U}_i = \dot{U}_{be} + \dot{U}_f$ 写成

$$U_{be} = U_i - U_f$$

可见，净输入信号 $U_{be} < U_i$，U_f 削弱了净输入信号，故电路为负反馈放大电路。

那么它是属于什么类型的负反馈放大电路呢？从图 2-5-4(b)中可以看出 $\dot{U}_f = \dot{I}_e R_E \approx \dot{I}_c R_E$，即 $\dot{U}_f$

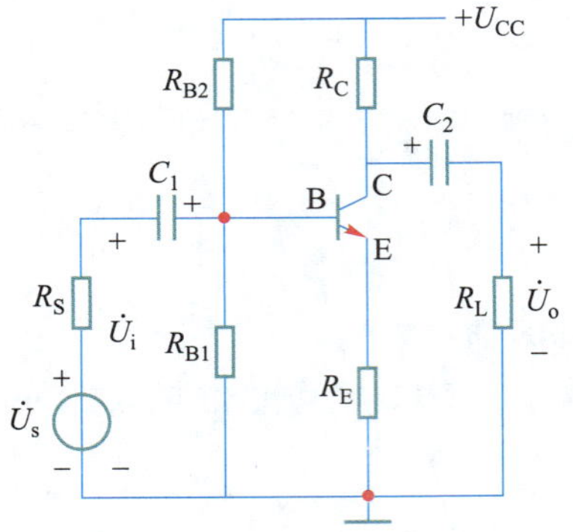

(a) 电路

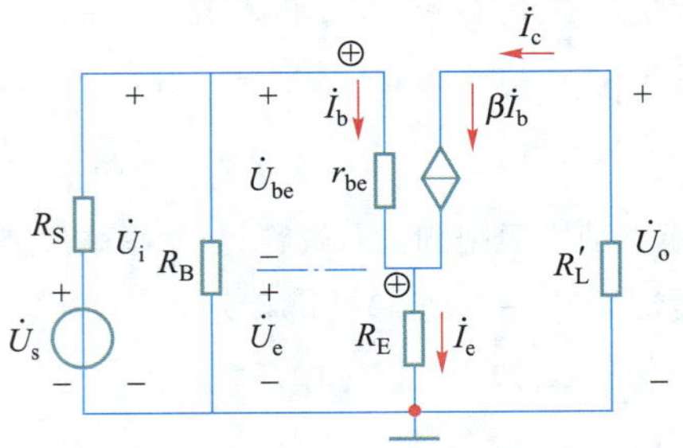

(b) 微变等效电路

图 2-5-4 电流串联负反馈放大电路

与输出电流 $\dot{I}_c$ 成正比,故为电流反馈。

由上述分析知,电路属于电流负反馈。那么它是串联反馈还是并联反馈呢?从输入回路看,$\dot{U}_f$ 与 $\dot{U}_i$ 相串联,故为串联反馈,因此,图 2-5-4(a)属于电流串联负反馈放大电路。

电流负反馈在放大电路中具有稳定输出电流的作用。例如,若温度上升,则 β 增大,在输入信号一定时,β 增大使 $\dot{I}_c$ 增大,而 $\dot{I}_c$ 增大又使 $\dot{U}_f$ 增大,于是净输入信号 $\dot{U}_{be}$ 降低,结果使 $\dot{I}_b$ 减小,$\dot{I}_c$ 随之而减小。上述过程可以表示如下:

$$T\uparrow \rightarrow \beta\uparrow \rightarrow \dot{I}_c\uparrow \rightarrow \dot{U}_f\uparrow \rightarrow \dot{U}_{be}\downarrow \rightarrow \dot{I}_b\downarrow \rightarrow \dot{I}_c\downarrow$$

由此可见,电流负反馈具有稳定输出电流的作用。

2. 电压并联负反馈放大电路

图 2-5-5(a)所示为一种典型的单级放大电路。电路中采用了电压并联负反馈,输出电压 $\dot{U}_o$ 的一部分通过反馈电阻 R_F 引回到输入端的基极。

下面用瞬时极性法来判别电路引入反馈的性质。从图 2-5-5(a)中标出的"⊕""⊖"号可以看出,若基极为正,则集电极为负,所以 $\dot{I}_f$ 的实际方向与图中的正方向一致。可见,$\dot{I}_f$、$\dot{I}_i$、$\dot{I}_b$ 三者是同相的,于是根据基尔霍夫电流定律可写出

$$I_b = I_i - I_f$$

可见,$I_i > I_b$,即 I_f 削弱了净输入信号 I_b,故为负反馈。

此外,从放大电路的反馈回路看,反馈电流 $\dot{I}_f = \dfrac{\dot{U}_{be} - \dot{U}_o}{R_F} \approx -\dfrac{\dot{U}_o}{R_F}$。可见,反馈电流 $\dot{I}_f$ 取自输出电压 $\dot{U}_o$,故为电压反馈。电压负反馈有稳定输出电压的作用。如果负载电阻发生变化使输出电压 $\dot{U}_o$ 减小,那么,$\dot{I}_f$ 减小,使净输入基极电流 $\dot{I}_b$ 增加,$\dot{I}_c$ 也随之增加,最后输出电压 $\dot{U}_o$ 又回升到接近原来的数值。其反馈过程表示如下:

$$R_L\downarrow \rightarrow \dot{U}_o\downarrow \rightarrow \dot{I}_f\downarrow \rightarrow \dot{I}_b\uparrow \rightarrow \dot{I}_c\uparrow \rightarrow \dot{U}_o\uparrow$$

可见,图 2-5-5(a)所示的负反馈电路具有稳定输出电压 $\dot{U}_o$ 的作用。其次,由于输入回路包括有 $\dot{I}_f$ 和 $\dot{I}_i$ 两条支路,它们在输入端是并联关系,如图 2-5-5(b)所示,故此电路为电压并联负反馈放大电路。

凡是并联反馈，反馈信号在放大电路的输入端总是以电流形式出现。另外，对于并联反馈，信号源内阻 R_S 越大，则反馈效果越好。

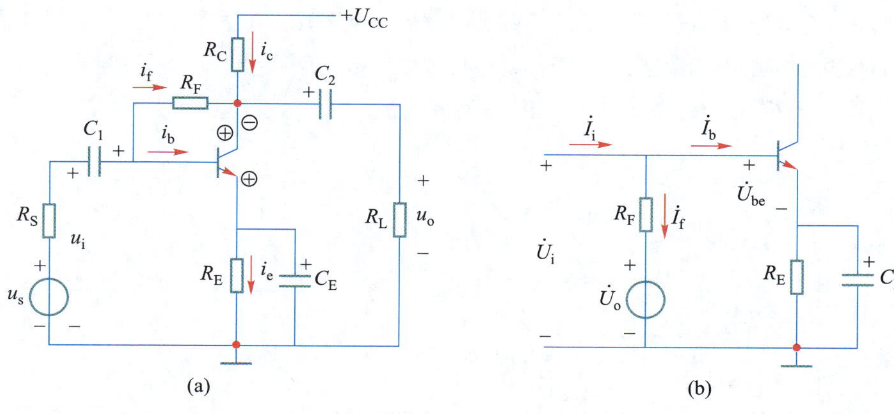

图 2-5-5　电压并联负反馈放大电路

对于电压串联负反馈和电流并联负反馈，也采用同样的方法进行分析，不再赘述。

判别是电压反馈还是电流反馈，还可采用另外一种简便方法：将放大电路的输出端短路，如果短路后反馈信号消失，则为电压反馈；否则，为电流反馈。结合图 2-5-5(a)所示放大电路，当输出端短路时，$\dot{U}_o=0$，$\dot{I}_f=\dfrac{\dot{U}_o}{R_F}=0$，反馈信号消失，说明引入的反馈是电压反馈。

三、负反馈对放大电路工作性能的影响

1. 降低放大倍数

由图 2-5-1 可知，净输入信号 $\dot{X}_d$ 为输入信号 $\dot{X}_i$ 与反馈信号 $\dot{X}_f$ 相减的差值，即

$$\dot{X}_d=\dot{X}_i-\dot{X}_f \tag{2-5-1}$$

净输入信号经过基本放大电路放大后，在输出端得到输出信号 $\dot{X}_o$，所以基本放大电路的放大倍数 A_o（又称开环放大倍数）为

$$A_o=\frac{\dot{X}_o}{\dot{X}_d} \tag{2-5-2}$$

反馈电路的反馈系数 F 为反馈信号 $\dot{X}_f$ 与输出信号 $\dot{X}_o$ 之比，即

$$F=\frac{\dot{X}_f}{\dot{X}_o} \tag{2-5-3}$$

放大电路引入反馈时的放大倍数 A_f（又称闭环放大倍数）为反馈放大电路输出信号 $\dot{X}_o$ 与输入信号 $\dot{X}_i$ 之比，即

$$A_f=\frac{\dot{X}_o}{\dot{X}_i}$$

根据式(2-5-1)、式(2-5-2)、式(2-5-3)所表明的关系，可导出

$$A_f=\frac{\dot{X}_o}{\dot{X}_i}=\frac{\dot{X}_o}{\dot{X}_d+\dot{X}_f}=\frac{\dot{X}_o}{\dot{X}_d+\dot{X}_o F}=\frac{\dot{X}_o/\dot{X}_d}{\dot{X}_d/\dot{X}_d+(\dot{X}_o/\dot{X}_d)F}=\frac{A_o}{1+A_o F} \tag{2-5-4}$$

式(2-5-4)为负反馈放大电路放大倍数的表达式。可见，引入负反馈后，放大电路的闭环放大倍数

仅为开环放大倍数的$\frac{1}{1+A_oF}$。$1+A_oF$ 称为反馈深度，显然，$1+A_oF$ 越大，反馈越深，放大倍数 A_f 下降得越厉害。

例 2-5-1 图 2-5-6(a)所示为电流串联负反馈放大电路，R_F 为反馈电阻。已知晶体管 $\beta=60$，$r_{be}=1.8\ \text{k}\Omega$，根据图中给出的数据，试计算闭环电压放大倍数 A_f 和不接反馈电阻 R_F 时的开环电压放大倍数 A_o。图 2-5-6(b)为图 2-5-6(a)的微变等效电路。

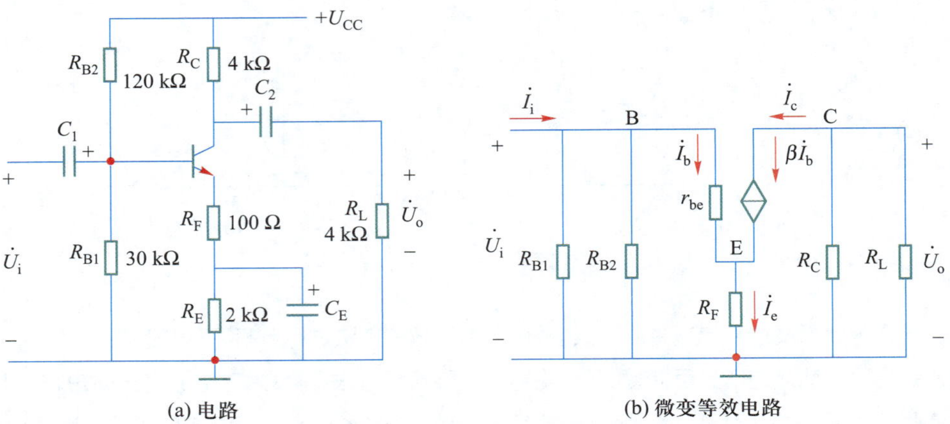

图 2-5-6 电流串联负反馈放大电路

解：由图 2-5-6(b)可写出

$$\dot{U}_i=\dot{I}_br_{be}+\dot{I}_eR_F=\dot{I}_br_{be}+(\beta+1)\dot{I}_bR_F=\dot{I}_b[r_{be}+(\beta+1)R_F]$$

$$\dot{U}_o=-\dot{I}_cR'_L=-\beta\dot{I}_bR'_L$$

式中

$$R'_L=R_C/\!/R_L$$

$R_F=0$ 时的开环电压放大倍数为

$$A_o=\frac{\dot{U}_o}{\dot{U}_i}=-\beta\frac{R'_L}{r_{be}}=-60\times\frac{2\times10^3}{1.8\times10^3}\approx-67$$

有反馈电阻 R_F 时的闭环电压放大倍数为

$$A_f=\frac{\dot{U}_o}{\dot{U}_i}=-\frac{\beta R'_L}{r_{be}+(\beta+1)R_F}=-60\times\frac{2\times10^3}{1.8\times10^3+61\times100}\approx-15$$

可见，引入负反馈后，电压放大倍数降低了。

2. 提高放大倍数的稳定性

负反馈虽然使放大倍数降低，但却能使放大倍数的稳定性大大提高。

放大电路在未引入负反馈时，其放大倍数往往因电路参数变化（例如因环境温度改变而引起晶体管参数和电路元件参数的变化）和电源电压波动而变化。为了提高放大电路工作的准确性和可靠性，必须设法提高放大倍数的稳定性。而负反馈能实现这一要求，因输入信号一定时，采用电压负反馈或电流负反馈，可以稳定输出电压或输出电流。当开环放大倍数 A_o 足够大，即 $A_oF>>1$ 时，式(2-5-4)可简化为

$$A_f=\frac{A_o}{1+A_oF}\approx\frac{A_o}{A_oF}=\frac{1}{F}\tag{2-5-5}$$

由式(2-5-5)可以看出，放大电路的闭环放大倍数 A_f 只取决于反馈系数 F，而与其开环放大倍数

A_o 几乎无关。而反馈电路一般由性能比较稳定的电阻元件组成，A_f 基本不受外界因素的影响。

例 2-5-2　有一负反馈放大电路，其 $A_o=4\ 000$，$F=0.04$，若由于环境温度影响使 A_o 变成了 8 000，试求两种情况下的 A_f。

解：若 $A_o=4\ 000$，则

$$A_f=\frac{A_o}{1+A_oF}=\frac{4\ 000}{1+4\ 000\times0.04}\approx24.84$$

若 $A_o=8\ 000$，则

$$A_f=\frac{A_o}{1+A_oF}=\frac{8\ 000}{1+8\ 000\times0.04}\approx24.92$$

上述分析说明，当 A_o 足够大或 A_oF 很大（负反馈很深）时，受外界影响，A_o 变化很大，而 A_f 仍能基本保持稳定，其值非常接近于

$$A_f=\frac{1}{F}=\frac{1}{0.04}=25$$

为了从数量上来说明放大倍数稳定性的改善程度，通常用有、无负反馈情况下的放大倍数相对变化量来比较。将 $A_f=\dfrac{A_o}{1+A_oF}$ 对 A_o 求导数，得

$$\frac{dA_f}{dA_o}=\frac{1+A_oF-A_oF}{(1+A_oF)^2}=\frac{1}{(1+A_oF)^2}$$

或

$$dA_f=\frac{dA_o}{(1+A_oF)^2}$$

为了研究 A_f 的相对变化量，将上式两端同除以 A_f，得

$$\frac{dA_f}{A_f}=\frac{1}{1+A_oF}\cdot\frac{dA_o}{A_o}\tag{2-5-6}$$

式(2-5-6)说明，放大电路闭环放大倍数的相对变化量$\dfrac{dA_f}{A_f}$只是开环放大倍数相对变化量的$\dfrac{1}{1+A_oF}$。也就是说，引入负反馈后，电压放大倍数虽然下降到原来的$\dfrac{1}{1+A_oF}$，但放大倍数的稳定性却提高了 $(1+A_oF)$ 倍。

例 2-5-3　某一放大电路 $A_o=4\ 950$，若引入负反馈，反馈系数 $F=0.02$，试比较引入负反馈前后电压放大倍数的稳定性。

解：由于

$$\frac{1}{1+A_oF}=\frac{1}{1+4\ 950\times0.02}=0.01$$

代入式(2-5-6)，得

$$\frac{dA_f}{A_f}=0.01\frac{dA_o}{A_o}$$

计算结果表明，引入负反馈后，放大倍数的相对变化量只是无负反馈时放大倍数相对变化量的 1%，所以稳定性大大提高。但是，这是有代价的，由于引入了负反馈，电压放大倍数从 4 950 下降到

$$A_f=\frac{A_o}{1+A_oF}=\frac{4\ 950}{1+4\ 950\times0.02}\approx50$$

3. 减小非线性失真

一个理想的放大电路，它的输出波形应和它的输入波形完全一样，即没有失真。但是晶体管不是线性器件，在多级放大电路的最后几级，随着输入信号被逐级放大，其工作范围可能延伸到特性曲线的非线性部分，使输出波形产生非线性失真。

图 2-5-7(a)所示为无负反馈时的放大电路，输入信号虽然为正弦波，但晶体管的非线性特性使输出信号波形不对称，正半周幅度大，而负半周幅度小，出现波形失真。

图 2-5-7(b)所示为有负反馈时的情况。引入负反馈后，反馈信号 $\dot{U}_f$ 也是与输出波形相似的一个非正弦波。因净输入信号 $\dot{U}_{be}=\dot{U}_i-\dot{U}_f$，所以使 $\dot{U}_{be}$ 的波形成为正半周幅度小、负半周幅度大的非正弦波，从而使输出波形接近对称。输出波形仍然是正半波幅度略大于负半波，不过与无负反馈时的输出波形失真相比已获得很大改善。显然，负反馈越深，输出波形失真越小。要求失真很小的放大电路，往往采用较深的负反馈，但是还不可能从根本上消除失真。

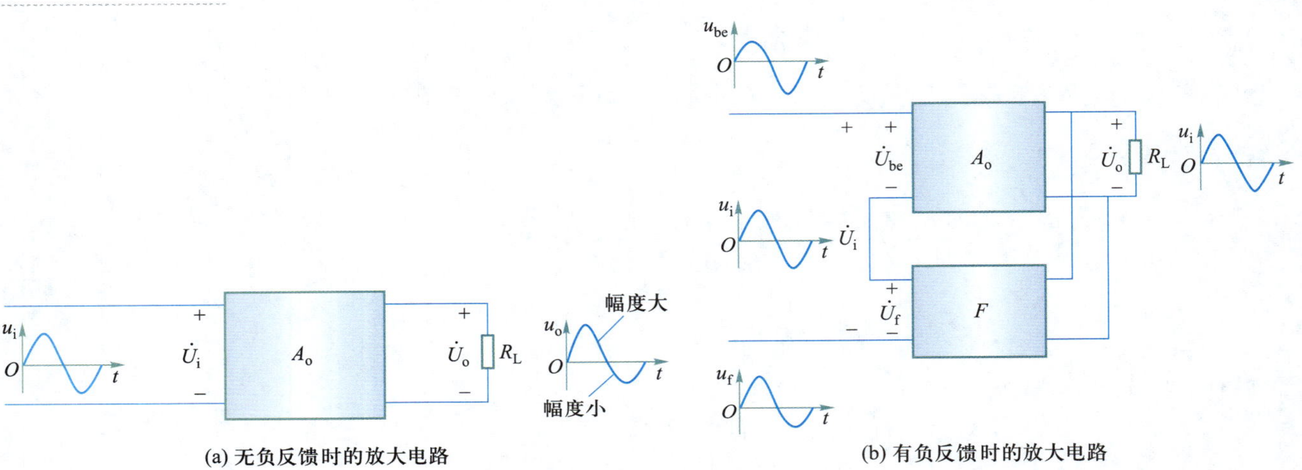

图 2-5-7　非线性失真分析

4. 改变输入、输出电阻

放大电路引入负反馈后，将使其输入、输出电阻发生变化，阻值是增大还是减小取决于采用哪种负反馈形式。

(1) 对输入电阻的影响

放大电路的输入电阻，就是从放大电路的输入端向里看进去的交流等效电阻。输入电阻的变化情况取决于输入的反馈方式(串联或并联)。图 2-5-8 所示为串联负反馈的输入交流通路。由图可知，无反馈时($R_E=0$)的输入电流为

$$\dot{I}_b=\frac{\dot{U}_i}{r_{be}}$$

引入负反馈时的输入电流为

$$\dot{I}_b=\frac{\dot{U}_i-\dot{U}_f}{r_{be}}=\frac{\dot{U}_{be}}{r_{be}}$$

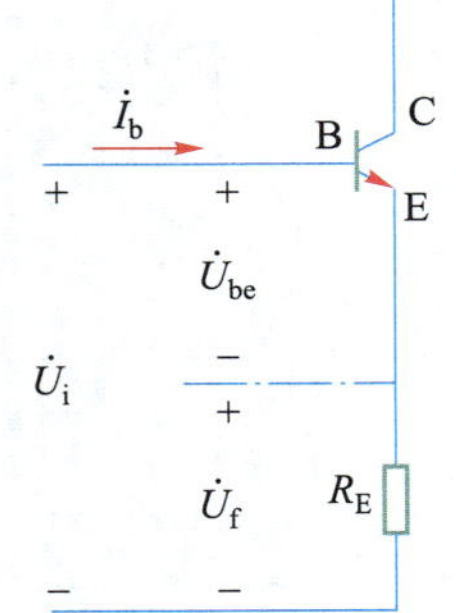

图 2-5-8　串联负反馈的输入交流通路

由于 $U_i>U_{be}$，因此引入负反馈时的输入电流要比无反馈时的小，这说明引入负反馈时输入电阻增大了，即 $r_{if}>r_i$。因此，凡是串联负反馈，由于反馈信号与输入信号相串联，削弱了净输入信号，因而使输入电阻 r_i 增大。

图 2-5-9 所示为并联负反馈的输入交流通路。由图可知，无负反馈时的输入电阻为

$$r_i=\frac{\dot{U}_i}{\dot{I}_b}$$

引入负反馈时的输入电阻为

$$r_{if}=\frac{\dot{U}_i}{\dot{I}_i}$$

由于 $I_b<I_i$，故 $r_i>r_{if}$。因此，凡是并联负反馈，由于反馈信号与输入信号相并联，因而使输入电阻 r_i 减小。

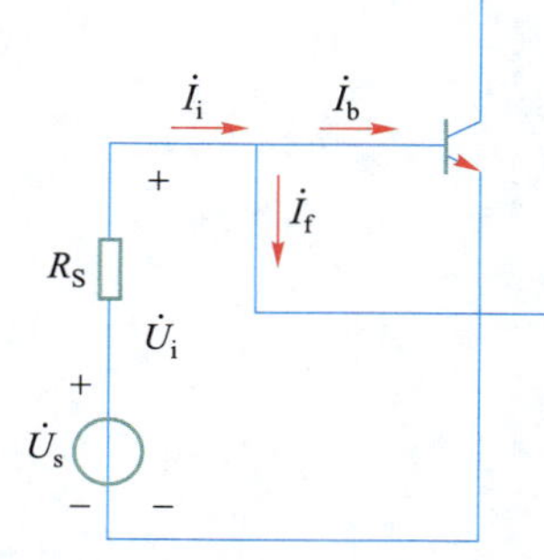

图 2-5-9 并联负反馈的输入交流通路

（2）对输出电阻的影响

放大电路的输出电阻，就是从放大电路的输出端向里看进去的交流等效电阻。已经知道，放大电路对输出端而言，可以看成是一个具有内阻的电压源，这个内阻就是放大电路的输出电阻。很显然，输出电阻越小，输出电压就越稳定。而电压负反馈可以稳定输出电压，这说明采用电压负反馈后，输出电阻减小了。

放大电路的输出端对负载而言，也可以看成是一个具有内阻的电流源，这个内阻就是放大电路的输出电阻。很显然，输出电阻越大，输出电流就越稳定。而电流负反馈可以稳定输出电流，这说明采用电流负反馈后，输出电阻增大了。

在具体应用中，例如稳压源为了稳定输出电压，就采用电压负反馈，使放大电路输出恒定的电压；而在一些电镀设备、稳流源中，则采用电流负反馈，使放大电路具有恒定的电流输出。

负反馈对输入、输出电阻的影响如表 2-5-1 所示。

表 2-5-1 负反馈对输入、输出电阻的影响

负反馈放大电路的类型	输入电阻 r_i	输出电阻 r_o
电压串联负反馈	增大	减小
电压并联负反馈	减小	减小
电流串联负反馈	增大	增大
电流并联负反馈	减小	增大

点睛

正确理解反馈的基本概念，是分析各种反馈放大电路的基础。按反馈信号极性的不同有正反馈和负反馈。正反馈增强了净输入信号，使 $|A_u|\uparrow$；负反馈减弱了净输入信号，使 $|A_u|\downarrow$。

交流负反馈能改善放大电路的动态性能，直流负反馈能稳定放大电路的静态工作点；电压负反馈能稳定输出电压，电流负反馈能稳定输出电流；串联负反馈能增大输入电阻，并联负反馈能减小输入电阻。

练习与思考

2-5-1 什么是反馈？什么是正反馈？什么是负反馈？

2-5-2 直流反馈和交流反馈的作用各是什么？在什么情况下采用电压反馈？在什么情况下采用电流反馈？

2-5-3　如果输入信号本身已是一个失真的正弦波，试问引入负反馈后能否改善失真？为什么？

2-5-4　负反馈对放大电路产生哪些影响？

2-5-5　根据图 2-2-4 所示的放大电路进行实验时，在接入旁路电容 C_E 和除去旁路电容 C_E 两种情况下，用示波器观察输出波形在失真和幅度上有何不同，为什么？

2-6　射极输出器

一、电路的组成

微课：共集电极放大电路及其应用

动画：射极输出器

射极输出器是负反馈放大电路的一个特例，其电路和微变等效电路如图 2-6-1(a)、(b)所示。与共射极放大电路比较，其不同之处是把晶体管的集电极直接与电源$+U_{CC}$连接，将发射极电阻 R_E 作为负载电阻，将发射极作为放大电路的输出端，故称其为射极输出器（也称射极跟随器）。从其微变等效电路可见，集电极是其输入回路和输出回路的公共端，故又称其为共集电极放大电路。

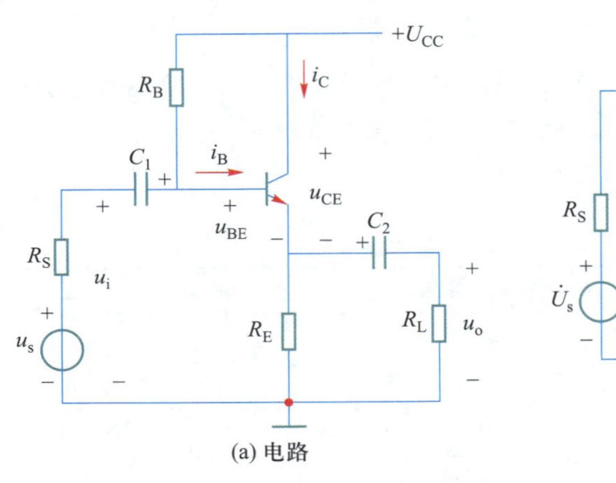

(a) 电路

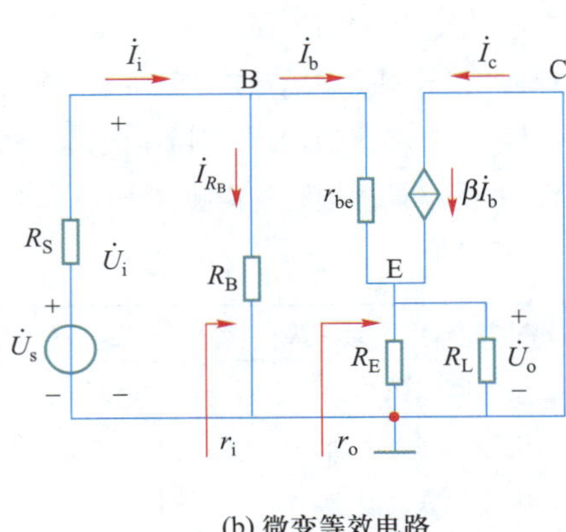

(b) 微变等效电路

图 2-6-1　射极输出器

二、工作原理

1. 静态分析

由图 2-6-2 所示射极输出器的直流通路可确定其静态值。

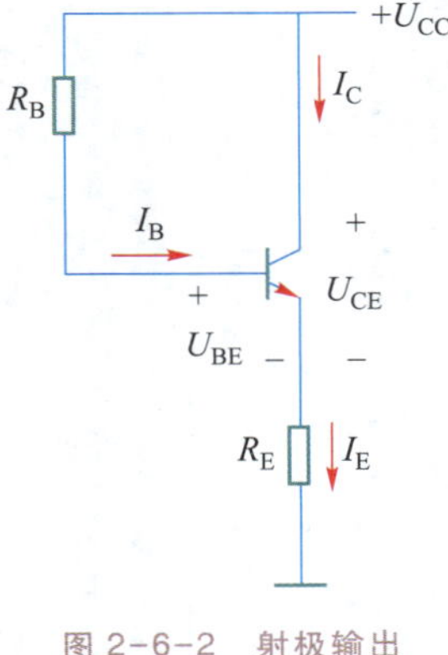

图 2-6-2　射极输出器直流通路

$$I_B = \frac{U_{CC} - U_{BE}}{R_B + (\beta+1)R_E} \tag{2-6-1}$$

$$I_C = \beta I_B \tag{2-6-2}$$

$$I_E = (1+\beta)I_B \tag{2-6-3}$$

$$U_{CE} = U_{CC} - I_E R_E \tag{2-6-4}$$

2. 动态分析

(1) 电压放大倍数

根据图 2-6-1(b)所示微变等效电路可得出

$$\dot{U}_i = \dot{I}_b r_{be} + \dot{I}_e R'_L \qquad (R'_L = R_E /\!/ R_L)$$

由于
$$\dot{I}_e=(\beta+1)\dot{I}_b$$
所以
$$\dot{U}_i=\dot{I}_b r_{be}+(\beta+1)R_L'\dot{I}_b=\dot{I}_b[r_{be}+(\beta+1)R_L']$$
$$\dot{U}_o=\dot{I}_e R_L'=(\beta+1)\dot{I}_b R_L'$$
因此，射极输出器的电压放大倍数为
$$A_u=\frac{\dot{U}_o}{\dot{U}_i}=\frac{(\beta+1)\dot{I}_b R_L'}{[r_{be}+(\beta+1)R_L']\dot{I}_b}\approx\frac{\beta R_L'}{r_{be}+\beta R_L'} \tag{2-6-5}$$
一般 $\beta R_L'\gg r_{be}$，故射极输出器的电压放大倍数近似等于 1，但略小于 1。同时由于 $\dot{U}_o=\dot{U}_f$，所以反馈系数
$$F=\frac{\dot{U}_f}{\dot{U}_o}=1$$
可见，输出电压 $\dot{U}_o$ 随着输入电压 $\dot{U}_i$ 的变化而变化，大小近似相等，且相位相同，所以射极输出器又称为电压跟随器。

应当指出：虽然电压放大倍数 $A_u\approx1$，但因 $I_e=(\beta+1)I_b$，故其仍有一定的电流放大和功率放大能力。

（2）输入电阻

由图 2-6-1(b)可以看出
$$r_i=r_i'/\!/R_B$$
$$r_i'=\frac{\dot{U}_i}{\dot{I}_b}=\frac{\dot{I}_b[r_{be}+(\beta+1)R_L']}{\dot{I}_b}=r_{be}+(\beta+1)R_L'\approx r_{be}+\beta R_L'\approx\beta R_L'$$
$$r_i=r_i'/\!/R_B=\beta R_L'/\!/R_B \tag{2-6-6}$$
式中，$(\beta+1)R_L'$ 是折算到基极回路的射极电阻。射极输出器的输入电阻 r_i 很大，可达几千欧到几百千欧，比共射极放大电路的输入电阻大得多。输入电阻大的原因是采用了很深（反馈系数 $F=1$）的电压串联负反馈。

（3）输出电阻

由于射极输出器的 $\dot{U}_i\approx\dot{U}_o$，当 U_i 一定时，输出电压受负载变化影响很小，这说明射极输出器具有稳定输出电压的作用。由前面分析可知，只有放大电路输出电阻很小时，其带负载能力才强，才能具有稳定的输出电压。从这个角度来看，它的输出电阻很小。

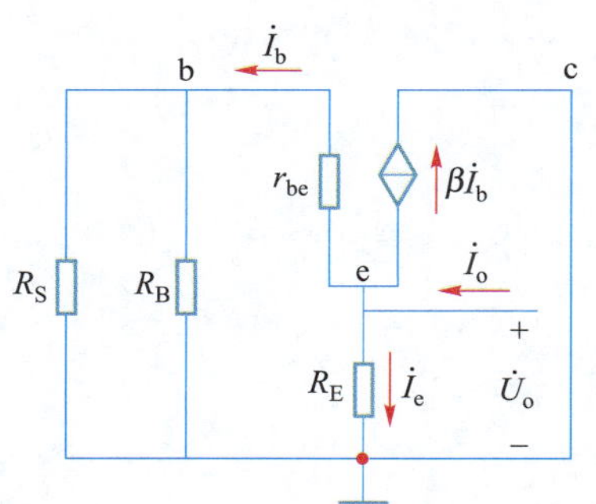

图 2-6-3　计算 r_o 的等效电路

根据输出电阻的定义，将图 2-6-1(b)中的信号源电压 $\dot{U}_s$ 除去，保留其内阻 R_S；在输出端除去负载 R_L，并外加一交流电压 $\dot{U}_o$。由此画出计算射极输出器输出电阻 r_o 的等效电路如图 2-6-3 所示。在 $\dot{U}_o$ 的作用下产生电流 $\dot{I}_o$，由图可得
$$\dot{I}_o=\dot{I}_b+\beta\dot{I}_b+\dot{I}_e=(1+\beta)\dot{I}_b+\dot{I}_e=(1+\beta)\frac{\dot{U}_o}{r_{be}+R_S'}+\frac{\dot{U}_o}{R_E}$$
$$r_o=\frac{\dot{U}_o}{\dot{I}_o}=\frac{1}{\dfrac{r_{be}+R_S'}{1+\beta}+\dfrac{1}{R_E}}$$

故

$$r_o = \frac{r_{be}+R_S'}{1+\beta} // R_E \tag{2-6-7}$$

式中，R_S'为 R_S 与 R_B 并联的等效电阻，即

$$R_S' = R_S // R_B$$

通常$\frac{r_{be}+R_S'}{1+\beta} \ll R_E$，$\beta \gg 1$，所以

$$r_o \approx \frac{r_{be}+R_S'}{\beta} \tag{2-6-8}$$

由式(2-6-8)可见，射极输出器的输出电阻很小，一般为几十欧到几百欧。

例 2-6-1　一射极输出器电路如图 2-6-1(a)所示，已知 $U_{CC}=15\ V$，$R_B=150\ k\Omega$，$R_E=2\ k\Omega$，$R_L=1.6\ k\Omega$，晶体管的$\beta=80$，信号源内阻 $R_S=500\ \Omega$。试计算该射极输出器的静态工作点、电压放大倍数 A_u、输入电阻 r_i 和输出电阻 r_o。

解：(1) 计算静态工作点。

$$I_B = \frac{U_{CC}-U_{BE}}{R_B+(\beta+1)R_E} \approx \frac{U_{CC}}{R_B+(\beta+1)R_E} = \frac{15}{150+(80+1)\times 2}\ mA \approx 0.048\ mA$$

$$I_C = \beta I_B = 80\times 0.048\ mA = 3.84\ mA$$

$$I_E = (\beta+1)I_B = (80+1)\times 0.048\ mA \approx 3.89\ mA$$

$$U_{CE} = U_{CC} - I_E R_E = (15-3.89\times 2)\ V = 7.22\ V$$

(2) 计算电压放大倍数 A_u。

$$r_{be} = 300\ \Omega + (\beta+1)\frac{26\ mV}{I_E(mA)} = \left[300+(80+1)\times\frac{26}{3.89}\right]\ \Omega \approx 841\ \Omega$$

$$R_L' = R_E // R_L \approx 0.889\ k\Omega$$

$$A_u \approx \frac{\beta R_L'}{r_{be}+\beta R_L'} = \frac{80\times 0.889}{0.841+80\times 0.889} \approx 0.988$$

(3) 计算输入电阻。

$$r_i' \approx \beta R_L'$$

$$r_i = r_i' // R_B = \beta R_L' // R_B \approx 48.2\ k\Omega$$

(4) 计算输出电阻。

$$R_S' = R_S // R_B \approx 0.5\ k\Omega$$

$$r_o \approx \frac{r_{be}+R_S'}{\beta} = \frac{841+500}{80}\ \Omega \approx 16.8\ \Omega$$

三、射极输出器的用途

综上所述，射极输出器的主要特点是：电压放大倍数近似等于 1，但略小于 1；输入电阻大，输出电阻小；输出电压 $\dot{U}_o$与输入电压 $\dot{U}_i$ 同相位。因此射极输出器在电子设备中获得了广泛应用。

1. 用作输入级

在电子测量仪器中，常采用射极输出器作为输入级。利用它输入电阻大的特点，使信号源内阻上的电压降相对来说比较小，也就是说大部分信号电压能传送到放大电路的输入端上，从而减小对被测电路的影响，提高测量精度。

2. 用作输出级

由于射极输出器输出电阻小，当负载电流变动较大时，其输出电压变化很小，从而提高放大电路带负载的能力。

3. 用作中间隔离级

在多级放大电路中，有时将射极输出器接在两级共射极放大电路之间，利用其输入电阻大的特点，以提高前一级的电压放大倍数；利用其输出电阻小的特点，以减小后一级的信号源内阻，从而提高前后两级的电压放大倍数，隔离级间的相互影响。

点睛

射极输出器是电压串联负反馈放大电路，它的输入电阻大，输出电阻小，电压放大倍数近似等于1。

练习与思考

2-6-1　射极输出器的主要特点是什么？

2-6-2　射极输出器的主要用途是什么？在什么情况下用射极输出器作为输入级或输出级？为什么？

2-6-3　画出射极输出器的简化微变等效电路，写出 A_u、r_i 的表达式。

拓展动画：共基极放大电路

2-7　功率放大电路

微课：功率放大电路

一、概述

在实际工程中，往往要利用放大后的信号去控制某种执行机构，例如使扬声器发声，使电动机旋转，使指示仪表指针偏转，使继电器闭合或断开等。为了控制这些负载，要求放大电路既要有较大的电压输出，同时又要有较大的电流输出，即要求有较大的功率输出。因此，多级放大电路的末级通常为功率放大电路。

从本质上来说，功率放大电路和电压放大电路没有什么区别，都在进行能量的交换，即输入信号通过晶体管的控制作用，把直流电源的电压、电流和功率转换成随输入信号做相应变化的交流电压、电流和功率。但也有不同之处，电压放大电路要求有较高的输出电压，工作于小信号状态下；而功率放大电路要求获得较高的输出功率，工作在大信号状态下，这就构成了它的特殊性。

对功率放大电路的基本要求如下。

（1）输出功率尽可能大

为了获得大的输出功率，充分利用晶体管的放大性能，要求输出的电压、电流都有较大的幅度。因此，晶体管常工作在极限状态附近。晶体管的极限状态由极限参数 P_{CM}、I_{CM}、$U_{(BR)CEO}$ 所限定。选择功放管时应保留一定的余量，不得超越极限参数进入非安全工作区，以保证功放管安全可靠地工作。通常还要给功放管加装散热片，防止其因过热而烧坏。

（2）效率要高

由于输出功率大，因此直流电源消耗的功率也大，这就存在一个效率问题。所谓效率，就是输出最

大交流功率 P_o 与电源供给的直流功率 P_E 的比值，即

$$\eta=\frac{P_o}{P_E} \tag{2-7-1}$$

比值越大，效率越高。

式（2-7-1）中，输出功率 P_o 为输出电压与输出电流的有效值之积，即

$$P_o=U_oI_o \tag{2-7-2}$$

电源供给的直流功率 P_E 为电源电压与流过电源的平均电流之积，即

$$P_E=U_{CC}I_o \tag{2-7-3}$$

对于功率放大电路，其功率放大能力用功率增益 A_p 来表示，即

$$A_p(\text{dB})=10\lg\frac{P_o}{P_i}(\text{dB}) \tag{2-7-4}$$

式中，P_i 为输入信号功率，P_o 为输出信号功率。

（3）非线性失真要小

动画：功放管的散热

功率放大电路是在大信号下工作，所以不可避免要产生非线性失真，而且同一功放管输出功率越大，非线性失真越严重，这就使得输出功率和非线性失真成为一对主要矛盾。

（4）要考虑晶体管的散热问题

在放大电路中，由直流电源输入的功率 P_E，一部分转换为交流信号输出功率，另一部分则由晶体管以发热的形式损耗掉了。热的积累将导致晶体管老化，甚至烧坏。为了减少损耗，使晶体管输出足够大的功率，必须考虑晶体管的散热问题，通常要加装散热片。

动画：甲类、乙类、甲乙类功放

功率放大电路按工作方式来分，有甲类放大、乙类放大和甲乙类放大。在输入信号的整个周期内都有集电极电流通过晶体管，这种工作方式称为甲类放大，如前面介绍的电压放大电路就是甲类放大。而仅在输入信号的半个周期内有集电极电流通过晶体管，这种工作方式称为乙类放大。甲类放大由于晶体管始终通电，静态工作点比较适中，因此失真很小，但随之带来的是耗电多、效率低，理想情况下效率仅为 50%。乙类放大由于晶体管只在半个周期内导通，而在另半个周期内 $i_C=0$，因此耗电少、效率高，理想情况下效率可达 78.5%。

功率放大电路按电路形式来分，主要有单管功率放大电路、变压器耦合功率放大电路和互补对称功率放大电路。变压器耦合功率放大电路利用输出变压器实现阻抗匹配，以获得最大的输出功率，这类功率放大器因体积大、质量大、成本高、不能集成化等原因现已很少使用。互补对称功率放大电路是由射极输出器发展而来的，它不需要输出变压器，因体积小、质量小、成本低且便于集成化等优点而被广泛使用。

二、互补对称功率放大电路

1. 乙类互补对称功率放大电路

（1）工作原理

图 2-7-1 所示为由两个射极输出器组成的互补对称功率放大电路。

由 2-6 节的分析可知，射极输出器无电压放大作用，但有功率放大作用。图 2-7-1（a）是由 NPN 型晶体管组成的射极输出器，工作于乙类放大状态，在输入信号 u_i 的正半周导通。图 2-7-1（b）是由 PNP 型晶体管组成的射极输出器，也工作于乙类放大状态，但在输入信号 u_i 的负半周才导通。将两者共同组成一个输出级，如图 2-7-1（c）所示。当输入信号 $u_i=0$ 时，两管均处于截止状态；当 $u_i\neq0$ 时，

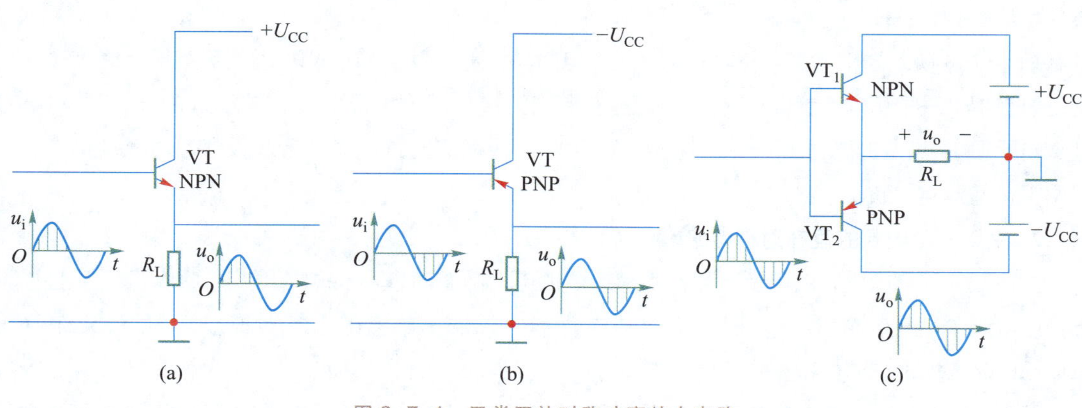

图 2-7-1　乙类互补对称功率放大电路

在输入信号 u_i 的正半周，NPN 型晶体管导通，而 PNP 型晶体管截止；在 u_i 的负半周，PNP 型晶体管导通，而 NPN 型晶体管截止。因此，当有正弦信号电压 u_i 输入时，两管轮流导通，推挽工作，在负载中就能获得基本接近于信号变化的电流（或电压），如图 2-7-2 所示。

这种电路要求两个晶体管性能一致，以使输出电压 u_o 的波形正负半周对称。在互补对称功率放大电路工作在乙类放大状态、输入信号足够大和忽略晶体管饱和压降的情况下，其理论效率可达到 78.5%，实际效率一般不超过 60%。

（2）交越失真问题

必须指出，如果将静态工作点 Q 选择在晶体管特性曲线的截止处，即 $I_C\approx0$，尽管两管可以选择得完全对称，但是由于晶体管的输入特性曲线是非线性的，在 u_{BE} 小于死区电压时，i_B 基本为零，这样使得基极电流波形与输入信号电压波形不相似而产生失真。由于失真发生在两个半波的交接处，故称为交越失真。显然，在输入信号电压正半周，只有当输入信号电压上升到超过死区电压时，VT_1 才导通；当输入信号电压尚未下降到零时，VT_1 已截止。在截止时间内，VT_2 也不导通。同理，在输入信号电压的负半周也存在类似情况。这样使得输出电压波形产生了如图 2-7-3 所示的失真。

动画：
交越失真

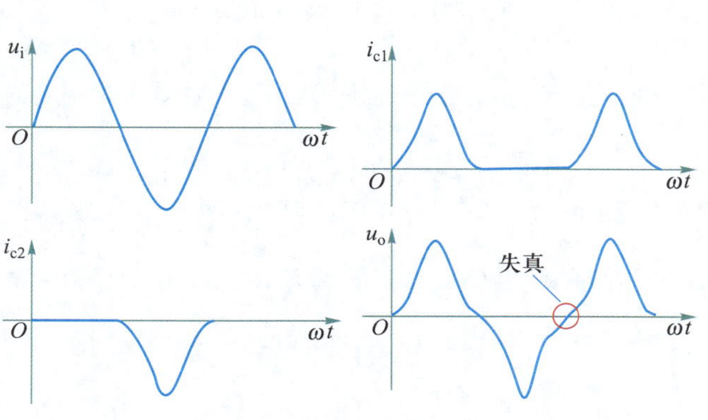

图 2-7-2　乙类互补对称功率放大电路电流、电压波形

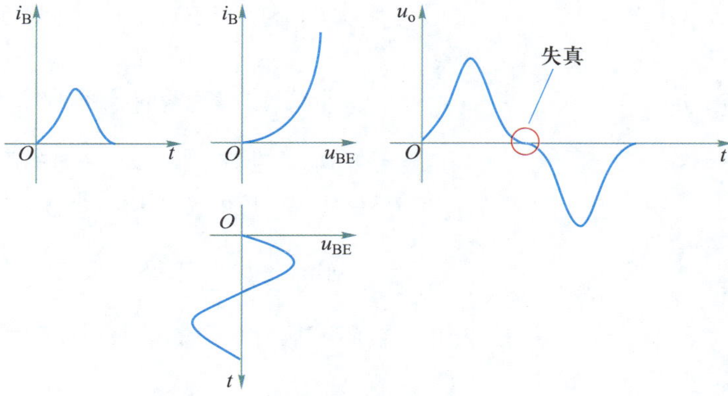

图 2-7-3　交越失真

为了消除交越失真，在具体应用时，静态工作点 Q 不应设置在 $I_C\approx0$ 处，而应选在 I_B 略大于零处，使两管微导通，让功放管工作于甲乙类放大状态，摆脱死区电压的影响。由于两管在静态时已有较小的基极电流 I_B，只要有输入信号，则总有一个晶体管导通，以致它们在轮流导通时，在交接点附近输出

波形比较平滑，失真减小。

图 2-7-4 所示为甲乙类互补对称功率放大电路。利用二极管 VD_1、VD_2 上的正向压降给 VT_1、VT_2 的发射结提供一个正向偏置电压，使电路工作在甲乙类状态，从而消除了交越失真。由于 VD_1、VD_2 的动态电阻很小，其上的信号压降也很小，故 VT_1、VT_2 基极的交流信号大小仍近似相等，极性相同，可保证两管交替对称导通。

2. 采用一个电源的互补对称电路

动画：OTL 互补输出级电路

上述互补对称电路均由正负对称的两个电源供电。静态时，输出端电位为零，可以直接接上对地的负载电阻 R_L，无须输出电容耦合，将这种电路称为无输出电容的互补对称放大电路，又称 OCL（Output Capacitorless）电路。

图 2-7-5 所示为单电源的互补对称电路，称为无输出变压器的互补对称放大电路，又称 OTL（Output Transformerless）电路。

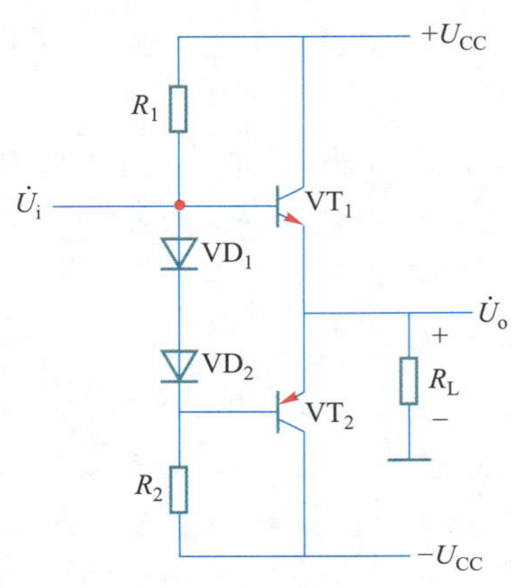

图 2-7-4 甲乙类互补对称功率放大电路

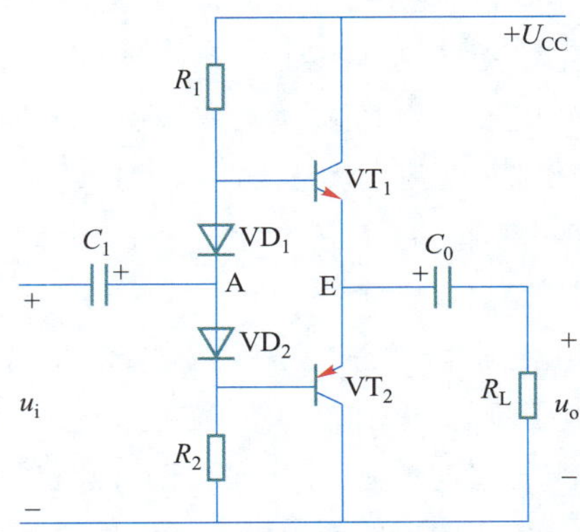

图 2-7-5 单电源 OTL 功率放大电路

VT_1、VT_2 是一对输出特性相近、导电特性相反的功放管，利用电阻 R_1、R_2 及二极管 VD_1、VD_2 为 VT_1 和 VT_2 建立很小的偏流，使其工作在输入特性的近似直线部分。适当选择 R_1 和 R_2，使 E 点的电位为$\frac{1}{2}U_{CC}$。因为二极管 VD_1 的压降和 VT_1 的基-射极电压相等，所以 A 点的电位也为$\frac{1}{2}U_{CC}$。

在静态（即 $u_i=0$）时，输入耦合电容 C_1 和输出耦合电容 C_0 被充电到$\frac{1}{2}U_{CC}$，以代替 OCL 电路中的电源$-U_{CC}$。当有 u_i 输入时，在 u_i 的正半周，VT_1 导通，VT_2 截止，电源$+U_{CC}$经 VT_1、C_0、R_L 到地进一步给 C_0 充电，VT_1 以射极输出的形式将正方向的信号变化传给负载 R_L；在 u_i 的负半周，基极电位（即 A 点的电位）低于$\frac{1}{2}U_{CC}$，VT_1 处于反向偏置而截止，VT_2 导通，此时，电容 C_0 作为电源，通过 VT_2 对负载电阻 R_L 放电，放电电流经 R_L 形成 u_o 的负半波。这样即可在 R_L 上得到一个完整的正弦波形。

三、集成功率放大器

随着电子技术的发展，集成电路的应用日趋广泛。D2002 就是集成功率放大器。集成功率放大器只需外接少量元件，就可组成适用的功率放大电路。该电路失真小、噪声低、静态工作点无须调整，电源电压可在 8～18 V 范围内选择，使用灵活。

图 2-7-6 是 D2002 集成功率放大器外形，它有 5 个引脚，使用时应紧固在散热片上。

图 2-7-7 是用 D2002 组成的低频功率放大电路。输入信号 u_i 经耦合电容 C_1 送到放大器的输入端 1。放大后的信号由输出端 4 经耦合电容 C_2 送到负载。5 为电源端，接 $+U_{CC}$，3 为接地端。R_1、R_2、C_3 组成负反馈电路以提高放大电路工作的稳定性，改善放大电路的性能。C_4、R_3 组成高通滤波电路，用来改善放大电路的频率特性，防止可能产生的高频自激振荡。负载为 4 Ω 的扬声器。该电路的不失真输出功率可达 5 W。

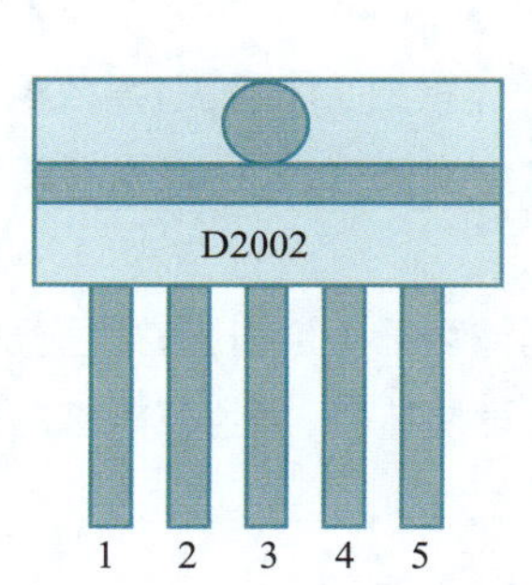

图 2-7-6　D2002 集成功率放大器外形

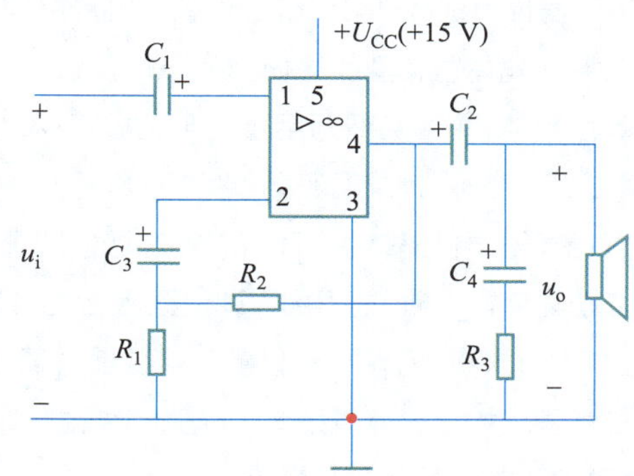

图 2-7-7　D2002 组成的低频功率放大电路

点睛

对功率放大电路的主要要求是获得最大不失真的输出功率和具有较高的效率。功放管工作于大信号状态下，由于晶体管极限参数的限制，功放管在工作中只能接近于极限工作状态，而不能超过它的安全工作区，否则可能损坏。为了满足功放管工作的要求，常采用甲乙类或乙类放大。实践中常用的功放电路是互补对称电路。

练习与思考

2-7-1　电压放大和功率放大有什么区别？

2-7-2　什么是甲类放大、甲乙类放大和乙类放大？它们各有什么特点？

2-7-3　功率放大电路主要存在哪些问题？应如何解决？

2-7-4　什么是交越失真？如何改善交越失真？

技能训练二　晶体管放大电路测试

一、技能训练目的

① 练习使用万用表测量晶体管的基极、发射极、集电极电压。

② 利用晶体管特性，设计共射极单管放大电路，并测量电路参数。

③ 练习使用示波器测量放大电路输入和输出电压波形。

④ 学会晶体管放大电路静态工作点的调试方法，能分析静态工作点对放大电路性能的影响。

二、技能训练使用器材

万用表、示波器、直流稳压电源、信号发生器、滑动变阻器、电阻、电解电容。

三、技能训练内容及步骤

1. 电子仪器仪表训练：用万用表测量和判断晶体管

第一步：判断晶体管类型及基极。

① NPN 型晶体管判断：把万用表调至二极管挡，红色表笔接晶体管第 1 个管脚，黑色表笔分别接其余两个管脚进行测量，如果两次测量万用表都导通，说明是 NPN 型晶体管，红色表笔接的管脚是基极。否则，红色表笔再接晶体管第 2 个、第 3 个管脚，重复上述步骤。

② PNP 型晶体管判断：把万用表调至二极管挡，黑色表笔接晶体管第 1 个引脚，红色表笔分别接其余两个管脚进行测量，如果两次测量万用表都导通，说明是 PNP 型晶体管，黑色表笔接的管脚是基极。否则，黑色表笔再接晶体管第 2 个、第 3 个管脚，重复上述步骤。

第二步：判断晶体管发射极、集电极。

把万用表调到放大倍数测量挡（“hFE”），找到万用表面板上分别用于插入 NPN 型和 PNP 型晶体管的两排插孔，每排各有 4 个插孔，分别标注 E、B、C、E。以 PNP 型晶体管为例，先把晶体管插入 PNP 型晶体管对应的那排插孔，基极插入标注 B 的插孔，记录放大倍数；然后，保持基极不变，调换晶体管方向，再记录放大倍数。比较两次放大倍数的数值，数值大的那次测量对应的 E、B、C 就是晶体管的发射极、基极和集电极。

2. 晶体管放大电路设计及测量

（1）晶体管放大电路设计

根据晶体管特性，设计分压式偏置放大电路，如图 2-8-1 所示。

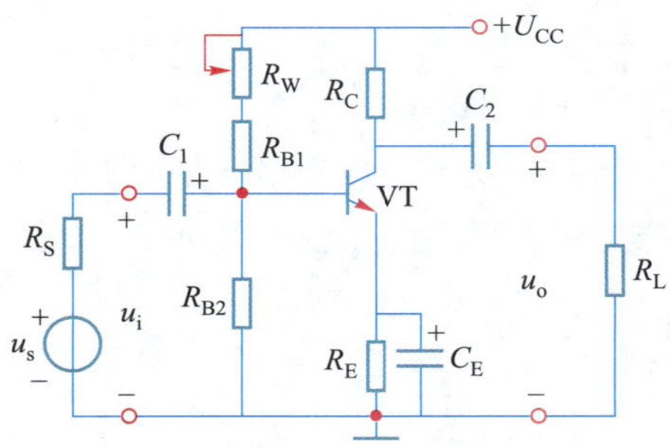

图 2-8-1 分压式偏置放大电路原理图

电路参数：$R_S=5.1\ \text{k}\Omega$，$C_1=10\ \mu\text{F}$，$R_W=100\ \text{k}\Omega$，$R_{B1}=20\ \text{k}\Omega$，$R_{B2}=20\ \text{k}\Omega$，$R_C=2.4\ \text{k}\Omega$，$R_E=1.0\ \text{k}\Omega$，$C_E=50\ \mu\text{F}$，$C_2=10\ \mu\text{F}$，$R_L=5\ \text{k}\Omega$。

（2）静态工作点的测量与调试

静态工作点是否合适，对放大电路的性能和输出波形都有很大影响。如果静态工作点偏高，放大电路在加入交流信号后易产生饱和失真；如果静态工作点偏低，则易产生截止失真。调试静态工作点，在接通直流电源前，先将滑动变阻器 R_W 调至最大，输入信号 $U_i=0\ \text{V}$，U_{CC} 接通+12 V 电源、调节 R_W，使 $I_C=2.0\ \text{mA}$，用直流电压表测量 U_B、U_E、U_C，完成表 2-8-1。

表 2-8-1　静态工作点的测量与计算

测量值			计算值		
U_B/V	U_E/V	U_C/V	U_{BE}/V	U_{CE}/V	I_C/mA

（3）电压放大倍数的测量

调节信号发生器，在放大电路输入端加入频率为 1 kHz、幅值为 100 mV 的正弦波电压 u_s，将示波器的一个探头接输入电压 u_i 两端，另外一个探头接输出电压 u_o 两端，观察输入波形和输出波形的相位关系，记录测量值，完成表 2-8-2。

表 2-8-2　电压放大倍数的测量与计算

R_C/kΩ	R_L/kΩ	U_o/V	A_u
2.4	∞		
2.4	5		

本章小结

1. 在低频放大电路中，共射极放大电路是一种常用的电路，其他的放大电路是在它的基础上建立起来的，因此它是分析其他放大电路的基础。共射极单管放大电路的输出信号电压与输入信号电压相位相反，即具有倒相作用。放大电路的工作总是既有直流又有交流，即含静态和动态。通过放大电路的直流通路可确定静态工作点 Q 并求得静态值；动态时放大电路的一个重要特点是电路中同时存在直流分量和交流分量两种成分。直流分量 I_B、I_C、U_{CE} 确定了静态工作点，即确定了晶体管的直流工作状态。交流分量 u_i、i_b、i_c、u_{ce} 则代表着信号的变化情况，二者不能混淆。

2. 微变等效电路分析法建立在小信号和线性工作区的基础上，可以用一个微变等效电路来表示晶体管的作用。微变等效电路只能分析放大电路的动态工作情况，计算电压放大倍数、输入电阻、输出电阻等。

3. 放大电路的静态工作点会受温度、电源电压波动及晶体管老化等因素的影响而发生漂移，其中温度的影响最大。为了稳定静态工作点，可以引入直流负反馈。常用分压式电流负反馈来稳定放大电路的静态工作点。

4. 在多级放大电路中，级与级之间的耦合方式有三种：阻容耦合、变压器耦合和直接耦合。多级放大电路将微弱的电压信号逐级放大，输出较大的功率，去推动负载正常工作。总的电压放大倍数为各级电压放大倍数的乘积，即

$$A_u = A_{u1} \cdot A_{u2} \cdot \cdots \cdot A_{un}$$

5. 正确理解反馈的基本概念，是分析各种负反馈放大电路的基础。

按反馈信号极性的不同，有正反馈和负反馈。正反馈增强了净输入信号，使 $|A_u|$ 增大；负反馈减弱了净输入信号，使 $|A_u|$ 减小。

按反馈信号是交流还是直流，有交流反馈和直流反馈。交流负反馈改善了放大电路的动态性能，直流负反馈可以稳定放大电路的静态工作点。

按从输出端取得的反馈信号不同,有电压反馈和电流反馈。电压反馈的反馈信号正比于 $\dot{U}_o$,电流反馈的反馈信号正比于 $\dot{I}_o$。反馈信号不一定是 $\dot{U}_f$,也可以是 $\dot{I}_f$。

按反馈信号在输入端的接法不同,有串联反馈和并联反馈。串联反馈信号与输入信号串联相接,反馈信号以电压形式出现;并联反馈信号与输入信号并联相接,反馈信号以电流形式出现。常见的负反馈放大电路有电压串联和电流串联负反馈放大电路、电压并联和电流并联负反馈放大电路四种。

正、负反馈的判别采用瞬时极性法,即利用基极与集电极电位反相、基极与发射极电位同相的关系,用"⊕""⊖"号逐级标出各极对地的电位,最后确定电路的反馈类型。

放大电路引入负反馈后改善了放大电路的性能,使 A_u 下降到原来的 $\frac{1}{1+A_oF}$,电压放大倍数稳定性提高,减小了波形失真,改变了输入、输出电阻等。

6. 射极输出器是一种常用的电压串联负反馈共集电极放大电路,它的电压放大倍数小于而接近1,但具有电流和功率放大作用,并具有输入电阻大、输出电阻小的特点,常用作多级放大器的输入级、输出级或中间隔离级。

习题

一、填空题

1. 晶体管工作在放大状态时,发射结________偏置,集电结________偏置。

2. 放大电路有两种工作状态,即________和________。

3. 分析放大电路动态的两种基本方法是________法和________法。

4. 反馈是将放大电路(或某一系统)输出端的________或________的一部分或全部,通过某种电路引回到放大电路的输入端。

5. 射极输出器的输出电压与输入电压大小近似________,相位________。射极输出器又称为________跟随器。

6. 在分压式偏置放大电路中,若下偏置电阻 R_{B2} 增大,而晶体管始终处在放大状态,则基极偏流 I_B____,集电极电流 I_C____,管压降 U_{CE}________。

7. 已知某小功率管的发射极电流 $I_E=1.3$ mA,电流放大系数 $\beta=49$,则其输入电阻 $r_{be}=$ ______________。

二、判断题(正确的题后面打√,错误的题后面打×)

1. 由晶体管组成的放大电路的主要作用是将微弱的电信号(电压、电流)放大成为所需要的较强的电信号。 (　　)

2. 放大电路处于静态时,电路中只有直流电压和直流电流。 (　　)

3. 放大电路处于动态时,电路中的耦合电容可以视为开路。 (　　)

4. 反馈分为正反馈和负反馈。 (　　)

5. 从基本放大电路的输出端看,负反馈分为串联反馈和并联反馈。 (　　)

6. 射极输出器的输出电阻较大。 (　　)

三、分析计算题

1. 在题图 2-1 所示放大电路中,已知 $U_{CC}=12$ V,$R_B=300$ kΩ,$R_C=5$ kΩ,晶体管 $\beta=40$,试:

（1）画出放大电路的微变等效电路；

（2）求放大电路空载时的电压放大倍数；

（3）求接负载电阻 $R_L=2\ k\Omega$ 后的电压放大倍数。

2. 题图 2-2 所示是分压式偏置的共射极放大电路。已知 $U_{CC}=12\ V$，$R_{B1}=20\ k\Omega$，$R_{B2}=10\ k\Omega$，$R_C=R_E=2\ k\Omega$，硅管的 $\beta=50$，求静态工作点（I_B、I_C、U_{CE}）。

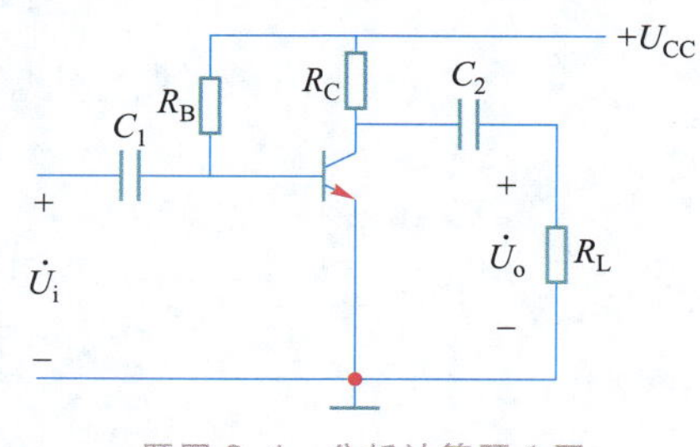

题图 2-1　分析计算题 1 图

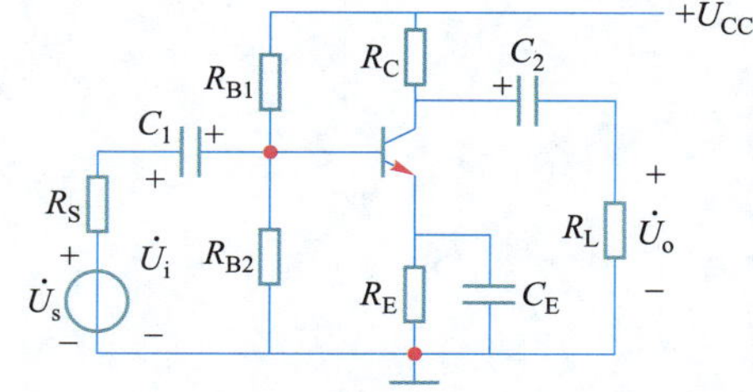

题图 2-2　分析计算题 2~4 图

3. 分压式偏置放大电路如题图 2-2 所示，已知 $U_{CC}=12\ V$，$R_{B1}=22\ k\Omega$，$R_{B2}=4.7\ k\Omega$，$R_E=1\ k\Omega$，$R_C=2.5\ k\Omega$，硅管的 $\beta=50$，$r_{be}=1.3\ k\Omega$，求：

（1）静态工作点；

（2）空载时的电压放大倍数；

（3）带 $4\ k\Omega$ 负载时的电压放大倍数。

4. 在题图 2-2 所示分压式偏置的共射极放大电路中，设 $R_{B1}=47\ k\Omega$，$R_{B2}=15\ k\Omega$，$R_C=3\ k\Omega$，$R_E=1.5\ k\Omega$，$R_L=2\ k\Omega$，硅管的 $\beta=50$，$r_{be}=1.2\ k\Omega$，$U_{CC}=12\ V$，试：

（1）画出放大电路的微变等效电路；

（2）求放大电路的输入电阻 r_i 和输出电阻 r_o；

（3）求电压放大倍数 A_u。

第三章 集成运算放大器

教学课件：集成运算放大器

引言

集成电路是 20 世纪 60 年代初期发展起来的一种半导体器件。它利用半导体工艺把整个电路的各个元器件以及相互之间的连线同时制作在一块半导体芯片上。集成电路按其功能可分为数字集成电路和模拟集成电路两大类。集成运算放大器（可简称运放）是模拟集成电路众多类型中的一种，其基本结构由输入级、中间级和输出级三大部分组成，如图 3-0-1 所示。

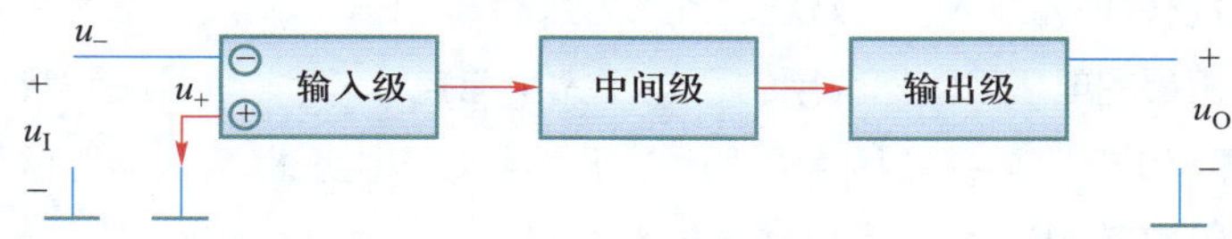

图 3-0-1 集成运算放大器的组成框图

输入级由差分放大电路组成，它是集成运算放大器的关键部分。中间级一般由一级或两级共射极放大电路组成，它的主要任务是提供足够大的电压放大倍数。输出级一般由互补对称的射极输出器构成，主要起阻抗变换作用，使输出电阻降低。集成运算放大器实质上是一种电压放大倍数高、输入电阻大、输出电阻很小的直接耦合多级放大电路。

集成运算放大器具有体积小、质量小、可靠性高、造价低廉和使用灵活方便等优点，因而在计算机、测量、自动控制和信号变换等方面获得了广泛应用。

本章重点介绍内容如下：与集成运算放大器有关的差分放大电路的基本工作原理，零点漂移的产生及抑制方法，集成运算放大器的基本性能和主要参数，由集成运算放大器组成的基本运算电路及其应用举例。

3-1 差分放大电路

微课：差分放大电路

一、直接耦合方式

交流放大电路级与级之间采用阻容耦合方式。耦合电容具有隔直流、通交流的作用，既保证了交流信号的逐级放大、逐级传递，又隔断了级间的直流通路，使各级静态工作点各自独立，互不影响。直接耦合放大电路则不同，级与级之间采用直接耦合方式，如图 3-1-1 所示，前一级的集电极输出端与后一级的基极输入端相连。前后级采用直接耦合方式虽然能把变化缓慢的信号或直流信号逐级放大，但也带来了一些问题，其中最主要的就是零点漂移问题。

一个理想的直接耦合放大电路，当输入信号 $u_I=0$ 时，其输出电压 u_O 应保持不变（不一定为零）。实际上，把直接耦合放大电路的输入端短接（即 $u_I=0$），在输出端 u_O 也会偏离初始值，有一定数值的无规则缓慢变化电压输出，这种现象称为零点漂移，简称零漂，如图 3-1-2 所示。

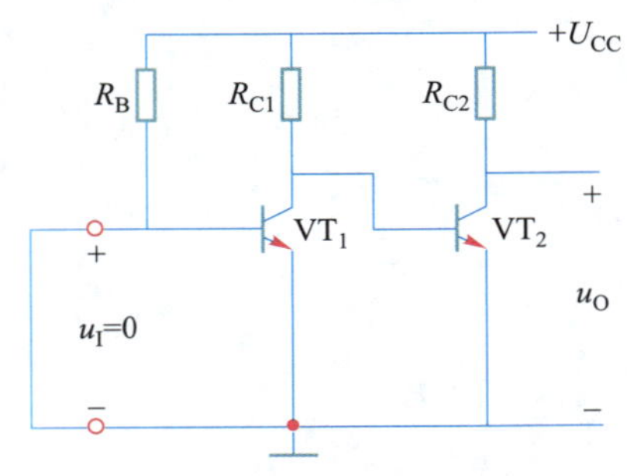

图 3-1-1 直接耦合放大电路

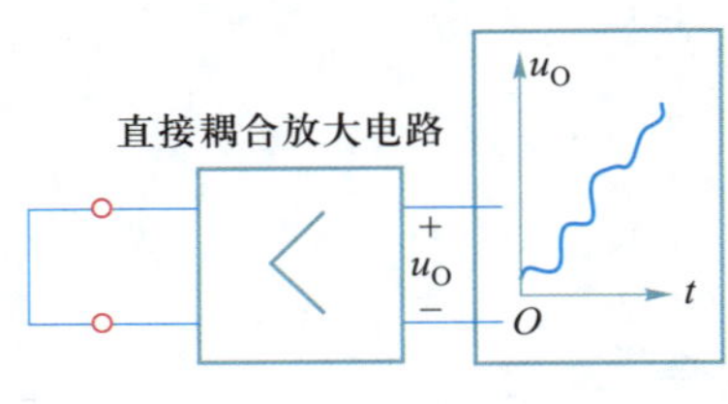

图 3-1-2 零点漂移

引起零点漂移的原因很多，如晶体管参数（I_{CBO}、U_{BE}、β）随温度的变化而变化、电源电压的波动、电路元器件参数变化等，其中以温度变化的影响最为严重，其会引起静态工作点的变化，所以零点漂移也称温漂。在多级直接耦合放大电路各级零点漂移中，又以第一级的零点漂移影响最为严重。因前级工作点的微小变化将会逐级传输放大，级数越多，放大倍数越高，在输出端产生的零点漂移越严重。在输入信号较小时，零点漂移的电压可能把有用信号电压完全掩盖，一真一假，互相纠缠在一起，难以分辨出是有用信号还是漂移电压。如果漂移量大到足以和有用信号相比时，放大电路就无法正常工作。因此，减小输入级的零点漂移，成为多级直接耦合放大电路一个至关重要的问题。解决零点漂移最有效的办法是采用差分放大电路。

二、差分放大电路的结构及原理

1. 电路基本结构及抑制零漂的原理

动画：差分放大电路抑制零点漂移的原理

基本差分放大电路如图 3-1-3 所示，它的主要特点是电路结构对称，元器件特性及参数值也对称。图中，VT_1、VT_2 为一对特性及参数均相同的晶体管（工程上称为差分对管），R_C 为集电极负载电阻，R_E 为发射极公共电阻，$+U_{CC}$和$-U_{EE}$分别是正、负电源的（对地）电压。该电路有两个输入端（VT_1、VT_2 的基极）和两个输出端（VT_1、VT_2 的集电极）。当无输入信号（$u_I=0$）时，由于电路完全对称，故输出信号 $u_O=0$。

差分放大电路的输入信号一般采用差模方式输入，即加在两个输入端的信号电压大小相等、极性（或相位）相反，称为差模输入信号，如图 3-1-3 所示。若信号 $u_{I1}>0$，则必有 $u_{I2}<0$。在它们的作用下，集电极电流 i_{C1} 将增大，i_{C2} 将减小，于是两管的集电极电位将向不同的方向变化，即 VT_1 的集电极电位下降，VT_2 的集电极电位升高，输出端便有输出信号 u_O。可以证明，差分放大电路对差模输入信号的电压放大倍数等于单管放大电路的电压放大倍数，有

$$A_d=\frac{u_O}{u_I}=-\beta\frac{R_C}{r_{be}}$$

差分放大电路对零漂的抑制，一是利用电路对称性，二是利用发射极公共电阻 R_E 的深度负反馈。

当外加信号 $u_I=0$ 时，若温度变化，或电源电压波动，将引起两管集电极电流 i_{C1}、i_{C2} 同时增大或减小，这就是零漂现象，相当于在两管的输入端同时加进一对大小相等、极性（或相位）相同的信号 u_{IC1}、u_{IC2}，称为共模输入信号，如图 3-1-4 所示。分析差分放大电路对共模输入信号的抑制情况，即可衡量它对零漂或其他外部干扰信号的抑制能力。

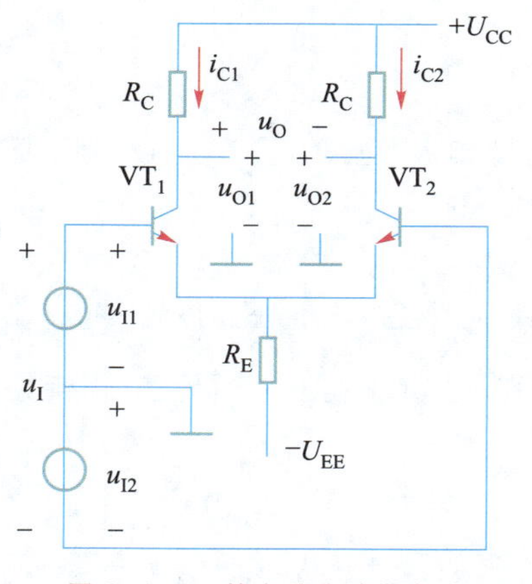

图 3-1-3　基本差分放大电路

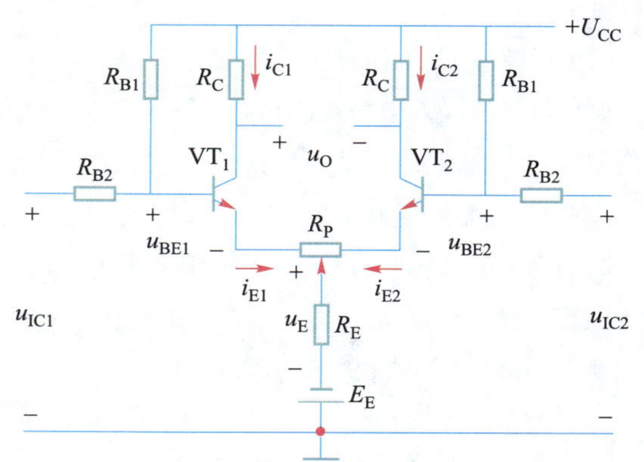

图 3-1-4　差分放大电路对零漂的抑制

由于电路的结构和参数完全对称，对于共模输入信号，两集电极电位总是相等的。若采用双端输出方式，输出电压为零，或者说，差分放大电路的共模电压放大倍数 $A_c=0$，即差分放大电路可以有效地抑制零漂。

但要使电路完全对称是很困难的，即使用同样工艺做在同一芯片上的两个晶体管，其特性和参数也很难完全相同。为提高电路的对称性，常在发射极（有时在集电极）电路中接入一个调零电位器 R_P，如图 3-1-4 所示。当 $u_I=0$ 时，调节 R_P 使 $u_O=0$。第二章讲过，发射极电阻具有电流负反馈作用，故 R_P 将降低差模电压放大倍数 A_d，因而 R_P 的阻值不能太大，一般为几十欧到几百欧。

R_P 对电路对称程度的补偿是很有限的，特别是在单端输出（输出信号为一管集电极对地电压）时，无法利用电路的对称性来抑制零漂。

从根本上说，要有效地抑制零漂，实质上是要稳定晶体管的集电极电流，使它不受外部因素（温度、电源电压等）变化的影响。为此，可在发射极电路中接入电阻 R_E（见图 3-1-4）。当加入共模输入信号时，R_E 中流过的电流 i_E 是两管发射极电流之和，R_E 将对共模输入信号产生强烈的电流负反馈作用，从而抑制两管因共模输入信号引起的电流变化，其抑制过程可表示为：

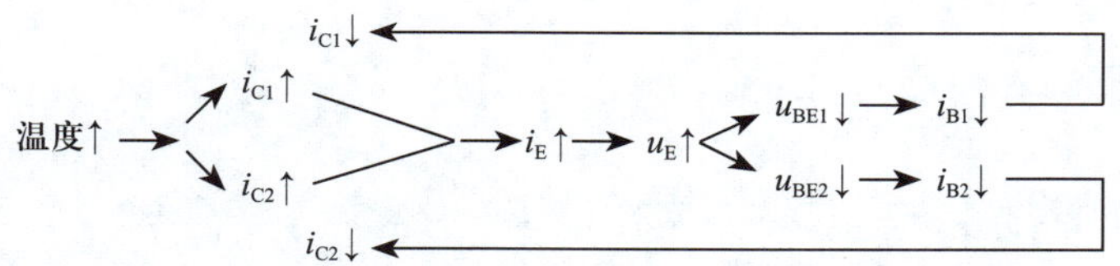

显然，R_E 越大，负反馈作用越强，抑制零漂的效果越好，而且对于双端和单端输出同样有效。R_E 一般称为共模反馈电阻。

对于差模输入信号而言，由于两管的集电极信号电流和发射极信号电流极性（或相位）相反，故两管流过 R_E 的信号电流互相抵消，R_E 上的差模输入信号压降为零，可视为短路，故不会对差模放大倍数产生影响。

电源电压 U_{CC} 一定时，R_E 过大将使集电极静态电流过小，晶体管的静态工作点过低，不利于有效信号的放大。为此在发射极电路中接入负电源 $-U_{EE}$，以补偿 R_E 两端的直流压降。

2. 输入、输出方式

差分放大电路有两个输入端和两个输出端。输入方式由信号源决定，既可双端输入，又可单端输入；输出方式取决于负载，既可双端输出，又可单端输出。因此，按照输入、输出方式，差分放大电路有四种接法。

（1）双端输入-双端输出

这种接法的输入信号接在两管的基极之间，输出信号从两管集电极取出，如图3-1-4所示。这种接法零漂很小，故应用广泛，但信号源和负载都不能有接地端。

（2）双端输入-单端输出

这种接法的输出信号是从一管的集电极和地之间取出，常用于将差模输入信号转换为单端输出信号，以便与负载或后级放大器有公共接地端，如图3-1-5所示。由于是单端输出，因而无法利用电路的对称性抑制零漂，静态时输出端直流电位也不为零。

（3）单端输入-双端输出

这种接法的输入信号接在一管的输入端（基极与地之间），经发射极电阻 R_E 耦合到另一管的输入端，如图3-1-6所示。这种接法的信号源可以有一端接地，并将单端输入信号转换为双端输出信号，作为下一级差分放大电路的差模输入信号。

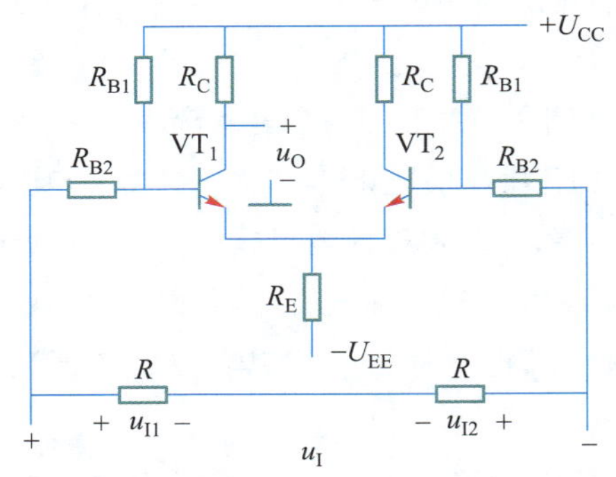

图3-1-5 双端输入-单端输出方式

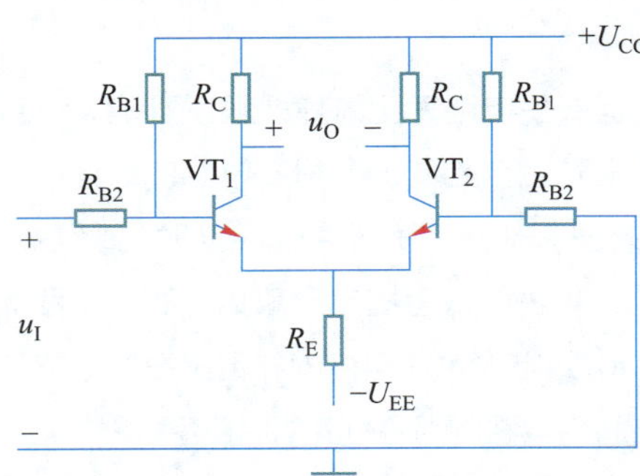

图3-1-6 单端输入-双端输出方式

（4）单端输入-单端输出

这种接法的输入、输出信号都可以有一端接地。这种接法的差分放大电路与单管放大电路相比，显然有较强的抑制零漂的能力。

点睛

差分放大电路有效地解决了直接耦合放大电路的零点漂移问题，应用广泛。差分放大电路放大差模输入信号，抑制共模输入信号。差分放大电路的差模电压放大倍数 A_d 与共模电压放大倍数 A_c 之比的绝对值称为共模抑制比，用 K_{CMR} 表示。K_{CMR} 越大，抑制共模输入信号的能力越强。

练习与思考

3-1-1 比较阻容耦合放大电路和直接耦合放大电路，直接耦合放大电路能否放大交流信号？

3-1-2 什么是零点漂移？产生零点漂移的主要原因是什么？

3-1-3 双端输入-双端输出差分放大电路为何能抑制零点漂移？为什么共模反馈电阻 R_E 能提高抑制零点漂移的效果？为什么 R_E 不影响差模输入信号的放大效果？

3-2　集成运算放大器的电压传输特性和主要参数

一、集成运算放大器的符号

目前国产集成运算放大器有多种型号，它们都由输入级、中间级和输出级等部分组成。在具体应用时，对使用者来说，最关心的是需要知道集成运算放大器的引脚用途及主要参数，至于其内部结构如何则无关紧要。

集成运算放大器的封装方式有扁平封装、陶瓷或塑料双列直插封装、金属圆壳或菱形封装等，有8~14个引脚，按一定顺序用数字编号，每个编号的引脚都连接着内部电路的某一特定位置，以便与外部电路连接。

有时在一个半导体芯片上，可以集成多个运算放大器并封装在一起，如CF158(258、358)是双运算放大器，CF124(224、324)是低功耗四运算放大器等。

拓展阅读：部分集成运算放大器型号及引脚排列

图3-2-1是F007C的引脚和图形符号。图3-2-1(a)是C型封装集成块，共有8个引脚，各引脚的用途分别是：

2——反相输入端，由此端接输入信号，则输出信号与输入信号反相；

3——同相输入端，由此端接输入信号，则输出信号与输入信号同相；

6——输出端，由此端对地引出输出信号；

4——负电源端，接−15 V的稳压电源；

7——正电源端，接+15 V的稳压电源；

1、5——外接调零电位器；

8——空引脚。

图3-2-1(b)、(c)、(d)分别为F007C的外部接线符号、曾用图形符号和国标图形符号。

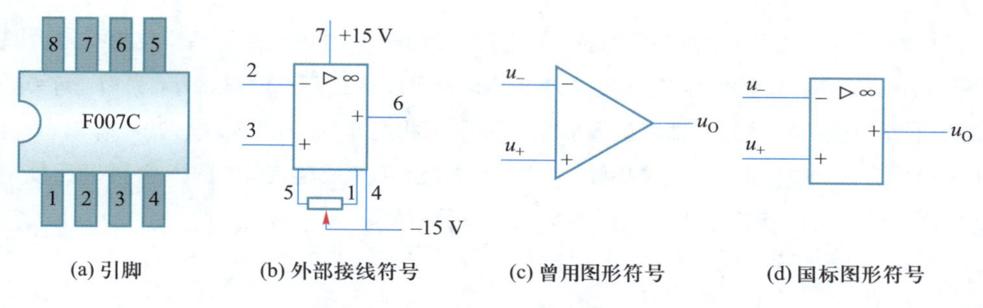

图3-2-1　F007C的引脚和图形符号

二、主要参数

参数是评价集成运算放大器性能好坏的主要指标，是正确选择和使用集成运算放大器的重要依据。

拓展阅读：几种集成运算放大器的主要参数

1. 开环电压放大倍数(差模电压放大倍数)A_{od}

它是指集成运算放大器在没有外接反馈电路的情况下，输入端加一小信号时测得的电压放大倍数。它是决定集成运算放大器精度的主要参数，其值越大，精度越高。通用型集成运算放大器F007的

A_{od}约为 100 dB(10^5倍)。有些集成运算放大器的 A_{od}高达 140 dB(10^7倍)。

2. 共模抑制比 K_{CMR}

它表示集成运算放大器的差模电压放大倍数 A_d 与共模电压放大倍数 A_c 之比的绝对值。若用分贝为单位,则 $K_{CMR}=20\lg\left|\frac{A_d}{A_c}\right|$(dB)。$K_{CMR}$越大,说明集成运算放大器的共模抑制性能越好。F007 的 K_{CMR}约为 80 dB,高质量集成运算放大器的 K_{CMR}高达 160 dB。

3. 开环输入电阻(差模输入电阻)r_{id}

它指集成运算放大器开环时,输入电压的变化与由它引起的输入电流的变化之比,即从两个输入端看进去的动态电阻。r_{id}越大,表明集成运算放大器由差模信号源输入的电流越小,精度越高。F007 的 r_{id}为 1~2 MΩ。若以场效应晶体管构成输入级,则 r_{id}可高达 10^6 MΩ。

4. 开环输出电阻 r_o

它指集成运算放大器输出级的输出电阻。r_o 越小,集成运算放大器带负载能力越强。F007 的 r_o 约为 500 Ω,高质量集成运算放大器的 r_o 可小于 100 Ω。

5. 输入失调电压 U_{IO}

对于理想运算放大器,当输入信号电压 $u_{I1}=u_{I2}=0$(即把两输入端同时接地)时,输出电压$u_O=0$。但在实际的集成运算放大器中,由于制造中元器件参数不对称等原因,当输入电压为零时,输出电压 $u_O\neq0$。如果要使 $u_O=0$,必须在输入端加一理想电压源 U_{IO},如图 3-2-2 所示。将 U_{IO}称为输入失调电压。U_{IO}一般为几毫伏,显然它越小越好。

6. 最大输出电压 U_{OPP}

能使输出电压和输入电压失真不超过允许值时的最大输出电压称为集成运算放大器的最大输出电压,一般用峰-峰值表示,有时也称为动态输出范围,其值不可能超出电源电压值。F007 的 U_{OPP}为 ±12~±13 V。

三、电压传输特性

表示输出电压与输入电压之间关系的曲线称为集成运算放大器的电压传输特性曲线,如图 3-2-3 所示。它包括三个区域:A、B 两点间为线性区,当集成运算放大器工作在线性区时,$u_O=A_o u_I(u_I=u_+-u_-)$。A、B 点以外区域为正、负饱和区,集成运算放大器处于饱和工作状态时,u_O 恒为$+U_{OPP}$或$-U_{OPP}$。图 3-2-3 是同相传输(输入信号接在同相输入端)的情况,若为反相传输(输入信号接在反相输入端),则电压传输特性曲线位于第二、四象限,且具有负的斜率。

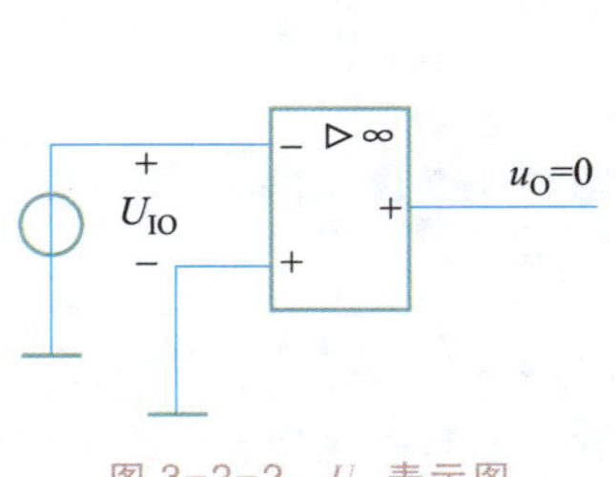

图 3-2-2 U_{IO}表示图

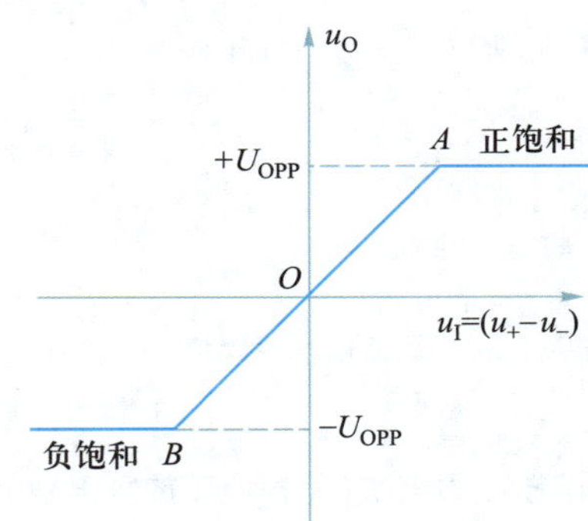

图 3-2-3 集成运算放大器的电压传输特性曲线

对于一个具体的集成运算放大电路，它是工作于线性区还是饱和区，主要取决于集成运算放大器外接反馈电路的性质。

一般来说，只有在深度电压负反馈作用下，才能使集成运算放大器工作于线性区。而在开环或正反馈状态下工作时，集成运算放大器通常处于非线性限幅状态，工作在饱和区，根据输入信号可以是正饱和或负饱和。

四、理想运算放大器

在分析应用电路时，为了便于分析和计算，常把实际集成运算放大器看作理想运算放大器来处理，以简化计算。事实上，这种分析和计算在一般情况下是完全可行的。

理想运算放大器的图形符号如图 3-2-4 所示。其理想化条件是：

① 开环电压放大倍数 $A_o \to \infty$；

② 差模输入电阻 $r_{id} \to \infty$；

③ 开环输出电阻 $r_o \to 0$；

④ 共模抑制比 $K_{CMR} \to \infty$。

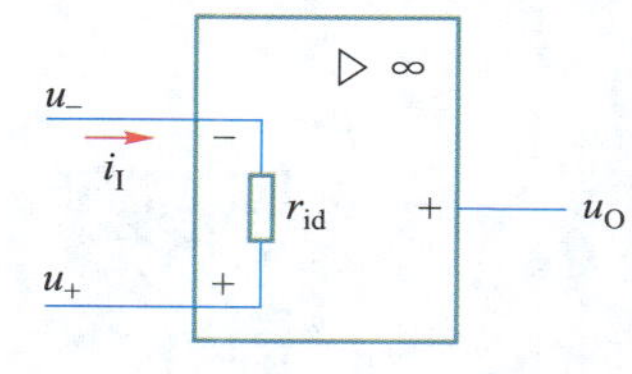

图 3-2-4　理想运算放大器的图形符号

根据上述条件，当集成运算放大器工作于线性状态时，即可视为一个理想的电压放大器。由图 3-2-4 可得

$$u_O = A_o(u_+ - u_-)$$

因 $A_o \to \infty$，u_O 为一有限值（绝对值小于正、负电源电压值），所以两个输入端输入电压 u_+ 和 u_- 必然近似相等（称为“虚短”）。又因开环输入电阻 $r_{id} \to \infty$，则流进集成运算放大器输入端的电流 i_I 近似为零（称为“虚断”），即

微课：集成运放及虚短和虚断

$$u_+ \approx u_- \tag{3-2-1}$$

$$i_I \approx 0 \tag{3-2-2}$$

式(3-2-1)和式(3-2-2)是分析和计算集成运算放大器的两个重要依据。应用这两个依据，将大大简化集成运算放大器应用电路的分析。

动画：理想运放特性应用——虚短与虚断

集成运算放大器一般工作于线性范围内，就是用电阻、电容、二极管等元器件跨接于输出端和反相输入端之间引入深度电压负反馈。集成运算放大器接成负反馈放大电路时，有反相输入和同相输入两种方式，它们是组成各种应用电路的基础。

点睛

集成运算放大器是利用集成电路工艺制成的高放大倍数（$10^4 \sim 10^8$）的直接耦合放大器，主要由输入级、中间级和输出级等部分组成。输入级是提高运算质量关键性的一级，一般采用差分放大电路。中间级主要用于提供足够大的放大倍数，常采用有源负载的共射或共基极放大电路。输出级主要用于向负载提供足够大的输出电压和电流，一般采用甲乙类放大的互补对称射极输出电路。

在分析集成运算放大器的各种应用电路时，常把集成运算放大器理想化，即 $A_o \to \infty$、$r_{id} \to \infty$、$r_o \to 0$、$K_{CMR} \to \infty$，使之工作于线性区。由此可得出两个重要结论，即 $u_+ \approx u_-$ 和 $i_I \approx 0$。以这两个重要结论为依据将大大简化集成运算放大器应用电路的分析。

练习与思考

拓展动画：集成运放的低频等效电路

3-2-1　为什么说集成运算放大器两个输入端的一个为反相输入端，另一个为同相输入端？

3-2-2　集成运算放大器有哪些主要参数？简述其含义。

3-2-3　要使集成运算放大器工作于线性区时，为什么通常引入深度电压负反馈？

3-2-4　理想运算放大器应满足哪些条件？

3-3　集成运算放大器的线性应用

微课：集成运放基本运算电路

集成运算放大器的应用，若从它的工作状态来分，可分为负反馈应用、开环和正反馈应用。负反馈应用电路的特点是：引入负反馈后，电路一般工作于线性区内，所以称为线性应用。集成运算放大器的线性应用，主要是实现各种模拟信号的比例、加/减、微分、积分、对数、指数等运算，以及有源滤波、信号检测、采样-保持等。集成运算放大器线性应用的用途十分广泛。下面仅举例说明某些实际应用电路。

一、反相输入比例运算电路

图3-3-1所示为反相输入比例运算电路，其输入信号电压 u_I 经过外接电阻 R_1 加到反相输入端，而同相输入端与地之间接一平衡电阻 R_2。为使运算放大器两个输入端电路对称，加在同相输入端的平衡电阻应等于反相输入端各支路电阻并联的阻值，即

$$R_2=R_1 /\!/ R_F$$

反馈电阻 R_F 跨接于输出端和反相输入端之间，这是一种电压并联负反馈放大电路。

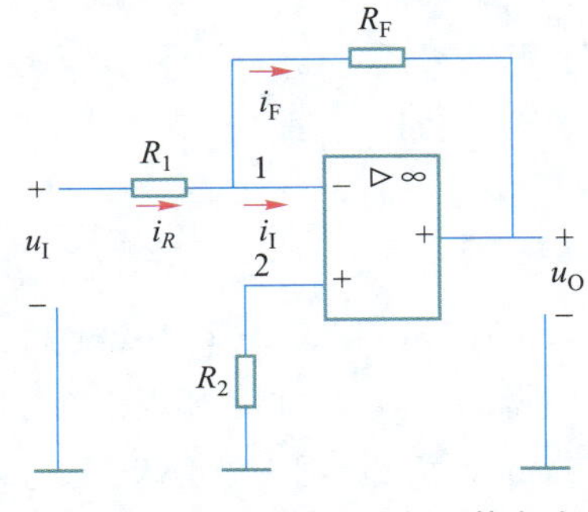

图3-3-1　反相输入比例运算电路

根据式(3-2-1)、式(3-2-2)可知，$i_1\approx0$、$u_1\approx u_2$（或 $u_+\approx u_-$），因此通过 R_F 的电流 i_F 近似等于通过 R_1 的电流 i_R，即由于

$$i_F+i_1=i_R$$

又有 $i_1\approx0$，所以

$$i_F\approx i_R$$

由于2点的电压 $u_2=0$，尽管反相输入端不接地，1点的电压 u_1 仍趋近于零，即 $u_1\approx0$。这种反相输入端电位接近零的现象称为“虚地”，把反相输入端1点称为不接地的“虚地点”。反相输入端为“虚地”的现象是反相输入比例运算电路的主要特点。应当指出，“虚地”并非真正的地，不能把反相输入端看成与地短路，否则信号就无法输入到放大器中了。

由图3-3-1可得

$$i_R=\frac{u_I-u_-}{R_1}\approx\frac{u_I}{R_1}$$

$$i_F=\frac{u_--u_O}{R_F}\approx-\frac{u_O}{R_F}$$

因 $i_R\approx i_F$，所以反相输入比例运算电路的闭环电压放大倍数 A_f 为

$$A_f=\frac{u_O}{u_I}\approx-\frac{R_F}{R_1}\tag{3-3-1}$$

输出电压

$$u_O = -\frac{R_F}{R_1} u_I$$

由式(3-3-1)可知，反相输入比例运算电路的闭环电压放大倍数仅取决于电阻 R_F 与 R_1 的比值，而与运算放大器本身参数无关。因此，选用不同的电阻比值 R_F/R_1，就可获得不同的闭环电压放大倍数 A_f。由于电阻的精度和稳定性可以做得很高，故 A_f 的精度和稳定性也很高。这是运算放大电路在深度负反馈条件下工作的一个重要优点。式(3-3-1)中的负号表示输出信号与输入信号的相位相反。因此，该电路称为反相输入比例运算电路，或称反相放大器。

例 3-3-1 在图 3-3-1 中，设 $R_1 = 10\ \text{k}\Omega$，$R_F = 50\ \text{k}\Omega$，求 A_f。如果 $u_I = -1\ \text{V}$，则 u_O 为多大?

解：

$$A_f \approx -\frac{R_F}{R_1} = -\frac{50}{10} = -5$$

$$u_O = A_f \cdot u_I = (-5)\times(-1)\ \text{V} = 5\ \text{V}$$

当 $R_F = R_1$ 时，由式(3-3-1)可得

$$A_f \approx -\frac{u_O}{u_I} \approx -\frac{R_F}{R_1} = -1$$

这就是反相器，或称反号器。

二、同相输入比例运算电路

如果输入信号从同相输入端引入，这种运算放大电路称为同相输入比例运算电路，如图 3-3-2 所示。输出电压 u_O 经 R_F 和 R_1 分压后送到反相输入端，这是一种电压串联负反馈放大电路。

为了保证两个输入端对地电阻相等，可选

$$R_2 = R_F /\!/ R_1$$

根据式(3-2-1)、式(3-2-2)可知

$$u_+ \approx u_-,\qquad i_I \approx 0$$

所以

$$u_+ \approx u_- = u_I$$

由图 3-3-2 所示，可得

$$i_R = -\frac{u_I}{R_1}$$

$$i_F = -\frac{u_O - u_-}{R_F} \approx -\frac{u_O - u_I}{R_F}$$

因

$$i_R = i_F + i_I \approx i_F$$

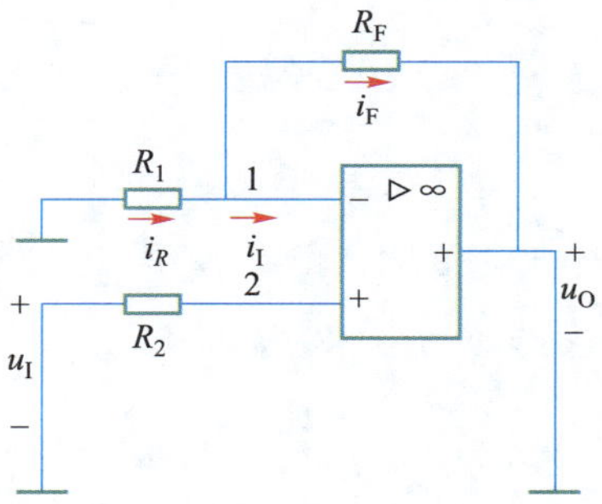

图 3-3-2 同相输入比例运算电路

于是

$$u_O = u_I\left(1 + \frac{R_F}{R_1}\right)$$

所以

$$A_f = \frac{u_O}{u_I} = 1 + \frac{R_F}{R_1} \tag{3-3-2}$$

由式(3-3-2)可见，同相输入比例运算电路的闭环电压放大倍数仅取决于 R_F 和 R_1 的比值，输出电压与输入电压同相位，故称同相输入比例运算电路。其 A_f 总是大于或等于 1，不会小于 1，这点与反相输入比例运算电路不同。

当 $R_1 = \infty$ 或 $R_F = 0$ 时，由式(3-3-2)可得

$$A_f = \frac{u_O}{u_I} = 1$$

即输出电压与输入电压大小相等、相位相同，u_O 跟随 u_I 变化，所以该电路也称为电压跟随器或同号器，如图 3-3-3 所示。电压跟随器与第二章分析过的射极输出器性能相似，是同相输入比例运算电路的一个特例。和分立元器件组成的射极输出器相比较，它的 $A_f=1$、$r_{id}\approx\infty$、$r_o\approx0$，其性能更优良，具有良好的跟随和隔离作用，所以应用很广泛。

三、加法运算电路

动画：加法运算电路

加法运算电路的功能是对若干输入信号求和。在比例运算电路的反相输入端加入 3 个信号电压 u_{I1}、u_{I2} 和 u_{I3}，如图 3-3-4 所示。各支路电阻分别为 R_1、R_2、R_3。同相输入端接有电阻 R_4，为使集成运算放大器两个输入端电路对称，故使 $R_4=R_1/\!/R_2/\!/R_3/\!/R_F$。

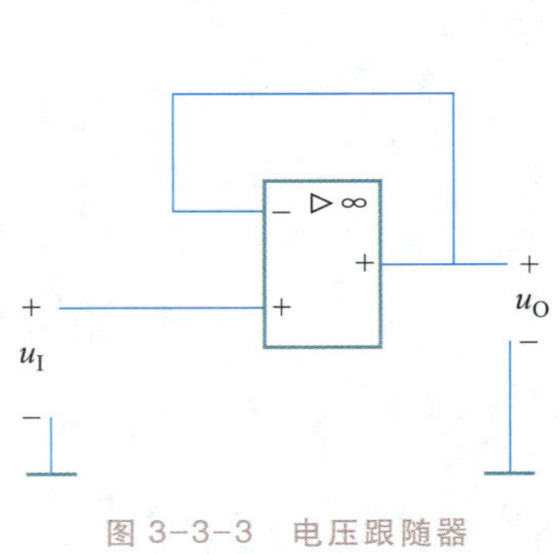

图 3-3-3 电压跟随器

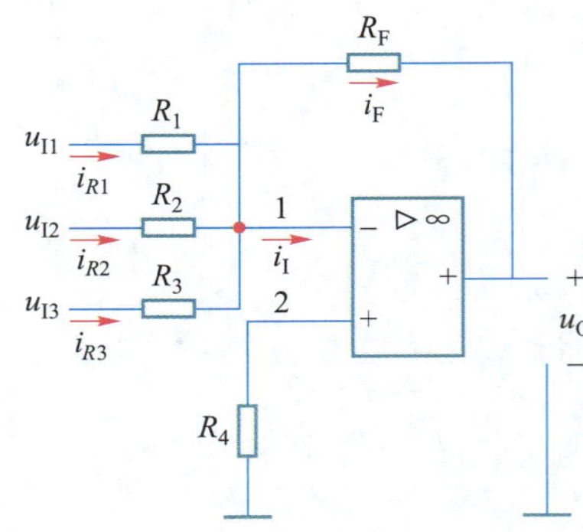

图 3-3-4 加法运算电路

根据式(3-2-1)、式(3-2-2)，可知 $u_1\approx u_2$(即 $u_-\approx u_+$)，$i_I\approx0$，可近似得到

$$i_F=i_{R1}+i_{R2}+i_{R3}=\frac{u_{I1}}{R_1}+\frac{u_{I2}}{R_2}+\frac{u_{I3}}{R_3}$$

$$u_O=-i_FR_F=-(i_{R1}+i_{R2}+i_{R3})R_F=-\left(\frac{R_F}{R_1}u_{I1}+\frac{R_F}{R_2}u_{I2}+\frac{R_F}{R_3}u_{I3}\right) \tag{3-3-3}$$

式(3-3-3)表明，输出电压等于各个输入电压按不同比例运算之和。

若令 $R_1=R_2=R_3=R$，则有

$$u_O=-\frac{R_F}{R}(u_{I1}+u_{I2}+u_{I3})$$

上式表明，输出电压与输入电压之和成比例。

若再令 $R=R_F$，则有

$$u_O=-(u_{I1}+u_{I2}+u_{I3}) \tag{3-3-4}$$

式(3-3-4)表明，输出电压等于各输入电压之和；式中负号表示输出电压与输入电压相位相反。

例 3-3-2 加法运算电路如图 3-3-4 所示，设 $R_1=R_2=R_3=10\ \text{k}\Omega$，$R_F=50\ \text{k}\Omega$，$u_{I1}=0.5\ \text{V}$，$u_{I2}=-1\ \text{V}$，$u_{I3}=-0.8\ \text{V}$，试计算输出电压 u_O。

解： 根据式(3-3-3)，有

$$u_O=-R_F\left(\frac{u_{I1}}{R_1}+\frac{u_{I2}}{R_2}+\frac{u_{I3}}{R_3}\right)=-\frac{R_F}{R_1}(u_{I1}+u_{I2}+u_{I3})$$

$$=-\frac{50}{10}\times[0.5+(-1)+(-0.8)]\ \text{V}=6.5\ \text{V}$$

例 3-3-3　在图 3-3-5 所示电路中，已知输入电压 $u_{I1}=30\ \text{mV}$，$u_{I2}=50\ \text{mV}$，试求输出电压 u_{O2}。

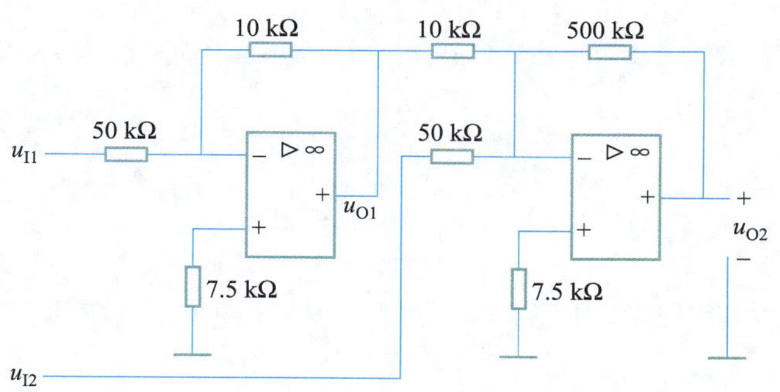

图 3-3-5　例 3-3-3 电路

解：

$$u_{O1}=-\frac{10}{50}u_{I1}=-\frac{1}{5}\times 30\ \text{mV}=-6\ \text{mV}$$

$$u_{O2}=-\left(\frac{500}{10}u_{O1}+\frac{500}{50}u_{I2}\right)=-200\ \text{mV}=-0.2\ \text{V}$$

四、减法运算电路

减法运算电路在测量和控制系统中应用很多，利用双端输入可以进行减法运算。图 3-3-6 所示为减法运算电路。减数输入信号 u_{I1} 经 R_1 加在反相输入端，被减数输入信号 u_{I2} 经 R_2 加在同相输入端，构成典型的差分输入放大电路。

根据式(3-2-1)、式(3-2-2)可知

$$u_+\approx u_-,\quad i_I\approx 0$$

可得

$$u_1=u_{I1}-i_{R1}R_1\approx u_{I1}-\frac{(u_{I1}-u_O)R_1}{R_1+R_F}$$

$$u_2=\frac{R_3}{R_2+R_3}u_{I2}$$

因

$$u_1\approx u_2$$

于是

$$u_O=\left(1+\frac{R_F}{R_1}\right)\frac{R_3}{R_2+R_3}u_{I2}-\frac{R_F}{R_1}u_{I1}$$

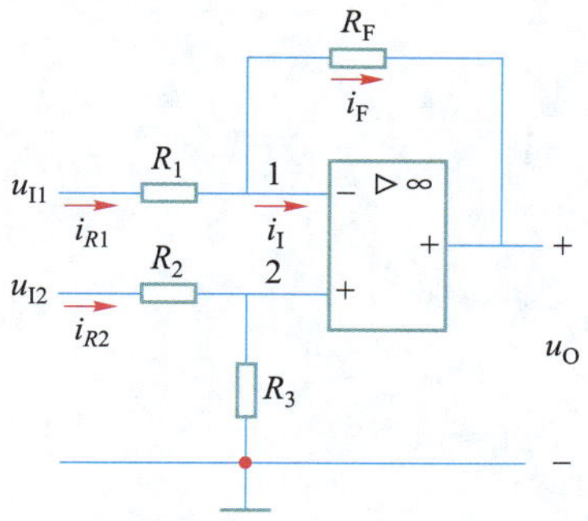

图 3-3-6　减法运算电路

当 $R_1=R_2$、$R_F=R_3$ 时，上式变为

$$u_O=\frac{R_2+R_3}{R_2}\cdot\frac{R_3}{R_2+R_3}u_{I2}-\frac{R_F}{R_1}u_{I1}=\frac{R_3}{R_2}u_{I2}-\frac{R_F}{R_1}u_{I1}=\frac{R_F}{R_1}(u_{I2}-u_{I1})\tag{3-3-5}$$

式(3-3-5)表明，输出电压 u_O 与两个输入电压的差值成正比，故该电路称为减法运算电路，也称差分运算放大电路。

当 $R_F=R_1$ 时，式(3-3-5)变为

$$u_O=u_{I2}-u_{I1}\tag{3-3-6}$$

可见，输出电压 u_O 为两个输入电压之差，实现了减法运算功能。

由式(3-3-6)可知，当 $u_{I1}=u_{I2}$ 时，输出电压 u_O 为零（即 $u_O=0$），电路对共模信号无放大作用。所以，这种电路既能放大差模信号，又能抑制共模信号。因此，减法运算电路不仅可以用来做减法运算，而且常用来放大具有强烈共模干扰的微弱信号，成为用途最广泛的运算电路之一。

例 3-3-4 在图 3-3-6 中，已知 $R_1=R_2=4\ \text{k}\Omega$，$R_F=R_3=20\ \text{k}\Omega$，$u_{I1}=1.5\ \text{V}$，$u_{I2}=1\ \text{V}$，试求输出电压 u_O。

解：因为 $R_1=R_2$，$R_F=R_3$，故将 $R_1=R_2=4\ \text{k}\Omega$，$R_F=R_3=20\ \text{k}\Omega$ 代入式(3-3-5)中，可得

$$u_O=\frac{R_F}{R_1}(u_{I2}-u_{I1})=\frac{20}{4}\times(1-1.5)\text{V}=-2.5\ \text{V}$$

五、积分运算电路

动画：积分运算电路

在反相输入比例运算电路中，用电容 C_F 代替电阻 R_F 作为反馈元件，就成为积分运算电路，如图 3-3-7(a)所示。

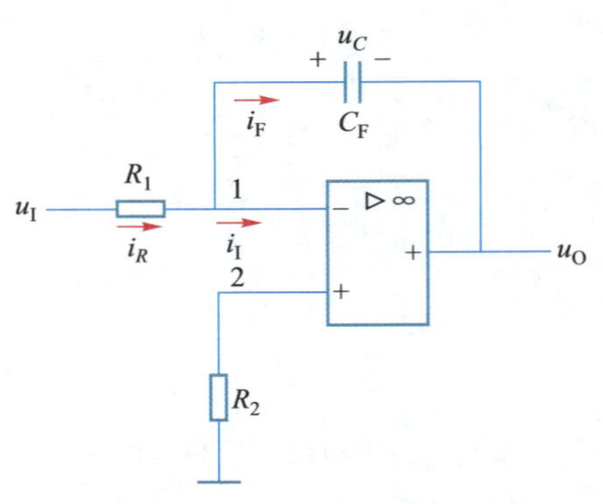

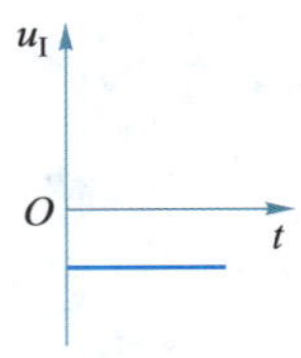

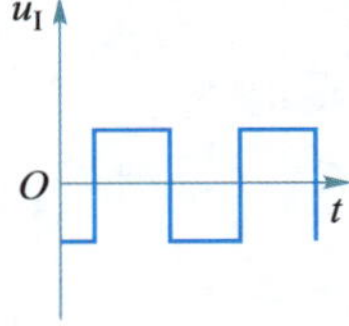

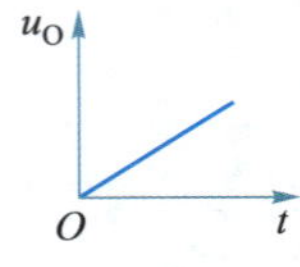

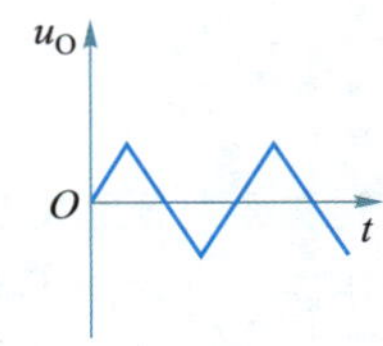

(a) 积分运算电路　(b) u_I为一负阶跃直流电压时的输出波形　(c) u_I为一方波时的输出波形

图 3-3-7　积分运算电路及输入、输出波形

根据式(3-2-1)、式(3-2-2)可知

$$u_+\approx u_-(\text{或 } u_2\approx u_1),\quad i_I\approx 0$$

因 $u_2\approx 0$，所以

$$u_1\approx u_2\approx 0$$

因 $i_I\approx 0$，所以

$$i_R=i_F+i_I\approx i_F=\frac{u_I}{R_1}$$

电容 C_F 上的电压为

$$u_C=u_1-u_O\approx -u_O$$

而

$$u_C=\frac{1}{C_F}\int i_F\,\mathrm{d}t=\frac{1}{C_F}\int i_R\,\mathrm{d}t$$

所以输出电压为

$$u_O=-\frac{1}{C_F}\int i_R\,\mathrm{d}t=-\frac{1}{C_F}\int\frac{u_I}{R_1}\mathrm{d}t=-\frac{1}{R_1C_F}\int u_I\,\mathrm{d}t \tag{3-3-7}$$

式(3-3-7)表明，输出电压与输入电压是积分关系。

当 u_I 为一阶跃直流电压 U_I 时，有

$$u_O=-\frac{1}{R_1C_F}U_It$$

式中，负号表示 u_O 与 u_I 反相位。图 3-3-7(b)所示为一负阶跃直流输入电压 u_I 所引起的正极性上升的输出波形 u_O。如果 u_I 为一方波，则在输出端可得到三角波，如图 3-3-7(c)所示。积分运算电路除用来进行积分运算外，还常用来作为锯齿波或三角波发生器和自动控制中的调节器。

例 3-3-5　在图 3-3-7(a)所示积分运算电路中，设 $R_1=1\ \text{M}\Omega$，$C_F=1\ \mu\text{F}$，u_I 为一阶跃直流电压，有 $U_I=1\ \text{V}$，试求 $t=0$，0.2 s，0.6 s，1 s 时的输出电压 u_O 各为多少？

解：因 $R_1=1\ \text{M}\Omega$，$C_F=1\ \mu\text{F}$，有

$$R_1C_F=1\times10^6\times10^{-6}\ \text{s}=1\ \text{s}$$

所以根据 $u_O=-\dfrac{1}{R_1C_F}\int u_I\text{d}t=-\dfrac{1}{R_1C_F}U_It$，得：

当 $t=0$ 时　　$u_O=0$

当 $t=0.2$ s 时

$$u_O=-\frac{1}{R_1C_F}U_It=-\frac{0.2}{1}\times1\ \text{V}=-0.2\ \text{V}$$

同理可得，当 $t=0.6$ s 时，$u_O=-0.6$ V；当 $t=1$ s 时，$u_O=-1$ V。

六、微分运算电路

动画：
微分运算电路

在反相输入比例运算电路中，用电容 C_1 代替 R_1 接在集成运算放大器的反相输入端时，则构成微分运算电路，如图 3-3-8 所示。

根据式(3-2-1)、式(3-2-2)可知

$$u_+\approx u_-,\quad i_I\approx0$$

因 $u_+=0$，所以

$$u_-=0$$

因 $i_I\approx0$，所以

$$i_C=i_F+i_I\approx i_F$$

$$i_C=C_1\frac{\text{d}(u_I-u_-)}{\text{d}t}\approx C_1\frac{\text{d}u_I}{\text{d}t}$$

$$i_F=\frac{u_--u_O}{R_F}\approx-\frac{u_O}{R_F}$$

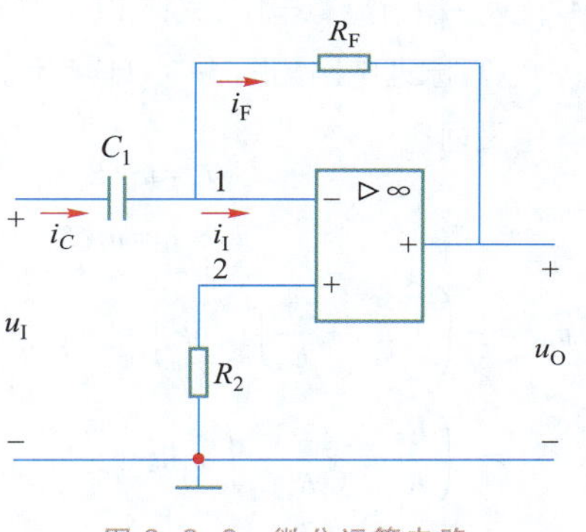

图 3-3-8　微分运算电路

所以

$$u_O=-R_FC_1\frac{\text{d}u_I}{\text{d}t}\tag{3-3-8}$$

由式(3-3-8)可知，输出电压 u_O 与输入电压 u_I 之间呈微分关系，R_FC_1 为微分常数，负号表明两者在相位上是反相的。

若 u_I 为一正阶跃电压，因阶跃的瞬间 C_1 相当于短路，故输出电压 u_O 为一负的最大值。随着 C_1 的充电，i_F 逐渐减小，输出电压随之衰减，其波形如图 3-3-9 所示。所以，微分运算电路除用来实现微分运算外，还可以用作波形发生器(由矩形波变成尖顶波)和自动控制中的调节器。

微分运算电路和积分运算电路都是常用的基本运算电路。图 3-3-10 是测振仪框图。测振仪用于测量物体振动的位移、速度和加速度。

设物体振动的位移为 x，由物理学知，物体振动速度 v 和加速度 a 分别为

$$v=\frac{\text{d}x}{\text{d}t},\quad a=\frac{\text{d}v}{\text{d}t}=\frac{\text{d}^2x}{\text{d}t^2},\quad x=\int v\text{d}t$$

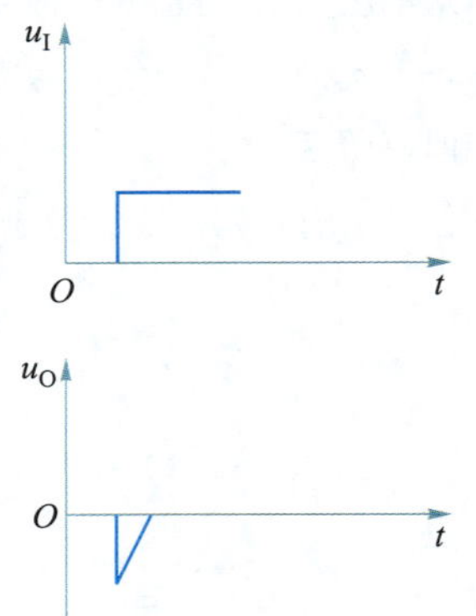

图 3-3-9 微分运算电路波形

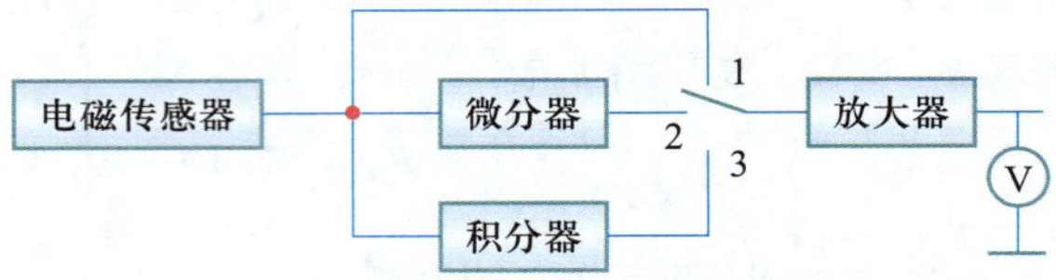

电磁传感器 微分器 积分器 放大器 V
1 2 3

开关位置：1—测振动速度；2—测加速度；3—测位移

图 3-3-10 测振仪框图

图 3-3-10 中，电磁传感器是一种速度传感器，它所产生的信号与振动速度成正比。将传感器得到的信号直接放大，便可测振动速度；经微分可测加速度；经积分可测位移。传感器的信号经积分和微分处理后，由开关选择输入放大器放大，放大后的信号可输出到示波器观察记录，以便对振动过程进行分析。

七、PI 调节器

比例-积分运算电路，又称 PI 调节器。PI 调节器的输出电压 u_O 与输入电压 u_I 的关系是比例-积分关系，其原理电路如图 3-3-11 所示。

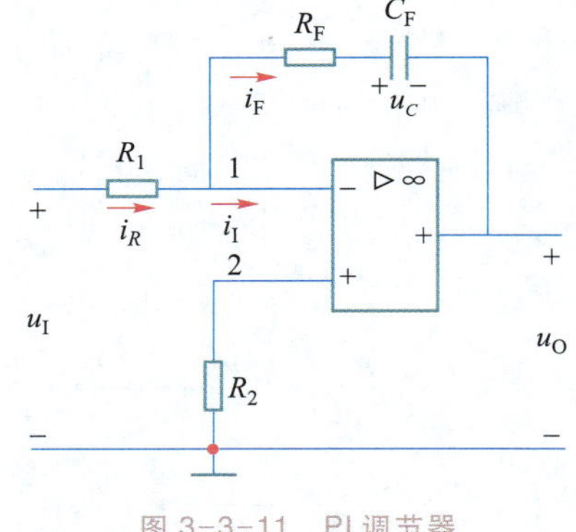

图 3-3-11 PI 调节器

由图可得

$$i_R = u_I / R_1$$

$$i_R \approx i_F = u_I / R_1$$

而
$$u_O = -\left(i_F R_F + \frac{1}{C_F}\int_0^t i_F \mathrm{d}t\right) = -\left(\frac{u_I}{R_1}R_F + \frac{1}{R_1 C_F}\int_0^t u_I \mathrm{d}t\right)$$

$$= -\left(\frac{R_F}{R_1}u_I + \frac{1}{R_1 C_F}\int_0^t u_I \mathrm{d}t\right) \quad (3-3-9)$$

当给定输入电压 u_I 为一恒定值 U_I 时，输出电压为

$$u_O = -\left(\frac{R_F}{R_1}U_I + \frac{1}{R_1 C_F}\int_0^t U_I \mathrm{d}t\right) = -U_I\left(\frac{R_F}{R_1} + \frac{t}{R_1 C_F}\right) \quad (3-3-10)$$

式(3-3-10)的第一项为比例调节，第二项为积分调节。

设 $t=0$，在输入端加入固定电压 U_I，由于电容上电压不能突变，$U_C=0$，只有比例调节运算起作用，此时 $u_O = -\frac{R_F}{R_1}U_I$。

当 $t>0$ 时，电容开始充电，积分运算起作用，随着时间的增长，输出电压作直线变化。比例-积分动作的变化规律如图 3-3-12 所示。这种调节器常应用于自动控制系统中，以保证系统具有良好的运行质量。

八、交流电压表电路

在交流量的测量中，一般都是把交流信号经过整流变为直流后，再加到表头上去，如图 3-3-13 所示。测量表头和整流电桥一起接在集成运算放大器的反馈电路中，待测交流信号电压 u_1 由同相输入端输入。

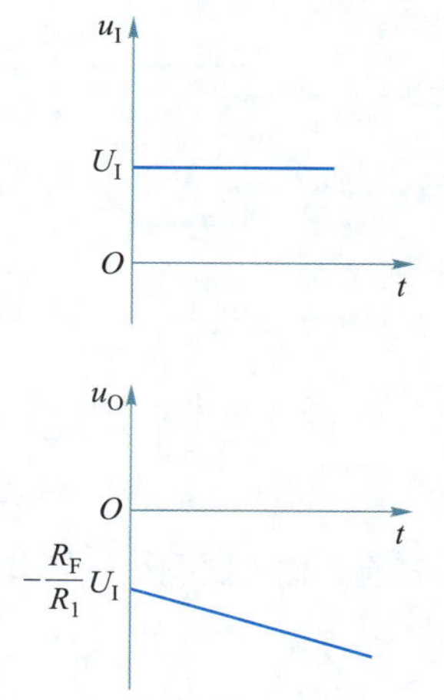

图 3-3-12　比例-积分动作的变化规律

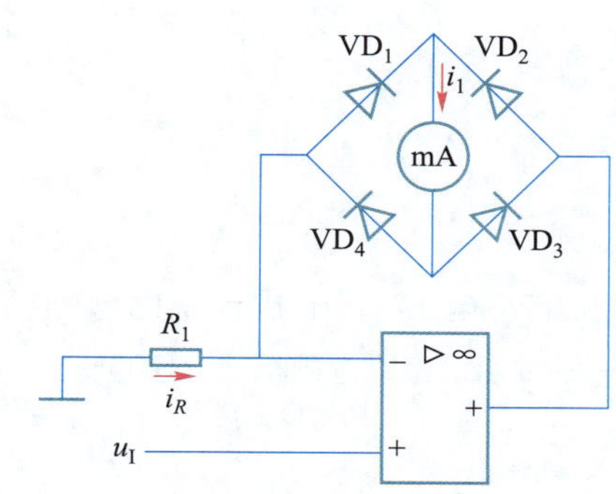

图 3-3-13　交流电压表电路

根据集成运算放大器的“虚地”概念，由图可知

$$u_- \approx u_+ = u_1$$

$$i_R = -\frac{u_1}{R_1}$$

i_1 为流入表头的电流，有 $i_1 = i_R$。由于二极管整流电桥的作用，交流电流 i_1 只能单向流入表头，即：当 u_1 正半周时，电流从集成运算放大器的输出端 →VD_2→表头→VD_4→R_1→地；当 u_1 负半周时，电流从地→R_1→VD_1→表头→VD_3→ 集成运算放大器的输出端。

当信号频率比较低时，可在表头两端并联一个电容，以消除表头指针的摆动。

由于 i_1 的大小仅取决于输入电压 u_1 和 R_1 的大小，而与反馈电路中表头的内阻、二极管的非线性及其电压降无关，因此测量比较精确，表头刻度也可采用线性刻度。

九、电压源和电流源

在电子线路和测量电路中常需要性能接近理想的电压源和电流源，利用集成运算放大器再接上适当的负反馈，便可构成这样的电源。下面列举几个常用的电路。

1. 电压源电路

图 3-3-14 和图 3-3-15 所示的两个电路为由集成运算放大器构成的电压源电路。由图可看出，恒定电压可加于集成运算放大器的反相输入端或同相输入端，集成运算放大器工作在比例运算状态。

图 3-3-14 所示电路为反相式电压源电路，集成运算放大器工作在反相输入比例运算状态，其输出端电压 U_O 为

$$U_O = -\frac{R_F}{R_1}U_Z$$

其电阻匹配为

$$R_2 = R_1 // R_F$$

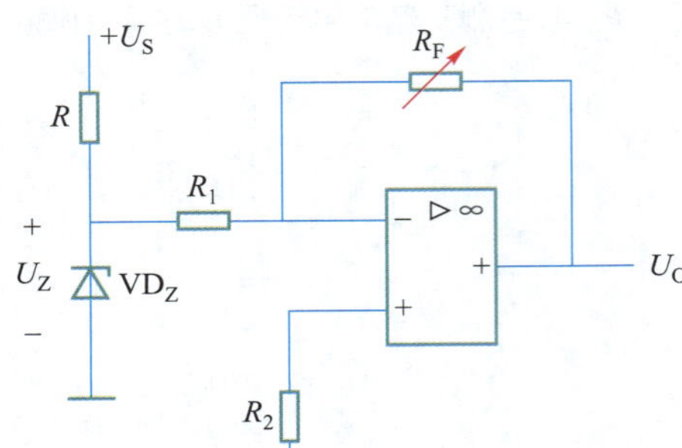

图 3-3-14 反相式电压源电路

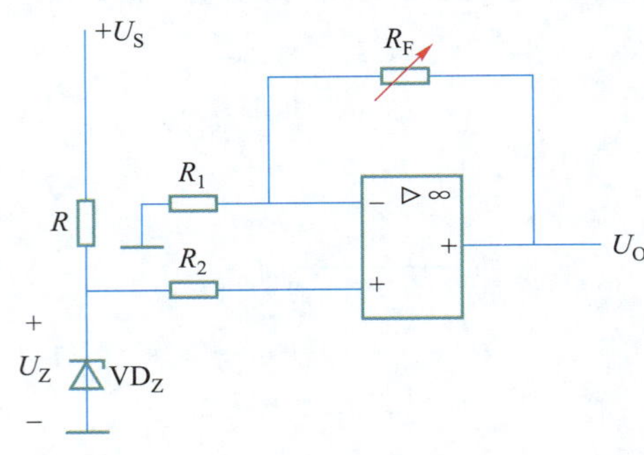

图 3-3-15 同相式电压源电路

改变 R_F 可以改变电压源输出电压 U_O 的电压值，而且 U_O 可以小于 U_Z。

图 3-3-15 所示电路为同相式电压源电路，集成运算放大器工作在同相输入比例运算状态，其输出端电压 U_O 为

$$U_O=\left(1+\frac{R_F}{R_1}\right)U_Z$$

其电阻匹配为

$$R_2=R_1 /\!/ R_F$$

改变 R_F 可以改变电压源输出电压 U_O 的电压值，但 U_O 不能小于 U_Z。

在这两种电压源电路中，由于集成运算放大电路被接成电压负反馈电路，所以输出阻抗很小，当 R_F、R_1 不变时，输出电压 U_O 可看作恒压，不受负载电阻 R_L 变化的影响，改变 R_F 可改变输出电压 U_O 的大小。

动画：基本电流源电路

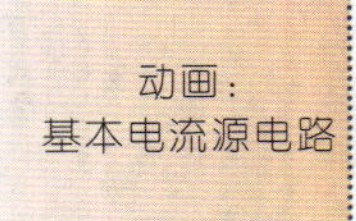

2. 电流源电路

图 3-3-16 和图 3-3-17 所示的两个电路为由集成运算放大器构成的电流源电路。由图可看出，电流源电路也是将恒定电压加于集成运算放大器的反相输入端或同相输入端，但是需利用电流负反馈，即在负载电阻 R_L 上串入一个小电阻 R_F 引出反馈信号，使负载电流不随负载阻抗 R_L 的变化而改变。

动画：镜像电流源

动画：比例电流源

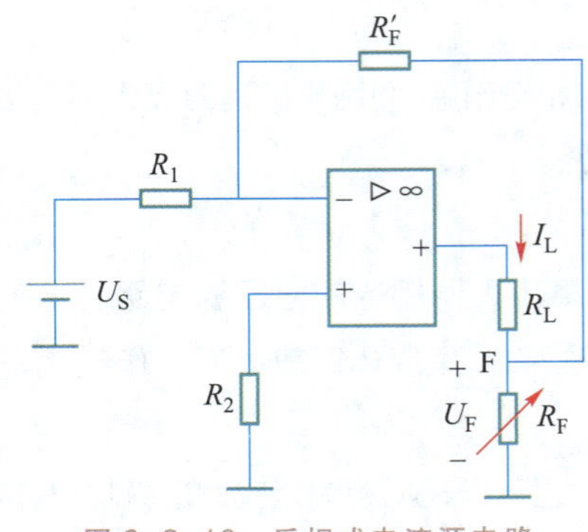

图 3-3-16 反相式电流源电路

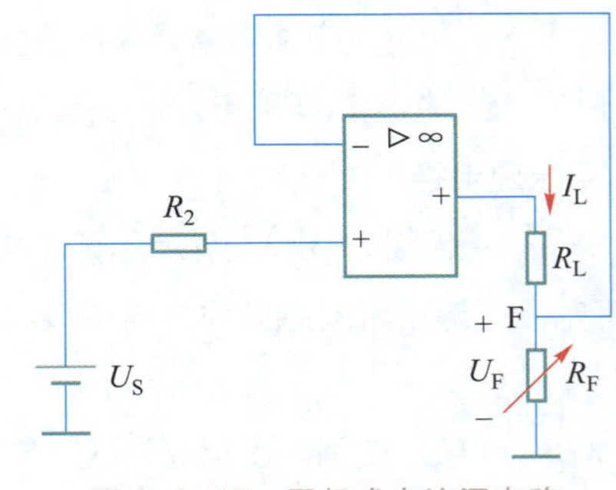

图 3-3-17 同相式电流源电路

图 3-3-16 所示电路为反相式电流源电路。由于集成运算放大器工作在反相比例放大状态，因此

$$U_F=-\frac{R'_F}{R_1}U_S$$

因为 $u_- \approx 0$，所以

$$I_L=\frac{U_F}{R_F /\!/ R'_F}=-\frac{R'_F}{R_1}U_S\ \frac{R_F+R'_F}{R_F R'_F}=-\left(\frac{R_F+R'_F}{R_1 R_F}\right)U_S$$

当 $R'_F >> R_F$ 时

$$I_L=-\frac{R'_F}{R_1}\cdot\frac{U_S}{R_F} \tag{3-3-11}$$

由式(3-3-11)可以看出，I_L 的大小与负载电阻 R_L 无关，仅由 U_S 及外接电阻决定。U_S 是恒定电压，只要电路外接电阻 R_1、R'_F、R_F 固定，I_L 便是一恒定电流。改变 R'_F 或 R_F 可改变电流源电流 I_L 值的大小。

图 3-3-17 所示电路为同相式电流源电路。由于 $U_F=U_S$，而且流进集成运算放大器输入端的电流近似为零，所以

$$I_L=\frac{U_F}{R_F}=\frac{U_S}{R_F} \tag{3-3-12}$$

由式(3-3-12)可以看出，I_L 的大小与负载电阻 R_L 无关，仅由 U_S 及反馈电阻 R_F 决定，改变 R_F 可改变电流源电流 I_L 值的大小。

十、有源低通滤波器

滤波器的作用是使某一频率范围内的有用信号顺利通过，而滤除此频率范围以外的无用信号，即信号通过滤波器时，前者的衰减很小，而后者的衰减很大。滤波器常用于信息处理、数据传输和抑制干扰等方面。低通滤波器是让输入信号中的低频成分顺利通过，而抑制或衰减其中高频成分的滤波电路。本书 4-2 节所讲的直流电源所用的滤波电路都是由 R、L、C 等无源元件组成的无源低通滤波器，如果引入运算放大器，就可以组成高质量的有源滤波器。

在反相输入的集成运算放大电路中，只要用由电阻 R_F 和电容 C_F 组成的并联电路来代替反馈电阻，就构成了有源低通滤波器，电路如图 3-3-18(a)所示。

对于直流信号，电容 C_F 相当于开路，因此

$$\frac{U_O}{U_I}=-\frac{R_F}{R_1}$$

对于交流信号，反馈电路的阻抗为

$$Z_F=R_F /\!/ -jX_C=R_F /\!/ -j\frac{1}{\omega C_F}=\frac{R_F}{1+j\omega R_F C_F} \tag{3-3-13}$$

动画：
RC 低通电路
与高通电路

因此，对于交流信号，输入信号与输出信号的关系为

$$\dot{A}_f=\frac{\dot{U}_o}{\dot{U}_i}=-\frac{Z_F}{R_1}=-\frac{R_F}{R_1}\cdot\frac{1}{1+j\omega R_F C_F} \tag{3-3-14}$$

随着信号频率 f 的增大，式(3-3-14)分母中的 $j\omega R_F C_F$ 项增大，A_f 将小于$\frac{R_F}{R_1}$。A_f 下降为$\frac{1}{\sqrt{2}}\cdot\frac{R_F}{R_1}$时，通频带的上限频率 f_0 为截止频率，由式(3-3-14)可得

$$\omega_0=2\pi f_0=\frac{1}{R_F C_F} \tag{3-3-15}$$

$$f_0=\frac{1}{2\pi R_F C_F} \tag{3-3-16}$$

由式(3-3-14)可见，信号中低于截止频率 f_0 的谐波分量(直流分量和低次谐波分量)所对应的 A_f 较大，而高于截止频率 f_0 的高次谐波分量所对应的 A_f 较小，即低频分量可以顺利通过，而高频分量衰减

大，受到了抑制，所以该电路为低通滤波器。图 3-3-18(b)所示为低通滤波器的幅频特性曲线。

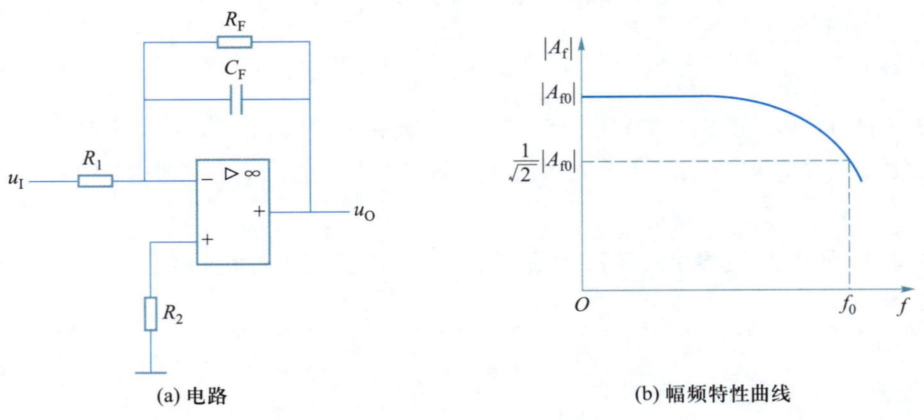

图 3-3-18 有源低通滤波器

无源 RC 滤波器中，R 与接收信号的负载 R_L 串联，为了保证输出信号 U_o，R 的阻值受 $R<10\%R_L$ 的制约而不能太大，因而要满足一定截止频率 f_0 所需的电容 C 就很大。而有源滤波器因运算放大电路的闭环输出电阻 r_{of} 极小，$\left|\frac{U_o}{U_I}\right|$只与电阻比值$\frac{R_F}{R_1}$有关。如前所述，$R_1$ 可选几十千欧，甚至100 kΩ，通常取 $R_F>R_1$ 以保证一定的放大倍数，因此要满足一定截止频率 f_0 所需的电容 C_F 就小得多。

例 3-3-6 在图 3-3-18(a)所示的有源低通滤波器电路中，如取 $R_1=100\ \text{k}\Omega$，$\frac{R_F}{R_1}=5$，要求 $f_0=10\ \text{Hz}$，试计算所需的 R_F 及 C_F。

解：由于$\frac{R_F}{R_1}=5$，所以 $R_F=5R_1=5\times100\ \text{k}\Omega=500\ \text{k}\Omega$，由于 $f_0=10\ \text{Hz}$，由式(3-3-16)可得

$$C_F=\frac{1}{2\pi f_0 R_F}=\frac{1}{2\pi\times10\times500\times10^3}\ \text{F}\approx0.032\times10^{-6}\ \text{F}=0.032\ \mu\text{F}$$

与 RC 或 LC 等无源滤波器相比，有源滤波器具有体积小、质量小，输入、输出阻抗易于匹配，频率特性调整方便，信号可被放大等优点，因此在通信、测量、自动控制等领域获得了广泛应用。在有源滤波器中，除了上面讨论的低通滤波器之外，还有只允许高频信号通过的高通滤波器、只允许某一频率范围内的信号通过的带通滤波器、抑制某一频率范围内的信号的带阻滤波器等。

十一、电流、电压转换电路

在信号的远距离传送中，为了避免传输线阻抗的影响，需用电压-电流转换电路将待传送的电压信号转换为电流信号，其输出电流与输入电压成正比，而与传输线阻抗无关。而在某些微弱电流信号的测量中，则需用电流-电压转换电路将电流信号转换为电压信号，以利于信号的处理和运算。

图 3-3-19 为电压-电流基本转换电路。图 3-3-19(a)中，输入信号 u_I 接在集成运算放大器的同相输入端，负载电阻 R_L 接在负反馈回路中。由于 $i_I\approx0$，$u_-\approx u_+$，且 $u_+\approx u_I$，故

$$i_L=i_R=u_-/R_1=u_I/R_1$$

可见，输出信号电流 i_L 与输入电压 u_I 成正比，而与 R_L 的大小无关。同时，由于集成运算放大器组件的输入电阻很大，因而 i_L 的大小对信号源没有影响。

在这个电路中，因为 R_L 的任何一端都不能接地，因而只能用于负载不接地的场合。为解决此问题，可采用图 3-3-19(b)所示的电路，其中 R_F 引入负反馈，电阻 R_L 和 R_2 则构成正反馈电路。为使电路仍然工作在线性状态，在选择电路参数时，应保证负反馈深度大于正反馈深度，以使电路在总体上仍在负反馈状态下工作。在这个电路中，负载 R_L 可以接地。

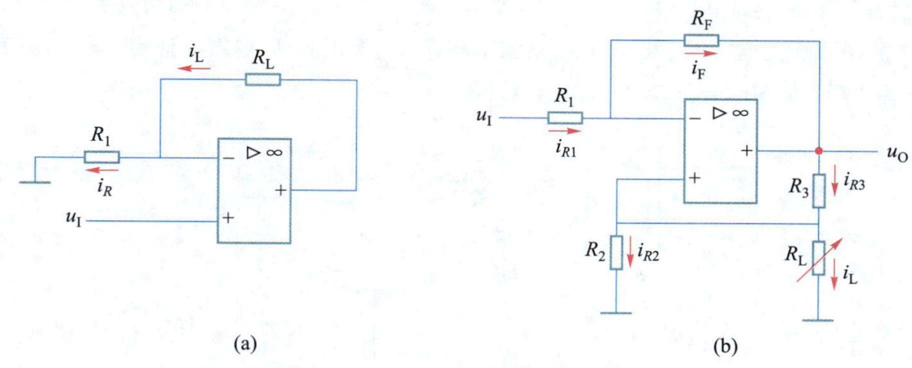

图 3-3-19 电压-电流基本转换电路

由图可见，由于 $i_{R1}=i_F$，故

$$i_{R1}=\frac{u_I-u_-}{R_1}=i_F=\frac{u_--u_O}{R_F}$$

可得

$$u_-=\frac{u_IR_F+u_OR_1}{R_1+R_F}$$

又因 $i_L=i_{R3}-i_{R2}$，故

$$i_L=\frac{u_O-u_+}{R_3}-\frac{u_+}{R_2}=\frac{u_O}{R_3}-u_+\left(\frac{1}{R_2}+\frac{1}{R_3}\right)$$

若取 $R_F/R_1=R_3/R_2$，且因 $u_+=u_-$，故可得

$$i_L=-\frac{u_I}{R_2}$$

可见，i_L 的大小亦与输入信号 u_I 成正比，而与负载大小无关。

需要注意的是，上述电路中的负载电阻 R_L 均不能开路，否则电路将处于正反馈工作状态而进入非线性工作区。

图 3-3-20 为电流-电压基本转换电路，为一反相输入电路。由于反相端为"虚地"，且 $i_I=i_F$，故

$$u_O=-i_FR_F=-R_Fi_I$$

可见，u_O 与 i_I 成正比。若 i_I 恒定不变，则该电路为一理想恒压源。

这个电路可用于电阻测量。令 i_I 为给定值，R_F 为被测电阻，则 u_O 与 R_F 阻值成正比。

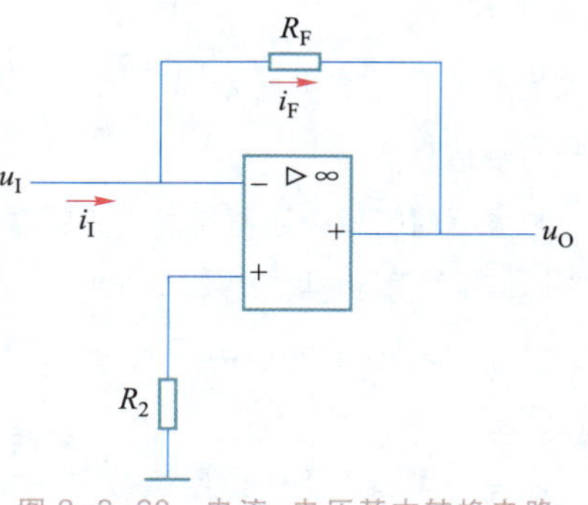

图 3-3-20 电流-电压基本转换电路

十二、精密放大电路

在精密测量及微弱信号检测系统中，输入信号通常为毫伏级或微伏级(如生物电信号)，因而干扰及噪声信号将严重影响放大器的精确程度，甚至将有用信号"淹没"，而使放大器不能工作。因此精密

放大电路必须具有很强的抑制干扰和噪声的能力，有良好的稳定性，并具有足够高的准确度。

精密放大电路的输入信号大多来自传感器（见附录六中的“非电量电测技术”），其等效内阻一般较大且多变，信号中往往含有共模成分，故精密放大电路必须具有极大的输入电阻和较强的共模抑制能力，其输出电阻则应尽可能小，以避免负载变化影响放大器的工作状态和准确度。

图 3-3-21 为基本三运放精密差分放大电路，其中 A_1、A_2 为完全对称的同相放大器，A_3 为差分放大电路，对 A_1、A_2 的输出电压 u_{O1} 和 u_{O2} 实行减法运算。同相输入时，因输入电流接近于零，故其输入电阻极大，若输入级为场效应管，则其输入电阻更大。

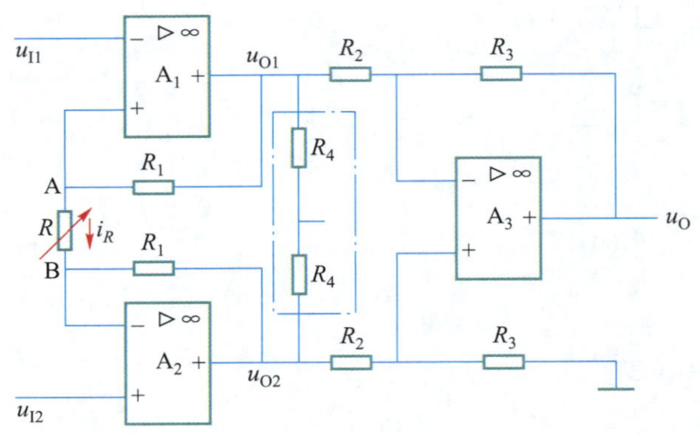

图 3-3-21 基本三运放精密差分放大电路

对于共模输入信号（即 $u_{I1}=u_{I2}=u_I$），有 $u_A=u_B=u_I$，故 $i_R=0$，电阻 R 相当于断路。A_1、A_2 均处于电压跟随器状态，故其输出电压 $u_{O1}=u_{O2}=u_I$，即由 A_1、A_2 组成的输入级对共模信号没有放大作用。若电阻 R_2、R_3 的参数适当，则经 A_3 相减后，输出端就不会包含共模成分了，故该电路具有很强的共模抑制能力。

该电路的差模电压放大倍数为

$$A_{uf}=\frac{u_O}{u_{I2}-u_{I1}}=\frac{R_3}{R_2}\left(1+\frac{2R_1}{R}\right)$$

若取 $R_2=R_3$，则 $A_{uf}=1+\dfrac{2R_1}{R}$，取 R_1、R_2、R_3 为定值，调节电阻 R 即可改变差模电压放大倍数，而对共模抑制能力没有影响。

为了尽可能减小元器件所带来的误差，应尽量选用高质量的精密电阻器（如金属膜电阻等）和高质量的运算放大器组件。如 CF7650 是一种高精度、低漂移的精密运算放大器，其输入电阻高达 10^6 MΩ 以上，共模抑制比和差模电压放大倍数均大于 110 dB，且可自动稳零，在一般的精密放大电路中得到了广泛的应用。

还有一类专门用于测量或数据采集系统的精密放大电路，称为仪用放大器或数据放大器，它是在图 3-3-21 所示电路基础上加以改进和完善，并集成在一块硅片上成为一个组件，有通用型、隔离型和可程控增益型等几类。通用型实际上就是改进的三运放差分放大电路，增加了几个能提高工作性能的接线端，典型产品有 INA101 和 3626 等。隔离型是在通用型的基础上增加了一级隔离电路，以提高其抑制共模干扰能力，典型产品有 3456 等。可程控增益型是通过外部输入的数字编码控制其放大倍数，使其输出电压统一为 0~5 V 或 0~10 V，便于与计算机结合，用于过程控制和数据采集系统。

点睛

集成运算放大器通常与外接反馈电路组成各种放大电路，按其信号输入的连接方式不同有反相输入比例运算电路$\left(u_O \text{ 与 } u_I \text{ 反相，闭环电压放大倍数 } A_f=-\dfrac{R_F}{R_1}\right)$、反相输入加法运算电路$\left[u_O=-\left(\dfrac{R_F}{R_1}u_{I1}+\dfrac{R_F}{R_2}u_{I2}+\dfrac{R_F}{R_3}u_{I3}\right)\right]$、同相输入比例运算电路$\left(u_O \text{ 与 } u_I \text{ 同相，闭环电压放大倍数 } A_f=1+\dfrac{R_F}{R_1}\right)$等。同相输入比例运算电路具有输入电阻大和输出电阻小的特点，其还有一种特殊形式——电压跟随器。

练习与思考

3-3-1　什么是“虚地”？同相输入运算电路是否存在“虚地”？

3-3-2　用负反馈放大电路的知识讨论同相输入和反相输入运算放大电路的性能特点。

3-3-3　简述加法运算电路的工作原理。

3-3-4　简述减法运算电路的工作原理。

3-3-5　为什么图 3-3-13 所示的交流电压表电路能提高测量精度？

3-4　集成运算放大器的非线性应用

当集成运算放大器开环或加有正反馈时，由于集成运算放大器开环放大倍数 A_o 非常大，即使输入信号很小，也足以使集成运算放大器饱和，使输出电压 u_O 近似等于集成运算放大器组件的正电源电压值或负电源电压值。这时，集成运算放大器的输入量和输出量之间不再具有线性关系，而处于非线性工作状态。

与线性工作状态相比，集成运算放大器在非线性工作状态下仍有 $i_I \approx 0$ 的特点，但由理想运算放大器的电压传输特性可知，当它的输入电压 $u_I=u_+-u_-$ 大于零或小于零时，其输出电压都是稳定的，分别接近于正电源电压或负电源电压，而 u_I 过零时就会产生跳变，即由正电压跃变为负电压或相反，因而不再存在 $u_+\approx u_-$ 这一关系。这是集成运算放大器非线性工作状态不同于线性工作状态的主要特点。

集成运算放大器的非线性应用领域很广，包括测量技术、数字技术、自动控制、无线电通信等方面。但就其功能而言，目前的应用主要是信号的比较和鉴别，以及各种波形发生电路。这里简单介绍几种非线性应用电路。

一、比较器

微课：电压比较器

比较器是集成运算放大器非线性应用的最基本电路，用于对输入信号电压 u_I 与参考电压 U_R 进行比较和鉴别。

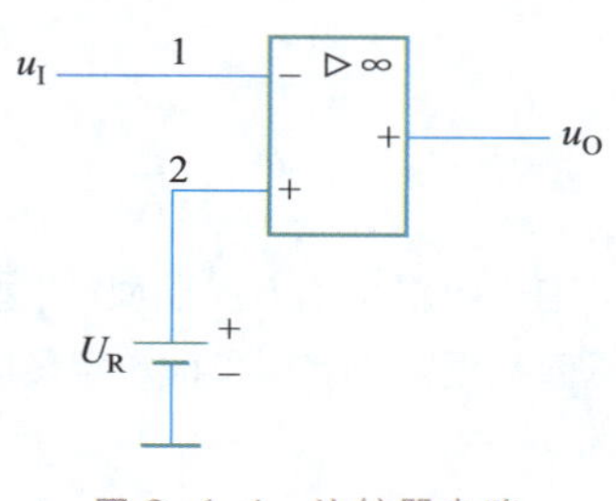

图 3-4-1　比较器电路

动画：过零电压比较器

图 3-4-1 所示为最简单的比较器电路。电路中无反馈环节，集成运算放大器在开环状态下工作。参考电压 U_R 为基准电压，它可以为正值或负值，也可以为零值，接在同相输入端。信号电压 u_I 加在反相输入端，以与 U_R 进行比较。也可以将 U_R 和 u_I 所连接的输入端互换。由于集成运算放大器开环，按照$u_O=A_o u_{21}=A_o(u_+-u_-)$的

关系，当 u_I 略大于 U_R 时，净输入电压（u_+-u_-）<0，输出电压 u_O 为负饱和值（$-U_{OS}$）；当 u_I 略小于 U_R 时，净输入电压（u_+-u_-）>0，输出电压 u_O 为正饱和值（$+U_{OS}$）。可见当 $u_I=U_R$ 时，输出电压将发生跳变，故 U_R 一般称为阈值电压。$U_R>0$ 时，输入电压 u_I 与阈值电压 U_R 的关系如图 3-4-2(a)所示，称为比较器的传输特性。

如果参考电压 $U_R=0$，当输入信号电压 u_I 每次过零时，输出电压都会突然发生变化，其传输特性通过坐标原点，如图 3-4-2(b)所示。这种比较器称为过零比较器。利用过零比较器可以实现信号的波形变换。例如，若 u_I 为正弦波，如图 3-4-3(a)所示。按上述关系，u_I 每过零一次，比较器的输出电压就产生一次跳变，正、负输出电压的幅度取决于集成运算放大器的最大输出电压，则比较器的输出电压 u_O 是与 u_I 同频率的方波，如图 3-4-3(b)所示。

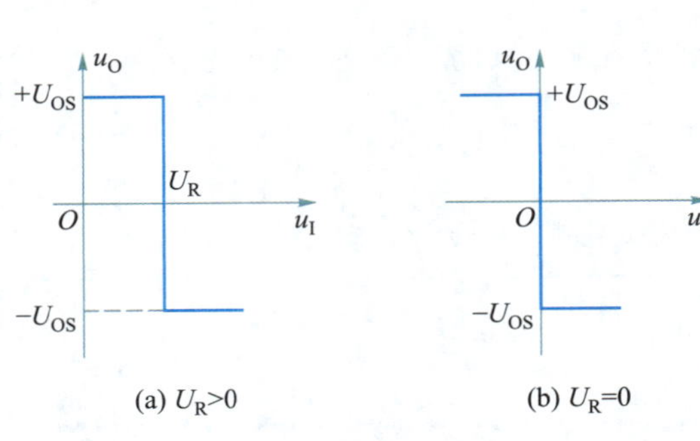

图 3-4-2　比较器的传输特性

图 3-4-3　过零比较器的波形变换作用

上述比较器在 u_I 单向连续变化的过程中，u_O 只产生一次跳变，故称为单限比较器，它的优点是电路简单，缺点是抗干扰能力差。如果 u_I 值恰好在阈值电压附近，而电路又存在干扰和零漂，u_O 就会不断地发生跳变，从而失去稳定性，因而不能用于干扰严重的场合。

动画：同相输入单限电压比较器

为了克服单限比较器抗干扰能力差的缺点，可在电路中引入正反馈，构成滞回比较器（又称迟滞比较器），如图 3-4-4(a)所示。显然，同相输入端电压为

$$u_+=\frac{R_2}{R_1+R_2}u_O$$

动画：滞回比较器

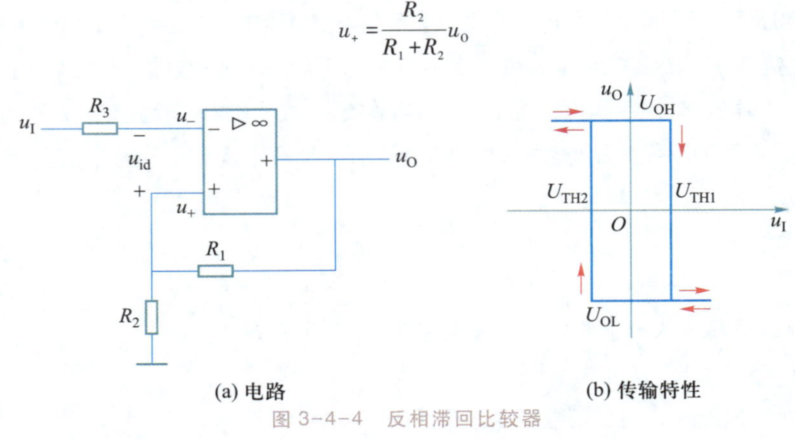

图 3-4-4　反相滞回比较器

由于电路中引入了正反馈，运算放大器工作于非线性状态，稳态时 u_O 可以是高电平 U_{OH}（与正电源电压值相近）或低电平 U_{OL}（与负电源电压值相近），故 u_+ 有相应的两个值：

$$u_{+1}=\frac{R_2}{R_1+R_2}U_{OH}=U_{TH1}$$

$$u_{+2}=\frac{R_2}{R_1+R_2}U_{\mathrm{OL}}=U_{\mathrm{TH2}}$$

设输出电平为正值，即为 U_{OH} 时，对应的阈值电压为 U_{TH1}。当 u_{I} 由负值连续向正值增大到等于 U_{TH1} 时，u_{O} 必将从 U_{OH} 向下跳变到 U_{OL}，这时阈值电压立即变为 U_{TH2}。由于 $U_{\mathrm{TH2}}<U_{\mathrm{TH1}}$，因此当 u_{I} 再继续增加时，u_{O} 也不会发生跳变。但当 u_{I} 由正值向负的方向减小到 U_{TH2} 时，u_{O} 将从 U_{OL} 向上跳变到 U_{OH}，阈值电压随之变为 U_{TH1}。由于 $U_{\mathrm{TH1}}>U_{\mathrm{TH2}}$，故当 u_{I} 再继续减小时，u_{O} 也不会发生跳变。由此可得出它的传输特性，如图 3-4-4(b)所示。由于 $U_{\mathrm{TH1}}\neq U_{\mathrm{TH2}}$，其传输特性具有滞回的特点，故称为滞回比较器，是一种双限比较器。

滞回比较器的主要优点是抗干扰能力强，缺点是灵敏度较低，因当 u_{I} 处于两个阈值之间时，u_{O} 不会产生跳变，电路不会做出响应。

滞回比较器也可以接入参考电压 U_{R}，即将图 3-4-4(a)中的 R_2 接至 U_{R}（而非接地），此时的阈值电压为

$$U_{\mathrm{TH1}}=\frac{R_2}{R_1+R_2}U_{\mathrm{OH}}+\frac{R_1}{R_1+R_2}U_{\mathrm{R}}$$

$$U_{\mathrm{TH2}}=\frac{R_2}{R_1+R_2}U_{\mathrm{OL}}+\frac{R_1}{R_1+R_2}U_{\mathrm{R}}$$

除了由集成运算放大器组成的比较器外，目前还生产了许多集成电压比较器，所需外接元器件极少，使用十分方便，且其输出电平容易与数字集成元件所需的输入电平相配合，常用作模拟与数字电路之间的接口电路。除了直接用于电压的比较和鉴别之外，集成电压比较器还可用于波形发生电路、数字逻辑门电路等场合。集成电压比较器可分为通用型（如 F311）、高速型（如 CJ0710）、精密型（如 J0734 和 ZJ03）等几大类。在同一块集成芯片上，可以是单个比较器（如 F311），也可以是互相独立的两个（如 CJ0393）或四个（如 CJ0339）比较器。

二、方波发生电路

微课：
非正弦波
产生电路

最基本的方波发生电路如图 3-4-5(a)所示，由一个滞回比较器和 $R_{\mathrm{F}}C$ 负反馈网络组成，输出端接有由稳压管 $\mathrm{VD_Z}$ 组成的双向限幅器，将输出电压的最大幅度限定为 $+U_{\mathrm{Z}}$ 或 $-U_{\mathrm{Z}}$。故比较器的两个阈值电压为

$$U_{\mathrm{B1}}=U_{\mathrm{TH1}}=\frac{R_2}{R_1+R_2}U_{\mathrm{Z}}$$

$$U_{\mathrm{B2}}=U_{\mathrm{TH2}}=-\frac{R_2}{R_1+R_2}U_{\mathrm{Z}}$$

动画：
方波产生电路

$R_{\mathrm{F}}C$ 组成一个负反馈网络，u_{O} 通过 R_{F} 对电容 C 充电，或电容 C 通过 R_{F} 放电，于是电容 C 上的电压 u_C 的波形便按指数规律变化。集成运算放大器作为比较器，将 u_C 与 U_{B} 进行比较，根据比较结果决定输出状态：当 $u_C>U_{\mathrm{B}}$ 时，$u_{\mathrm{O}}=-U_{\mathrm{Z}}$ 为负值；当 $u_C<U_{\mathrm{B}}$ 时，$u_{\mathrm{O}}=+U_{\mathrm{Z}}$ 为正值。

动画：
矩形波发生电路

接通电源瞬间，u_{O} 为正或为负，纯属偶然。假设开始时电容未充电，即 $u_C=0$，且输出电压为正（$u_{\mathrm{O}}=U_{\mathrm{Z}}$），于是阈值电压为 U_{TH1}。输出电压 u_{O} 经电阻 R_{F} 向电容 C 充电，充电电流方向如图 3-4-5(a)中实线箭头所示，u_C 按指数规律增长。当 $u_C=U_{\mathrm{TH1}}$ 时，输出电压便由 $+U_{\mathrm{Z}}$ 向 $-U_{\mathrm{Z}}$ 跳变，u_{O} 跃变为 $-U_{\mathrm{Z}}$，阈值电压则变为 U_{TH2}。此时电容 C 经 R_{F} 放电，放电电流方向如图 3-4-5(a)中虚线箭头所示，u_C 按指数规律下降。当 $u_C=U_{\mathrm{TH2}}$ 时，输出电压 u_{O} 由 $-U_{\mathrm{Z}}$ 翻转到 $+U_{\mathrm{Z}}$，电容 C 又开始充电，u_C 由 U_{TH2} 按指数规律向 U_{TH1} 上升。如此周而复始，便在输出端获得方波电压 u_{O}，如图 3-4-5(b)所示。

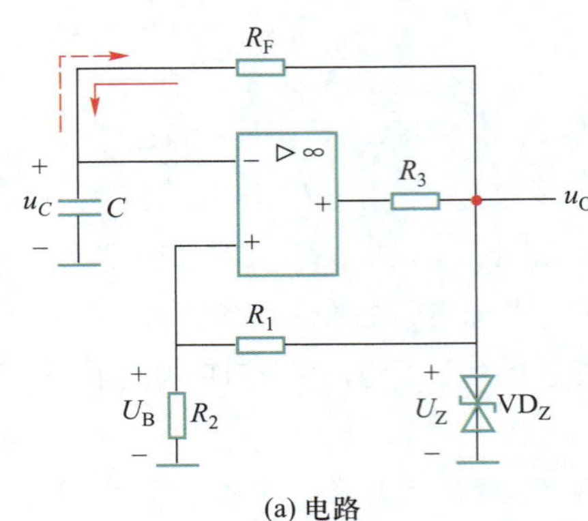

(a) 电路

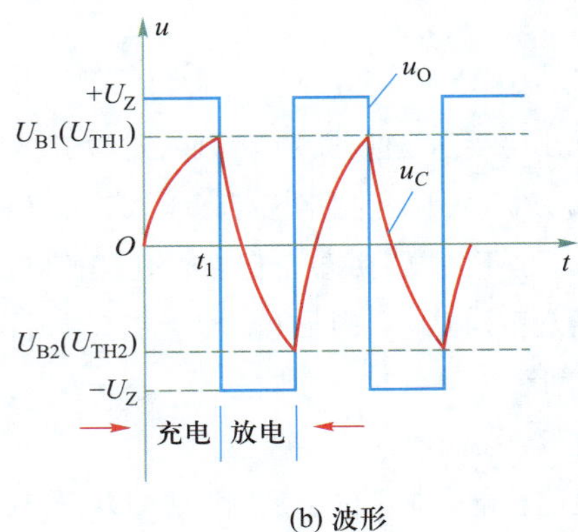

(b) 波形

图 3-4-5 方波发生电路

方波的频率为

$$f=\frac{1}{T}=\frac{1}{2R_F C\ln\left(1+\frac{2R_2}{R_1}\right)} \tag{3-4-1}$$

式(3-4-1)表明，方波的频率仅与 R_F、C 和 R_2/R_1 有关，而与输出电压幅度 U_Z 无关，因此在实际应用中，通常通过改变 R_F 阻值的大小来调节频率 f 的大小。

前面讲过，若在积分运算电路的输入端接一方波，则其输出就是一个三角波[见图3-3-7(c)]。因此，如果在上述方波发生电路的输出端加一级积分器，如图 3-4-6(a)所示，则得到既可输出方波又可输出三角波的波形发生电路。与图 3-4-5(a)所示方波发生电路不同的是，此处将 u_{O2} 通过 R_1 反馈到 A_1 的同相输入端，而 A_1 的反相输入端则接地。于是由 R_1 引回到 A_1 同相输入端的信号就是负反馈信号了。这样，由 A_1 输出方波，由 A_2 输出三角波。方波的幅值为 $\pm U_Z$，三角波的幅值为 $\pm\frac{R_1}{R_3}U_Z$。它们的振荡频率 $f=\frac{R_3}{4R_1R_2C}$。

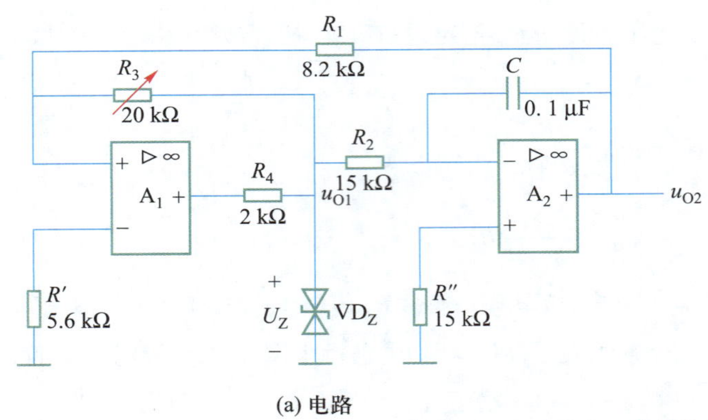

(a) 电路

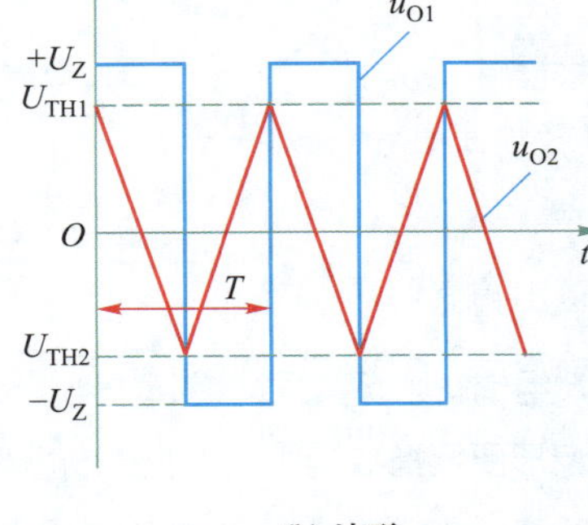

(b) 波形

图 3-4-6 方波与三角波发生电路

点睛

电压比较器用来比较输入信号与参考电压的大小。当两者幅度相等时输出电压产生跃变，由高电平变成低电平，或者由低电平变成高电平，由此来判断输入信号的大小和极性。电压比较器是一种模拟输入、数字输出的模拟接口电路。集成运算放大器工作在开环状态或引入正反馈。

练习与思考

3-4-1　若图 3-4-1 所示比较器电路中 U_R 为一负值，试绘出其电压传输特性。

3-4-2　在图 3-4-5(a)所示方波发生电路中，设 $R_F=R_2=10\ \text{k}\Omega$，$R_1=20\ \text{k}\Omega$，$C=0.1\ \mu\text{F}$，求方波的频率 f。

3-5　集成运算放大器的选用及使用注意问题

一、选用元件

集成运算放大器按其技术指标可分为通用型和专用型两大类。通用型的技术指标比较均衡、全面，适用于一般电路；而专用型的技术指标在某一项非常突出，如高速型、高阻型、低功耗型、大功率型、高精度型等，以满足某些特殊电路的要求。按每一集成片中运算放大电路的数量可分为单运放、双运放和四运放。

通常应根据实际要求来选用集成运算放大器。如无特殊要求，一般应选用通用型，因通用型既易得到，价格又较低廉。而对于有特殊要求的，则应选用专用型。

需注意，目前集成运算放大器的类型很多，型号标注又未完全统一。例如部标型号 F007，国标型号为 CF741。因此在选用集成运算放大器时，可先查阅有关产品手册，全面了解一些集成运算放大器的性能，再根据货源、价格等情况，决定取舍或代换。

选好后，根据引脚图和符号图连接外部电路，包括电源、外接偏置电阻、消振电路及调零电路等。接线时需注意，焊接时电烙铁头必须不带电，或断电后利用电烙铁的余热焊接。

二、使用时的注意问题

1. 消振

由于内部极间电容和其他寄生参数的影响，集成运算放大器很容易产生自激振荡，即在集成运算放大器输入信号为零时，输出端存在近似正弦波的高频电压信号，在与人体或金属物体接近时尤为显著，这将使集成运算放大器不能正常工作。为此，在使用时要注意消振。目前由于集成工艺水平的提高，集成运算放大器内部已有消振元件，无须外部消振。至于是否已消振，将输入端接地，用示波器观察输出端有无高频振荡波形，即可判定。如有自激振荡，需检查反馈极性是否接错，考虑外接元器件参数是否合适，或接线的杂散电感、电容是否过大等，而采取相应措施。必要时可外接 RC 消振电路或消振电容。

2. 调零

由于集成运算放大器的内部参数不可能完全对称，以致当输入信号为零时，输出电压 U_o 不等于零。为此，在使用时要外接调零电路。图 3-5-1 所示为集成运算放大器 CF741 的调零电路，由 −15 V 电源、1 kΩ 电阻和调零电位器 R_P 组成。先消振，再调零，调零时应将电路接成

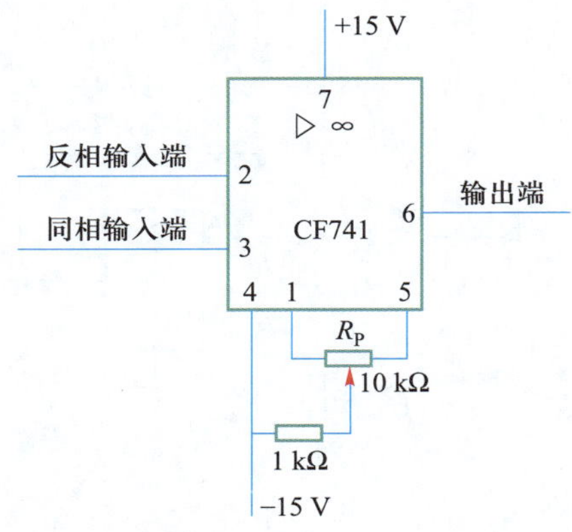

图 3-5-1　CF741 的调零电路

闭环。在无输入下调零，即将两个输入端均接地，调节调零电位器 R_P，使输出电压 U_O 为零。

在一般情况下，接入规定的调零电位器后，都可将输出电压 U_O 调节为零。但是如果因所用集成运算放大器质量欠佳，产生过大的失调电压不能调零时，可换用较大阻值的调零电位器，扩大调零范围使输出为零。

如果集成运算放大器在闭环时不能调零，或其输出电压达到正或负的饱和电压，可能是由于负反馈作用不够强，电压放大倍数过大所致。此时，可将反馈电阻 R_F 值减小，以加强负反馈。若仍不能调零，可能是接线点有错误，或有虚焊点，或者是器件内部损坏。

三、集成运算放大器的保护

为了保证集成运算放大器的安全，防止因电源极性接反、输入电压过大、输出端短路或错接外部电压等情况造成集成运算放大器损坏，可分别采取如下保护措施。

1. 输入端保护

输入信号电压过高会损坏集成运算放大器的输入级。为此，可在输入端接入反向并联的二极管，将输入电压限制在二极管的正向压降以下，电路如图 3-5-2 所示。

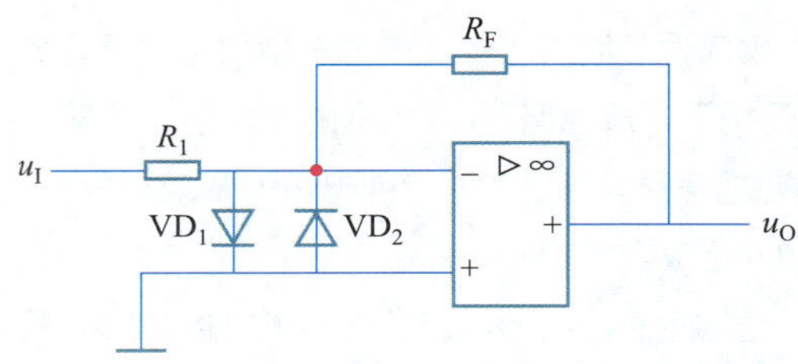

图 3-5-2 输入端保护

2. 输出端保护

为了防止输出电压过大，可利用稳压管来保护。如图 3-5-3 所示，将两个稳压管反向串联再并接于反馈电阻 R_F 的两端。集成运算放大器正常工作时，输出电压 u_O 低于任一稳压管的稳压值 U_Z，稳压管不会被击穿，稳压管支路相当于断路，对集成运算放大器的正常工作无影响。当输出电压 u_O 大于一个稳压管的稳压值 U_Z 和另一个稳压管的正向压降 U_F 之和时，一个稳压管就会反向击穿，另一个稳压管正向导通。这时，稳压管支路相当于一个与 R_F 并联的电阻，增强了负反馈作用，从而把输出电压限制在 $\pm(U_Z+U_F)$ 的范围内。在选择稳压管时，应尽量选择反向特性好、漏电流小的器件，以免破坏集成运算放大器输入与输出的线性关系。

3. 电源极性接错的保护

为了防止正、负电源极性接反而损坏集成运算放大器组件，可利用二极管来保护。如图 3-5-4 所示，将两只二极管 VD_1 和 VD_2 分别串联在集成运算放大器的正、负电源电路中，如果电源极性接错，二极管将不导通，隔断了接错极性的电源，因而不会损坏集成运算放大器组件。

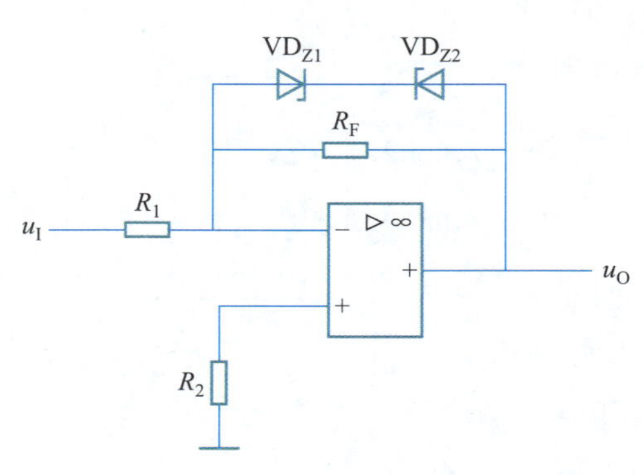

图 3-5-3 输出端保护

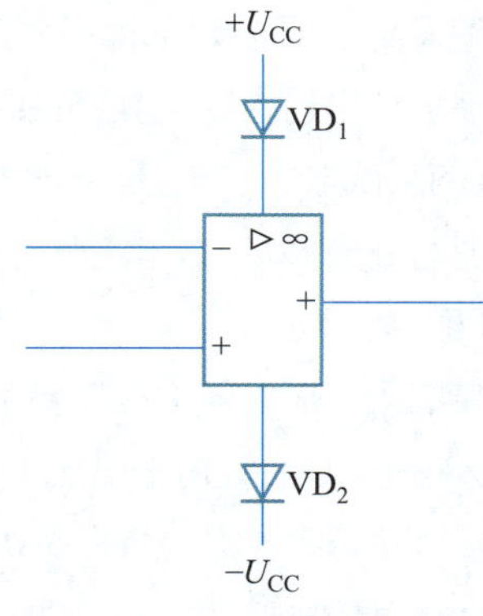

图 3-5-4 电源极性接错的保护

点睛

集成运算放大器的用途广泛，在使用前必须进行测试，使用中应注意其电参数和极限参数符合电路要求。

练习与思考

3-5-1　一个集成运算放大器接入电路通电后，发现输入端接地时，输出电压接近正电源电压值，调零电位器不起作用。组件是否已坏？为什么？

3-5-2　为了防止损坏集成运算放大器，一般应采取哪些保护措施？

技能训练三　集成运算放大器应用电路测试

一、技能训练目的

① 练习用万用表测量法和色标法测量电阻阻值。

② 利用集成运算放大器特性，设计反相输入比例运算电路、同相输入比例运算电路和比较器电路，并测量电路参数。

③ 练习用示波器测量电路输入电压和输出电压波形，并分析相位关系。

二、技能训练使用器材

万用表、示波器、直流稳压电源、信号发生器、集成运算放大器 UA741 和电阻。

三、技能训练内容及步骤

1. 电子仪器仪表训练：用万用表测量法和色标法测量电阻阻值

电阻阻值的测量方法一般有三种：① 万用表测量法，把万用表调至电阻挡，红色表笔和黑色表笔分别放在电阻两端，直接读取数值；② 直标标引法，直接读出用数字标注在电阻上的阻值（参见附录五）；③ 色标法，读出电阻上用不同颜色的色环标注的阻值（参见附录五）。这里主要练习用万用表测量法和色标法测量电阻阻值。

2. 集成运算放大器线性电路设计及测量

（1）反相输入比例运算电路设计

根据集成运算放大器特性，设计反相输入比例运算电路，如图 3-6-1 所示。

电路参数：$R_1=10\ \text{k}\Omega$，$R_F=100\ \text{k}\Omega$，$R_2=10\ \text{k}\Omega$。

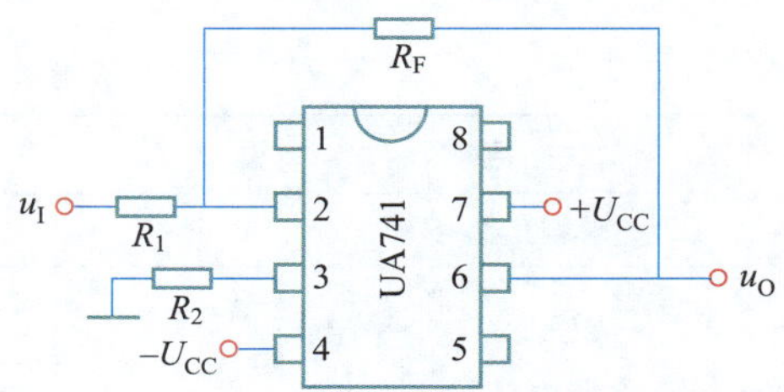

图 3-6-1　反相输入比例运算电路原理图

调节信号发生器，在放大器输入端 u_I 加入频率为 1 kHz、幅值为 500 mV 的正弦波电压，将示波器的一个探头接输入电压 u_I 两端，另外一个探头接输出电压 u_O

两端，观察输入波形和输出波形的相位关系，记录测量值，完成表 3-6-1。

表 3-6-1　反相输入比例运算电路的测量

参数	U_I（测量值）	U_O（测量值）	A_u（计算值）
测量/计算值			
绘制输入、输出波形			

（2）同相输入比例运算电路设计

根据集成运算放大器特性，设计同相输入比例运算电路，如图 3-6-2 所示。

电路参数：$R_1=10\ k\Omega$，$R_F=100\ k\Omega$，$R_2=10\ k\Omega$。

调节信号发生器，在放大器输入端 u_I 加入频率为 1 kHz、幅值为 200 mV 的正弦波电压，将示波器的一个探头接输入电压 u_I 两端，另外一个探头接输出电压 u_O 两端，观察输入波形和输出波形的相位关系，记录测量值，完成表 3-6-2。

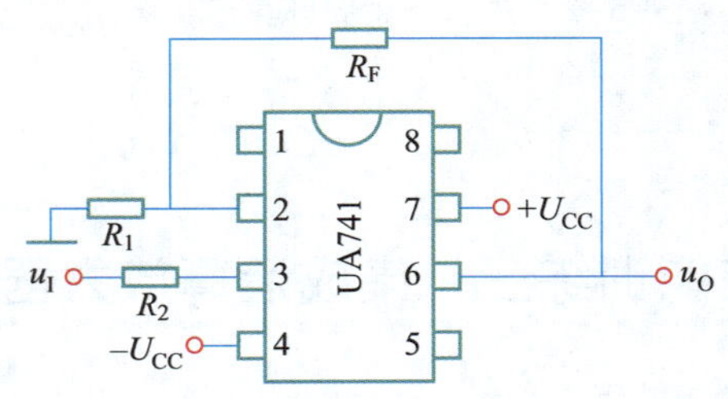

图 3-6-2　同相输入比例运算电路原理图

表 3-6-2　同相输入比例运算电路的测量

参数	U_I（测量值）	U_O（测量值）	A_u（计算值）
测量/计算值			
绘制输入、输出波形			

3. **集成运算放大器非线性电路设计及测量**

下面进行比较器电路设计。

根据集成运算放大器特性，设计比较器电路，如图 3-6-3 所示。

电路参数：$R_1=10\ k\Omega$，$R_2=10\ k\Omega$。

放大器输入端 U_R 接地，调节信号发生器，在放大器输入端 u_I 加入频率为 1 kHz、幅值为 5 V 的正弦波电压，将示波器的一个探头接输入电压 u_I 两端，另外一个探头接输出电压 u_O 两端，观察输入波形和输出波形的关系，记录测量值，完成表 3-6-3。

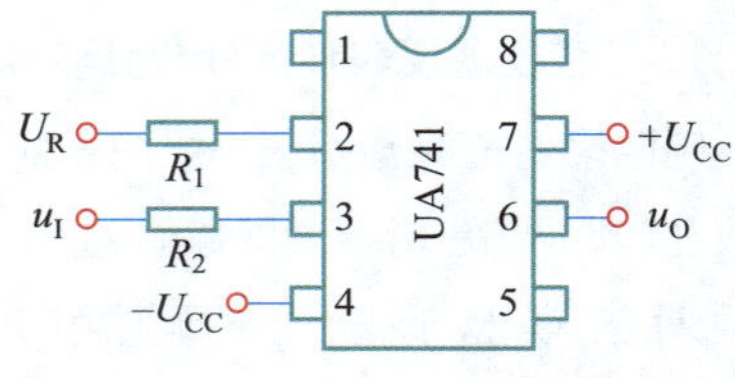

图 3-6-3　比较器电路原理图

表 3-6-3　比较器电路的测量

参数	U_I（测量值）	U_O（测量值）
测量值		
绘制输入、输出波形		

本章小结

1. 差分放大电路有效地解决了直接耦合零点漂移问题,因而获得了广泛应用,尤其是集成运算放大器的输入级都由差分放大电路组成。所以,掌握差分放大电路的工作原理、特性及指标是学习和应用集成运算放大器的基础。

2. 差分放大电路是从两个方面来抑制零漂的:① 电路对称,双端输出时两边的漂移互相抵消;② 利用发射极公共电阻 R_E 对两管总电流的负反馈作用抑制每管的漂移。

3. 差分放大电路放大差模输入信号,抑制共模输入信号。差分放大电路的差模电压放大倍数 A_d 与共模电压放大倍数 A_c 之比称为共模抑制比,用 K_{CMR} 表示。K_{CMR} 越大,抑制共模输入信号的能力越强。利用差分放大电路对共模输入信号的抑制作用,能够把混杂在各种共模干扰中的微小信号(差模信号)识别出来并将其放大。

4. 集成运算放大器是利用集成电路工艺制成的高放大倍数($10^4 \sim 10^8$)的直接耦合放大器,它主要由输入级、中间级和输出级等部分组成。输入级是提高运算质量关键性的一级,一般采用差分放大电路。中间级主要用于提供足够大的放大倍数,常采用有源负载的共射或共基极放大电路。输出级主要用于向负载提供足够大的输出电压和电流,一般采用甲乙类放大的互补对称射极输出电路。

5. 在分析集成运算放大器的各种应用电路时,常把集成运算放大器理想化,即 $A_o \to \infty$、$r_{id} \to \infty$、$r_o \to 0$、$K_{CMR} \to \infty$,使之工作于线性区。由此可得出两个重要结论,即 $u_+ \approx u_-$ 和 $i_I \approx 0$。以这两个重要结论为依据将大大简化集成运算放大器应用电路的分析。

6. 集成运算放大器通常与外接反馈电路组成各种放大电路,按其信号输入的连接方式不同有反相输入比例运算电路(u_O 与 u_I 反相,闭环电压放大倍数 $A_f = -R_F/R_1$)、反相输入加法运算电路$\left[u_O = -\left(\dfrac{R_F}{R_1}u_{I1} + \dfrac{R_F}{R_2}u_{I2} + \dfrac{R_F}{R_3}u_{I3}\right)\right]$、同相输入比例运算电路($u_O$ 与 u_I 同相,闭环电压放大倍数 $A_f = 1+R_F/R_1$)等。同相输入比例运算电路具有输入电阻大和输出电阻小的特点,其还有一种特殊形式——电压跟随器。

7. 目前集成运算放大器在各个领域中的应用十分广泛,难以一一详释,本章仅举例说明其在信号产生、控制、测量等方面的应用。

习题

一、填空题

1. 解决零点漂移最有效的办法是采用________电路。

2. 差模输入信号是指两个输入端信号________相等,________相反的信号。

3. 集成运算放大器的两个特点是________和________。

4. 比较器是集成运算放大器工作在________情况下的应用。

5. 电压比较器是一个________输入,________输出的模拟接口电路。

6. 同相输入比例运算电路的输出电压与输入电压________相等,________相同。该电路称为________或________。

二、判断题(正确的题后面打√,错误的题后面打×)

1. 在反相输入放大电路中,集成运算放大器要接成正反馈形式。　(　　)

2. 差分放大电路放大共模输入信号。 ( )

3. 只有在深度电压负反馈作用下,才能使集成运算放大器工作于线性区。 ( )

4. 集成运算放大器从工作状态分为负反馈应用、开环和正反馈应用。 ( )

5. 积分运算电路可以输出锯齿波。 ( )

三、分析计算题

1. 题图 3-1 所示的两个电路是否具有相同的电压放大倍数?为什么?

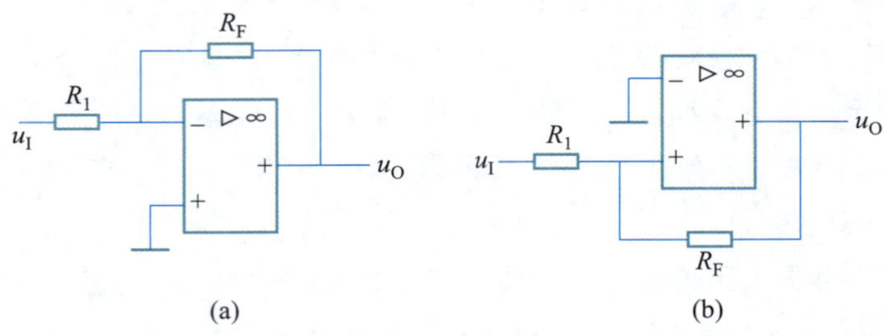

题图 3-1 分析计算题 1 图

2. 在题图 3-2 所示电路中,已知输入电压 $u_I=-1\ \mathrm{V}$,运算放大电路开环电压放大倍数 $A_o=10^5$,求输出电压 u_O 及运放的输入电压 u_{12} 各为多少?

3. 在题图 3-2 所示电路中,若 $R_F=100\ \mathrm{k\Omega}$,$R_1=10\ \mathrm{k\Omega}$,求 A_f。

4. 运算放大电路如题图 3-3 所示,计算 u_O。

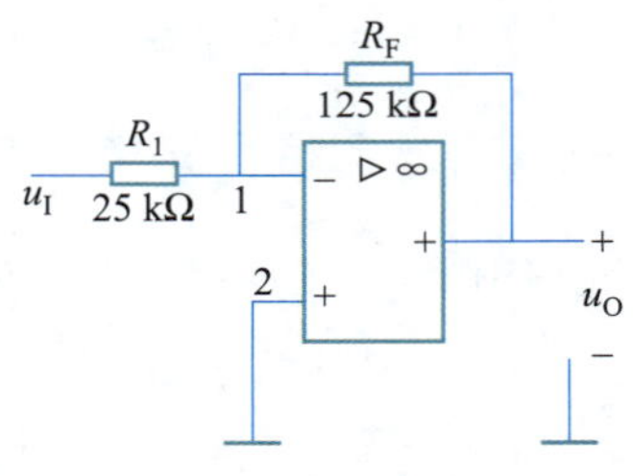

题图 3-2 分析计算题 2 图

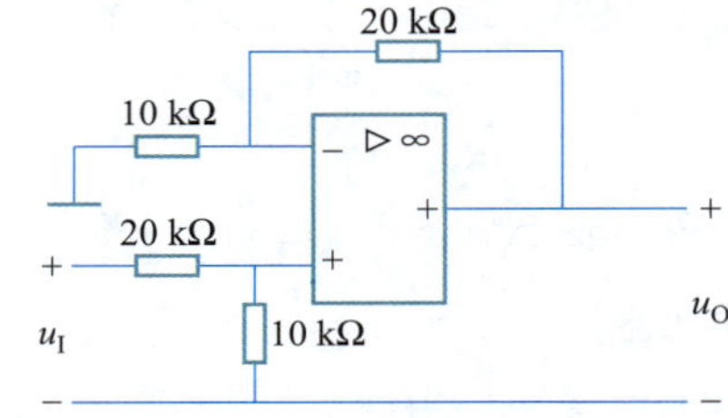

题图 3-3 分析计算题 4 图

5. 在题图 3-4 所示运算放大电路中,已知 $u_{I1}=5\ \mathrm{V}$,$u_{I2}=4\ \mathrm{V}$,求 u_O 的值。

6. 在题图 3-5 所示理想运算放大电路中,已知 $u_{I1}=5\ \mathrm{V}$,$u_{I2}=4\ \mathrm{V}$,$R_A=R_B=100\ \Omega$,$R_1=5\ \mathrm{k\Omega}$,$R_C=200\ \Omega$,$R_D=100\ \Omega$,$R_F=10\ \mathrm{k\Omega}$,求输出电压 u_O 的近似值。

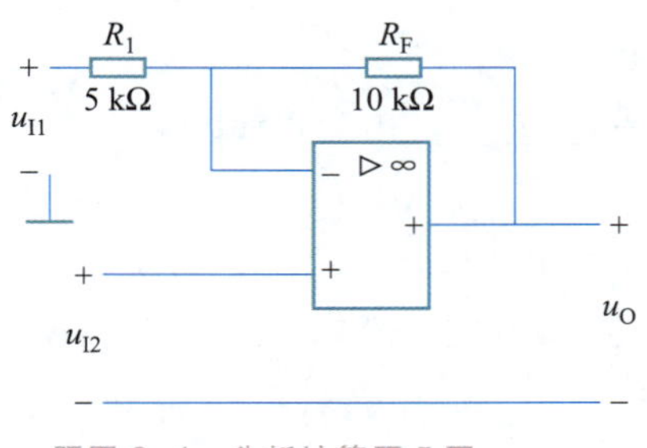

题图 3-4 分析计算题 5 图

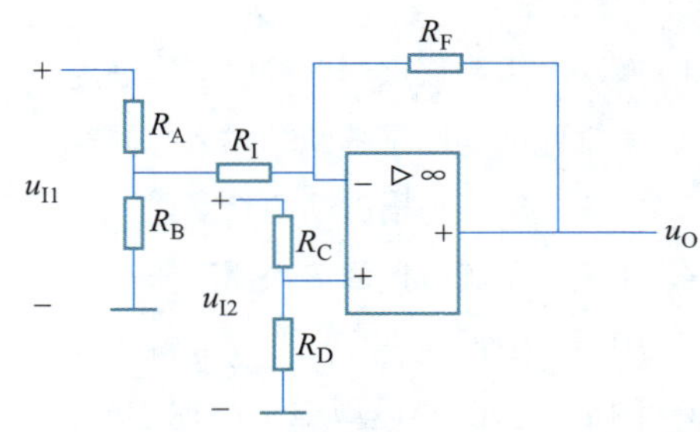

题图 3-5 分析计算题 6 图

7. 在题图 3-6 所示运算放大电路中,已知 $R_{I1}=R_{I2}=R_{I3}=\frac{1}{2}R_F$,(1) $u_{I1}=2\ \mathrm{V}$,$u_{I2}=3\ \mathrm{V}$,$u_{I3}=0$,求 u_O;

（2）$u_{I1}=2\ \text{V}$，$u_{I2}=-4\ \text{V}$，$u_O=3\ \text{V}$，求 u_{I3}。

8. 运算放大电路如题图 3-7 所示，写出 u_{O2} 的表达式。

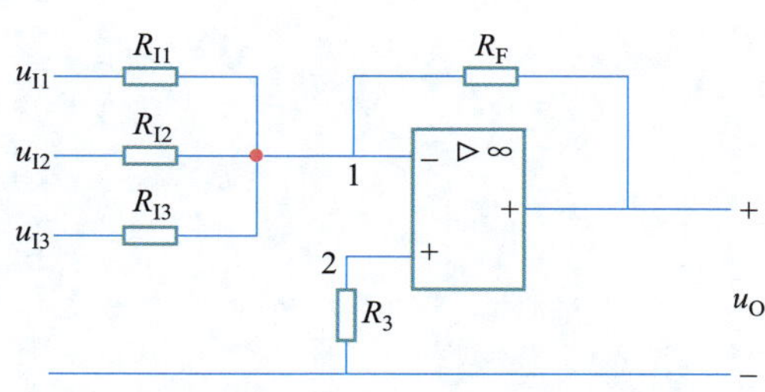

题图 3-6　分析计算题 7 图

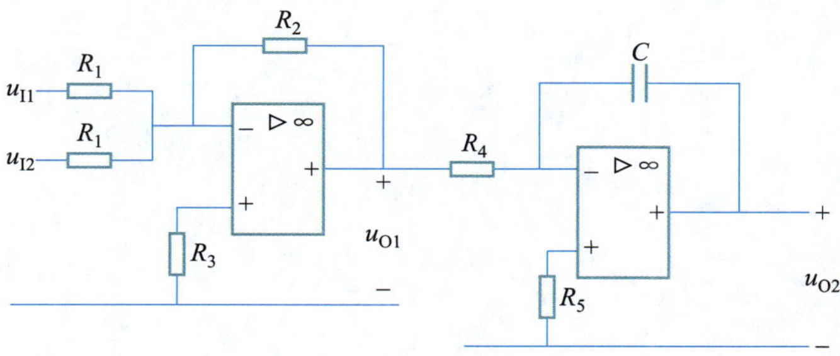

题图 3-7　分析计算题 8 图

第四章　直流电源

教学课件：
直流电源

引言

在生产、科学实验和日常生活中，除了广泛使用交流电之外，在某些场合（如电解、电镀和直流电动机等设备中）需要直流电源；而在电子线路和自动控制装置中，一般需要电压非常稳定的直流电源。虽然在某些情况下可利用直流发电机或化学电池作为直流电源，但是在大多数情况下，广泛采用各种半导体直流电源。利用它们，可将电网提供的交流电转换为直流电。

小功率直流稳压电源通常由电源变压器、整流电路、滤波电路和稳压电路四部分组成，其原理框图如图 4-0-1 所示。

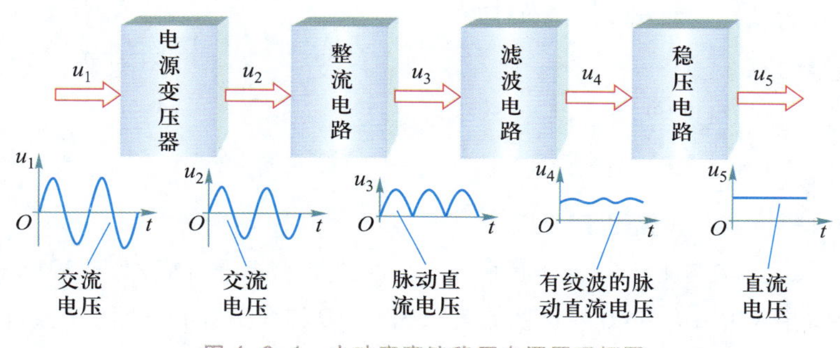

图 4-0-1　小功率直流稳压电源原理框图

图中各环节的作用简要说明如下：

电源变压器：将电网 220 V 或 380 V 的工频交流电压变换为符合整流需要的电压值。

整流电路：利用二极管的单向导电性将交流电压变成脉动直流电压。当负载要求功率较大，且要求电压可调时，常采用晶闸管整流电路。

滤波电路：利用电容、电感等电路元件的储能特性，将脉动直流电压变成较恒定的直流电压。

稳压电路：当电网电压波动或负载变化时，稳压电路自动维持直流输出电压的稳定性。

本章讨论小功率整流、滤波及稳压电路。

4-1　整流电路

整流电路能够利用二极管的单向导电特性，将交流电转换成为直流电。

整流电路有多种形式。从所用交流电源的相数，可把整流电路分为单相和三相整流电路；从电路结构形式，可把整流电路分为半波、全波和桥式整流电路。本节对常用的单相桥式整流电路和三相桥式整流电路进行分析，其他整流电路可参见下文中的表 4-1-1，这里不再赘述。为了使问题简化，便于讨论，对整流电路进行分析计算时，均把二极管看作正向电阻为零、反向电阻无穷大的理想器件。

一、单相桥式整流电路

微课：
桥式整流电路

动画：
单相桥式
整流电路

单相桥式整流电路由 4 个二极管接成桥式电路，R_L 为负载电阻。图 4-1-1 所示为单相桥式整流电路的几种画法。

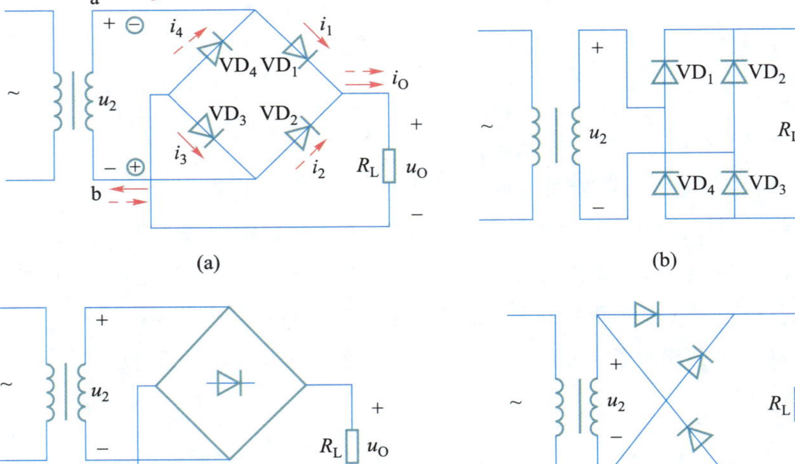

图 4-1-1 单相桥式整流电路的几种画法

下面按图 4-1-1(a)所示电路进行分析。

在 u_2 的正半周，其极性为上正(+)、下负(-)，即 a 点的电位高于 b 点，此时 VD_1、VD_3 导通，VD_2、VD_4 截止，电流由 a 经 $VD_1 \rightarrow R_L \rightarrow VD_3 \rightarrow$b 形成通路，如图中实线箭头所示。此时，电源电压全部加在负载电阻 R_L 上，得到一个半波电压；VD_2 和 VD_4 则承受反向电压。

在 u_2 的负半周，其极性与上述相反，即 b 点的电位高于 a 点，此时 VD_2、VD_4 导通，VD_1、VD_3 截止，电流由 b 经 $VD_2 \rightarrow R_L \rightarrow VD_4 \rightarrow$a 形成通路，如图中虚线箭头所示。同样，在负载电阻 R_L 上也得到一个半波电压；VD_1 和 VD_3 则承受反向电压。

由上述可见，尽管 u_2 的方向是交变的，但通过负载 R_L 的电流 i_O 及其两端电压 u_O 的方向都不变，因此在负载上可得到大小变化而方向不变的脉动直流电流和电压，u_O、i_O 及二极管承受的电压 u_D 的波形如图 4-1-2(b)、(d)所示。

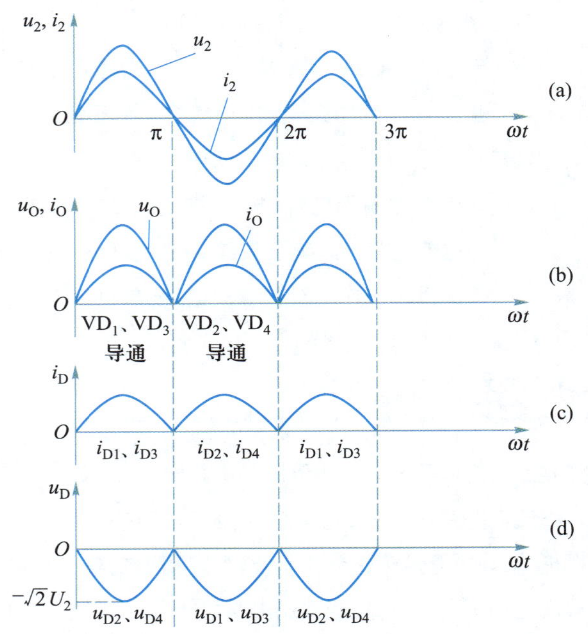

图 4-1-2 单相桥式整流电路电压与电流波形

下面讨论单相桥式整流电路的定量关系及器件选择。

负载上得到的脉动直流电压，常用一

个周期的平均值来说明它的大小。负载上所得脉动直流电压的平均值为

$$U_0=\frac{1}{\pi}\int_0^{\pi}\sqrt{2}U_2\sin\omega t\mathrm{d}\omega t=\frac{2\sqrt{2}}{\pi}U_2=0.9U_2 \tag{4-1-1}$$

式(4-1-1)表示整流电压平均值与整流变压器二次交流电压有效值之间的关系,即整流电压平均值是变压器二次交流电压有效值的 9/10。

负载电流的平均值为

$$I_0=\frac{U_0}{R_L}=0.9\frac{U_2}{R_L} \tag{4-1-2}$$

每个周期中,VD_1、VD_3 串联与 VD_2、VD_4串联各轮流导电半周,所以每个二极管中流过的平均电流只有负载电流的一半,如图 4-1-2(c)所示,即

$$I_D=\frac{1}{2}I_0=0.45\frac{U_2}{R_L} \tag{4-1-3}$$

由图 4-1-2(d)可以看出,二极管截止时承受的最高反向电压就是变压器二次交流电压 u_2 的最大值 U_{2m},即

$$U_{DRM}=U_{2m}=\sqrt{2}U_2 \tag{4-1-4}$$

I_D 和 U_{DRM} 是选择整流二极管的主要依据。

通过变压器二次绕组的电流具有正、反两个方向,是一个正弦波形,因此二次绕组的电流有效值为

$$I_2=\frac{U_2}{R_L}=1.11I_0 \tag{4-1-5}$$

目前,已有各种规格的桥式整流电路成品,如 1CQ1A…H 至 1CQ7A…H 系列,输出平均电压为 25~600 V,整流电流为 50 mA~5 A,使用十分方便。

例 4-1-1　有一额定电压为 110 V、阻值为 80 Ω 的直流负载。如采用单相桥式整流电路供电,交流电压为 220 V。(1) 如何选用整流二极管?(2) 求整流变压器的变比及容量。

解:(1) 由于 $U_0=0.9U_2$,所以变压器二次电压的有效值为

$$U_2=\frac{U_0}{0.9}=1.11U_0=1.11\times110\ \mathrm{V}\approx122\ \mathrm{V}$$

流过每个二极管的平均电流为

$$I_D=0.45\frac{U_2}{R_L}=0.45\times\frac{122}{80}\ \mathrm{A}\approx0.686\ \mathrm{A}$$

每个二极管承受的最大反向电压为

$$U_{DRM}=\sqrt{2}U_2=\sqrt{2}\times122\ \mathrm{V}\approx173\ \mathrm{V}$$

查附录二,可选用 4 个整流二极管 2CZ11C,其最大整流电流为 1 A,最高反向工作电压为 300 V。

(2) 考虑到变压器二次绕组及二极管上的压降,变压器的二次电压约高于上面计算值的 10%,即

$$U_2'=122\times1.1\ \mathrm{V}\approx134\ \mathrm{V}$$

变压器的变比为

$$K=\frac{U_1}{U_2'}=\frac{220}{134}\approx1.64$$

变压器二次电流的有效值为

$$I_2=\frac{U_2}{R_L}=\frac{122}{80}\ \mathrm{A}\approx1.53\ \mathrm{A}$$

变压器的容量为

$$S = U_2' I_2 = 134 \times 1.53\ \text{V} \cdot \text{A} \approx 205\ \text{V} \cdot \text{A}$$

*二、三相桥式整流电路

单相整流电路一般应用于小功率场合，当某些供电场合要求整流电路输出功率较大（数千瓦）时，就不便于采用单相整流电路了，因为它会造成三相电网负载不平衡，影响供电质量。这种情况下，常采用三相桥式整流电路。

三相桥式整流电路如图 4-1-3 所示。电路由三相变压器和 6 个二极管组成。三相变压器一次绕组接成三角形，二次绕组接成星形。6 个二极管中，VD_1、VD_3、VD_5的阴极接在一起，成为整流器输出电压的正端；VD_2、VD_4、VD_6 的阳极接在一起，成为输出电压的负端；而 VD_1、VD_3、VD_5的阳极和 VD_2、VD_4、VD_6的阴极，则分别连接到变压器二次绕组各相的端点 a、b、c 上。

图中，因 VD_1、VD_3、VD_5三个二极管的阴极接在一起，其阴极电位相同，所以阳极电位最高者导通；而 VD_2、VD_4、VD_6三个二极管的阳极接在一起，其阳极电位相同，所以阴极电位最低者导通，波形如图 4-1-4 所示。在 $t_1 \sim t_2$期间，a 点电位最高，所以 VD_1导通，VD_1导通后使 VD_3、VD_5承受反向电压而截止；b 点电位最低，所以 VD_4导通，VD_4导通后使 VD_2、VD_6承受反向电压而截止。此期间电流的通路为 $a \rightarrow VD_1 \rightarrow R_L \rightarrow VD_4 \rightarrow b$，负载两端电压为线电压 u_{ab}，如图4-1-4(b)所示。同理，在 $t_2 \sim t_3$ 期间，a 点电位最高，c 点电位最低，所以 VD_1、VD_6导通，其余 4 个二极管都截止，电流通路为$a \rightarrow VD_1 \rightarrow R_L \rightarrow VD_6 \rightarrow c$，负载两端电压为线电压 u_{ac}。其余时间以此类推。二极管导通顺序如图 4-1-4 所示。由图可知，每组二极管每隔$\frac{5}{6}$周期轮流导通，而每个二极管导通$\frac{1}{3}$周期，任何时刻负载上的电压均为变压器二次侧线电压，其大小等于变压器二次侧三相相电压上下包络线间的垂直距离所对应的电压值。

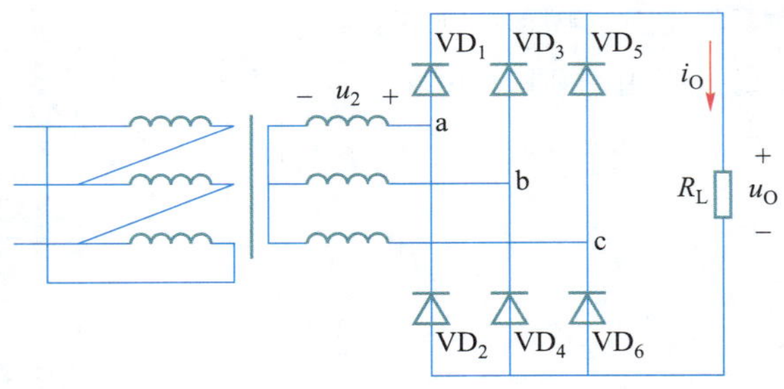

图 4-1-3 三相桥式整流电路

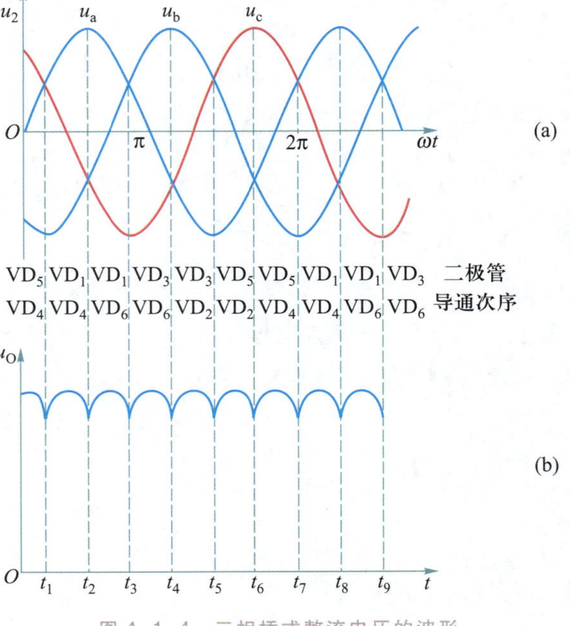

图 4-1-4 三相桥式整流电压的波形

下面分析三相桥式整流电路的定量关系。

负载上的电压为脉动电压，它的脉动较小，其平均值为

$$U_O = 2.34U_2 \tag{4-1-6}$$

式中，U_2为变压器二次侧相电压的有效值。

负载中电流 i_O 的平均值为

$$I_O = \frac{U_O}{R_L} = 2.34\frac{U_2}{R_L} \tag{4-1-7}$$

由于在一个周期中，每个二极管只有$\frac{1}{3}$周期导通（导通角为 120°），因此每个二极管流过的电流为

$$I_D = \frac{1}{3}I_O = 0.78\frac{U_2}{R_L} \tag{4-1-8}$$

每个二极管所承受的最高反向电压为变压器二次侧线电压的幅值，即

$$U_{DRM} = \sqrt{3}U_{2m} = \sqrt{3}\times\sqrt{2}U_2 \approx 2.45U_2 \tag{4-1-9}$$

三相桥式整流电路与单相桥式整流电路相比，其优点是输出电压脉动小和三相电源负载平衡。

现将常见的几种整流电路列成表，如表 4-1-1 所示，以供参考。

表 4-1-1　常见的几种整流电路

类型	单相半波	单相全波
电路	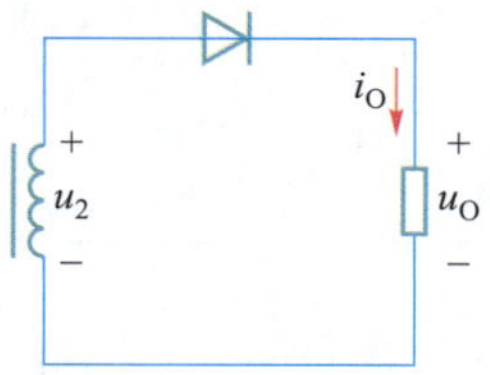	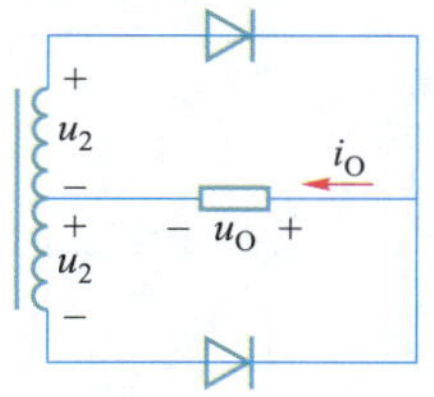
整流电压 u_O 的波形	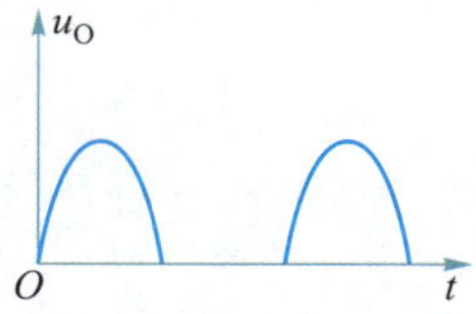	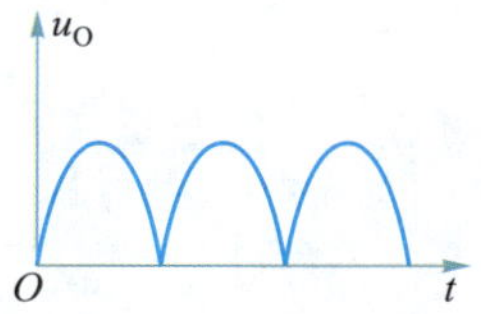
整流电压平均值 U_O	$0.45U_2$	$0.9U_2$
流过每管的电流平均值 I_O	I_O	$\frac{1}{2}I_O$
每管承受的最高反向电压 U_{DRM}	$\sqrt{2}U_2 \approx 1.41U_2$	$2\sqrt{2}U_2 \approx 2.83U_2$
变压器二次电流有效值 I	$1.57I_O$	$0.97I_O$

续表

类型	单相桥式	三相半波	三相桥式
电路	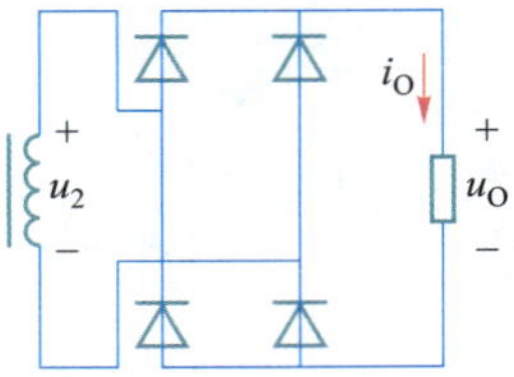 i_O u_2 u_O	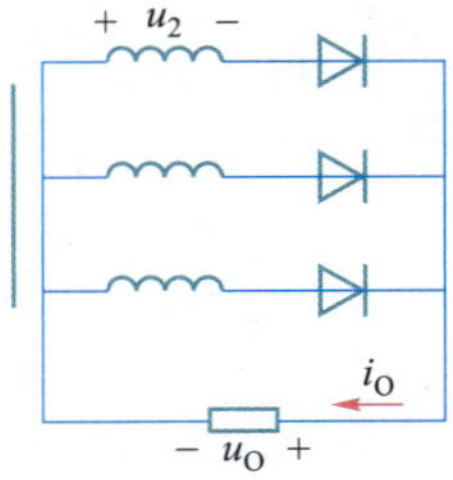 u_2 i_O u_O	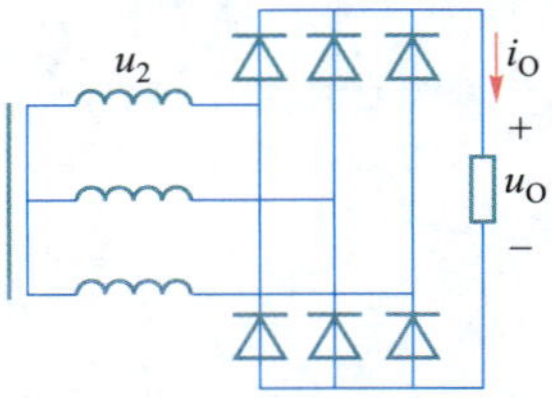 u_2 i_O u_O
整流电压 u_o 的波形	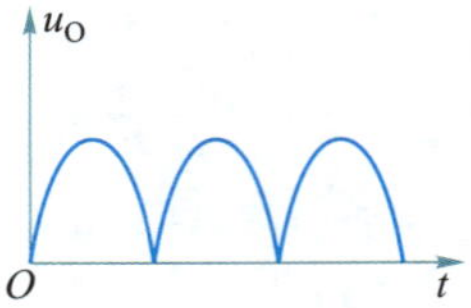 u_O O t	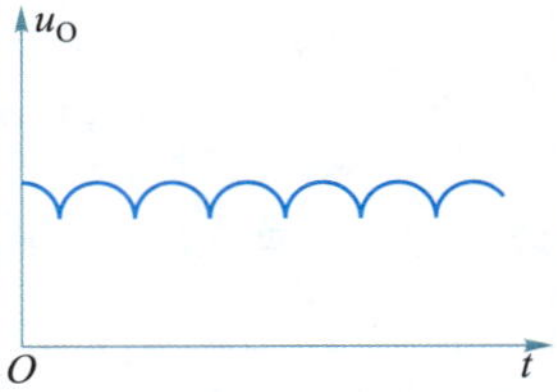 u_O O t	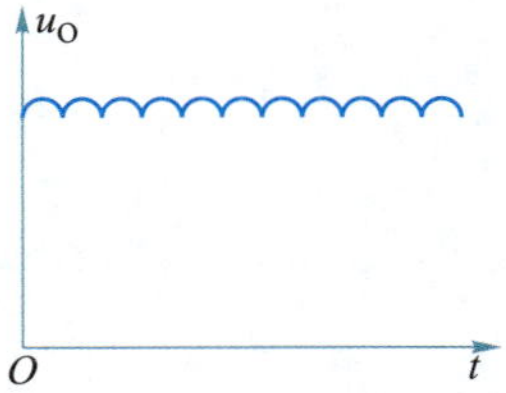 u_O O t
整流电压平均值 U_o	$0.9U_2$	$1.17U_2$	$2.34U_2$
流过每管的电流平均值 I_o	$\frac{1}{2}I_o$	$\frac{1}{3}I_o$	$\frac{1}{3}I_o$
每管承受的最高反向电压 U_{DRM}	$\sqrt{2}U_2\approx1.41U_2$	$\sqrt{3}\times\sqrt{2}U_2\approx2.45U_2$	$\sqrt{3}\times\sqrt{2}U_2\approx2.45U_2$
变压器二次电流有效值 I	$1.11I_o$	$0.59I_o$	$0.82I_o$

点睛

整流是指利用二极管的单向导电性将交流电转换为脉动的直流电。用半导体二极管可以组成各种整流电路,单相桥式整流电路是小功率整流电路中应用较多的一种。较大功率整流一般采用三相桥式整流电路。

练习与思考

4-1-1　在图4-1-1(a)所示的单相桥式整流电路中,如果二极管 VD_1 接反了,会出现什么问题?如果二极管 VD_2 被击穿短路,会出现什么问题?如果二极管 VD_3 虚焊,会出现什么问题?

4-1-2　选择合适的内容填空。

整流的主要目的是________(a_1. 将交流变为直流,b_1. 将正弦波变为方波,c_1. 将高频信号变为低频信号),主要是利用________(a_2. 二极管,b_2. 晶体管,c_2. 稳压二极管)来实现的。

4-1-3　选择填空。

在图 4-1-1(a)所示电路中：

(1) 若 $U_2=20$ V，则 U_O 等于________V。(a. 20，b. 18，c. 9，d. 24)

(2) 由于有 4 个整流二极管，故流过每个整流二极管的电流 I_D 为__________。(a. $I_O/4$，b. $I_O/2$，c. $2I_O$，d. I_O)

(3) 由于整流二极管是串接的，所以每管承受的最大反向电压 U_{DRM} 为__________。$\left(\text{a. } \frac{\sqrt{2}}{2}U_2,\ \text{b. } 2\sqrt{2}U_2,\ \text{c. } U_2,\ \text{d. } \sqrt{2}U_2\right)$

(4) 若 VD_2 正负极接反了，则输出____________。(a. 只有半周波形，b. 为全波波形，c. 无波形且变压器或整流二极管可能烧坏)

(5) 若 VD_1 开路，则输出____________。(a. 只有半周波形，b. 为全波波形，c. 无波形且变压器烧坏)

4-2　滤波电路

由 4-1 节的讨论可知，整流电路输出的电压(或电流)为脉动直流，其中既有直流成分又有交流成分。这样的脉动电压在某些设备(如电镀、蓄电池充电等设备)中可直接应用，但是在大多数电子设备中则不能满足要求，因此需要经滤波电路滤除交流分量，得到较平稳的直流，即改善输出电压的脉动程度。常用的滤波元件有电容和电感，常用的滤波电路有电容滤波电路、电感滤波电路和 π 形滤波电路。

图 4-2-1 所示为单相桥式整流电容滤波电路。在整流电路的输出端与负载并联一个电容量较大的电容器 C，利用电容器 C 的充放电作用(即二极管导通时电容器 C 充电，二极管截止时电容器 C 对负载电阻 R_L 放电)，可使负载的电压和电流趋于平滑。

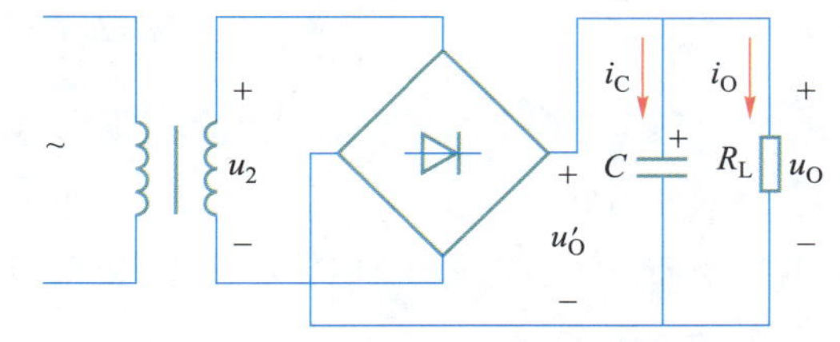

图 4-2-1　单相桥式整流电容滤波电路

微课：电容滤波电路

动画：电容滤波电路

图 4-2-2 所示为电容滤波波形。u_2 为正弦波形，如图 4-2-2(a)所示。图 4-2-2(b)是未接电容器 C 时负载上的电压 u'_O 的波形。当接入电容器 C 后，设 C 无初始储能，而且设在 $\omega t=0$ 时接通电源。在 u_2 的正半周，当 $\omega t>0$ 时，随着 u_2 上升，二极管 VD_1、VD_3 导通，一方面向 R_L 提供电流，另一方面向 C 充电。在忽略二极管正向压降的情况下，充电电压 u_C 与上升的正弦电压 u_2 相同，在 $\omega t_1=\frac{\pi}{2}$ 时，电容器可充电到 u_2 的幅值，即 $u_C=\sqrt{2}U_2$，这就是图 4-2-2(c)中的 b 点。当 $\omega t>\frac{\pi}{2}$ 时，u_2 由幅值(b 点)按正弦规律下降，而电容器 C 通过 R_L 放电，u_C 以时间常数 $\tau=R_LC$ 的指数规律下降。当到达图 4-2-2(c)中的 c 点以后，$u_2<u_C$，此时二极管 VD_1、VD_3 因承受反向电压而截止。电容器继续对负载电阻 R_L 放电，负载中仍有电流，如图 4-2-2(c)中的 cd 段所示。直到 u_2 负半周的 ωt_2，即图 4-2-2(c)中的 d 点，当 $|u_2|=u_C$ 时，另外两个二极管 VD_2、VD_4 开始处于正向偏置而导通，这时 C 放电停止，u_2 再次向 C 充电和对负载供电，在 ωt_3 时 u_2 和 u_C 一起升高到 u_2 的幅值

$\sqrt{2}U_2$，即图 4-2-2(c)中的 e 点，而后下降至 $|u_2|<u_C$ 时，二极管 VD_2、VD_4截止，C 又开始向负载电阻 R_L 放电。以后，每个周期如此重复上述过程。

电容器两端电压 u_C 即为输出电压 u_O，其波形如图 4-2-2(c)所示。由图可见，与未并联 C 时相比，输出电压的脉动程度大为减小，而且输出电压平均值 U_O 提高了。R_L 越大，C 放电越慢，u_O 脉动越小。当负载开路时，$R_L=\infty$，$u_O=u_C=\sqrt{2}U_2$，即 $U_O=\sqrt{2}U_2$。

由以上分析，可以看出电容滤波电路具有下述特点：

① 二极管导电角<π，这是由于电容上的电压对二极管来说是反向电压，只有 $|u_2|>u_C$ 时，才有一对二极管导通。所以，通过二极管的电流 i_D 是周期性的脉冲电流。通常 C 越大，冲击电流也越大。图 4-2-2(d) 所示为二极管中电流的波形。选择二极管时，其整流电流值应选得大一些，以保证安全。

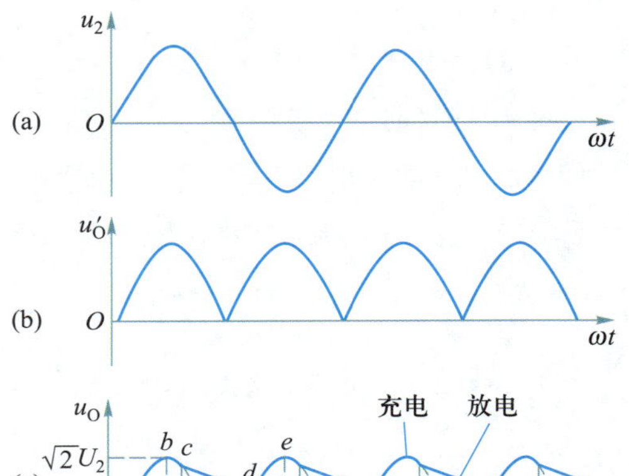

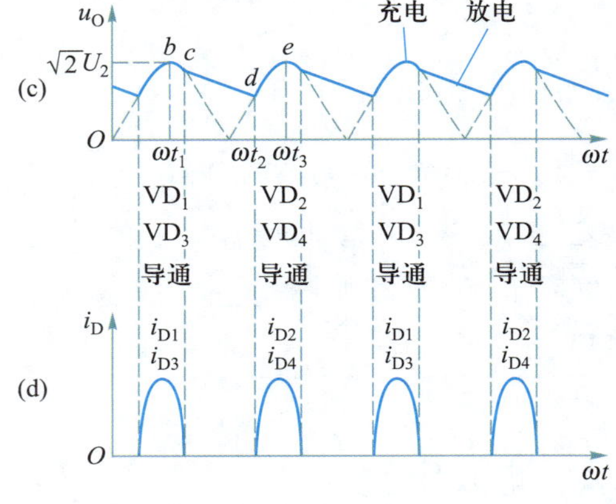

图 4-2-2　电容滤波波形

② 通过二极管的电流虽然是脉冲波形，但由于电容 C 的放电，使通过负载电阻 R_L 的电流是较平滑的直流电流，因而输出电压脉动程度减小，平均值提高。负载上直流电压平均值及其平滑程度与放电时间常数 $\tau=R_LC$ 有关，τ 越大，放电越慢，输出电压平均值越大，波形越平滑。一般取

$$\tau=R_LC=(3\sim5)\frac{T}{2} \qquad (4-2-1)$$

式中，T 为交流电的周期。若整流电路的内阻不太大，通常取

$$U_O=1.2U_2 \qquad (4-2-2)$$

电容滤波适用于要求输出电压较高、负载电流较小(即 R_L 较大)并且负载基本不变的场合，此时能得到较平滑的直流电压。

为了提高滤波效果，减小输出电压的脉动程度，可用电容和电阻组成复式滤波电路，如图 4-2-3 所示。由于经整流电路输出的脉动直流含有很丰富的高次谐波，由电抗元件的频率特性可知，频率越高，电容的容抗越小，故与负载电阻 R_L 并联的电容对高频分量有分流作用。而与 R_L-C_2 并联电路串联的电阻 R，其阻值大于 R_L 和 C_2 的并联阻抗值，频率越高，R_L 和 C_2 的并联阻抗值越小，因而输出电压的高频分量大部分降在 R 上，使得负载电压中的高频分量减小，达到了使波形平滑的目的。R 越大，滤波效果越好，但 R 太大也使直流压降增加，故只适用于小电流的场合。

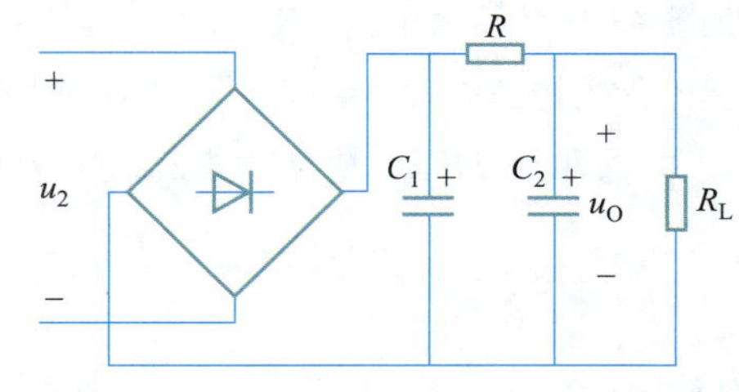

图 4-2-3　π 形 RC 复式滤波电路

如果用电感线圈 L 代替图 4-2-3 所示电路中的电阻 R，就构成 π 形 LC 复式滤波电路。由于电感线圈的直流电阻小而交流感抗大，故其滤波效果好于 π 形 RC 复式滤波电路。但电感线圈体积大、成本

高，故一般只用于负载电流大、对滤波要求较高的场合。

例 4-2-1　有一直流负载，要求 $U_0=24\ \text{V}$，$I_0=300\ \text{mA}$ 的直流电源。拟采用桥式整流电容滤波电路，试选择各元器件。

解：(1) 选择整流二极管。

因为桥式整流电容滤波电路中，$U_0=1.2U_2$，所以变压器二次电压有效值为

$$U_2=\frac{U_0}{1.2}=\frac{24}{1.2}\ \text{V}=20\ \text{V}$$

整流二极管承受的最高反向电压为

$$U_{\text{DRM}}=\sqrt{2}U_2=\sqrt{2}\times20\ \text{V}\approx28.3\ \text{V}$$

流过二极管的平均电流为

$$I_{\text{D}}=\frac{1}{2}I_0=\frac{1}{2}\times300\ \text{mA}=150\ \text{mA}$$

查附录二，可选 2CP21 整流二极管，其最大整流电流为 300 mA，最高反向工作电压为100 V。

(2) 选择滤波电容。

根据式(4-2-1)，取 $R_{\text{L}}C=4\times\frac{T}{2}=2T$，由于工频交流电 $T=0.02\ \text{s}$，故 $R_{\text{L}}C=2T=0.04\ \text{s}$，又有 $R_{\text{L}}=\frac{U_0}{I_0}=\frac{24}{0.3}\ \Omega=80\ \Omega$，所以可求得

$$C=\frac{2T}{R_{\text{L}}}=\frac{0.04}{80}\ \text{F}=500\times10^{-6}\ \text{F}=500\ \mu\text{F}$$

即选用 500 μF、50 V 的电解电容器。

(3) 选择整流变压器。

已算得 $U_2=20\ \text{V}$，若考虑二极管正向压降及导线电阻压降，所需 U_2 还应高一些，可利用变压器抽头进行调整。

变压器二次电流有效值：在桥式整流电容滤波电路中，变压器二次侧通过脉冲电流为非正弦电流，其有效值大于负载平均电流值 I_0，一般取 $I_2=(1.5\sim2)I_0$。

这里取 $I_2=2I_0=2\times300\ \text{mA}=600\ \text{mA}$。

点睛

滤波电路的作用是将整流后输出的脉动直流电变为比较平滑的直流电。滤波电路由电容、电感等储能元件组成。电容滤波适用于负载电流较小的场合，电感滤波适用于负载电流较大的场合，用电容和电感或电容和电阻组成的复式滤波电路的滤波效果更好。

练习与思考

4-2-1　选择合适的内容填空。

滤波的主要目的是__________(a. 将交流变为直流，b. 将高频信号变为低频信号，c. 将脉动直流中的交流成分去掉)，故可利用__________(a. 二极管，b. 电阻，c. 电容、电感及电阻)实现。

4-2-2　选择填空。

在桥式整流电容滤波且为电阻性质负载的电路中，若变压器二次电压 $U_2=10\ \text{V}$，$R_LC\geqslant3\times\frac{T}{2}$，则：

（1）U_O 大约为__________V。(a. 14，b. 12，c. 10，d. 9)

（2）若其中有一个整流二极管虚焊，与正常时的 U_O 相比，此时的 U'_O______________。(a. 约为 $U_O/2$，b. 小于 $U_O/2$，c. 在 $U_O/2$ 和 U_O 之间)

4-3　稳压电路

交流电源电压的波动、负载和温度的变化，都会影响整流滤波后的直流输出电压，引起直流输出电压不稳定。这种电压不稳定，会引起负载工作不稳定，甚至不能正常工作。精密电子仪器、自动控制和计算机装置等都需要很稳定的直流电源供电。为了得到稳定的直流输出电压，在整流滤波电路之后需要增加稳压电路。稳压电路的作用是当交流电源电压波动、负载或温度变化时，维持输出直流电压稳定。在小功率电源设备中，用得比较多的稳压电路有两种：一种是用稳压二极管组成的并联型稳压电路，另一种是串联型稳压电路。

一、稳压管稳压电路

图 4-3-1 所示为一种基本的稳压管稳压电路。稳压电路由限流电阻 R 和稳压管 VD_Z 组成，二者配合起稳压作用。稳压电路接在整流滤波电路之后，整流滤波电路的直流输出电压是稳压电路的输入电压 U_I，稳压后的输出电压为 U_O。

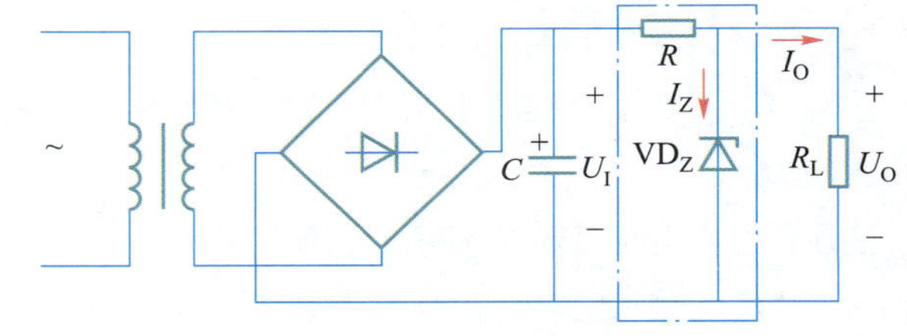

图 4-3-1　稳压管稳压电路

下面分析稳压电路的工作原理。当交流电源电压波动引起 U_I 升高时，起初 U_O 随着升高。U_O 即为稳压管两端的反向电压。由稳压管的特性曲线可知，当 U_O 稍有增加时，稳压管的电流 I_Z 就显著增加，因此电阻 R 上的压降增加，以补偿 U_I 的增加，从而使输出电压 U_O 基本保持不变。相反，当电源波动引起 U_I 降低时，起初 U_O 也随着降低，因而 I_Z 显著减小，电阻 R 上的压降相应减小，同样使 U_O 基本保持不变。

同理，当负载电流变化引起输出电压 U_O 变化时，稳压电路也能起到稳压作用。例如，当负载电流增大时，电阻 R 上的压降增大，U_O 因而下降。只要 U_O 略有降低，稳压管电流 I_Z 就显著减小，使通过电阻 R 的电流基本不变，因而输出电压 U_O 也基本稳定不变。当负载电流减小时，稳压过程与上述相反，同样使 U_O 基本不变。

可见，在这种稳压电路中，起自动调节作用的主要是稳压管 VD_Z，当输出电压 U_O 有较小变化时，将引起稳压管电流 I_Z 较大的变化，通过 R 起到补偿作用，从而使输出电压 U_O 基本保持稳定。

这种稳压电路的优点是元器件少，电路简单；缺点一是受稳压管最大稳定电流的限制，负载取用电流不能太大，二是输出电压不可调节，并且电压的稳定度也不够高。因此，它适用于负载电流较小、对稳定度要求不高的场合。

二、串联型稳压电路

图 4-3-2 所示为一种以集成运算放大器为放大环节的串联型稳压电路。它由取样、基准、放大和调整四部分组成。为了避免元器件在电路产生异常情况时遭受破坏，稳压电路一般还设有保护电路。

微课：晶体管串联型稳压电路

动画：串联型稳压电路

图中，R_1 和 R_2 组成取样电路，R_3 和 VD_Z 组成基准电路。U_I 是整流滤波环节的输出电压，作为该稳压电路的输入电压；U_O 是稳压后的直流输出电压。当 U_O 变化时，通过取样电路把 U_O 的变化量取样（即 U_F），加到集成运算放大器的反相输入端。由于同相输入端接在稳定的基准电压 U_Z 上，故集成运算放大器输出端电压的变化只反映取样电压 U_F 的变化。集成运算放大器的输出电压加到调整管 VT 的基极，使 VT 的管压降发生变化，以补偿 U_O 的变化，从而维持 U_O 基本不变。例如，当输入电压 U_I 或负载发生变化使 U_O 升高时，取样电压 U_F 就增大，使得集成运算放大器输出电压减小，调整管 VT 的发射结电压 U_{BE} 减小，控制其管压降 U_{CE} 增大，从而使输出电压 U_O 下降，使其保持稳定。

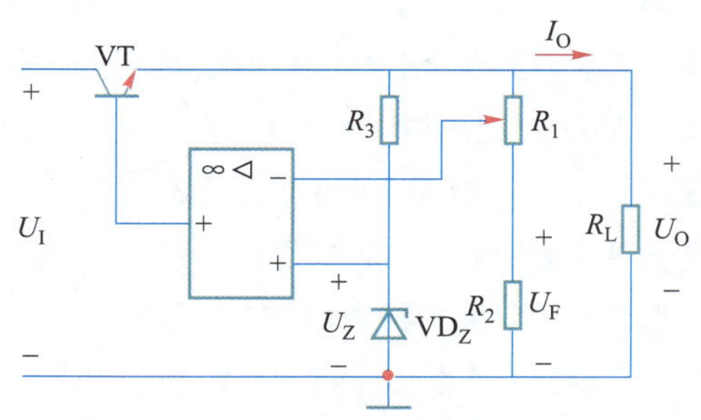

图 4-3-2　采用集成运算放大器的串联型稳压电路

如果需要改变输出电压，可以调节电位器 R_1。当 R_1 滑动端向上移动时，U_O 减小；反之，U_O 增大。由于集成运算放大器调节方便，电压放大倍数很高，输出阻抗较低，因而可以获得极优良的稳压特性。

串联型稳压电路可以得到稳定度很高的输出电压，并且输出电压可以调节，又可以输出较大的电流，应用广泛。

点睛

经过整流滤波后的直流电压，会随交流电源电压的波动以及负载或温度的变化而变化。为了使输出直流电压保持稳定，需在整流滤波电路和负载之间连接稳压电路。用稳压管可组成并联型稳压电路，用于对稳定度要求不高的场合。对稳定度要求较高时，广泛采用串联型稳压电路，串联型稳压电路的输出电压可以调节。

练习与思考

4-3-1　在图 4-3-1 所示的稳压管稳压电路中，电阻 R 起什么作用？既然有稳压管，不用电阻 R 是否也能起稳压作用？

4-3-2　既然稳压电路能在 U_I（整流滤波后的电压）变化的情况下输出稳定的直流电压，那么是否可以将变压器二次绕组直接接到稳压电路而省去整流滤波电路？

4-4　集成稳压电源

随着集成电路的发展，当前已广泛应用集成稳压电源。集成稳压电源，或称为集成稳压器，就是把稳压电路中的大部分元器件或全部元器件制作在一片硅片上而成为集成稳压块，是一个完整的稳压电路。它具有体积小、质量小、可靠性高、使用灵活、价格低廉等优点。

目前，大多数集成稳压电路都采用串联型稳压电路，其框图如图4-4-1所示，除基本的稳压电路外，还包含启动电路及各种保护电路。

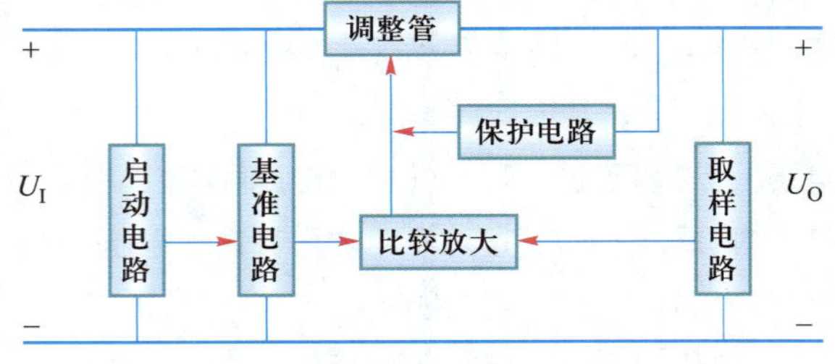

图 4-4-1　集成稳压电路框图

启动电路用于保证集成稳压电路中的各个环节在开机时能正常工作；各种保护电路都是为了使集成稳压电路在过载（如输出电流过大、工作电压过高）时免于损坏。正常工作时，启动电路及各种保护电路都会自动断开或不影响稳压电路的工作。

集成稳压电路的种类很多。按工作方式可分为线性串联型和开关串联型，按输出电压方式可分为固定式和可调式，按结构可分为三端式和多端式。本节主要介绍国产W7800系列（输出正电压）和W7900系列（输出负电压）稳压器的使用。图4-4-2所示为W7800系列稳压器的外形、引脚和接线图。这种稳压器只有三个引出端，即输入端1、输出端2和公共端3，所以也称为三端集成稳压器。这种稳压器的安装与使用都非常方便。

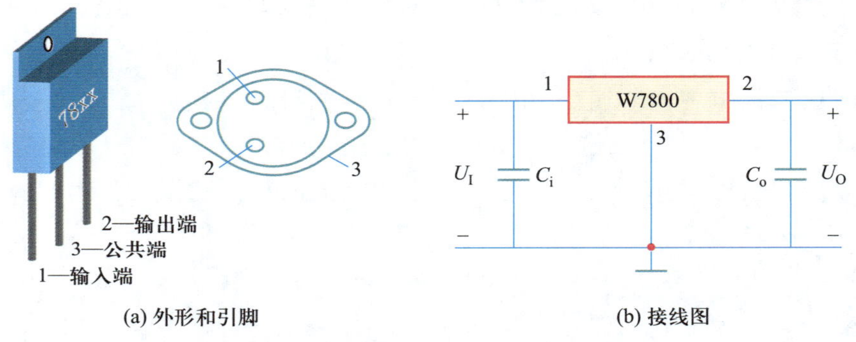

图 4-4-2　W7800系列稳压器的外形、引脚和接线图

表4-4-1是W78、W79系列三端集成稳压器的外引线排列方式。W78系列为正输出稳压器，其中，W7800系列输出电流为1.5 A，W78M00系列输出电流为0.5 A，W78L00系列输出电流为0.1 A。负输出稳压器也有W7900、W79M00和W79L00三个子系列（合称W79系列），除了输出电压极性为负之外，其他与W78系列均对应相同。

表 4-4-1　W78、W79系列三端集成稳压器的外引线排列方式

型号	金属封装			塑料封装		
	输入	公共	输出	输入	公共	输出
W78、W78M	1	3	2	1	2	3
W78L	1	3	2	3	2	1
W79系列	3	1	2	2	1	3

使用时只需分别在三端集成稳压器的输入端与公共端及输出端与公共端之间各并联一个电容，如图4-4-2(b)所示。C_i的作用是消除因输入端较长接线而产生的电感效应，防止在集成稳压器内部产生自激振荡，接线短时C_i也可不接。C_i通常为0.1～1 μF，如可取0.33 μF。C_o的作用是改善稳压器的暂态响应，在瞬时增减负载电流时不致引起输出电压有较大的波动。C_o一般为0.1 μF。

W7800 系列输出电压是固定的正向电压，有 5 V、8 V、12 V、15 V、18 V 及 24 V 等各种电压等级的集成块，例如 W7805 的 $U_O=5\ \text{V}$，W7815 的 $U_O=15\ \text{V}$，W7824 的 $U_O=24\ \text{V}$。它们的最大输出电流为 2.2 A。W7900 系列输出电压是固定的负向电压，其参数与 W7800 系列相似。

现将几种常用三端集成稳压器的性能参数列于表 4-4-2 中，供参考。

表 4-4-2 常用三端集成稳压器的性能参数

参数	型号		
	XWY005 系列	WB824 系列	W7800 系列
输出电压 U_O/V	12、15、18、20、24	5、12、15、18、24	5、8、12、15、18、24
最高输入电压 $U_{I(max)}$/V	26~36(分挡)	20~36(分挡)	35
最大输出电流 $I_{O(max)}$/A	0.5~1(分挡)	0.2~2(分挡)	2.2
最小输入输出电压差/V	≤4.5	4.5	2~3
输出阻抗 r_o/Ω		0.05~0.5	0.03~0.15
电压调整率 S_r/%	0.04~0.16	0.04~0.16	0.1~0.2
最大功率/W	无散热片 1 有散热片 6~12 (分挡)	无散热片 1.5 有散热片 3~25 (分挡)	

下面介绍几种三端集成稳压器的应用电路。

1. 提高输出电压的电路

当所需电压高于稳压器的输出电压时，可采用图 4-4-3 所示电路，它能使输出电压高于固定输出电压。图 4-4-3(a)中 R 两端电压为稳压块 W78××的固定输出电压 $U_{\times\times}$，显然

$$U_O=U_{\times\times}+U_Z$$

图 4-4-3(b)中集成运算放大器组成电压跟随器，R_1、R_2 和 R_3 组成升压调压取样电路，其输出电压为

$$U_O=\frac{R}{R_1+R_2'}U_{\times\times}$$

式中，$R=R_1+R_2+R_3$。调节电位器 R_2 即可使输出电压发生改变，但 R 值不可过小，以免影响输出电流，增加损耗。

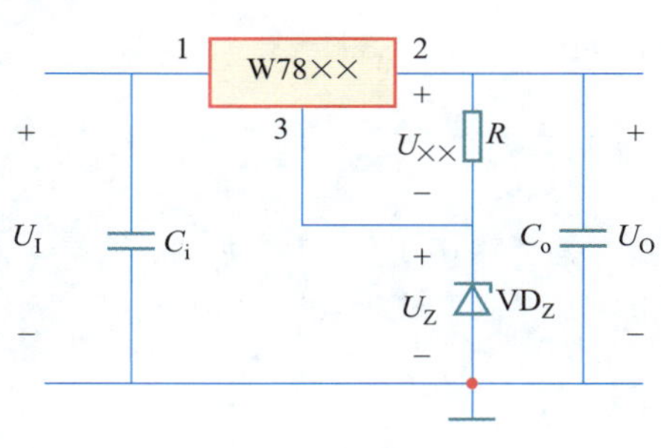

(a) 基本电路

(b) 含有放大环节的电路

图 4-4-3 提高输出电压的电路

2. 扩大输出电流的电路

当负载所需电流大于稳压块的最大负载电流时，可用外接功率管 VT 的方法来扩大输出电流，电路如图 4-4-4 所示。由图可知

$$I_O = I_C + I_2 \qquad (4-4-1)$$

式中，I_2为稳压器的输出电流，I_C为 PNP 型功率管 VT 的集电极电流。可见，输出电流比 I_2 扩大了。电路中电阻 R 的阻值要使功率管 VT 只能在输出电流较大时才导通，其值由稳压器和外接功率管 VT 的参数来计算。由于

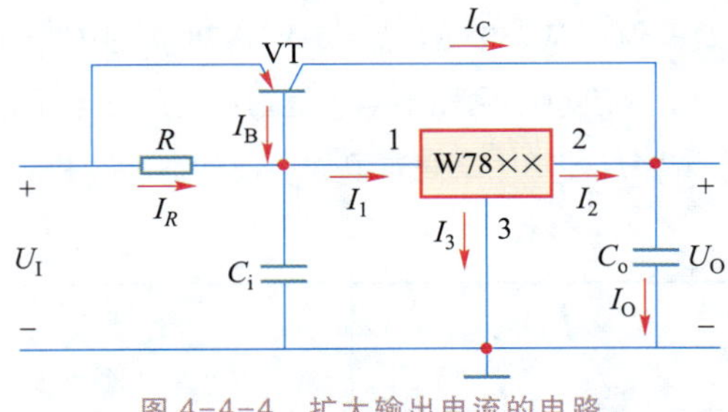

图 4-4-4 扩大输出电流的电路

$$I_R = \frac{U_{BE}}{R} = I_1 - I_B = I_1 - \frac{I_C}{\beta}$$

所以

$$R = \frac{U_{BE}}{I_1 - \frac{I_C}{\beta}} \qquad (4-4-2)$$

式中，I_1为流入稳压器的电流，由于 $I_3 \approx 0$，所以 $I_1 \approx I_2$。

3. 同时输出正负电压的电路

利用稳压器 W7815 和 W7915 各一块，可构成同时输出+15 V 和−15 V 两种电压的双向电源，如图 4-4-5 所示。

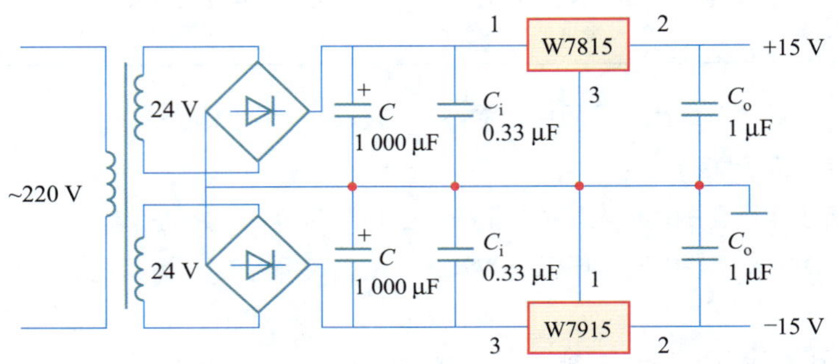

图 4-4-5 ±15 V 双向稳压电源

图中各元器件参数如下。

稳压器：W7815，输出+15 V；W7915，输出−15 V。

变压器：220/24 V。

整流二极管：1 A、50 V。

电容：$C = 1\ 000\ \mu F$，$C_i = 0.33\ \mu F$，$C_o = 1\ \mu F$。

点睛

集成稳压电源具有体积小、质量小、可靠性高、使用灵活、价格低廉等优点，目前已获得广泛应用。三端集成稳压器除可直接应用外，还可根据需要连接成各种功率扩展电路。

练习与思考

4-4-1 用两个 W7815 或两个 W7915 稳压器能否分别构成输出+30 V、−30 V、+15 V 的电路？

4-4-2 图 4-4-6 所示为一种提高输出电压的电路，其输出电压为

$$U_O \approx U_{\times\times}\left(1 + \frac{R_2}{R_1}\right) \qquad (4-4-3)$$

试分析式(4-4-3)的正确性。

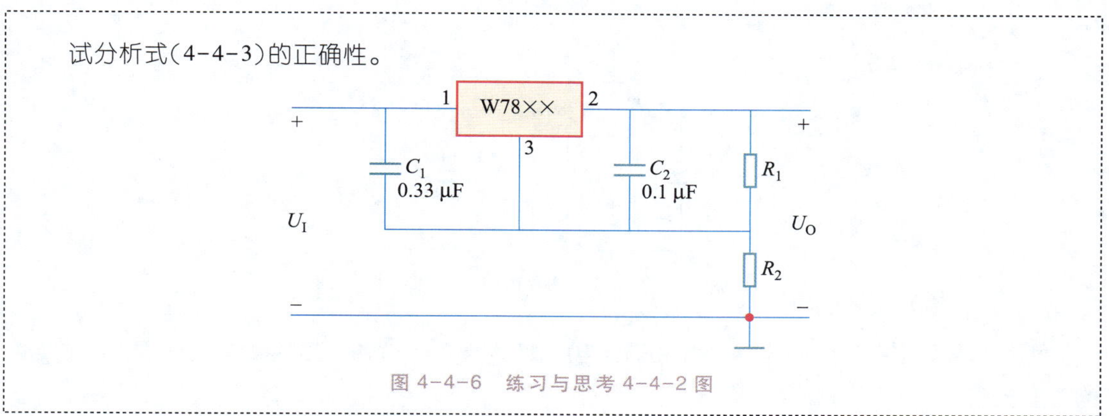

图 4-4-6　练习与思考 4-4-2 图

技能训练四　直流电源设计

一、技能训练目的

① 练习用万用表测量电容值。

② 利用桥式整流电路、三端稳压器设计一款输入交流电压、输出直流电压的电源电路，并测量电路参数。

③ 利用桥式整流电路、三端稳压器设计一款输入交流电压、输出可调直流电压的电源电路，并测量电路参数。

④ 练习用示波器测量电路输入电压和输出电压波形，计算相应数值，并分析各电路的工作原理。

二、技能训练使用器材

万用表、示波器、变压器、二极管 1N4007、电解电容、三端稳压器 W7805、三端稳压器 LM317、直流稳压电源等。

三、技能训练内容及步骤

1. 电子仪器仪表训练：电容的识别和检测

(1) 电容极性和好坏的判定

电容按极性分为有极性电容和无极性电容两种。电解电容是有极性电容，其外壳上有很清晰的极性标志。使用时，正极接高电位，负极接低电位，不能接反。无极性电容的引脚则可以任意连接。

一般来说，可以通过观察电容外壳是否变形、凸起或漏液等初步判定电容好坏。同时可以使用万用表测量电容值，如果测量数值和电容标称值差别很大，说明电容已经损坏。

(2) 电容值测量方法

电容在测量之前首先要放电，然后把万用表调至电容挡，如果测量的是有极性电容，红表笔接正极，黑表笔接负极；如果测量的是无极性电容，红表笔和黑表笔可以任意连接。

2. 稳压电源电路设计及测量

① 设计一款稳压电源电路，输入是可调的直流电压，输出是恒定的 5 V 直流电压，电路如图 4-5-1

所示。

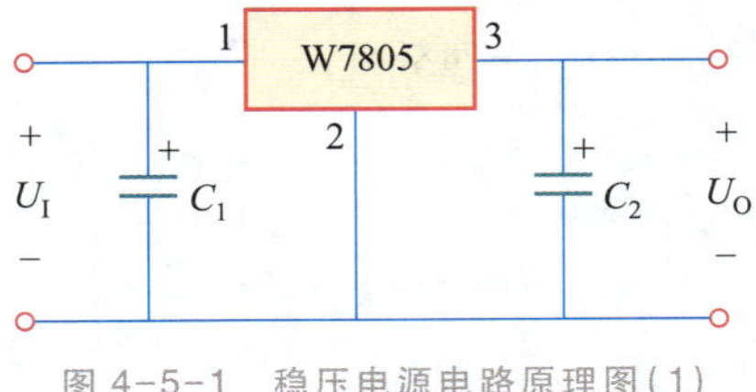

图 4-5-1 稳压电源电路原理图(1)

利用万用表测量电路中的输入电压和输出电压，填入表 4-5-1，根据测量结果分析稳压电源电路的工作原理。

表 4-5-1 稳压电源电路的测量

U_I	10 V	9 V	8 V	7 V	6 V
U_O					

② 设计输入 220 V 交流电压、输出 5 V 直流电压的稳压电源电路。

设计思路：采用变压器、单相桥式整流电路、三端稳压器 W7805、电解电容等元器件实现变压、整流、滤波和稳压四大功能，电路如图 4-5-2 所示。

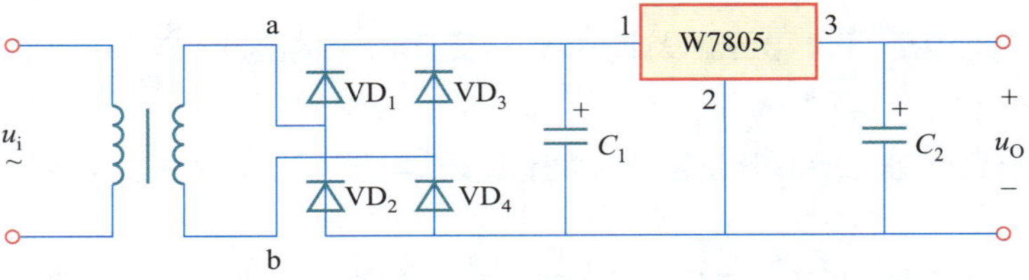

图 4-5-2 稳压电源电路原理图(2)

电路参数：变压器变比为 220 ∶ 10，$C_1=220\ \mu F$，$C_2=220\ \mu F$，二极管 1N4007。

用示波器和万用表测量输入电压 u_i、变压器二级电压 u_{ab} 和输出电压 u_O，根据测量数据分析电路的工作原理。

③ 设计输入 220 V 交流电压、输出可调直流电压的稳压电源电路。

设计思路：采用变压器、单相桥式整流电路、三端稳压器 LM317、电解电容等元器件实现此电路，如图 4-5-3 所示。

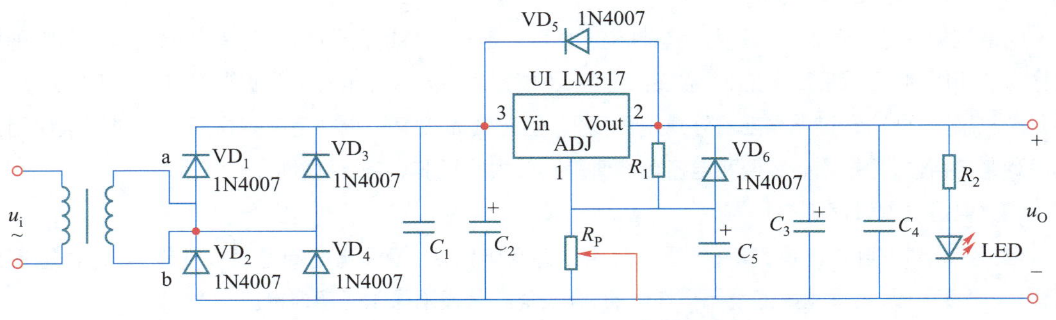

图 4-5-3 输出电压可调的稳压电源电路原理图

电路参数：$R_1 = 240\ \Omega$，$R_2 = 1\ k\Omega$，$C_1 = 0.1\ \mu F$，电解电容 $C_2 = 0.1\ \mu F$，电解电容 $C_3 = 680\ \mu F$，$C_4 = 680\ \mu F$，电解电容 $C_5 = 10\ \mu F$，可调电位器 $R_P = 5\ k\Omega$，变压器变比为 220 ：12。

调节电位器，将示波器的一个探头接输入电压 u_i 两端，另外一个探头接输出电压 u_O 两端，观察输入波形和输出波形，根据测量数据分析电路的工作原理。

本章小结

1. 在电子系统中，有时需要用到直流电源，因此需要将交流电源电压转换为稳定的直流电压，为此要用变压、整流、滤波和稳压等环节来实现。直流稳压电源由电源变压器、整流电路、滤波电路和稳压电路四部分组成。

2. 用半导体二极管可以组成各种整流电路，利用二极管的单向导电性可将交流电转换为脉动的直流电。单相桥式整流电路是小功率整流电路中应用较多的一种。较大功率整流一般采用三相桥式整流电路。

3. 滤波电路的作用是将整流后输出的脉动直流电变为比较平滑的直流电。滤波电路由电容、电感等储能元件组成。电容滤波适用于负载电流较小的场合，电感滤波适用于负载电流较大的场合，用电容和电感或电容和电阻组成的复式滤波电路的滤波效果更好。

4. 经过整流滤波后的直流电压，会随交流电源电压的波动以及负载或温度的变化而变化，为了使输出直流电压保持稳定，需在整流滤波电路和负载之间连接稳压电路。用稳压二极管可组成简单的稳压电路，用于对稳定度要求不高的场合。对稳定度要求较高时，广泛采用带有放大环节的串联型稳压电路，串联型稳压电路的输出电压可以调节。

随着集成电路的发展，已生产出各种型号的集成稳压电源，它具有许多优点，目前已获得广泛应用。三端集成稳压器除可直接应用外，还可根据需要连接成各种功率扩展电路。

习题

一、填空题

1. 小功率直流稳压电源通常由________、________、________和________四部分组成。

2. 滤波电路可将________直流电压变成较恒定的直流电压。

3. 电容滤波适用于负载电流________的场合，电感滤波适用于负载电流________的场合。

4. 单相桥式整流电路由________个二极管构成。

二、判断题（正确的题后面打√，错误的题后面打×）

1. 整流电路能够利用二极管的单向导电性将交流电压变成脉动的直流电压。（　　）

2. 滤波电路由电容、电感等储能元件组成。（　　）

3. 单相桥式整流电路是大功率整流电路。（　　）

4. 单相桥式整流电路与三相桥式整流电路相比，其优点是输出电压脉动小和三相电源负载平衡。（　　）

三、分析计算题

1. 有一单相桥式整流电路，如图 4-1-1 所示，变压器二次电压 $U_2 = 75\ V$，负载电阻 $R_L = 100\ \Omega$，试计算电路的输出电压 U_O、负载电流 I_O 以及各二极管所承受的最大反向电压（设二极管与变压器均为理想器件）。

2. 有一额定电压为 110 V、阻值为 55 Ω 的直流负载，采用单相桥式供电。试计算：

（1）变压器二次绕组的电压和电流有效值；

（2）每个二极管流过的电流平均值和承受的最大反向电压，并选择二极管。

第五章 门电路和组合逻辑电路

引言

电子电路分为两大类:一类是模拟电路;另一类是数字电路。前面几章讨论的都是模拟电路。第五章、第六章和第七章将讨论数字电路。模拟电路和数字电路都是电子技术的重要基础。

教学课件:门电路和组合逻辑电路

早在 19 世纪末,随着电报通信技术的出现,数字技术已经开始确立它在工程技术发展中的地位。1847 年创立的布尔代数和后来逐渐形成的近代开关理论为数字技术的发展奠定了理论基础。从 20 世纪 50 年代初出现晶体管以后,数字电路迅速发展,在计算机、数字通信、测量仪表和自动控制等学科领域中都获得了广泛的应用。20 世纪 60 年代末以后,数字电路中开始普遍使用集成电路作为基本器件,从而使数字设备的体积进一步缩小,功耗更低,可靠性大幅度提高,价格却越来越低,因而数字电路进一步深入卫星电视、航空航天、遥控遥测、现代医学、生物工程等诸多领域。而大规模和超大规模集成电路的出现,更使计算机技术获得飞速发展,并使数字电路的应用扩展到了人们日常的生产、生活领域,如交通自动控制、程控电话、可视电话、家用电器等。

本章先介绍数字电路的基本概念、脉冲波形、二进制数,以作为分析数字电路的基础,接着从分立元器件门电路入手,分析门电路的基本工作原理,并讨论集成门电路的逻辑功能和特点,然后简要讲述分析数字电路逻辑关系的基本方法,重点讨论几种常用的组合逻辑电路的逻辑功能及应用。

5-1 数字电路概述

一、数字电路的主要特点

电子电路中的电信号可以分成两类,即模拟信号和数字信号。在交流放大器和直流放大器中,电信号是随着时间连续变化的,它们是各种连续的变化量,如温度、压力、速度等的模拟,因此称为模拟信号。处理模拟信号的电子电路称为模拟电路。另一类电信号是不连续的突变信号,它们在时间和数值上都是离散的,这种电信号称为数字信号。例如对某一零件生产线的产品进行自动计数,如图 5-1-1(a)所示,当一个零件从光源与光电管之间穿过时,光电管被遮挡一次,相应产生一个电信号;没有零件通过时,光电管不产生电信号。电信号经过放大、整形处理,波形如图 5-1-1(b)所示。这种电信号就是一种典型的数字信号。处理数字信号的电子电路称为数字电路。在学习数字电路时,重点在于研究各种数字电路的输入与输出状态之间的关系。因为任何一个数字电路的输出信号与输入信号之间都有一定的逻辑关系,所以有时也把数字电路称为逻辑电路。

动画:模拟信号和数字信号

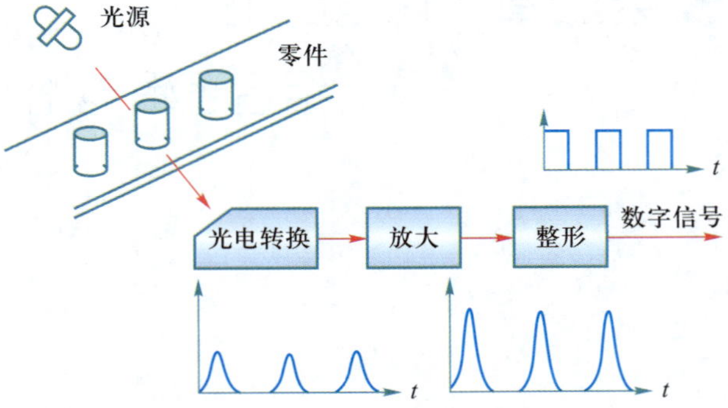

光源
零件
光电转换
放大
整形
数字信号

(a)

(b)

图 5-1-1 数字信号的产生和数字信号波形

数字电路有以下两个主要特点：

① 数字信号只有两种可能的情况，即有信号或者没有信号。基于数字信号的这一特点，数字电路只需要能够正确地反映信号的有无，而允许数值上存在一定范围的误差，因此组成数字电路的基本单元电路的结构相对比较简单，元器件数值可以有稍大的偏差，特别适宜于集成化。这种数字电路具有很高的稳定性和可靠性，而且体积小、质量小、价格便宜。

② 数字电路中，晶体管多工作于开关状态下，即交替地工作在饱和与截止两种状态，只有在由一种状态转换到另一种状态的过渡时期中才会处于放大状态。

数字电路是电子计算机和各种数字测量、数字控制技术的基础，是电子技术的重要组成部分。目前数字电路已得到广泛应用，今后随着集成电子技术的进一步发展，数字电路的重要性将更加突出。

二、脉冲信号波形与参数

数字电路中的工作信号通常都是持续时间短暂的跃变信号，称为脉冲信号。脉冲信号波形有多种，最常见的有矩形波和尖顶波，如图 5-1-2 所示。数字电路处理的矩形脉冲或尖顶脉冲信号的实际波形并不像图 5-1-2 所示的那样理想，例如实际的矩形波如图 5-1-3 所示。

下面以图 5-1-3 所示的矩形波为例，介绍脉冲信号波形的主要参数。

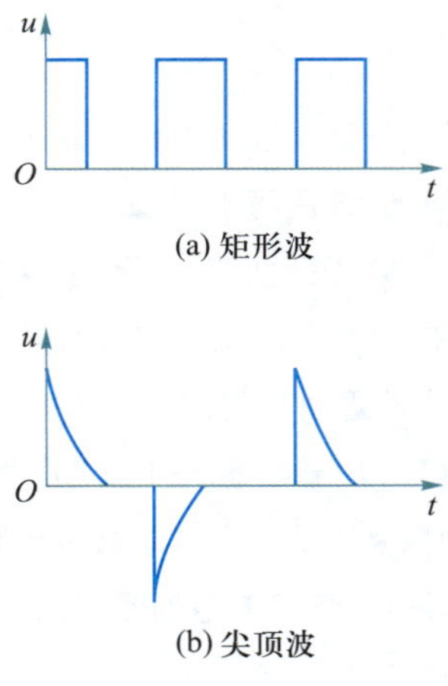

图 5-1-2 矩形波和尖顶波

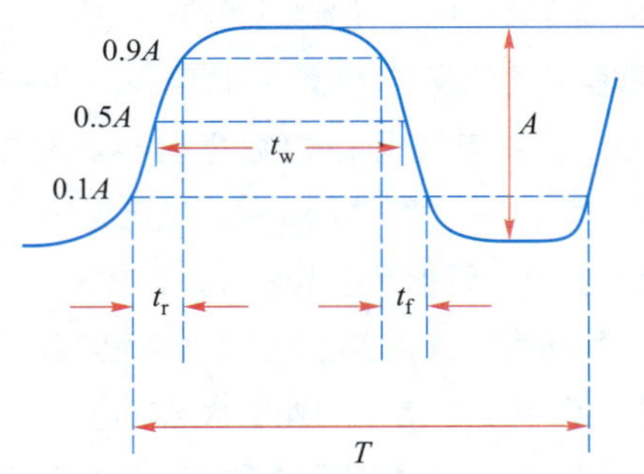

图 5-1-3 实际矩形波及矩形脉冲信号波形参数

脉冲周期 T:周期性脉冲信号相邻两个脉冲信号出现的时间间隔。

脉冲频率 f:周期性脉冲信号每秒出现的脉冲次数。频率与周期的关系为

$$f=\frac{1}{T}$$

脉冲幅度 A:脉冲信号变化的最大值。

脉冲前沿 t_r:脉冲信号从 0.1A 上升到 0.9A 所需的时间。

脉冲后沿 t_f:脉冲信号从 0.9A 下降到 0.1A 所需的时间。

脉冲宽度 t_w:从脉冲前沿的 0.5A 处到后沿的 0.5A 处的时间间隔,也称为脉冲持续时间。

脉冲信号有正脉冲和负脉冲之分。如果脉冲信号跃变后的值比初始值高,则为正脉冲,如图 5-1-4(a)所示;反之,则为负脉冲,如图 5-1-4(b)所示。

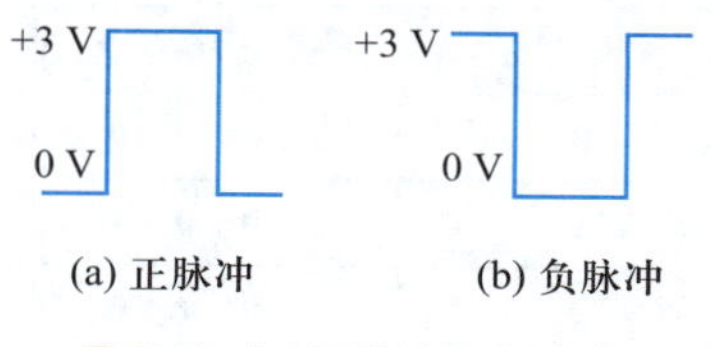

图 5-1-4　正脉冲和负脉冲

三、十进制数与二进制数

计数是数字电路中经常遇到的问题。日常生活中,人们习惯于使用十进制数,而数字电路中多采用二进制数。下面介绍常用的十进制数、计算机及数字系统中广泛使用的二进制数,以及二进制数与十进制数之间的转换方法。

微课:计数制概念

1. 十进制数

十进制数是人们通常采用的计数表示方法。十进制数有两个特点:① 采用 0,1,2,…,9 十个不同的数字符号表示数值,这些基本数字符号称为数码,任何一个十进制数均可由这十个数码来表示;② 逢十进一,即 9+1=10。同一数码处于不同位置所表示的数值是不同的。例如,十进制数 555,虽然三个数码都是 5,但从右向左数起,第一个"5"为个位数(10^0 位),它表示5×10^0,即 5;第二个"5"为十位数(10^1位),它表示 5×10^1,即 50;第三个"5"为百位数(10^2位),它表示 5×10^2,即 500。因此,555 可写成

$$555=5\times10^2+5\times10^1+5\times10^0$$

其中,10^0、10^1、10^2 是右起第一位、第二位、第三位各位所代表的十进制数,即位值,称为各相应位的"权"。可以看出,十进制数相邻高位的权是低位权的 10 倍。用每位的数码乘以该位的权就得到该位数的值。由此可见,任意一个十进制整数 N 都可表示为按权的展开式,即

$$\begin{aligned}N&=\pm(k_{n-1}\times10^{n-1}+k_{n-2}\times10^{n-2}+\cdots+k_1\times10^1+k_0\times10^0)\\&=\pm\sum_{i=0}^{n-1}k_i10^i\end{aligned}\tag{5-1-1}$$

式中,n 表示位数,是正整数;k_i 为用 0,1,2,…,9 表示的数码,由 N 决定;"10"称为十进制数的基数。所谓某进位制的基数,就是在该进位制中可能用到的数码个数。

例如,十进制数 1874 可表示为按权的展开式:

$$1874=1\times10^3+8\times10^2+7\times10^1+4\times10^0$$

2. 二进制数

虽然十进制数是人们日常使用的最普通的数制,是人们非常熟悉的,但在数字电路中采用十进制数却很不方便。因为数字电路是通过电路或元器件的不同状态来表示数码的,要使电路或元器件有十种不同的状态来表示 0~9 十个数码,这样的电路或元器件的结构较为复杂,技术上较困难。最容易实

现的是使电路或元器件具有两种不同的状态，如电路的通与断、电子元器件的导通与截止等。在这种情况下，采用二进制数极其方便。因此二进制数在数字电路中获得了极其广泛的应用。

与十进制数相类似，二进制数也有两个特点：① 采用 **0** 和 **1** 两个数码来表示数值，任何一个二进制数均可由这两个数码来表示；② 逢二进一，即 **1+1=10**（读作“壹零”）。为了熟悉二进制数的表示方法，现列出部分十进制数与二进制数的对照表，见表 5-1-1。

表 5-1-1 部分十进制数与二进制数的对照表

十进制数	二进制数	十进制数	二进制数	十进制数	二进制数
0	**0 0 0 0**	6	**0 1 1 0**	12	**1 1 0 0**
1	**0 0 0 1**	7	**0 1 1 1**	13	**1 1 0 1**
2	**0 0 1 0**	8	**1 0 0 0**	14	**1 1 1 0**
3	**0 0 1 1**	9	**1 0 0 1**	15	**1 1 1 1**
4	**0 1 0 0**	10	**1 0 1 0**	16	**1 0 0 0 0**
5	**0 1 0 1**	11	**1 0 1 1**	17	**1 0 0 0 1**

从表 5-1-1 可看出，二进制数与十进制数一样，数码 **1** 所处的数位不同，所表示的二进制数也不同。例如，$(\mathbf{1111})_2$ 这个数共有 4 位（脚注“2”表示是二进制数），虽然 4 个数码都是 **1**，但右起第一个 **1** 表示 2^0，第二个 **1** 表示 2^1，第三个和第四个 **1** 分别表示 2^2 和 2^3。同十进制数一样，**1** 在某一位所表示的相当于十进制的数，称为这一位的“权”。因此，二进制整数从低位到高位的权分别是 $2^0,2^1,2^2,2^3,\cdots$。可见相邻高位的权是低位权的 2 倍。

应用权的概念，可以把一个二进制数写成按权的展开式。例如：

$$(\mathbf{1011})_2=(\mathbf{1}\times 2^3+\mathbf{0}\times 2^2+\mathbf{1}\times 2^1+\mathbf{1}\times 2^0)_{10}=(11)_{10}$$

脚注“10”表示是十进制数。

与式（5-1-1）相仿，任意一个二进制整数 N 都可表示为

$$N=\pm(k_{n-1}\times 2^{n-1}+k_{n-2}\times 2^{n-2}+\cdots+k_1\times 2^1+k_0\times 2^0)$$
$$=\pm\sum_{i=0}^{n-1}k_i 2^i \qquad (5-1-2)$$

式中，k_i 为用 **0** 或 **1** 表示的数码，而“2”称为二进制数的基数。

表 5-1-2 列出了十进制数和二进制数各位的权（从右向左数位数）。

表 5-1-2 十进制数和二进制数各位的权

数的位数	10	9	8	7	6	5	4	3	2	1
十进制数各位的权	10^9	10^8	10^7	10^6	10^5	10^4	10^3	10^2	10^1	10^0
二进制数各位的权	2^9	2^8	2^7	2^6	2^5	2^4	2^3	2^2	2^1	2^0

由表 5-1-2 可看出，不仅一种进制中各位的权不同，而且两种进制对应位的权也不同，但二者也有其相似的方面，即各位的权都是该进位制基数的“位数减 1”次方，如右起第 n 位的位数减 1 是 $(n-1)$，所以十进制数和二进制数中第 n 位的权分别为 10^{n-1} 和 2^{n-1}。

微课：计数制转换

3. 二进制数与十进制数的相互转换

二进制数转换为十进制数的方法很简单，只要写出该二进制数按权的展开式，就可得到等值的十进制数。

例 5-1-1　将$(\mathbf{101011})_2$转换成十进制数。

解：

$$(\mathbf{101011})_2=(\mathbf{1}\times2^5+\mathbf{0}\times2^4+\mathbf{1}\times2^3+\mathbf{0}\times2^2+\mathbf{1}\times2^1+\mathbf{1}\times2^0)_{10}$$
$$=(32+8+2+1)_{10}=(43)_{10}$$

下面介绍一种将十进制整数转换为二进制数的方法——除 2 取余法。现举例说明其转换规则。

例 5-1-2　将十进制数$(10)_{10}$转换成二进制数。

解：设十进制数$(10)_{10}$的二进制形式为$k_{n-1}\cdots k_2k_1k_0$。将 10 除以 2，得商 5 和余数 0，然后将其商再连续地除以 2，直到最后的商等于零，各次所得的余数分别为 0，1，0，1，它们就依次是k_0，k_1，k_2，k_3，即

$$\begin{array}{r|l}2 & 10 \quad \cdots余\ \mathbf{0}—k_0\\ 2 & 5 \quad \cdots余\ \mathbf{1}—k_1\\ 2 & 2 \quad \cdots余\ \mathbf{0}—k_2\\ 2 & 1 \quad \cdots余\ \mathbf{1}—k_3\\ & 0\end{array}$$

所以

$$(10)_{10}=(\mathbf{1010})_2$$

例 5-1-3　将十进制数$(194)_{10}$转换成二进制数。

解：设$(194)_{10}$的二进制形式为$k_{n-1}\cdots k_2k_1k_0$，除 2 取余式如下：

$$\begin{array}{r|l}2 & 194 \quad \cdots余\ \mathbf{0}—k_0\\ 2 & 97 \quad \cdots余\ \mathbf{1}—k_1\\ 2 & 48 \quad \cdots余\ \mathbf{0}—k_2\\ 2 & 24 \quad \cdots余\ \mathbf{0}—k_3\\ 2 & 12 \quad \cdots余\ \mathbf{0}—k_4\\ 2 & 6 \quad \cdots余\ \mathbf{0}—k_5\\ 2 & 3 \quad \cdots余\ \mathbf{1}—k_6\\ 2 & 1 \quad \cdots余\ \mathbf{1}—k_7\\ & 0\end{array}$$

所以

$$(194)_{10}=(\mathbf{11000010})_2$$

由以上两例可以看出，把十进制整数转换为二进制整数时，可将十进制数连续地除以 2，直到商等于零为止，各次所得余数（必为 **0** 或 **1**）就依次是二进制数由低位到高位的各位数字，即除 2 取余，倒序排列。

点睛

1. N 进制数转换为十进制数：按权展开相加即可。

2. 十进制数转换为 N 进制数，整数部分和小数部分分别转换：整数部分转换采用除 N 取余法，倒序排列；小数部分转换采用乘 N 取整法，正序排列（请自行参考相关书籍）。

练习与思考

5-1-1 什么是数字信号？数字信号与模拟信号有何不同？试举出两种实例。表征脉冲信号波形的主要参数有哪些？

5-1-2 将下列二进制数转换成十进制数。

（1）$(\mathbf{10110})_2$；（2）$(\mathbf{110011})_2$

5-1-3 将下列十进制数转换成二进制数。

（1）20；（2）32；（3）33；（4）197

5-2 基本逻辑门电路

微课：基本门电路概念

在数字电路中，门电路是最基本的逻辑元件。所谓门电路，就是一种开关，它具有若干输入端和一个输出端，满足一定条件时它能允许信号通过，否则信号就不能通过。这就好像是满足一定条件才开门一样，故称为门电路。因为门电路的输入信号与输出信号之间存在一定的逻辑关系，所以门电路又称为逻辑门电路。

最基本的逻辑关系有三种，即**与**逻辑、**或**逻辑和**非**逻辑，与此相应的最基本的逻辑门是**与**门、**或**门和**非**门。由这三种基本门电路可组成各种复合门电路以及能实现复杂逻辑功能的逻辑电路。

一、三种最基本的逻辑关系

动画：与逻辑

逻辑关系是渗透在生产和生活中的各种因果关系的抽象概括。因果关系也是一种条件结果关系。通常在逻辑分析中用大写字母表示条件和结果。例如，如果决定某一事件发生（或成立）的条件有多个，可用 F 表示事件的结果，而分别用 A、B、C 等表示条件。一些条件成立就产生某种结果。在逻辑关系中，条件或是成立，或是不成立；结果或是产生，或是不产生，所以逻辑关系是一种二值关系。通常用 **1** 来表示条件成立和产生结果，用 **0** 来表示条件不成立和不产生结果。需要指出，这里的 **0** 和 **1** 与表示数量大小的 **0** 和 **1** 性质完全不同，不再具有数的概念，而是两个符号，用来表示两个对立的逻辑状态，特称它们为逻辑值，即它们是逻辑 **0** 和逻辑 **1**。

下面用一些简单实例来说明**与**、**或**、**非**的逻辑关系。

1. 与逻辑关系

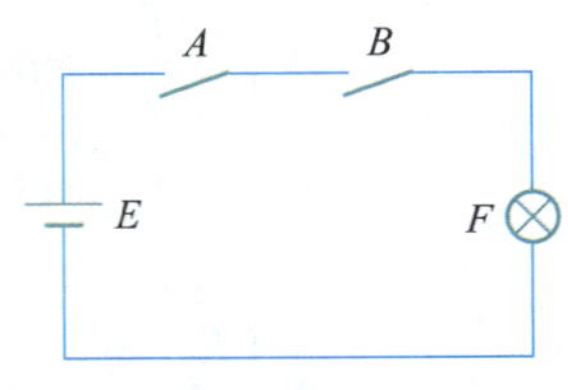

图 5-2-1 与逻辑控制电路

图 5-2-1 是一个电灯控制电路，两个开关 A 和 B 串联。显然，只有当开关 A 和 B 都闭合时，灯 F 才亮；开关 A 和 B 只要有一个断开，或两个开关都断开，灯 F 就不亮。可见，当决定灯亮的各个条件——开关 A 和 B 的闭合——全部具备时，灯亮才会发生。灯 F 的状态与开关 A、B 的状态之间的这种逻辑关系是**与**逻辑关系。概括来说，只有当决定某一事件的各个条件全部具备时，这一事件才发生，这样的因果关系称为**与**逻辑关系。如果规定 $F=\mathbf{1}$ 表示灯亮，$F=\mathbf{0}$表示灯暗，开关闭合为 **1**，开关断开为 **0**，则灯 F 和开关 A、B 的状态之间的**与**逻辑关系可以用逻辑乘来表示，即

$$F=A\cdot B \tag{5-2-1}$$

式中，F 为逻辑函数，A、B 为逻辑变量，“·”常可以省略。该式读作 F 等于 A **与** B。

2. 或逻辑关系

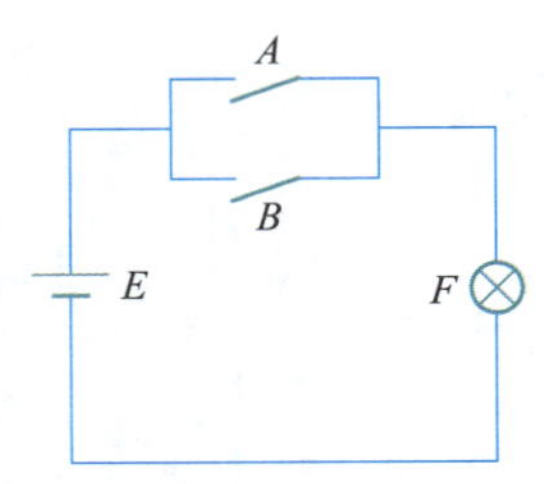

图 5-2-2 或逻辑控制电路

图 5-2-2 也是一个电灯控制电路，两个开关 A 和 B 并联。在这种情况下，开关 A 和 B 中只要有一个闭合，或者两个都闭合，灯 F 都亮；只有当两个开关都断开时，灯 F 才不亮，这就是**或**逻辑关系。概括

来说，当决定某一事件的各个条件中，只要具备一个或者一个以上的条件，这一事件就会发生，这样的因果关系称为**或**逻辑关系。如果规定灯亮、开关闭合用 **1** 表示，反之用 **0** 表示，则灯 F 和开关 A、B 的状态之间的**或**逻辑关系可以用逻辑加来表示，即

动画：
或逻辑

$$F=A+B \tag{5-2-2}$$

式中，“+”表示**或**。该式读作 F 等于 A **或** B。

3. 非逻辑关系

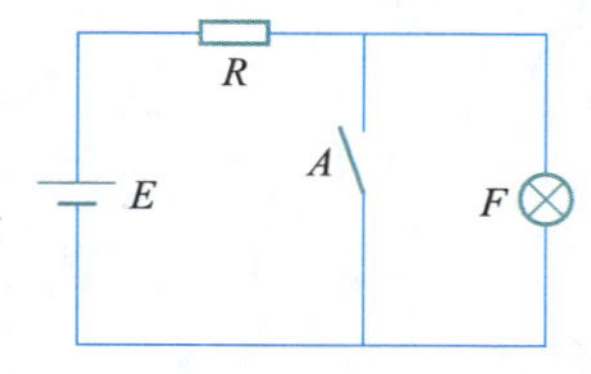

图 5-2-3　非逻辑控制电路

图 5-2-3 仍为一个电灯控制电路，开关 A 和灯 F 并联，电阻 R 是限流电阻。开关 A 闭合时，灯 F 不亮；反之，开关 A 断开时，灯 F 就亮。用逻辑状态来分析，即开关 A 为 **1** 时，灯 F 为 **0**；而开关 A 为 **0** 时，灯 F 为 **1**。这就是说，灯 F 与开关 A 的状态之间存在着相反的逻辑关系，即结果与条件相反，这是**非**逻辑关系。同样，概括来说，**非**就是反，就是否定，即当其一事件发生时，另一事件一定不发生，这样的因果关系称为**非**逻辑关系。如果规定用 **1** 表示灯亮和开关闭合，用 **0** 表示灯不亮和开关断开，则**非**逻辑关系式为

$$F=\overline{A} \tag{5-2-3}$$

式中，A 上面的“-”表示**非**或者**反**。该式读作 F 等于 A **非**。

应该指出，如果规定 $F=\mathbf{1}$ 表示灯亮，而 $A=\mathbf{1}$表示开关断开时，则图 5-2-3 所示电路的逻辑关系式为

动画：
非逻辑

$$F=A \tag{5-2-4}$$

这就不是**非**逻辑关系了。由此可知，要正确分析逻辑关系并写出正确的逻辑关系式，首先要定义逻辑变量值，否则没有意义。

在逻辑电路中，输入和输出信号是用电位的高或低来描述的。而电位的高和低常用术语高电平和低电平来表示。电平的高低是相对的，取决于电路元器件和电源电压的等级。常常用符号 **1** 和 **0** 来表示两种不同的逻辑电平，这样就有两种逻辑体制。用 **1** 表示高电平，**0**表示低电平，为正逻辑系统；而用 **0** 表示高电平，**1** 表示低电平，则为负逻辑系统。同一个电路，采用正逻辑还是负逻辑，所得结论是不同的。在本书中，如果不特别指明，采用的都是正逻辑。

在数字电路中，门电路不是用有触点的开关来构成，而是采用集成门电路。但是，为了便于理解，下面从几种最基本的分立元器件门电路入手，来说明门电路的基本原理和相关概念。

二、与门电路

实现**与**逻辑关系的电路称为**与**门电路。图 5-2-4(a)所示是最简单的二极管**与**门电路。A、B 是它的两个输入端，F 是输出端。图 5-2-4(b)是它的逻辑符号。

下面分析电路的输入、输出逻辑关系。设输入及输出信号低电平为 0 V，高电平为 3 V。每个输入端都可有高、低电平两种状态，两个输入信号有四种不同组合。为分析简便，忽略二极管正向压降。

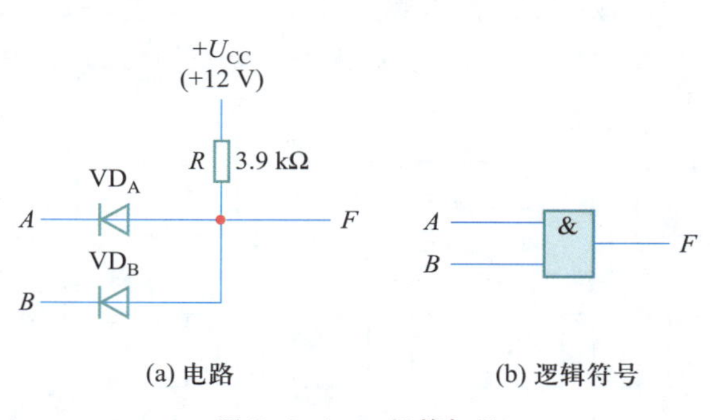

(a) 电路　(b) 逻辑符号

图 5-2-4　二极管与门

① $u_A=u_B=3$ V，即输入均为高电平时，VD_A、VD_B 均截止，则输出 $u_F=3$ V，为高电平。

② $u_A=3$ V，$u_B=0$ V 时，VD_B 先导通，这时 VD_A 承受反向电压而截止，输出 $u_F=0$ V，为低电平。

③ $u_A=0$ V，$u_B=3$ V 时，VD_A 先导通，这时 VD_B 承受反向电压而截止，输出 $u_F=0$ V，为低电平。

④ $u_A = u_B = 0$ V，即输入均为低电平时，VD_A、VD_B 均导通，输出 $u_F = 0$ V，为低电平。

综上所述，显然只有当输入端 u_A、u_B 全为高电平（3 V）时，输出才是高电平（3 V），否则输出均为低电平（0 V），符合**与**逻辑关系，因此图 5-2-4（a）所示电路是**与**门电路。

用符号 **1** 和 **0** 分别表示高电平和低电平，将逻辑电路所有可能的输入变量与输出变量之间的逻辑关系列成表格，称为逻辑状态表。上述二极管**与**门的逻辑状态表如表 5-2-1 所示。

表 5-2-1　与门逻辑状态表

输入		输出
A	*B*	*F*
1	**1**	**1**
1	**0**	**0**
0	**1**	**0**
0	**0**	**0**

逻辑状态表准确地描述了输入与输出之间的逻辑关系。由表 5-2-1 可以看出，输入信号 A、B 与输出信号 F 之间的关系满足**与**逻辑关系，即

$$F = AB$$

由逻辑状态表及逻辑关系式可知，逻辑乘的基本运算规则为

$$\mathbf{1 \cdot 1 = 1} \qquad \mathbf{1 \cdot 0 = 0} \qquad \mathbf{0 \cdot 1 = 0} \qquad \mathbf{0 \cdot 0 = 0}$$

为便于记忆，对**与**门的逻辑关系可概括为：全 **1** 为 **1**，有 **0** 为 **0**。

对于具有三个输入端 A、B、C 的**与**门电路，其逻辑关系式为

$$F = ABC \tag{5-2-5}$$

它的逻辑状态表读者可以自行列出。

与门电路应用举例如下：利用**与**门电路，可以控制信号的传送。例如有一个二输入端**与**门，假定在输入端 B 送入一个持续的脉冲信号，而在输入端 A 输入一个控制信号，由**与**门逻辑关系可画出输出端 F 的输出信号波形，如图 5-2-5 所示。由图可知，只有当 A 为 **1** 时，信号才能通过，在输出端 F 得到所需的脉冲信号，此时相当于门被打开；当 A 为 **0** 时，信号不能通过，无输出，相当于门被封锁。

三、或门电路

实现**或**逻辑关系的电路称为**或**门电路。图 5-2-6（a）所示为最简单的二极管**或**门电路。A、B 是它的两个输入，F 是输出。注意，图中二极管的方向以及电阻 R 所接电源的极性和图 5-2-4（a）所示的**与**

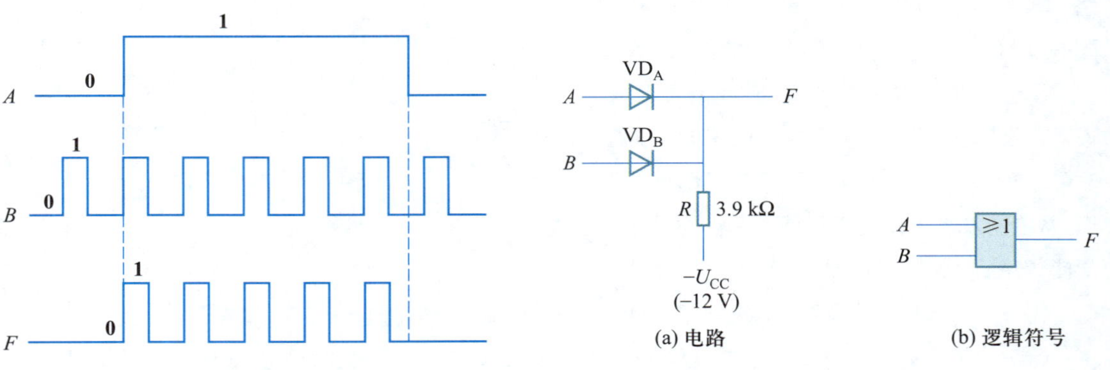

图 5-2-5　与门应用举例

图 5-2-6　二极管或门

门电路是不同的。图 5-2-6(b)是二输入端**或**门的逻辑符号。

采用同样的分析方法,对不同的输入组合,不难得出**或**门的逻辑状态表,如表 5-2-2 所示。

表 5-2-2　或门逻辑状态表

输入		输出
A	*B*	*F*
0	**1**	**1**
1	**0**	**1**
1	**1**	**1**
0	**0**	**0**

表 5-2-2 满足**或**逻辑关系式(5-2-2),即

$$F=A+B$$

逻辑加的基本运算规则为

$$\mathbf{0+1=1}\qquad \mathbf{1+0=1}\qquad \mathbf{1+1=1}\qquad \mathbf{0+0=0}$$

同样,**或**门的逻辑关系可概括为:全 **0** 为 **0**,有 **1** 为 **1**。

对于具有三个输入端 A、B、C 的**或**门电路,其逻辑关系式为

$$F=A+B+C$$

它的逻辑状态表读者也不难自行列出。

或门电路应用举例如下:在工业控制中,常要求当机器某一部分发生故障时,机器能发出报警信号。把机器中容易发生故障的部分称为故障源。正常工作时,故障源输出为**0**(低电平),当某一故障源发生故障时,它就能发出一连串脉冲信号。假设机器中有两个故障源,把它们分别接到一个**或**门的输入端 A 和 B,如图 5-2-7 所示。正常工作时,$A=\mathbf{0}$,$B=\mathbf{0}$,则 $F=\mathbf{0}$。当某一故障源(如 B)发生故障时,$A=\mathbf{0}$,而 B 端则输入一串脉冲信号,此时在 F 端就得到一串相同的脉冲,此脉冲送入报警器,发出报警呼叫。

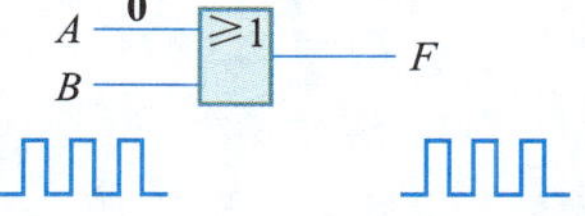

图 5-2-7　或门应用举例

以上所讨论的**与**门、**或**门电路所采用的都是正逻辑,如果采用负逻辑,即低电平用 **1** 表示,高电平用 **0** 表示,再针对上述**与**门和**或**门电路列出逻辑状态表,就不难看出,图 5-2-4(a)所示的**与**门电路将变成**或**门电路,而图 5-2-6(a)所示的**或**门电路将变成**与**门电路。由此可见,同一电路采用正逻辑和采用负逻辑,所得到的逻辑功能是不同的。所以,在分析一个逻辑电路之前,首先要弄清楚采用的是正逻辑还是负逻辑。

四、非门电路

实现**非**逻辑关系的电路称为**非**门电路。图 5-2-8(a)所示为晶体管**非**门电路,图 5-2-8(b)是它的逻辑符号。**非**门电路只有一个输入 A,F 为它的输出。

下面来分析**非**门电路的逻辑功能。晶体管**非**门电路不同于放大电路,晶体管不是工作于放大状态,而是工作于截止和饱和状态。

1. 输入 A 为高电平 1($u_A=3$ V)时

适当选取 R_K、R_B 之值,可使晶体管 VT 深度饱和导通,其集电极即输出端 F 输出低电平 **0**,$u_F=U_{CES}\approx 0$ V(实际约为 0.3 V)。

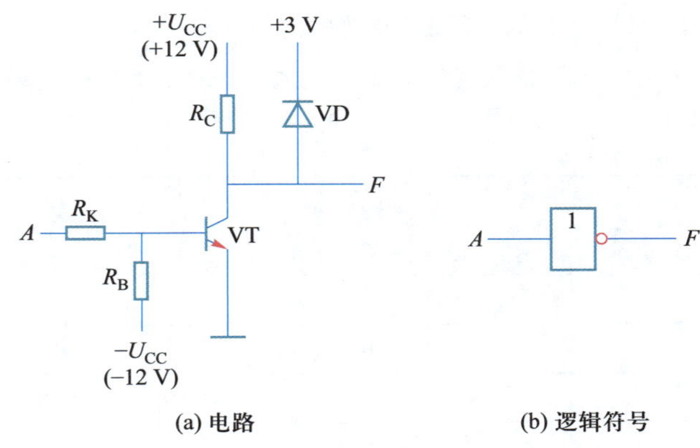

(a) 电路　　(b) 逻辑符号

图 5-2-8　晶体管非门

2. 输入 A 为低电平 0（$u_A = 0$ V）时

负电源经 R_K、R_B 分压使晶体管基极电位为负，保证当 A 为低电平时晶体管 VT 能可靠地截止，输出端为高电平。图中 VD 为钳位二极管，当 VT 截止时，二极管 VD 导通，忽略其正向压降，所以 F 端电位被钳制为+3 V，即输出高电平 **1**。

上述分析说明了图 5-2-8（a）所示电路的输入与输出状态是相反的，即输入为 **1** 时，输出为 **0**；输入为 **0** 时，输出为 **1**，输出为输入的**非**，实现了**非**逻辑关系，故为**非**门电路。**非**门又称为反相器。

非门的逻辑状态表如表 5-2-3 所示。

表 5-2-3　非门逻辑状态表

输入	输出
A	F
1	**0**
0	**1**

非门的逻辑关系式为

$$F=\overline{A}$$

逻辑**非**的基本运算规则为

$$\overline{\mathbf{0}}=\mathbf{1}\qquad\overline{\mathbf{1}}=\mathbf{0}$$

由于**非**门电路输出的低电平为集电极饱和压降，高电平为被钳位后的值，所以它对信号波形具有整形和反相作用。

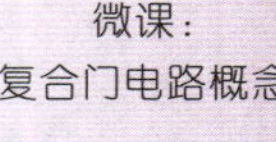

微课：
复合门电路概念

上述三种基本门电路，有时可以把它们组合成各种复合门电路，以丰富逻辑功能。常用的一种是**与**门和**非**门串接而成的**与非**门，其电路及其逻辑符号如图 5-2-9（a）、（b）所示。

与非门的逻辑状态表如表 5-2-4 所示。

表 5-2-4　与非门逻辑状态表

输入		输出
A	B	F
0	**0**	**1**
0	**1**	**1**
1	**0**	**1**
1	**1**	**0**

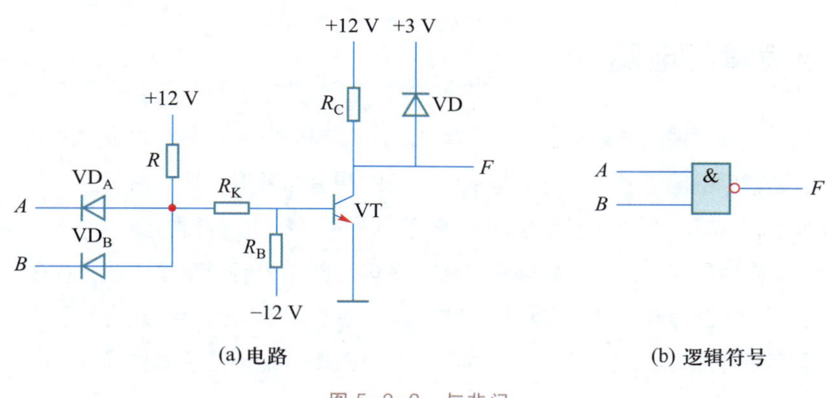

(a) 电路　　(b) 逻辑符号

图 5-2-9　与非门

由逻辑状态表可知**与非**门的逻辑功能为：当输入端全为 **1** 时，输出为 **0**；输入端只要有一个为 **0**，输出就为 **1**。所以，**与非**门的逻辑关系可概括为：全 **1** 为 **0**，有 **0** 为 **1**。**与非**门的逻辑关系式可表示为

$$F=\overline{AB} \tag{5-2-6}$$

对于三输入端**与非**门，其逻辑关系式为

$$F=\overline{ABC}$$

它的逻辑状态表读者也不难自行列出。

点睛

基本逻辑关系有三种：**与**、**或**、**非**。能分别实现**与**门、**或**门和**非**门这三种逻辑关系的电路是三种基本逻辑门电路。在基本逻辑门电路的基础上还可以组成其他复合门电路，如**与非**门、**或非**门、**与或非**门、**异或**门和**同或**门，其中**与非**门是门电路中应用较多的一种。

练习与思考

5-2-1　逻辑运算中的 **1** 和 **0** 与二进制数码的 **1** 和 **0** 有何区别？逻辑加法运算与算术加法运算有何不同？

5-2-2　什么是正逻辑和负逻辑？如果把正逻辑改为负逻辑，那么在负逻辑条件下的二极管**与**门和**或**门的逻辑功能有何变化？由此可得出什么结论？

5-2-3　试述三种基本逻辑关系，并各举日常生活中的一实例说明之。

5-2-4　画出具有三个输入端的**与非**门的逻辑符号，列出逻辑状态表并总结其逻辑关系。

5-2-5　试用二极管**或**门电路和晶体管**非**门电路组成一个**或非**门电路，画出其逻辑符号，列出逻辑状态表并总结其逻辑关系。

5-2-6　图 5-2-10 所示为输入信号 A 和 B 的波形，试画出**与**门输出 $F=AB$ 和**或**门输出 $F=A+B$ 的波形。

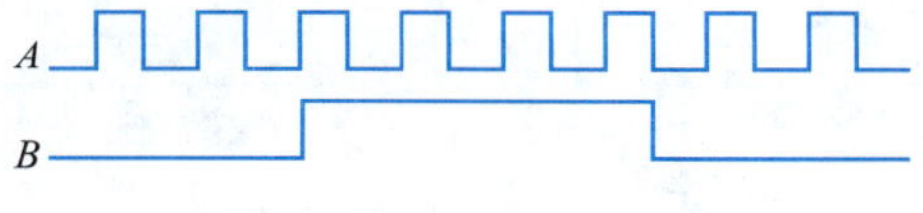

图 5-2-10　练习与思考 5-2-6 图

5-3 集成逻辑门电路

上节所述几种基本逻辑门电路都是由二极管、晶体管、电阻等分立元器件构成的，所以称为分立元器件门电路。讲述它们的目的是分析各种基本门电路的原理和逻辑功能。由于分立元器件门电路存在许多固有的缺点，如体积大、可靠性差等，因此随着电子技术的迅速发展，在绝大部分实际应用中其已被集成逻辑门电路所取代。把一个逻辑门电路的所有元器件和连线都制作在一块很小的半导体基片上，这样制成的逻辑门电路称为集成逻辑门电路（简称集成门电路）。与分立元器件门电路相比，集成门电路除了具有高可靠性、微型化等优点外，更为突出的优点是转换速度快，而且输入和输出的高、低电平取值相同，便于多级串接使用。

集成门电路的种类繁多，按所使用的制造工艺，可分为双极型集成门电路和单集型集成门电路两大类。组成双极型集成门电路的双极型晶体管就是前面几章中所介绍的 NPN 型或 PNP 型晶体管，因为在这种晶体管中，参与导电的载流子有多数载流子和少数载流子（电子、空穴）两种极性，所以称为双极型。双极型集成门电路又分为 TTL（晶体管-晶体管逻辑，Transistor-Transistor Logic）集成门电路和 HTL（高阈值逻辑，High Threshold Logic）集成门电路等。单极型集成门电路指的是 MOS（金属-氧化物-半导体，Metal-Oxide-Semiconductor）集成门电路。因为 MOS 管只有一种多数载流子参与导电，故称为单极型。

在集成门电路中，应用较多的是集成**与非**门。对使用者而言，主要是了解外部性能和参数，因此本书对内部电路结构不予介绍。下面简要介绍其主要性能和参数。

一、TTL 与非门电路

由于这种集成门电路的结构形式采用了半导体晶体管，其**与**功能和**非**功能都是用半导体晶体管实现的，所以一般称为晶体管-晶体管逻辑**与非**门电路，简称 TTL **与非**门。目前，TTL 电路广泛应用于中小规模集成电路中。由于这种形式的电路功耗比较大，因此用它做大规模集成电路尚有一定困难。TTL **与非**门是应用最普遍的 TTL 门电路。

在一块集成电路里，可以封装多个**与非**门，图 5-3-1 所示为两种 TTL **与非**门的引脚排列（为引脚向下的俯视图），它们是双列直插式集成块，有 14 个引脚。一片集成电路内的各个逻辑门相互独立，可以单独使用，但它们共用一根电源引线和一根地线。不管使用哪种门，都必须将电源引脚接+5 V 电源，地引脚接公共地线。

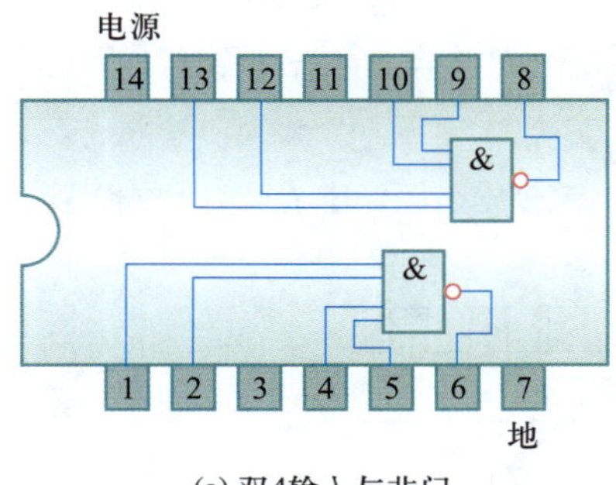

(a) 双4输入与非门
CT1020、CT2020、CT3020、CT4020

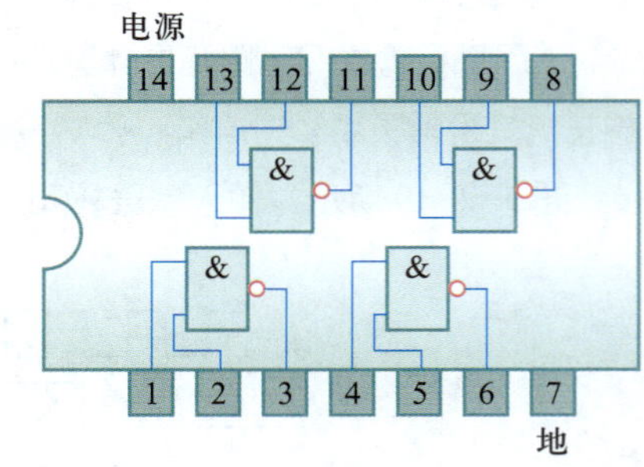

(b) 四2输入与非门
CT1000、CT2000、CT3000、CT4000

图 5-3-1 TTL 与非门引脚排列

使用 TTL **与非**门时，应注意以下几个主要参数。

1. **输出高电平 U_{OH} 和输出低电平 U_{OL}**

U_{OH} 是指输入端有一个或几个是低电平时的输出高电平。

U_{OL} 是指输入端全为高电平且输出端接有额定负载时的输出低电平。

对通用的 TTL **与非**门，$U_{OH} \geqslant 2.4$ V，$U_{OL} \leqslant 0.4$ V。

2. **扇出系数 N_O**

N_O 是指一个**与非**门能带同类门的最大数量，它表示**与非**门的带负载能力。对 TTL **与非**门，$N_O \geqslant 8$。

3. **平均传输延迟时间 t_{pd}**

与非门工作时，其输出脉冲相对于输入脉冲有一定的时间延迟，如图 5-3-2 所示。从输入脉冲上升沿的 50%处起到输出脉冲下降沿的 50%处止的时间称为导通延迟时间 t_{pd1}；从输入脉冲下降沿的 50%处起到输出脉冲上升沿的 50%处止的时间称为截止延迟时间 t_{pd2}。t_{pd1} 和 t_{pd2} 的平均值称为平均传输延迟时间 t_{pd}。它是表示门电路开关速度的一个参数。t_{pd} 越小，开关速度就越高，所以此值越小越好。在集成**与非**门中，TTL **与非**门的开关速度比较高。

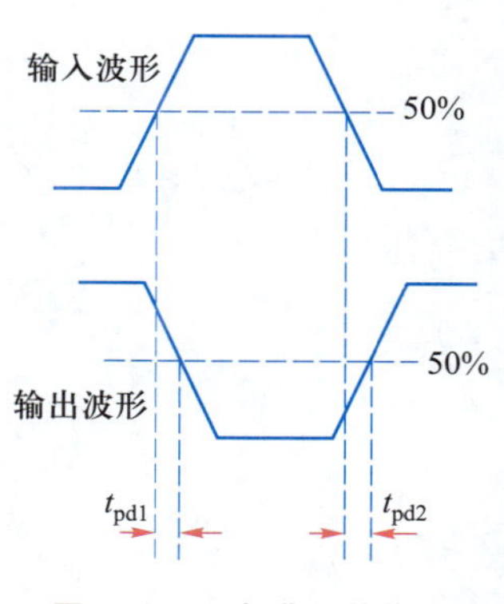

图 5-3-2　与非门的传输延迟时间

4. **输出低电平时电源电流 I_{CCL} 和输出高电平时电源电流 I_{CCH}**

I_{CCL} 是指输出为低电平时，该电路从直流电源吸取的直流电流，一般为毫安级。

I_{CCH} 是指输出为高电平时，该电路从直流电源吸取的直流电流，一般为毫安级。通常 $I_{CCH} < I_{CCL}$。

国产 TTL **与非**门电路产品主要有四个系列，即 CT1000、CT2000、CT3000、CT4000 系列。CT1000 为通用系列，相当于国际 SN5400/7400 标准系列；CT2000 和 CT3000 为高速系列，分别相当于国际 SN54H00/74H00 和 SN54S00/74S00 系列；CT4000 为低功耗系列，相当于国际 SN54LS00/74LS00 系列。四个系列的主要差别反映在开关速度和功耗两个参数上，其他电参数和引脚排列基本上彼此相容。表 5-3-1 为国产 TTL 电路系列分类表。

拓展阅读：半导体集成电路型号命名方法

表 5-3-1　国产 TTL 电路系列分类表

参数	系列			
	CT1000	CT2000	CT3000	CT4000
每门平均传输延迟时间 t_{pd}/ns	10	6	3	9.5
每门平均功耗 P/mW	10	22	19	2
最高工作频率 f_{max}/MHz	35	50	125	45

拓展阅读：CT1000 系列 TTL 集成电路型号及引脚排列

由表 5-3-1 可以看出，CT4000 系列的速度与 CT1000 系列相当，而功耗仅为 CT1000 系列的五分之一，因此在数字系统特别是在微型计算机中，普遍使用 CT4000 系列。

现将几种国产 TTL **与非**门的典型参数列于表 5-3-2 中。除所列举的参数外，还有一些其他常用参数，如电源电压、每门平均功耗以及表示门电路抗干扰能力的噪声容限等，这里不再赘述，使用时可查阅相关产品手册。

拓展阅读：几种四 2 输入与非门的主要参数

TTL 门电路除了**与非**门之外，还有**与**门、**或**门、反相器（**非**门）、**与或非**门、**异或**门，以及扩展器等具有不同逻辑功能的产品。常用的 TTL **与**门有 CT1008（四 2 输入**与**门）、CT4011（低功耗三 3 输入**与**门）、CT2021（高速双 4 输入**与**门）等；常用的 TTL **或**门有 CT1032（四 2 输入**或**门）、CT4032（低功耗四 2 输入**或**门）等；常用的 TTL **非**门有 CT1004（六反相器）、CT2004（高速六反相器）、CT4004（低功耗六反相器）等。选用集成逻辑门电路时，可从产品手册上查出其封装方式、引脚排列、逻辑功能、典型参数和极限参数等资料。

表 5-3-2 几种国产 TTL 与非门的典型参数

参数名称	符号	单位	8 输入与非门 CT1030	双 4 输入与非门 CT1020	四 2 输入与非门 CT1000	测试条件
输出低电平时电源电流	I_{CCL}	mA	≤6	≤11	≤22	$U_{CC}=5.5$ V,输入端悬空,输出端空载
输出高电平时电源电流	I_{CCH}	mA	≤2	≤4	≤8	$U_{CC}=5.5$ V,输入端接地,输出端空载
输出低电平	U_{OL}	V	≤0.4	≤0.4	≤0.4	$U_{CC}=4.5$ V,各输入端并联,$u_i=2.0$ V,$I_{OL}=16$ mA
输出高电平	U_{OH}	V	≥2.4	≥2.4	≥2.4	$U_{CC}=4.5$ V,被测输入端 $u_i=0.8$ V,其余输入端悬空,负载电流 $I_{OH}=400$ μA
扇出系数	N_O	个	≥8	≥8	≥8	同 U_{OH}、U_{OL}
平均传输延迟时间	t_{pd}	ns	20~40	20~40	20~40	$U_{CC}=5.0$ V,被测输入端接输入信号,$R_L=400$ Ω,$C_L=15$ pF

TTL 门电路具有多个输入端,在实际使用时,往往有一些输入端是闲置不用的,需注意对这些闲置输入端的处理。对于**与非**门而言,可采用以下方式:一是接高电平(即接电源电压);二是与有用输入端并联;三是悬空。但在实用中,某些**与非**门产品的输入端悬空会引起逻辑功能上的混乱,故需将其接在电源电压上。若前级门电路输出级的驱动能力较强,则闲置端以与有用输入端并联为好。对于**或非**门,其闲置端应接低电平(即接地)或与有用输入端并联。

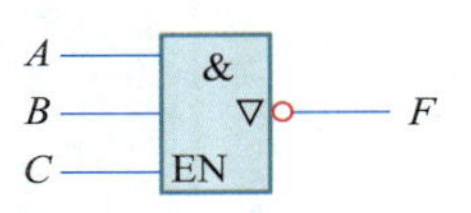

图 5-3-3 三态门逻辑符号

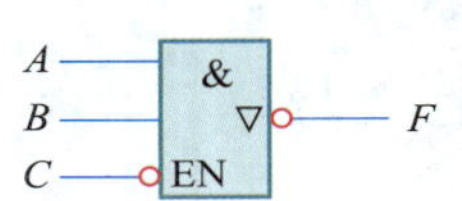

图 5-3-4 控制端为低电平时处于工作状态的三态门逻辑符号

二、TTL 三态输出与非门电路

TTL **与非**门电路的系列产品中除了上述的**与非**门外,还有集电极开路的**与非**门(简称 OC 门)、三态输出**与非**门等,可以实现各种逻辑功能和控制作用。限于篇幅,下面只介绍三态输出**与非**门。

三态输出**与非**门,简称三态门。图 5-3-3 是其逻辑符号。它与上述的**与非**门不同,逻辑符号中 A 和 B 为输入端;C 为控制端,也称为使能端;F 为输出端。三态门的输出端除了可以实现高电平和低电平外,还可以出现第三种状态——高阻状态(称为开路状态或禁止状态)。

当控制端 $C=1$ 时,三态门的输出状态取决于输入端 A、B 的状态,这时电路和一般**与非**门相同,实现**与非**逻辑关系,即全 **1** 为 **0**,有 **0** 为 **1**。此时电路处于工作状态,其逻辑关系式为

$$F=\overline{AB}$$

当控制端 $C=0$ 时,不管输入端 A、B 的状态如何,输出端开路而处于高阻状态或禁止状态。

由于电路结构不同,也有当控制端为高电平时出现高阻状态,为低电平时电路处于工作状态的三态门。在这种三态门的逻辑符号中,控制端 EN 会加一小圆圈,表示 $C=0$ 为工作状态,如图 5-3-4 所示。

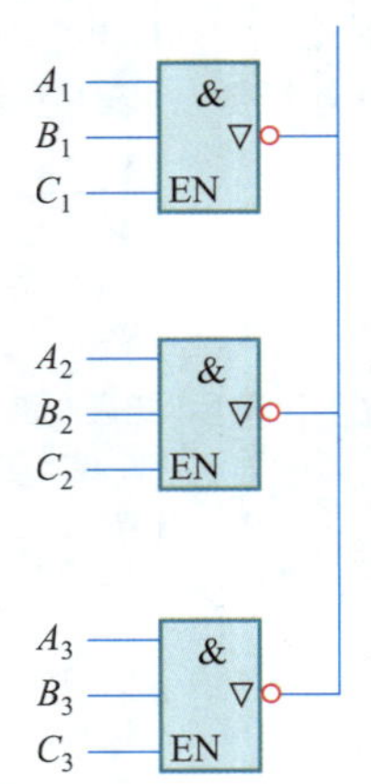

图 5-3-5 三态门组成的三路数据选择器

三态门广泛用于信号传输中。其用途之一是可以实现用同一根导线轮流传送几个不同的数据或控制信号,通常称这根导线为母线或总线。图 5-3-5 所示为三态门组成的三路数据选择器。只要让各门的控制端轮流接高电平控制信号,即任何时间只能有一个三态门处于工作状态,而其余三态门均处于高阻状态,这样,同一根总线就会轮流接收各三态门输出的数据或信号并传送出去。这种用总线来传送数据或信号的方法,在计算机和各种数字系统中的应用极为广泛,而三态门则是一种重要的接口

电路。

图 5-3-6 是利用三态门组成的双向传输通路。当 $C=\mathbf{0}$ 时，G_2 为高阻状态，G_1 打开，信号由 A 经 G_1 传输到 B。当 $C=\mathbf{1}$ 时，G_1 为高阻状态，G_2 打开，信号由 B 经 G_2 传输到 A。改变控制端 C 的电平，就可控制信号的传输方向。如果 A 为主机，B 为外部设备，那么通过一根导线，既可由 A 向 B 输出数据，又可由 B 向 A 输入数据，彼此互不干扰。

TTL 三态门的产品很多，如 CT1125 具有 4 个彼此独立的三态门，通称四总线缓冲器；CT3134 为具有 12 个输入端的三态门等。

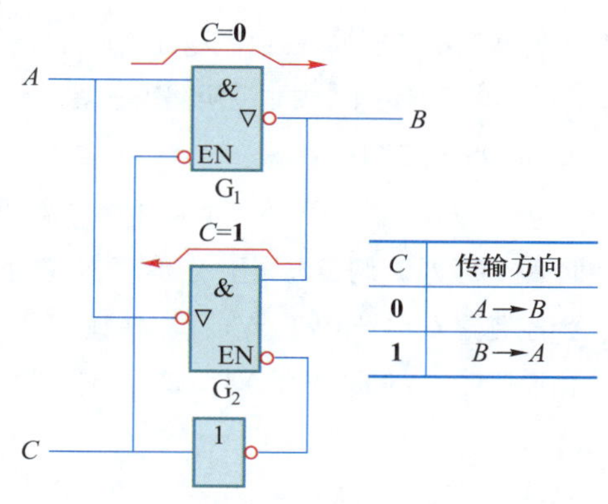

C	传输方向
0	$A \to B$
1	$B \to A$

图 5-3-6 三态门组成的双向传输通路

三、CMOS 门电路

动画：N 沟道增强型 MOS 管工作原理

CMOS 门电路是由 PMOS 管和 NMOS 管构成的一种互补对称场效应管集成门电路。下面简要介绍几种常用 CMOS 门电路的结构和工作原理。

1. CMOS 与非门电路

图 5-3-7 所示为 CMOS **与非**门电路。VT_1 和 VT_2 为 N 沟道增强型 MOS 管，两者串联组成驱动管；VT_3 和 VT_4 为 P 沟道增强型 MOS 管，两者并联组成负载管。负载管整体与驱动管相串联。

当 A、B 两个输入端全为 **1** 时，VT_1 和 VT_2 同时导通，VT_3 和 VT_4 同时截止，输出端 F 为 **0**。

当输入端有一个或全为 **0** 时，串联的 VT_1、VT_2 必有一个或两个全部截止，而相应的 VT_3 或 VT_4 导通，输出端 F 为 **1**。

上述电路符合**与非**逻辑关系，故为**与非**门。其逻辑关系式为

$$F=\overline{AB}$$

2. CMOS 或非门电路

图 5-3-8 所示为 CMOS **或非**门电路。驱动管 VT_1 和 VT_2 为 N 沟道增强型 MOS 管，二者并联；负载管 VT_3 和 VT_4 为 P 沟道增强型 MOS 管，二者串联。

当 A、B 两个输入端有一个或全为 **1** 时，输出端 F 为 **0**；只有当输入端 A、B 全为 **0** 时，输出端 F 才为 **1**。显然，这符合**或非**逻辑关系，其逻辑关系式为

$$F=\overline{A+B}$$

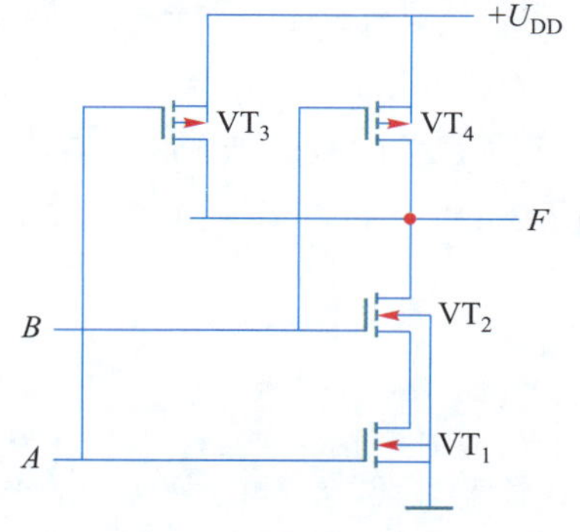

图 5-3-7 CMOS 与非门电路

图 5-3-8 CMOS 或非门电路

由上述可知，**与非**门的输入端越多，需串联的驱动管也越多，导通时的总电阻越大。输出低电平值将会因输入端的增多而提高，所以输入端不能太多。而**或非**门的驱动管是并联的，不存在此问题。因此，在 CMOS 门电路中，**或非**门用得较多。

3. CMOS 三态门

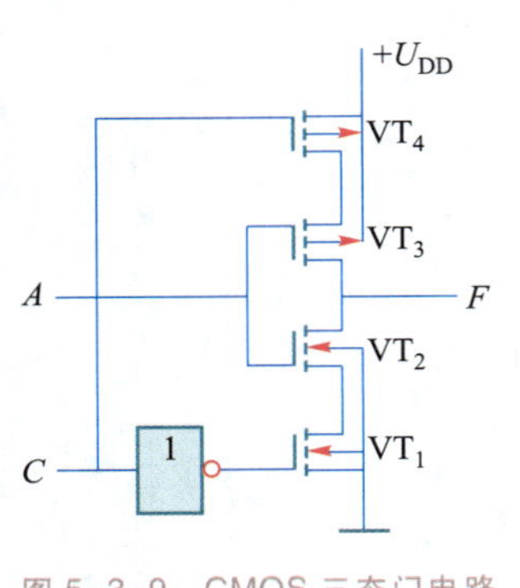

图 5-3-9　CMOS 三态门电路

图 5-3-9 是一种 CMOS 三态门电路。驱动管 VT_1 和 VT_2 为 N 沟道增强型 MOS 管，两管串联；负载管 VT_3 和 VT_4 为 P 沟道增强型 MOS 管，两管也串联。A 为输入端，F 为输出端，C 为控制端。

当控制端 $C=\mathbf{1}$ 时，VT_1、VT_4 同时截止，输出端 F 处于高阻悬空状态。

当控制端 $C=\mathbf{0}$ 时，VT_1、VT_4 同时导通，输出端 F 由输入端 A 决定，即

$$F=\overline{A}$$

CMOS 门电路的主要特点如下：

① 功耗低。CMOS 电路工作时，几乎不吸取静态电流，所以功耗极低。

② 电源电压范围宽。目前国产的 CMOS 集成电路按工作的电源电压范围分为两个系列，即 3～18 V 的 CC4000 系列和 7～15 V 的 C000 系列。由于电源电压范围宽，所以选择电源电压灵活方便，便于和其他电路接口。

③ 抗干扰能力强。

④ 制造工艺较简单。

⑤ 集成度高，易于实现大规模集成。

⑥ 延迟时间较大，开关速度较慢。

表 5-3-3 是 TTL 门电路和 CMOS 门电路的性能比较。

表 5-3-3　TTL 门电路和 CMOS 门电路的性能比较

参数	门电路类型	
	TTL	CMOS
电源电压/V	5	3～18
每门功耗/mW	2～22	50×10^{-6}
每门传输延迟时间/ns	3～40	60
扇出系数	≥8	>50
抗干扰能力	一般	好
门电路基本形式	**与非**门	**与非**门、**或非**门

由于 CMOS 门电路具有上述特点，因而在数字电路、电子计算机及显示仪表等许多方面获得了广泛应用。

在逻辑功能方面，CMOS 门电路和 TTL 门电路是相同的，而且当 CMOS 门电路的电源电压 $U_{DD}=+5$ V 时，它可以与低功耗的 TTL 门电路直接兼容。本书后面所述的内容，对 TTL 门电路和 CMOS 门电路同样适合。

点睛

由于集成电路具有工作可靠、便于微型化等优点，因此现在的数字器件基本上都采用集成电路。目前常用的各种集成逻辑门电路多为 TTL 门电路和 CMOS 门电路。虽然它们的内部结构不同，但使用相同逻辑符号表示的门电路具有相同的逻辑功能。

练习与思考

5-3-1　何谓集成门电路？其有哪些类别？

5-3-2　TTL 集成**与非**门正常输出高电平 U_{OH} 和输出低电平 U_{OL} 应为多少？

5-3-3　比较 TTL 集成门电路与 CMOS 集成门电路的特点。

5-3-4　什么叫三态门？说明为什么有些逻辑器件要采用三态门输出。

5-3-5　画出图 5-3-9 所示 CMOS 三态门电路的逻辑符号。

5-3-6　试根据**与非**门和**或非**门的逻辑功能分析其闲置输入端的处理方式并说明理由。

5-4　组合逻辑电路的分析和设计

前面所讲述的几种逻辑门电路，其逻辑功能较简单。为了实现各种更复杂的逻辑功能，可以将它们组合起来，构成各种组合逻辑电路。组合逻辑电路的特点是任何时刻的输出信号仅由该时刻的输入信号决定，而与其原来状态无关。研究组合逻辑电路有两类问题：一类是组合逻辑电路的分析；另一类是组合逻辑电路的设计。这两类问题都需要用到逻辑代数，下面先介绍逻辑代数的基本知识。

一、逻辑代数

研究逻辑关系的数学称为逻辑代数，又称为布尔代数，它是分析和设计逻辑电路的数学工具。逻辑代数与普通代数相似，也是用大写字母（A、B、C、…）表示逻辑变量，但逻辑变量取值只有 **1** 和 **0** 两种，这里的逻辑 **1** 和逻辑 **0** 不表示数值大小，而是表示两种相反的逻辑状态，如信号的有与无、电平的高与低、条件的成立与不成立等。

1. 基本逻辑运算法则

对应于三种基本逻辑关系，有三种基本逻辑运算，即逻辑乘、逻辑加和逻辑**非**。这三种基本运算法则，可分别由与其对应的**与**门、**或**门及**非**门三种电路来实现。逻辑代数中的其他运算规则是由这三种基本逻辑运算推导出来的。

（1）逻辑乘

逻辑乘简称为乘法运算，是反映**与**逻辑关系的，所以也叫**与**运算。其运算规则为

$$\mathbf{0}\cdot A=\mathbf{0} \tag{5-4-1}$$

$$\mathbf{1}\cdot A=A \tag{5-4-2}$$

$$A\cdot A=A \tag{5-4-3}$$

$$A\cdot \overline{A}=\mathbf{0} \tag{5-4-4}$$

（2）逻辑加

逻辑加简称为加法运算，是反映**或**逻辑关系的，所以也叫**或**运算。其运算规则为

$$\mathbf{0}+A=A \tag{5-4-5}$$

$$\mathbf{1}+A=\mathbf{1} \tag{5-4-6}$$

$$A+A=A \qquad (5-4-7)$$

$$A+\overline{A}=\mathbf{1} \qquad (5-4-8)$$

（3）逻辑**非**

逻辑**非**简称为求反运算，是反映**非**逻辑关系的，所以也叫**非**运算。对于**非**逻辑来说，可得还原律：

$$\overline{\overline{A}}=A \qquad (5-4-9)$$

2. 逻辑代数的基本定律

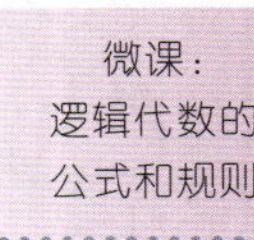

（1）交换律

$$AB=BA \qquad (5-4-10)$$

$$A+B=B+A \qquad (5-4-11)$$

（2）结合律

$$ABC=(AB)C=A(BC) \qquad (5-4-12)$$

$$A+B+C=A+(B+C)=(A+B)+C \qquad (5-4-13)$$

（3）分配律

$$A(B+C)=AB+AC \qquad (5-4-14)$$

$$A+BC=(A+B)(A+C) \qquad (5-4-15)$$

证：$(A+B)(A+C)=AA+AB+AC+BC=A+A(B+C)+BC=A[\mathbf{1}+(B+C)]+BC=A+BC$

（4）吸收律

$$A(A+B)=A \qquad (5-4-16)$$

证：$A(A+B)=AA+AB=A+AB=A(1+B)=A$

$$A(\overline{A}+B)=AB \qquad (5-4-17)$$

$$A+AB=A \qquad (5-4-18)$$

$$A+\overline{A}B=A+B \qquad (5-4-19)$$

$$AB+A\overline{B}=A \qquad (5-4-20)$$

$$(A+B)(A+\overline{B})=A \qquad (5-4-21)$$

证：$(A+B)(A+\overline{B})=AA+AB+A\overline{B}+B\overline{B}=A+A(B+\overline{B})=A+A=A$

（5）反演律（狄·摩根定律）

$$\overline{AB}=\overline{A}+\overline{B} \qquad (5-4-22)$$

证：

A	B	$\overline{A}$	$\overline{B}$	$\overline{AB}$	$\overline{A}+\overline{B}$
0	0	1	1	1	1
1	0	0	1	1	1
0	1	1	0	1	1
1	1	0	0	0	0

$$\overline{A+B}=\overline{A}\ \overline{B} \tag{5-4-23}$$

证：

A	B	$\overline{A}$	$\overline{B}$	$\overline{A+B}$	$\overline{A}\ \overline{B}$
0	0	1	1	1	1
1	0	0	1	0	0
0	1	1	0	0	0
1	1	0	0	0	0

3. 逻辑代数的代入规则

在任何一个逻辑等式中，将等式两边相同的部分用一个新的变量代替，等式仍然成立。这个规则就称为代入规则。

例如，已知 $\overline{AB}=\overline{A}+\overline{B}$，利用代入规则将等式中的 B 用新变量 BC 代替，则等式将变成 $\overline{A(BC)}=\overline{A}+\overline{BC}$，再对$\overline{BC}$使用反演律就可得到

$$\overline{ABC}=\overline{A}+\overline{B}+\overline{C}$$

可见，代入规则对于推导公式很有用处。

4. 逻辑函数的化简

微课：逻辑函数公式化简法

对于某种逻辑关系，通过**与**、**或**、**非**等逻辑运算把各个变量联系起来，即可构成一个逻辑函数表达式（简称逻辑表达式）。逻辑代数中的基本运算都可用相应的门电路实现，因此一个逻辑表达式一定可以用若干电路的组合来实现。

一个逻辑函数可以有许多种不同的表达式。

例如：$F=AB+\overline{A}C$　　　　**与或**表达式

$=(A+C)(\overline{A}+B)$　　　　**或与**表达式

$=\overline{\overline{AB}\cdot\overline{\overline{A}C}}$　　　　**与非与非**表达式

这些表达式是同一逻辑函数的不同表达式，因而反映的是同一逻辑关系。在用门电路实现 F 的逻辑关系时，究竟使用哪种表达式，要看具体所使用的门电路的种类。例如，用**与**门及**或**门时，通常就采用**与或**或者**或与**表达式；用**与非**门时，采用**与非与非**表达式；用**或非**门时，采用**或非或非**表达式；而对于**与或非**表达式，则要用**与或非**门或者**与**门、**或**门及**非**门。

在数字电路中，用逻辑符号表示的基本单元电路以及由这些基本单元组成的电路称为逻辑图或逻辑电路图。上述三个表达式对应的逻辑图分别如图 5-4-1(a)、(b)、(c)所示。这些电路的组成形式虽然各不相同，但电路的逻辑功能却是相同的。

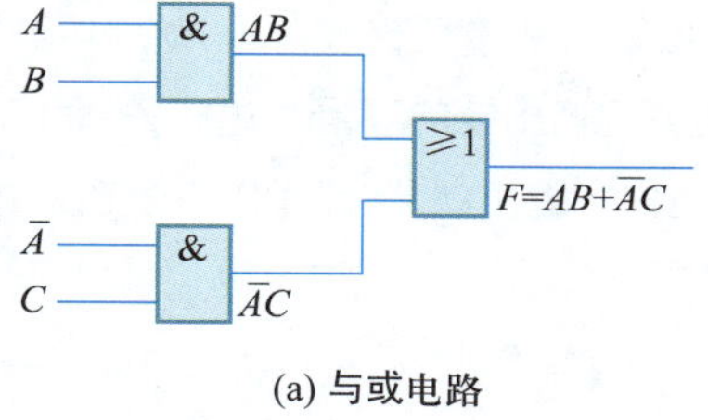

(a) 与或电路

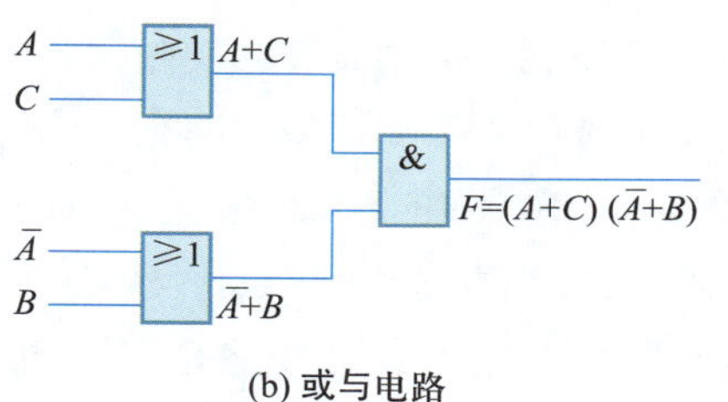

(b) 或与电路

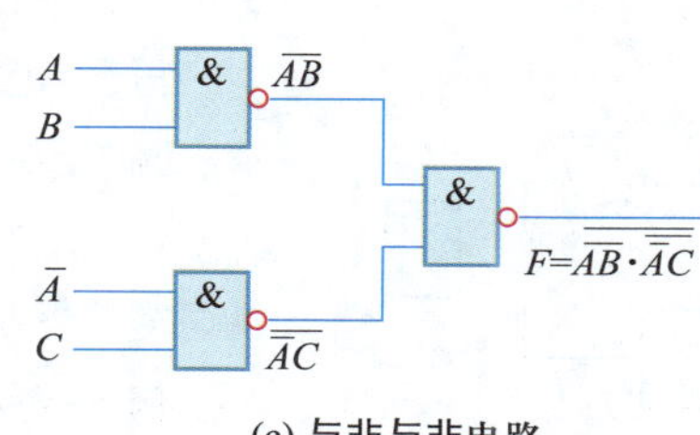

(c) 与非与非电路

图 5-4-1　逻辑图

还应该注意到，一个逻辑函数的某一类型的表达式也不是唯一的。例如，上例中的**与或**表达式就可以写成

$$F=AB+\overline{A}C=AB+\overline{A}C+BC$$

这两个表达式都是**与或**表达式，但用**与**门和**或**门实现这些表达式的逻辑电路有简有繁。一般来说，表达式越简单，实现它的逻辑电路就越简单。同样，如果已知一个逻辑电路，则按其列出的逻辑表达式越简单，也越有利于简化对电路逻辑功能的分析，所以必须对逻辑函数进行化简。

在化简时，力图得到最简单的**与或**表达式（其结果为几个乘积项相加），使得乘积项中的乘积因子最少，以减少**与**门的输入端及连线数；同时乘积项最少，以减少**或**门的输入端及连线数。

此外，有时为了使用某种特定的逻辑电路元件，还需要对逻辑表达式进行形式上的变换。因为根据给定逻辑要求列出的逻辑表达式一般为**与或**表达式，如果要求用**与非**门实现**与或**表达式的逻辑功能，则应把**与或**表达式化简，再转换为**与非与非**表达式。这时只要对已化简的**与或**表达式进行二次求反运算，利用反演律，就可得到**与非与非**表达式，根据**与非与非**表达式，就可以直接画出用**与非**门组成的逻辑电路图。

下面举例说明如何利用逻辑代数的基本公式和定律，对逻辑函数进行化简和变换。

例 5-4-1 化简 $F=AB+A\overline{B}$。

解：$F=AB+A\overline{B}=A(B+\overline{B})=A$

例 5-4-2 化简 $F=A+AB$。

解：$F=A+AB=A(\mathbf{1}+B)=A$

例 5-4-3 化简 $F=A+\overline{A}B$。

解：$F=A+\overline{A}B=(A+\overline{A})(A+B)=A+B$

例 5-4-4 化简 $F=AB+\overline{A}C+BC$。

解：$F=AB+\overline{A}C+BC=AB+\overline{A}C+(A+\overline{A})BC=AB+\overline{A}C+ABC+\overline{A}BC=AB(\mathbf{1}+C)+\overline{A}C(\mathbf{1}+B)=AB+\overline{A}C$

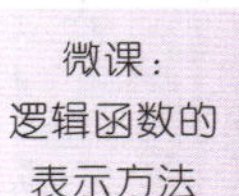

微课：逻辑函数的表示方法

例 5-4-5 化简 $F=\overline{(\overline{A}+\overline{AB})\overline{C}}$。

解：$F=\overline{(\overline{A}+\overline{AB})\overline{C}}=\overline{\overline{A}+\overline{AB}}+\overline{\overline{C}}=\overline{(\overline{A}+A)(\overline{A}+\overline{B})}+C=\overline{\overline{A}}+\overline{\overline{B}}+C=AB+C$

例 5-4-6 将 $F=AB+\overline{A}C$ 变换为**与非与非**表达式。

解：$F=AB+\overline{A}C=\overline{\overline{AB+\overline{A}C}}=\overline{\overline{AB}\cdot\overline{\overline{A}C}}$。

5. 逻辑图、逻辑表达式及逻辑状态表的相互转换

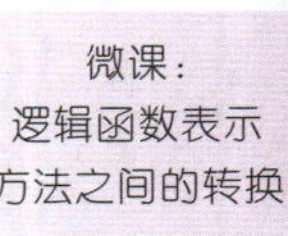

微课：逻辑函数表示方法之间的转换

逻辑关系有三种表示方法：逻辑图、逻辑表达式和逻辑状态表。要进行逻辑电路的分析与设计，还必须掌握这三种表示方法之间的相互转换。下面分别介绍。

（1）将逻辑图转换为逻辑表达式

将逻辑图转换为相应的逻辑表达式较为简单，只要将**与**门各输入变量写成逻辑乘，就可得到**与**门输出端的逻辑表达式；将**或**门各输入变量写成逻辑加，就可得到**或**门输出端的逻辑表达式；将**非**门的输入变量求反，就可得到**非**门输出端的逻辑表达式。由输入端一直推到输出端，逐级写出其逻辑表达式，即可得到逻辑图所对应的逻辑表达式。

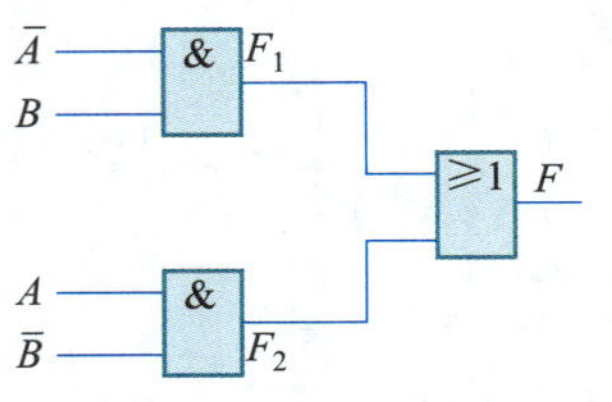

图 5-4-2 例 5-4-7 逻辑电路

例 5-4-7 写出图 5-4-2 所示逻辑电路的逻辑表达式。

解：$F_1=\overline{A}B$　　$F_2=A\overline{B}$

$$F=F_1+F_2=\overline{A}B+A\overline{B}$$

例 5-4-8 写出图 5-4-3 所示逻辑电路的逻辑表达式。

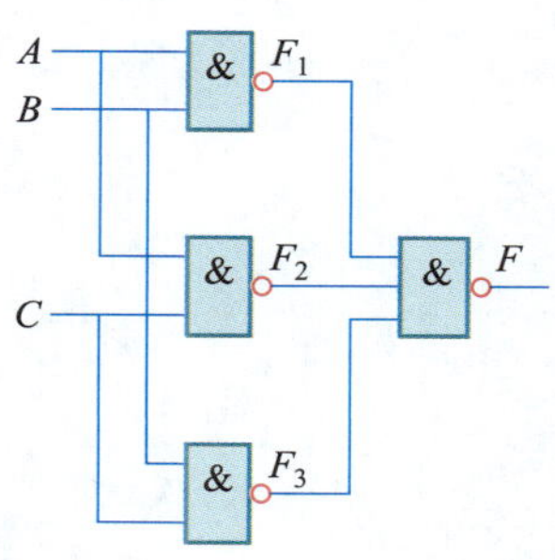

图 5-4-3 例 5-4-8 逻辑电路

解：$F_1=\overline{AB}$ $\quad F_2=\overline{AC}$ $\quad F_3=\overline{BC}$

$$F=\overline{F_1F_2F_3}=\overline{\overline{AB}\cdot\overline{AC}\cdot\overline{BC}}$$

利用反演律可将上式化简为

$$F=AB+AC+BC$$

(2) 根据逻辑表达式填写逻辑状态表

将对应于每一输入状态下的输出状态一一列举出来，列成表格，就构成了逻辑状态表。下面举例说明如何由逻辑表达式来列写逻辑状态表。

例 5-4-9 列出 $F=\overline{A}B+A\overline{B}$ 的逻辑状态表。

解：由逻辑表达式列写逻辑状态表，可按下述步骤进行。

① 由逻辑表达式中所包含的逻辑变量数得出逻辑状态表的输入变量数。显然，这里只有两个输入变量，即 A 和 B。

② 写出所有输入变量组合的代码，n 个输入变量可组合成 2^n 种不同状态。本例中输入变量数为 2，所以有 4 种输入变量组合代码。

③ 将每组输入变量组合中的输入变量值代入逻辑表达式，即可确定每组输入变量组合所对应的输出变量值。输入变量中，原变量取值为 **1**，反变量取值为 **0**。在本例中，显而易见，凡是包含在**与或**表达式中的输入变量组合所对应的输出变量为 **1**，否则输出变量为 **0**。

由此可得 $F=\overline{A}B+A\overline{B}$ 的逻辑状态表如表 5-4-1 所示。

表 5-4-1 $F=\overline{A}B+A\overline{B}$ 的逻辑状态表

变量组合	输入		输出
	A	B	F
$\overline{A}\,\overline{B}$	**0**	**0**	**0**
$\overline{A}B$	**0**	**1**	**1**
$A\overline{B}$	**1**	**0**	**1**
AB	**1**	**1**	**0**

(3) 将逻辑状态表转换为逻辑表达式

下面举例说明。

例 5-4-10 某逻辑关系的逻辑状态表如表 5-4-2 所示，用逻辑表达式表示该逻辑关系。

表 5-4-2 例 5-4-10 逻辑状态表

输入		输出
A	B	F
0	**0**	**1**
0	**1**	**0**
1	**0**	**0**
1	**1**	**1**

解：此种问题可按下述步骤进行求解。

① 首先写出逻辑状态表中对应于 $F=1$ 的输入变量组合。因为对一种情况而言，输入变量之间是**与**逻辑关系，所以对于每一种变量组合可用逻辑乘将输入变量连接起来。取值为 **1** 的逻辑变量写原变量，如 A；取值为 **0** 的输入变量写反变量，如 $\overline{A}$。

② $F=1$ 的各种情况之间是**或**逻辑关系，所以用逻辑加将各个 $F=1$的输入变量组合连接起来，取以上各项乘积之和，即为逻辑函数 F。

按照上述步骤写出表 5-4-2 所对应的逻辑表达式为

$$F=\overline{A}\ \overline{B}+AB \tag{5-4-24}$$

（4）将逻辑表达式转换为逻辑图

若将逻辑表达式转换为逻辑图，可视逻辑函数的具体形式，而采用不同的逻辑元件。逻辑乘用**与**门实现，逻辑加用**或**门实现，**非**运算用**非**门实现，**与非与非**式用**与非**门实现，即可得到逻辑表达式相对应的逻辑图。

例 5-4-11 将逻辑表达式 $F=\overline{AB}+(A+B)C$ 转换为逻辑图。

解：按上述方法画出的逻辑图如图 5-4-4 所示。

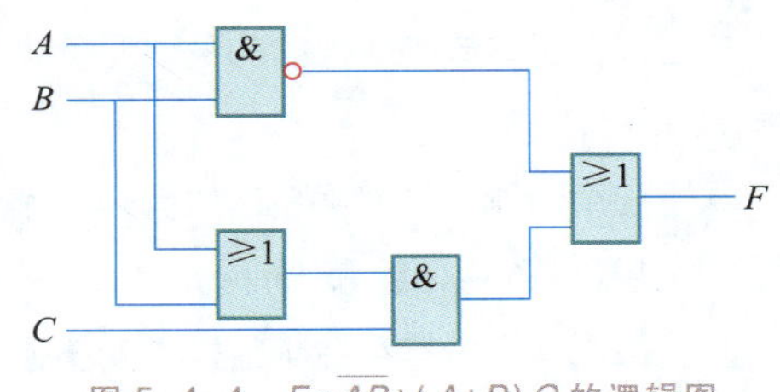

图 5-4-4 $F=\overline{AB}+(A+B)C$ 的逻辑图

二、组合逻辑电路的分析

微课：组合逻辑电路的分析

组合逻辑电路的分析是在电路结构给定后，研究电路的输出与输入之间的逻辑关系，即根据逻辑图推求电路的逻辑功能。其步骤如下：由给定的逻辑图写出其逻辑表达式，再将所得逻辑表达式化简或变换，最后列出输入输出关系的逻辑状态表，从而得出结论。

例 5-4-12 分析图 5-4-5(a)所示电路的逻辑功能。

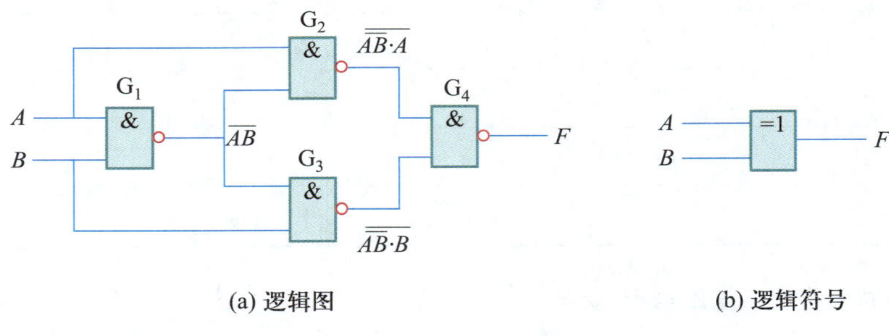

(a) 逻辑图 (b) 逻辑符号

图 5-4-5 异或门电路

解：由输入变量 A、B 开始，逐级写出各级逻辑门输出的逻辑表达式，可得该逻辑图的逻辑表达式为

$$F=\overline{\overline{\overline{AB}\cdot A}\cdot\overline{\overline{AB}\cdot B}}$$

因为这个表达式较复杂，将其化简如下：

$$F=\overline{\overline{\overline{AB}\cdot A}}+\overline{\overline{\overline{AB}\cdot B}}=\overline{AB}\cdot A+\overline{AB}\cdot B$$
$$=(\overline{A}+\overline{B})A+(\overline{A}+\overline{B})B=A\overline{B}+\overline{A}B$$

由化简后的逻辑表达式列出其逻辑状态表，与表 5-4-1 相同。从逻辑状态表可以看出，当 A、B 相同时输出为 **0**，A、B 相异时输出为 **1**。这种逻辑关系称为**异或**关系，常用符号“⊕”表示，即

$$F=A\bar{B}+\bar{A}B=A\oplus B \tag{5-4-25}$$

此电路实现了**异或**逻辑功能，在数字电路中把具有这种逻辑功能的电路称为**异或**门，其逻辑符号如图 5-4-5(b)所示。这是一种很有用的复合门电路。

例 5-4-13　分析图 5-4-6(a)所示电路的逻辑功能。

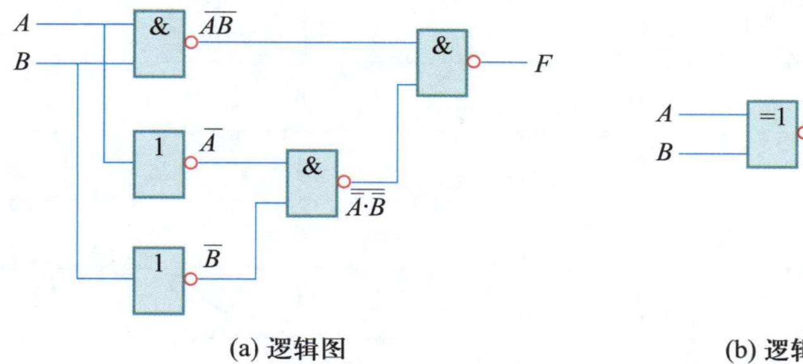

(a) 逻辑图　　(b) 逻辑符号

图 5-4-6　同或门电路

解：由逻辑图可写出逻辑表达式为

$$F=\overline{\overline{AB}\cdot\overline{\bar{A}\cdot\bar{B}}}$$

该式可化简为

$$F=\overline{\overline{AB}}+\overline{\overline{\bar{A}\bar{B}}}=AB+\bar{A}\bar{B}$$

由逻辑表达式列出逻辑状态表，与表 5-4-2 相同。由表可见，当电路输入端 A 和 B 同为 **1** 或同为 **0** 时，输出为 **1**，否则输出为 **0**。这种逻辑关系称为**同或**关系，常用符号“⊙”表示，即

$$F=AB+\bar{A}\bar{B}=A\odot B \tag{5-4-26}$$

此电路实现了**同或**逻辑功能，在数字电路中把具有这种逻辑功能的电路称为**同或**门，其逻辑符号如图 5-4-6(b)所示。它也是一种复合门电路。

这里顺便指出，**同或**运算是**异或**运算的**非**运算，即

$$A\odot B=\overline{A\oplus B}$$

证：$\overline{A\oplus B}=\overline{A\bar{B}+\bar{A}B}=\overline{A\bar{B}}\cdot\overline{\bar{A}B}=(A+\bar{B})(\bar{A}+B)=A\bar{A}+B\bar{B}+AB+\bar{A}\bar{B}=AB+\bar{A}\bar{B}=A\odot B$

常用的 TTL **异或**门产品有 CT1086(四组**异或**门)、CT3135(四组**异或/同或**门)、CT1136(四组 OC **异或**门)等。

三、组合逻辑电路的设计

组合逻辑电路的设计是指根据给定的实际逻辑要求，设计出最简单的逻辑图，即按已知逻辑要求画出逻辑图。一般步骤是：根据实际问题的逻辑关系列出逻辑状态表，由逻辑状态表写出逻辑表达式，将逻辑表达式化简或变换，最后根据化简或变换后的逻辑表达式画出逻辑图。

例 5-4-14　设计一个逻辑电路供三人(A、B、C)表决使用。每人有一按键，如表示赞成，就按下此键，表示 **1**；如果不赞成，不按此键，表示 **0**。表决结果用指示灯来显示。如果多数赞成，则灯亮，$F=\mathbf{1}$；反之，灯不亮，$F=\mathbf{0}$。

微课：组合逻辑电路的设计

解：依题意列出逻辑状态表，如表 5-4-3 所示。

表 5-4-3　三人表决电路逻辑状态表

输入			输出
A	B	C	F
0	0	0	0
1	0	0	0
0	1	0	0
0	0	1	0
1	1	0	1
1	0	1	1
0	1	1	1
1	1	1	1

由表可得

$$F=AB\overline{C}+A\overline{B}C+\overline{A}BC+ABC$$

将上式利用逻辑代数常用公式中的式(5-4-7)、式(5-4-8)、式(5-4-14)进行变换和化简，可得

$$\begin{aligned}F&=AB\overline{C}+A\overline{B}C+\overline{A}BC+ABC+ABC+ABC\\&=AB(\overline{C}+C)+BC(\overline{A}+A)+CA(\overline{B}+B)\\&=AB+BC+CA\end{aligned}$$

化简后的逻辑表达式为**与或**式，所以可用**与**门及**或**门组合构成此电路，其逻辑图如图 5-4-7 所示。

在集成电路中，**与非**门是一种常用的基本元件，如要求用单一的**与非**门构成此电路时，可对**与或**式求反并用反演律将逻辑表达式变换为**与非与非**式，有

$$\begin{aligned}F&=AB+BC+CA=\overline{\overline{AB+BC+CA}}\\&=\overline{\overline{AB}\cdot\overline{BC}\cdot\overline{CA}}\end{aligned}$$

由此式可用**与非**门构成逻辑电路，如图 5-4-8 所示。

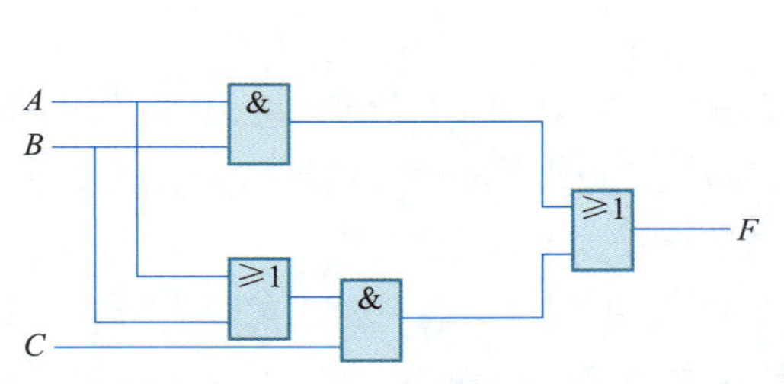

图 5-4-7　用与门及或门组成的三人表决电路逻辑图

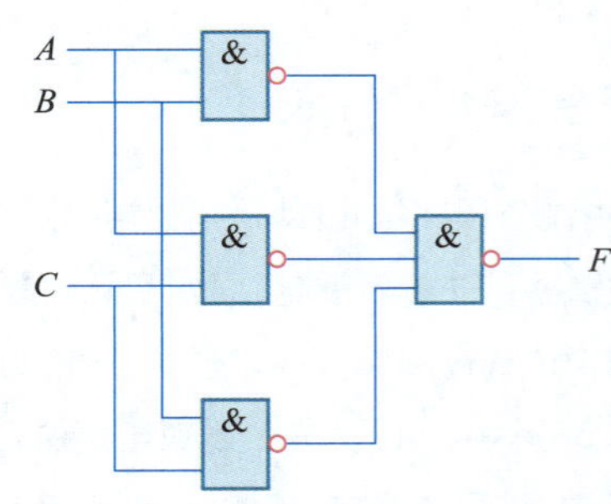

图 5-4-8　用与非门组成的三人表决电路逻辑图

点睛

1. 逻辑代数是研究数字电路的一种数学工具，必须掌握逻辑代数的运算法则和常用公式。

2. 对于组合逻辑电路的分析，可以根据逻辑图写出逻辑表达式并化简，由最简逻辑表达式列出逻辑状态表，分析其逻辑功能。

3. 对于组合逻辑电路的设计，可以根据逻辑要求列出逻辑状态表，由逻辑状态表写出逻辑表达式并化简，画出逻辑图。

练习与思考

5-4-1　用逻辑状态表验证下列等式。

(1) $\overline{A+B+C}=\overline{A}\,\overline{B}\,\overline{C}$

(2) $A+\overline{\overline{A}(B+C)}=A+\overline{B+C}$

(3) $AB+A\overline{B}+\overline{A}B+\overline{A}\,\overline{B}=1$

5-4-2　利用公式法将下列逻辑函数化简为最简**与或**表达式。

(1) $A\overline{B}CD+A\overline{B}\,\overline{C}D$

(2) $\overline{A}B+\overline{A}B\overline{C}(DE+F)$

(3) $\overline{A}+AC+B\overline{C}D$

5-4-3　将下列**与或**式转换为**与非与非**式，并用**与非**门组成其逻辑电路。

(1) $AB+\overline{A}C$

(2) $BC+AC$

5-4-4　已知图 5-4-9 所示逻辑图，求其输出 F 的逻辑表达式。

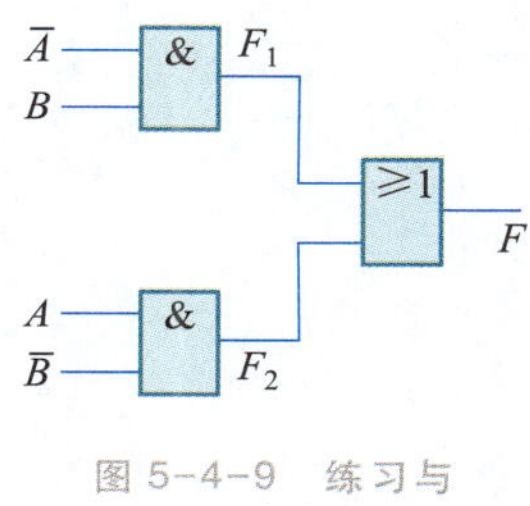

图 5-4-9　练习与思考 5-4-4 图

5-5　加法器

加法器是用来进行二进制数加法运算的组合逻辑电路，是数字系统的基本部件之一。

例如，两个 4 位二进制数 $A=\mathbf{1001}$ 和 $B=\mathbf{1101}$相加，可写成

$$\begin{array}{rr} \mathbf{1\,0\,0\,1} & (A) \\ +)\quad \mathbf{1\,1\,0\,1} & (B) \\ \hline \mathbf{1\,0\,1\,1\,0} & (A+B) \end{array}$$

运算的基本规则是：

① 逢二进一。

② 最低位是两个最低位的数相加，只求本位的和，无须考虑更低位送来的进位，这种加法称为半加。

③ 其余各位都是三个数相加，包括加数、被加数以及低位向本位送来的进位，这种加法称为全加。

④ 任何位相加的结果都产生两个输出，一个是本位和，另一个是向高位的进位。

加法器电路是根据上述基本规则而设计的。加法器分为半加器和全加器。

一、半加器

在二进制加法运算中，要实现最低位数的加法，必须有两个输入端（加数和被加数）、两个输出端（本位和及向高位的进位），这种加法逻辑电路称为半加器。

设 A 为被加数，B 为加数，S 为本位和，C 为向高位的进位。根据半加规则可列出半加器的逻辑状态表，如表 5-5-1 所示。

表 5-5-1 半加器逻辑状态表

输入		输出	
A	B	C	S
0	0	0	0
0	1	0	1
1	0	0	1
1	1	1	0

由逻辑状态表可写出逻辑表达式为

$$S=\overline{A}B+A\overline{B}=A\oplus B$$

$$C=AB$$

由逻辑表达式就可画出逻辑图。S 是**异或**逻辑，可用**异或**门来实现。半加器的逻辑图及逻辑符号如图 5-5-1(a)、(b)所示。

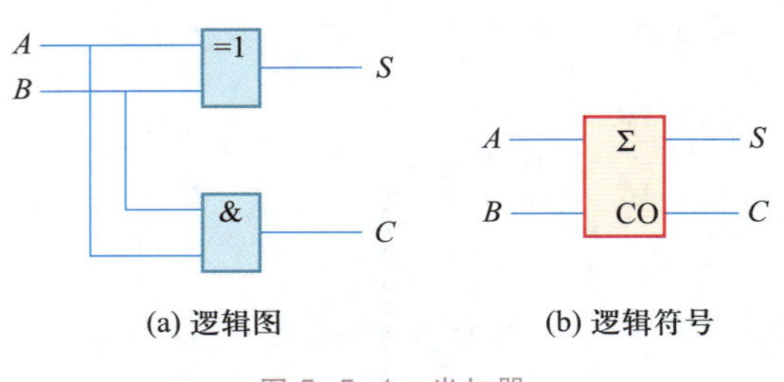

(a) 逻辑图 (b) 逻辑符号

图 5-5-1 半加器

二、全加器

全加过程是被加数、加数以及低位向本位的进位三者相加，所以全加器电路有三个输入端（被加数、加数以及低位向本位的进位）、两个输出端（本位的全加和及本位向高位的进位）。设 A_n 为被加数，B_n 为加数，C_{n-1} 为低位向本位的进位，S_n 为本位的全加和，C_n 为本位向高位的进位。根据全加规则可列出全加器的逻辑状态表，如表 5-5-2 所示。

表 5-5-2 全加器逻辑状态表

输入			输出	
A_n	B_n	C_{n-1}	S_n	C_n
0	0	0	0	0
0	0	1	1	0
0	1	0	1	0
0	1	1	0	1
1	0	0	1	0
1	0	1	0	1
1	1	0	0	1
1	1	1	1	1

由逻辑状态表可分别写出输出端 S_n 和 C_n 的逻辑表达式，并化简得

$$\begin{aligned} S_n &= \overline{A}_n\overline{B}_nC_{n-1}+\overline{A}_nB_n\overline{C}_{n-1}+A_n\overline{B}_n\overline{C}_{n-1}+A_nB_nC_{n-1} \\ &= (\overline{A}_nB_n+A_n\overline{B}_n)\overline{C}_{n-1}+(\overline{A}_n\overline{B}_n+A_nB_n)C_{n-1} \\ &= S'_n\overline{C}_{n-1}+\overline{S}'_nC_{n-1}=S'_n\oplus C_{n-1} \end{aligned}$$

式中，$S'_n=A_n\oplus B_n$ 是半加器中的半加和。

$$\begin{aligned} C_n &= \overline{A}_nB_nC_{n-1}+A_n\overline{B}_nC_{n-1}+A_nB_n\overline{C}_{n-1}+A_nB_nC_{n-1} \\ &= (\overline{A}_nB_n+A_n\overline{B}_n)C_{n-1}+A_nB_n(\overline{C}_{n-1}+C_{n-1}) \\ &= (A_n\oplus B_n)C_{n-1}+A_nB_n=S'_nC_{n-1}+A_nB_n \end{aligned}$$

由逻辑表达式可画出逻辑图。全加器可用两个半加器和一个**或**门组成，如图 5-5-2(a)所示。A_n 和 B_n 在第一个半加器中相加，先得出半加和 S'_n，S'_n 再与 C_{n-1} 在第二个半加器中相加，其本位和输出即为全加和 S_n。两个半加器中的进位输出再通过**或**门进行**或**运算，即可得出全加的进位 C_n。全加器的逻辑符号如图 5-5-2(b)所示。

加法器集成电路组件是把多个全加器集成在一个芯片上。如 CT4183(54LS183/74LS183)即是把两个独立的全加器集成在一个组件中。两个全加器各自具有独立的本位和与进位输出，其引脚排列如图 5-5-3 所示。产品手册中一般都会列出如表 5-5-2 所示形式的逻辑状态表，但其中通常以符号“H”代表高电平 **1**，而以“L”代表低电平 **0**。

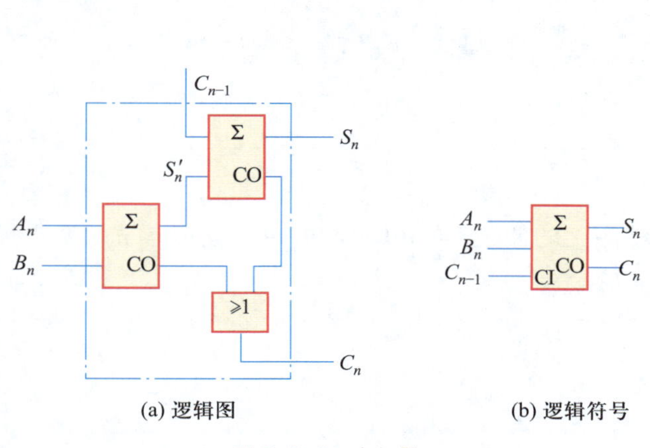

图 5-5-2　全加器

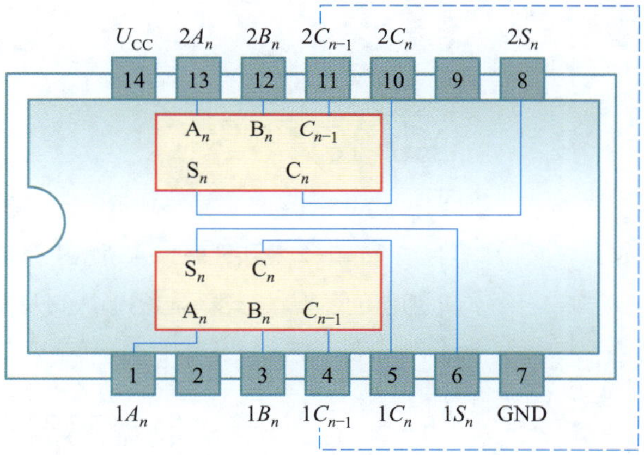

图 5-5-3　CT4183 双全加器引脚排列

用几个全加器可组成一个多位二进制数加法运算的电路。图 5-5-4 是 4 位全加器的一种逻辑图。这种全加器任意一位的加法运算都必须等到低位加法完成送来进位时才能进行，这种进位方式称为串行进位。如 CT2083(74H83)就是 4 位串行进位全加器。

另一种集成全加器是 CT1283(或 3283、4283)，它是 4 位二进制全加器，采用并行进位方式，即全加器的每一位同时产生各位所需的进位信号，因而操作速度快，通称“超前进位”全加器。图 5-5-5 是用两片 CT1283 构成的 8 位并-串行进位全加器，图中 $A'_8\sim A'_1$ 和 $B'_8\sim B'_1$ 分别是 8 位二进制加数和被加数，$F'_8\sim F'_1$ 为输出的 8 位全加和。这种工作方式表明，每片组件内部是并行(“超前”)进位，而两片组件之间是串行进位。

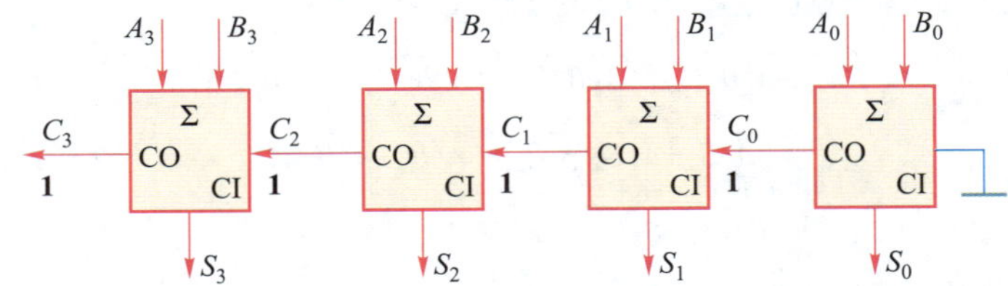

图 5-5-4 4 位串行进位全加器逻辑图

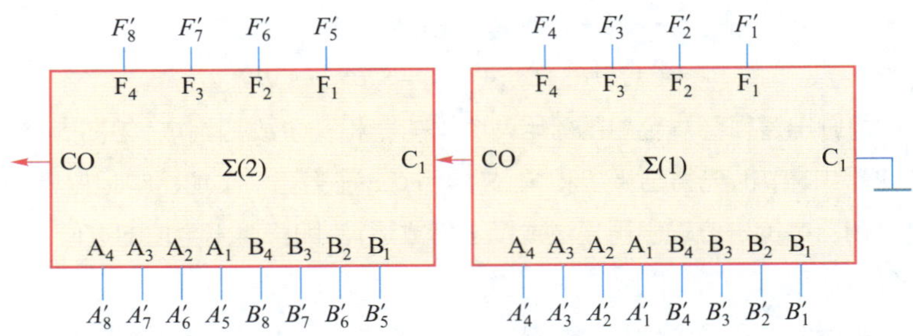

图 5-5-5 8 位并-串行进位加法器

点睛

在数字系统，尤其是在计算机的数字系统中，二进制加法器是基本部件之一。二进制加法器是实现二进制加法运算的电路。二进制计数规则：有 **0**、**1** 两个数码，进行加法运算时“逢二进一”。

练习与思考

5-5-1 什么是半加器？什么是全加器？

5-5-2 用图 5-5-4 所示的逻辑图实现两个二进制数 A = **1101**、B = **1011**的加法运算，试根据全加器的逻辑状态表写出各输入端及输出端的数码。

5-6 二-十进制编码器

动画：普通编码器工作原理

在数字电路系统中，有时需要把某种控制信息的含义（例如十进制数码，字母 A、B、C 等，符号 >、<、= 等）用一个规定的二进制数来表示。二进制数只有 **0** 和 **1** 两个数码，把若干个 **0** 和 **1** 按一定规律编排起来用来表示某种信息含义的一串符号称为代码，把具有这种逻辑功能的逻辑器件称为编码器。例如计算机的输入键盘就是由编码器组成的，每按下一个键，编码器就将该键的含义转换为一个计算机能够识别的二进制代码，用它去控制机器的操作。

按照编码的不同需要，有二进制编码器、二-十进制编码器等。本节通过对二-十进制编码器电路的分析使读者对编码器有初步了解。

二-十进制编码器是将十进制的十个数码 0、1、2、3、4、…、9 编成二进制代码的逻辑电路。图 5-6-1 所示是一个二-十进制编码器的逻辑图，这是一个具有十输入、四输出变量的组合逻辑电路。输入的是 0~9 十个数码，$Y_0 \sim Y_9$ 是它的输入端，分别代表这十个数码。输出的是对应的二进制代码。为了用 **0** 和 **1** 两种状态来表示十个数码，编码器需要有四个输出端（A、B、C、D），且用 4 位二进制代码才能表示十进制数的十个数码。但是，4 位二进制代码可以组合成十六种状态，其中任何十种状态都可以表示 0~9 十个数码，所以必须选取其中的十种状态，去掉多余的六种状态，才能一一对应地表示 0~9 十个数码。如何选取，称为编码方式。显然，编码方式可以有很多种。因为是用二进制代码表示十进制数，所以称为二-十进制编码，简称 BCD(Binary-Coded Decimal)编码。采用不同的编码方式可以得出不同形式的 BCD 编码。

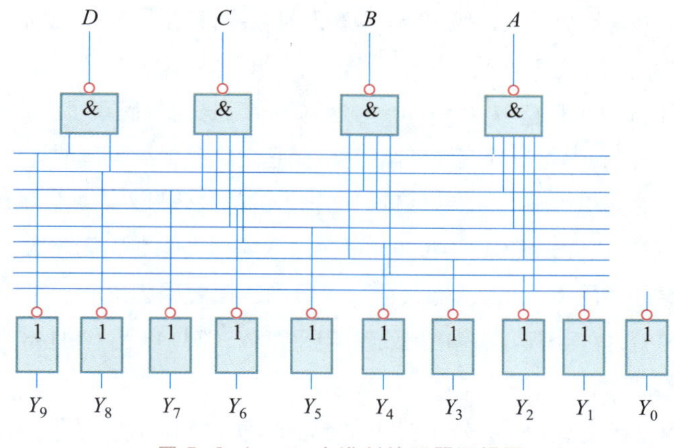

图 5-6-1　二-十进制编码器逻辑图

最常用的 BCD 编码方式是在 4 位二进制代码的十六种状态中取出前面十种状态，即用 **0000**~**1001**来表示十进制数的 0~9 十个数码，去掉后面的六种状态 **1010**~**1111**，见表 5-6-1。编码表是把待编码的信号和对应的二进制代码列成的表格。从表 5-6-1 中可以看出，二进制代码各位的 **1** 所代表的十进制数从高位到低位依次是 8、4、2、1，因此它们被称为 8421BCD 编码，简称 8421 码。8421 码与通常的二进制数表示方法完全一样，因此使用方便，被广泛采用。将二进制代码中的每一个代码乘以各相应位的权再相加，即得出该二进制代码所代表的十进制数。例如，“**1001**”这个二进制代码所代表的十进制数是

$$\mathbf{1}\times 8+\mathbf{0}\times 4+\mathbf{0}\times 2+\mathbf{1}\times 1=9$$

表 5-6-1　8421BCD 编码表

输入	输出			
十进制数	D	C	B	A
0(Y_0)	**0**	**0**	**0**	**0**
1(Y_1)	**0**	**0**	**0**	**1**
2(Y_2)	**0**	**0**	**1**	**0**
3(Y_3)	**0**	**0**	**1**	**1**
4(Y_4)	**0**	**1**	**0**	**0**
5(Y_5)	**0**	**1**	**0**	**1**
6(Y_6)	**0**	**1**	**1**	**0**
7(Y_7)	**0**	**1**	**1**	**1**
8(Y_8)	**1**	**0**	**0**	**0**
9(Y_9)	**1**	**0**	**0**	**1**

由逻辑图(图 5-6-1)及编码表(表 5-6-1)都可写出如下逻辑表达式：

$$D=Y_8+Y_9=\overline{\overline{Y_8}\cdot\overline{Y_9}}$$

$$C=Y_4+Y_5+Y_6+Y_7=\overline{\overline{Y_4}\cdot\overline{Y_5}\cdot\overline{Y_6}\cdot\overline{Y_7}}$$

$$B=Y_2+Y_3+Y_6+Y_7=\overline{\overline{Y_2}\cdot\overline{Y_3}\cdot\overline{Y_6}\cdot\overline{Y_7}}$$

$$A=Y_1+Y_3+Y_5+Y_7+Y_9=\overline{\overline{Y_1}\cdot\overline{Y_3}\cdot\overline{Y_5}\cdot\overline{Y_7}\cdot\overline{Y_9}}$$

当输入某个十进制数码时，只要使相应的输入端为高电平，其余各输入端都为低电平，编码器的四个输出端将出现一组相应的二进制代码。例如，当输入十进制数 6 时，使 $Y_6=\mathbf{1}$，其余各输入端均为 **0**，由逻辑图可以看出，输出端 $D=\mathbf{0}$，$C=\mathbf{1}$，$B=\mathbf{1}$，$A=\mathbf{0}$，这就是用二进制代码表示的十进制数 6。

动画：优先编码器工作原理

在集成电路中，一般把编码器设计成优先编码器，即它允许多个编码同时输入，但编码器只对其中优先级最高的有效输入信号进行编码，而忽略其他优先级低的有效输入。编码的优先顺序（即优先级）是设计时预先排定的，在集成优先编码器中，通常设定输入编号大的数码优先级高。实际上，优先编码器的电路设计比普通编码器简单，这是它能获得广泛应用的重要原因之一。常用的 BCD 码输出优先编码器有 CT1147、CT3147，其编码输入、输出都是低电平有效；CT1148 和 CT4148 则是 3 位二进制（或 1 位八进制）优先编码器。

CT1147 用作键盘编码器（将按键表示的十进制数转换为相应的二进制数送入系统）的电路如图 5-6-2 所示。由于编码器的输入信号是低电平有效，故将按键的一端接地，另一端通过上拉电阻接到编码器的输入端。编码器的输出信号也是低电平有效，故需经反相器输出。

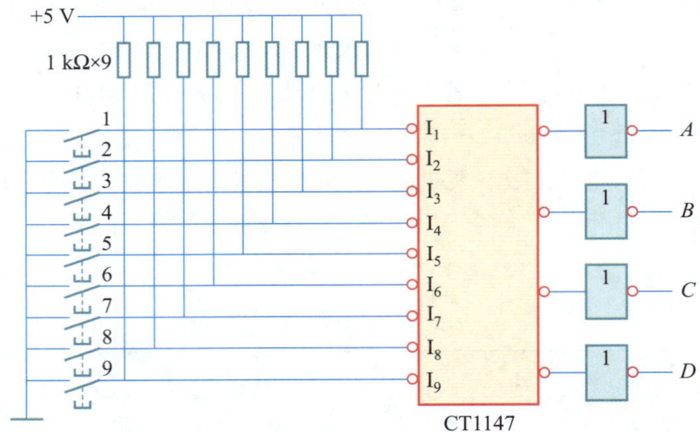

图 5-6-2 键盘编码器电路

点睛

二进制编码用于将信息符号（十进制数码、字符、运算符等）转换为二进制代码，具有编码功能的逻辑电路称为编码器。

练习与思考

5-6-1 什么是编码？

5-6-2 在图 5-6-1 所示的编码器逻辑图中，当输入十进制数 9 时，分析编码器输入端与输出端的情况。

5-7 译码器和数码显示

如前节所述，编码是将某种信号或十进制的十个数码编成二进制代码。译码是编码的逆过程。译码是将二进制代码按其编码时的原意译成对应的信号或十进制数码。在译码过程中，电路把某种二进制代码转换成一种特定的控制信息，表现为电路的某种输出状态（高、低电平或脉冲）。具有这种逻辑功能的逻辑器件称为译码器。译码器一般是具有多输入端和多输出端的组合逻辑电路。译码器的种类很多。本书简要介绍二进制译码器和二-十进制显示译码器。

一、二进制译码器

二进制译码器，按其功能特点，属于通用译码器，一般称为 n 线-2^n 线译码器。其功能是可将 n 位二进制代码的 2^n 种组合译成电路的 2^n 种输出状态，例如把 2 位二进制代码译成 4 种输出状态，把 3 位二进制代码译成 8 种输出状态等。

现以双 2 线-4 线译码器组件 CT4139（74LS139）为例来说明其功能和应用。该组件内部包含两个独立的 2 线-4 线译码器，它可以把输入的一组 2 位二进制代码译成对应的 4 个输出信号。图 5-7-1(a)所示是 CT4139 中一个 2 线-4 线译码器的逻辑图，图 5-7-1(b)是 CT4139 的引脚排列。图 5-7-1(a)中，$\overline{S}$ 端为使能控制端，其作用是控制译码器的工作和扩展其作用。当 $\overline{S}=\mathbf{1}$ 时，四个**与非**门 $G_0 \sim G_3$ 均被封锁，即不论 A_1、A_0 输入状态如何，译码器的所有输出均为高电平 **1**；当 $\overline{S}=\mathbf{0}$时，$G_0 \sim G_3$ 都处于打开状态，译码器可按 A_1、A_0 的状态组合进行正常译码。2 线-4 线译码器的逻辑状态表如表 5-7-1 所示。

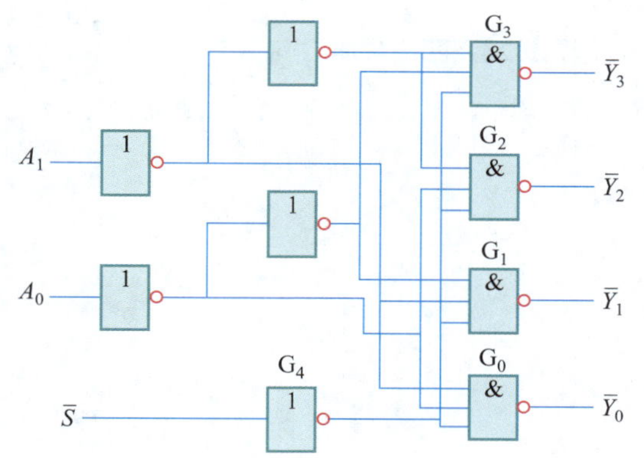

(a) 2线-4线译码器逻辑图

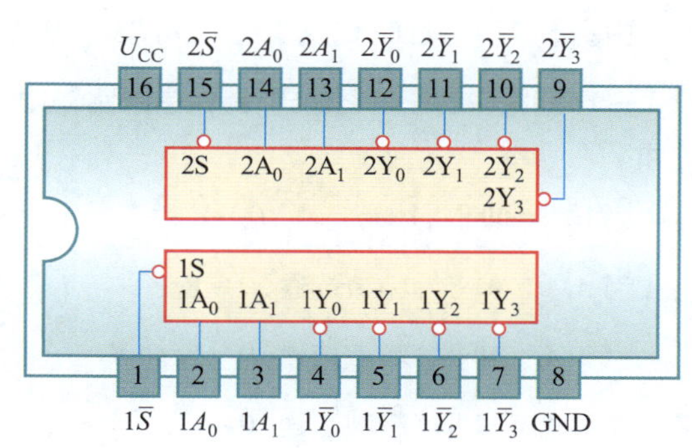

(b) CT4139引脚排列

图 5-7-1 双 2 线-4 线译码器 CT4139

表 5-7-1 2 线-4 线译码器逻辑状态表

输入			输出			
$\overline{S}$	A_1	A_0	$\overline{Y}_0$	$\overline{Y}_1$	$\overline{Y}_2$	$\overline{Y}_3$
1	×	×	**1**	**1**	**1**	**1**
0	**0**	**0**	**0**	**1**	**1**	**1**
0	**0**	**1**	**1**	**0**	**1**	**1**
0	**1**	**0**	**1**	**1**	**0**	**1**
0	**1**	**1**	**1**	**1**	**1**	**0**

由表可见：① 控制端 $\overline{S}$ 为低电平时，电路可正常译码，且被译中的一路输出为低电平。例如，当输入代码为 **00**（即 $A_1=\mathbf{0}$，$A_0=\mathbf{0}$）时，$\overline{Y}_0=\mathbf{0}$，其余输出端均为高电平 **1**；当输入代码为 **01** 时，$\overline{Y}_1=\mathbf{0}$，其余输出端均为高电平 **1**。这样就实现了把输入代码译成特定信号的作用。$\overline{S}$ 及四个输出端 $\overline{Y}_0\sim\overline{Y}_3$ 均为低电平有效，因此其符号用大写字母上加“-”表示。② 2 线-4 线译码器电路可将 2 位二进制代码的 4 种组合译成电路的 4 种输出状态，即 4 种相应信号。

以此类推，3 线-8 线译码器可产生 8 种不同的电路输出状态，4 线-16 线译码器可产生 16 种不同的电路输出状态。3 线-8 线译码器、4 线-16 线译码器在市场上都有产品出售，如 CT1138 为 3 线-8 线译码器，CT1154 为 4 线-16 线译码器等。

动画：3 线-8 线译码器工作原理

利用二进制译码器可组成数据分配器及数据选择器等。

图 5-7-2(a)是用 CT4139 接成的数据分配器。数据分配器是一路输入、多路输出的多路开关，其示意图如图 5-7-2(b)所示。

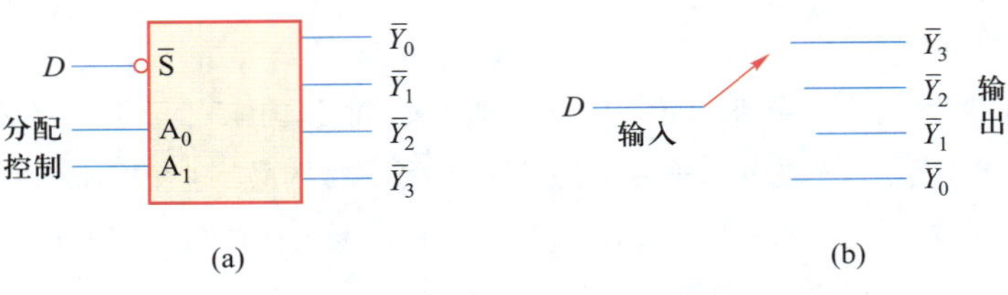

图 5-7-2 数据分配器

将译码器作为数据分配器使用时，其输入端的连接与作为译码器使用时刚好相反，信号输入端 A_0、A_1 改作分配控制端，而用使能控制端 $\overline{S}$ 作为数据输入端。

由图 5-7-1(a)所示的逻辑图可知，数据 D 通过 G_4 门直接加到四个**与非**门 $G_0\sim G_3$ 的输入端，可以从 $\overline{Y}_0\sim\overline{Y}_3$ 四路中的任一路输出，具体由哪路输出，则由分配控制端 A_0、A_1 控制，由逻辑状态表 5-7-1 可知：

当 $A_1A_0=\mathbf{00}$ 时，$\overline{Y}_0$ 被选通，$D\rightarrow\overline{Y}_0$；

当 $A_1A_0=\mathbf{01}$ 时，$\overline{Y}_1$ 被选通，$D\rightarrow\overline{Y}_1$；

当 $A_1A_0=\mathbf{10}$ 时，$\overline{Y}_2$ 被选通，$D\rightarrow\overline{Y}_2$；

当 $A_1A_0=\mathbf{11}$ 时，$\overline{Y}_3$ 被选通，$D\rightarrow\overline{Y}_3$。

专用的集成数据分配器产品有 CT1138（8 路输出）、CT1154（16 路输出）、CT1139（双 4 路输出）等。

动画：4 选 1 数据选择器工作原理

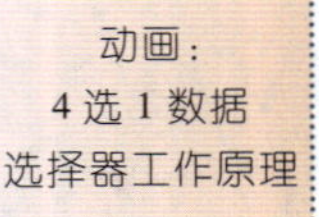

数据选择器是多路输入、一路输出的多路开关，其基本逻辑功能是在一些选择信号的控制下，从多路输入数据中选择一路进行输出。它可用译码器和门电路构成。图 5-7-3 是由 2 线-4 线译码器（例如 CT4139）和**与或**门组成的 4 选 1 数据选择器，D_0、D_1、D_2、D_3 为 4 路输入数据，译码器用于通道选通，译码器的输入端 A_0、A_1 为地址控制信号，A_0、A_1 通过译码器

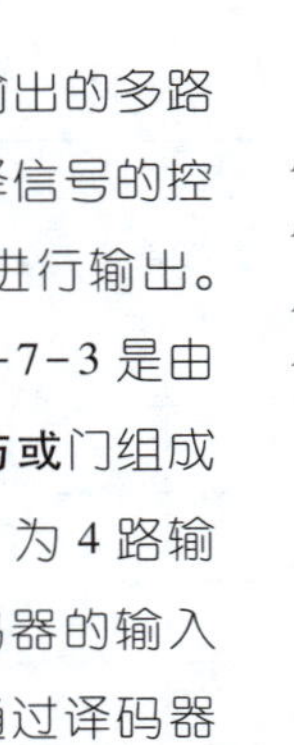

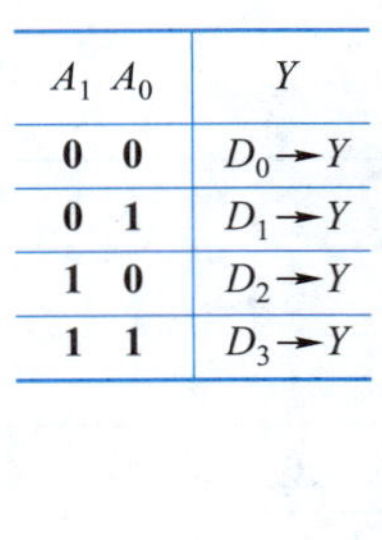

A_1	A_0	Y
0	**0**	$D_0\rightarrow Y$
0	**1**	$D_1\rightarrow Y$
1	**0**	$D_2\rightarrow Y$
1	**1**	$D_3\rightarrow Y$

图 5-7-3 4 选 1 数据选择器原理图

的 4 个输出端控制 4 个输入数据 $D_0 \sim D_3$ 中的某一个输出。例如，当 $A_1A_0 = \mathbf{00}$ 时，只有 $Y_0 = \mathbf{1}$，而 $Y_1 \sim Y_3$ 皆为 **0**，所以只有最左边的**与**门打开，只有数据 D_0 可以输出。

专用的集成数据选择器产品有 CT1153(双 4 选 1)、CT1151(8 选 1)、CT1150(16 选 1)等。

二、二-十进制显示译码器

动画：二-十进制译码器工作原理

在数字仪表、计算机和其他数字系统中，常常需要把测量数据和运算结果直接以人们习惯的十进制数字形式显示出来。这就要用到二-十进制显示译码器，它能够把以二-十进制代码(即 BCD 码)表示的结果作为输入进行译码，并用其输出去驱动数码显示器件，从而显示出十进制数字。

1. 七段显示器件

数码显示器件有许多种，常用的有辉光数码管、荧光数码管、半导体数码管、液晶显示器等。下面仅就半导体数码管和液晶显示器作一简单介绍。

(1) 半导体数码管

动画：LED 数码管内部结构与工作原理

半导体数码管属于半导体显示器件，是可将电能转换成光能的发光器件。其内部结构与半导体二极管类似，是由某些特殊半导体材料做成的 PN 结，当外加正向电压时，可以将电能转换成光能，从而发出清晰悦目的光线。将单个 PN 结封装即成半导体发光二极管，简称 LED。将七个条状 PN 结按“日”字形排列封装在一起即成半导体数码管。七个条状 PN 结组成七个字段，利用这七个字段的不同发光组合，便可显示出 0，1，2，…，9 十个不同的数字。七段显示的数字图形如图 5-7-4 所示。

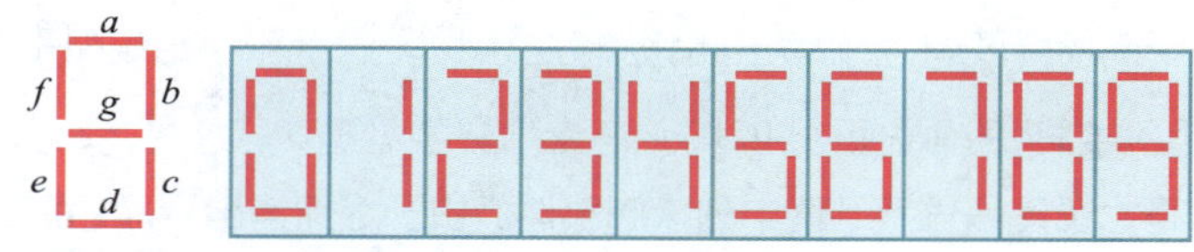

图 5-7-4 七段显示的数字图形

半导体数码管各 PN 结的连接方式有两种，图 5-7-5(a)所示为共阴极接法，图 5-7-5(b)所示为共阳极接法。对于共阴极接法的数码管，某字段加有高电平时发光，反之不发光；而对于共阳极接法的数码管，某字段加有低电平时发光，反之不发光。每字段的发光二极管上都串联一个 100 Ω 左右的限流电阻。半导体数码管七个字段的各端与二-十进制译码器相应输出端连接，当译码器输入端输入二-十进制代码时，即可使不同的字段发光而显示出不同的字形。如当输入为 **1000** 时，七段全亮，显示出“8”字；当输入为 **0000** 时，只 g 段不亮，显示出“0”字；当输入为 **0001** 时，b、c 段亮，显示出“1”字；等等。

半导体数码管的特点是工作电压低，体积小，响应速度快，颜色种类多，清晰悦目。

(2) 液晶显示器

液晶为液态晶体的简称，是一种有机化合物。在一定的温度范围内，液晶既具有液体的流动性，又具有晶体的某些光学特性。利用液晶的颜色和透明度随电场变化的性质可制作显示器。液晶显示器有分段式显示屏和点阵式显示屏两种。液晶分段式显示屏的结构示意图如图 5-7-6 所示，它是在平整度很好的玻璃上喷上二氧化锡透明导电层，光刻成七段作为正面电极[见图 5-7-6(c)]，在另一块玻璃上对应做成“8”字形反面电极作为公共电极[见图 5-7-6(b)]，然后封装成间隙约 10 μm 的液晶盒，灌注液晶后密封，即成为液晶数码管。若在液晶数码管正面电极的某几段和反面电极间加上适当大小的电压，则这些段所夹持的液晶会在电场的作用下吸收环境光，形成暗视场，这样就可以把导电的图形通过反差显示出来。通常在电子手表和电子计算器中看到的黑体字形显示就属于这种显示。

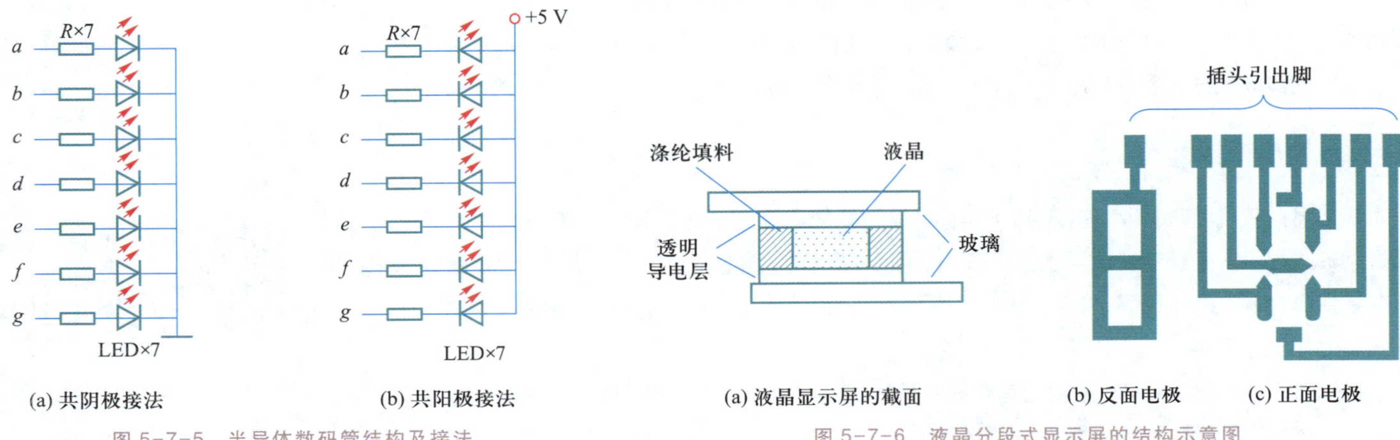

(a) 共阴极接法　(b) 共阳极接法

图 5-7-5　半导体数码管结构及接法

(a) 液晶显示屏的截面　(b) 反面电极　(c) 正面电极

图 5-7-6　液晶分段式显示屏的结构示意图

用液晶制成的显示器是一种被动式显示器件，液晶本身并不发光，而是借助环境光显示数码，因此不能在黑暗中显示。它具有工作电压低、微功耗、可与 CMOS 电路匹配使用等特点，目前多用于电子手表、数字计算器及各种便携式的小型数字仪器仪表中。

2. 七段显示译码器

动画：七段译码驱动显示电路

在使用七段显示器件时，必须配合使用七段显示译码器。七段显示译码器的功能是把二-十进制代码译成七段显示器件显示相应数码时所需要的信号，即各种控制电平，以驱动七段显示器件，显示出相应的十进制数码。译码器需要有七个输出端，分别控制七段显示器件组成“8”字形的七个发光字段，按不同组合选通相应字段，即可显示出 0，1，…，9 十个数字。

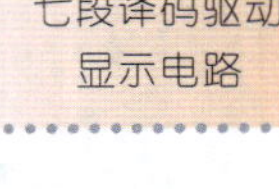

七段显示译码器是七段译码显示系统中的核心部件。由于这种译码器应用广泛，现已制成中规模集成组件。

根据电路结构、性能及所驱动的七段显示器件的种类不同，七段显示译码器有多种型号。图 5-7-7(a)是七段显示译码器 CT1248/4248 的逻辑符号，图 5-7-7(b)是其引脚排列。

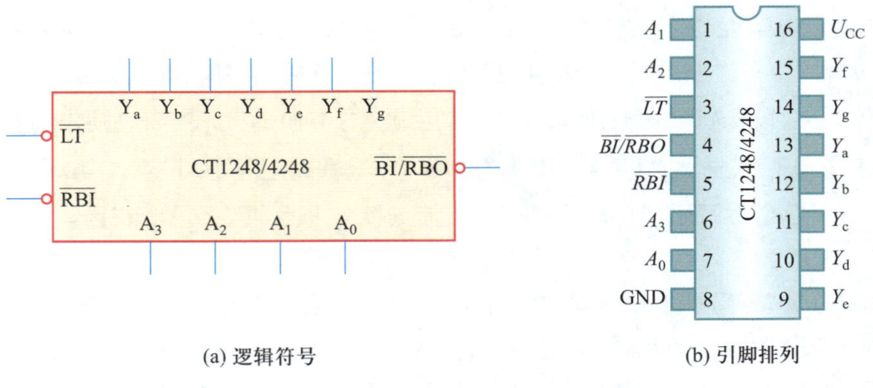

(a) 逻辑符号　(b) 引脚排列

图 5-7-7　七段显示译码器 CT1248/4248

CT1248/4248 具有内部上拉电阻，译码输出高电平有效，用于与共阴极接法的七段半导体数码管连接。其功能表如表 5-7-2 所示，其中，“H”表示高电平，“L”表示低电平，“×”表示任意（高或低）电平。A_3、A_2、A_1、A_0 为 4 位二进制数码输入端，Y_a、Y_b、Y_c、Y_d、Y_e、Y_f、Y_g 为输出端，分别接到七段半导体数码管的字段 $a \sim g$，均为高电平有效。下面主要分析其辅助控制端的作用。

表 5-7-2 七段显示译码器 CT1248/4248 功能表

十进制数或功能	输入						$\overline{BI}/\overline{RBO}$	输出						
	$\overline{LT}$	$\overline{RBI}$	A_3	A_2	A_1	A_0		Y_a	Y_b	Y_c	Y_d	Y_e	Y_f	Y_g
0	H	H	L	L	L	L	H	H	H	H	H	H	H	L
1	H	×	L	L	L	H	H	L	H	H	L	L	L	L
2	H	×	L	L	H	L	H	H	H	L	H	H	L	H
3	H	×	L	L	H	H	H	H	H	L	H	H	L	H
4	H	×	L	H	L	L	H	L	H	H	L	L	H	H
5	H	×	L	H	L	H	H	H	L	H	H	L	H	H
6	H	×	L	H	H	L	H	L	L	H	H	H	H	H
7	H	×	L	H	H	H	H	H	H	H	L	L	L	L
8	H	×	H	L	L	L	H	H	H	H	H	H	H	H
9	H	×	H	L	L	H	H	H	H	H	L	L	H	H
10	H	×	H	L	H	L	H	L	L	L	H	H	L	H
11	H	×	H	L	H	H	H	L	L	H	H	L	L	H
12	H	×	H	H	L	L	H	L	H	L	L	L	H	H
13	H	×	H	H	L	H	H	H	L	L	H	L	H	H
14	H	×	H	H	H	L	H	L	L	L	H	H	H	H
15	H	×	H	H	H	H	H	L	L	L	L	L	L	L
灭灯	×	×	×	×	×	×	L(输入)	L	L	L	L	L	L	L
灭零	H	L	L	L	L	L	L	L	L	L	L	L	L	L
灯测试	L	×	×	×	×	×	H	H	H	H	H	H	H	H

① 灭零输入$\overline{RBI}$:低电平有效。在$\overline{LT}=\mathbf{1}$(H)的条件下,若$\overline{RBI}=\mathbf{0}$(L),且 $A_3=A_2=A_1=A_0=\mathbf{0}$,则不显示"0"的字形;若$\overline{RBI}=\mathbf{0}$,而 A_3、A_2、A_1、A_0 不全为 $\mathbf{0}$,仍正常显示;若$\overline{RBI}=\mathbf{1}$,则在 $A_3A_2A_1A_0$ 的所有输入组合下均正常显示。

② 测试输入$\overline{LT}$:又称灯测试,低电平有效。当$\overline{BI}/\overline{RBO}=\mathbf{1}$ 时,若$\overline{LT}=\mathbf{0}$,无论$\overline{RBI}$和 $A_3\sim A_0$ 是何种输入,数码显示器的 $a\sim g$ 字段均应亮(显示"8"的字形),表明工作正常;否则为不正常,应检查何处有问题。

③ 熄灭输入$\overline{BI}$:低电平有效。若$\overline{BI}=\mathbf{0}$,无论其他输入端为何种输入,均将数码显示器熄灭,即 $a\sim g$ 字段均不亮。这种功能可用于闪字控制。

④ 灭零输出$\overline{RBO}$:低电平有效,用作灭零指示。当该芯片输入数码 A_3、A_2、A_1、A_0 均为 $\mathbf{0}$ 且熄灭时,说明本位处于灭零状态,可将其引向低位的灭零输入$\overline{RBI}$,允许低一位灭零;但若$\overline{RBO}=\mathbf{1}$,则说明本位处于显示状态,不允许低一位灭零。

将$\overline{RBO}$和$\overline{RBI}$配合使用,可实现多位数码显示器的灭零控制。图 5-7-8 是由 CT1248 构成的具有灭零控制功能的 7 位数码显示系统示意图,其中整数部分最高位的$\overline{RBI}$接 $\mathbf{0}$,最低位的$\overline{RBI}$接 $\mathbf{1}$,其余各位的$\overline{RBI}$分别与相邻高位的$\overline{RBO}$相接；小数部分最高位的$\overline{RBI}$接 **1**，最低位的$\overline{RBI}$接 **0**，其余各位$\overline{RBI}$接相邻低位的$\overline{RBO}$，于是整数部分只有在高位为 **0** 且被熄灭时，其相邻低位才有灭零输入信号；而小数部分只有在低位为 **0** 且被熄灭时，其相邻高位才有灭零输入信号，因而可把多余的 **0** 熄灭掉。例如该显示系统将不会显示 010.300，而只会显示 10.3；若各位均为 **0**，则将显示 0.0，可使显示结果更为醒目。

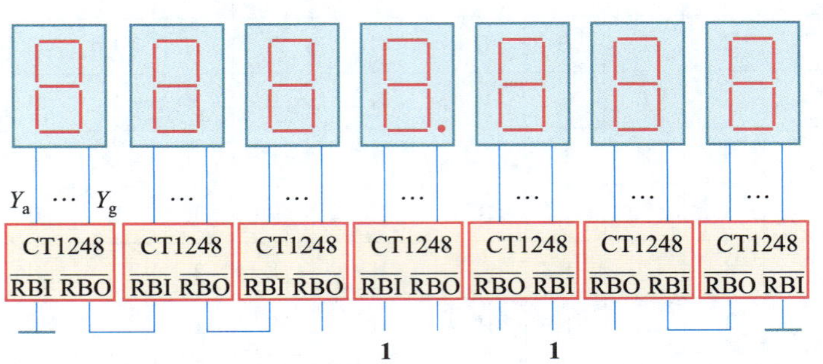

图 5-7-8 具有灭零控制功能的 7 位数码显示系统示意图

点睛

译码器将二进制代码的特定含义"翻译"出来，它是编码的逆过程，常用器件有二进制译码器和七段显示译码器等。

练习与思考

拓展动画：数值比较器

5-7-1 什么是译码？

5-7-2 二进制译码和二-十进制译码有何不同？

5-7-3 对于图 5-7-3，当地址信号 A_1A_0 = **10** 时，试分析哪路数据选通。

5-7-4 在 CT1248 的功能表（表 5-7-2）中，符号"H""L""×"各表示什么意义？辅助控制端$\overline{LT}$、$\overline{RBI}$等符号上面的横线"-"表示什么意义？

技能训练五 三人表决器设计

一、技能训练目的

① 掌握组合逻辑电路的设计方法。

② 设计一个三人表决器，要求当三个人中有两人或者三人同意时，表决通过，否则不通过。

③ 练习辨别 IC 芯片引脚。

二、技能训练使用器材

万用表、74LS138、74LS20、逻辑电平输入开关、逻辑电平输入显示。

三、技能训练内容及步骤

1. 电子元器件训练：IC 芯片引脚辨识

对于双列直插封装，如果 IC 芯片封装一边正中间有缺口或旁边有小圆点，将缺口或小圆点朝左放置芯片，如图 5-8-1 或图 5-8-2 所示，则左下角为 1 号引脚，其余引脚按逆时针方向编号。如果 IC 芯片封装上没有缺口或小圆点等标记，可以将芯片封装上的文字正向放置，此时左下角为 1 号引脚，其余引脚按逆时针方向编号。

对于金属圆壳封装，则面向引脚正视（底视），由标志键（锁扣）右面第一引脚开始，按顺时针方向排列，如图 5-8-3 所示。

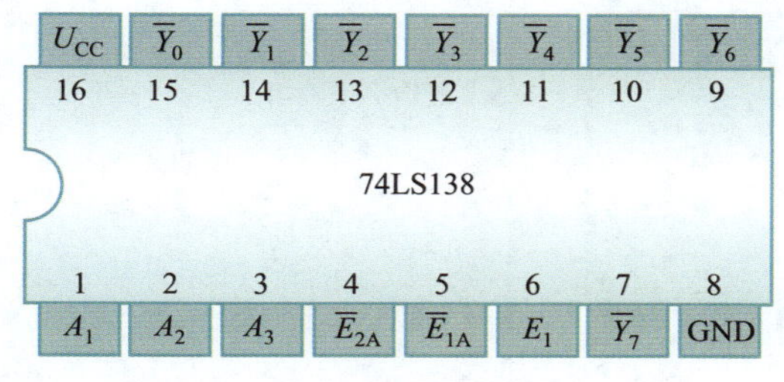

图 5-8-1　双列直插封装（顶视）(1)

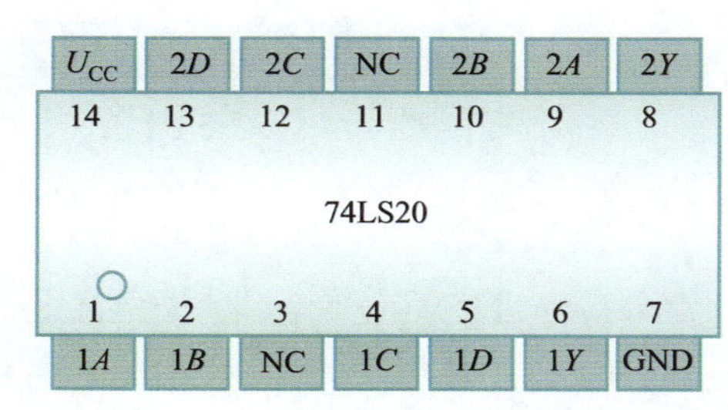

图 5-8-2　双列直插封装（顶视）(2)

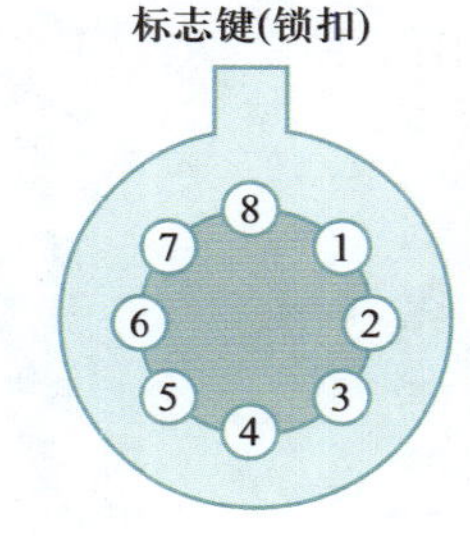

图 5-8-3　金属圆壳封装（底视）

2. 三人表决器电路设计

设计一个三人表决器，要求当三个人中有两人或者三人同意时，表决通过，否则不通过。

① 确定输入和输出变量，并赋值。假设三个人分别为 A、B、C，同意用 **1** 表示，不同意用 **0** 表示；表决结果为 Y，**1** 表示通过，**0** 表示不通过。

② 根据设计要求写出真值表，如表 5-8-1 所示。

表 5-8-1　真　值　表

输入			输出
A	B	C	Y
0	0	0	0
0	0	1	0
0	1	0	0
0	1	1	1
1	0	0	0
1	0	1	1
1	1	0	1
1	1	1	1

③ 根据真值表写出逻辑表达式为

$$Y=\bar{A}BC+A\bar{B}C+AB\bar{C}+ABC \qquad (5-8-1)$$

④ 根据设计要求，选择 74LS138 和 74LS20 芯片。

⑤ 变换逻辑表达式(5-8-1)，得

$$\begin{aligned}Y&=\overline{\overline{\bar{A}BC+A\bar{B}C+AB\bar{C}+ABC}}\\&=\overline{\overline{\bar{A}BC}\cdot\overline{A\bar{B}C}\cdot\overline{AB\bar{C}}\cdot\overline{ABC}}\end{aligned} \qquad (5-8-2)$$

⑥ 根据逻辑表达式(5-8-2)设计电路原理图，如图 5-8-4 所示。

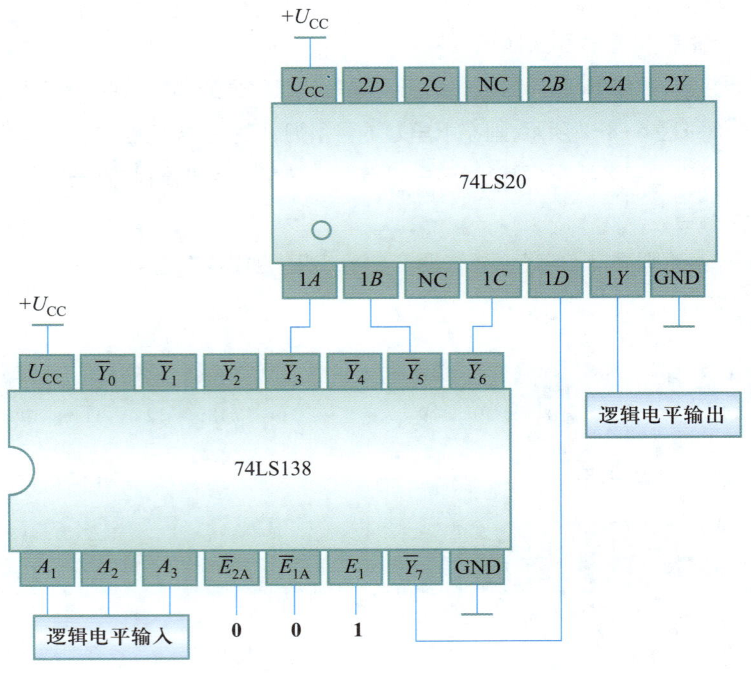

图 5-8-4　三人表决器电路原理图

本章小结

1. 数字电路是工作于数字信号下的电路，也称为逻辑电路。数字电路是电子技术的一个重要分支，其应用范围十分广泛。

2. 数字电路输入信号及输出信号是用高电平和低电平表征的，并以逻辑符号 **1** 和 **0** 来表示。如果规定用 **1** 表示高电平，用 **0** 表示低电平，称为正逻辑；如果规定用 **0** 表示高电平，用 **1** 表示低电平，称为负逻辑。同一电路采用正逻辑和采用负逻辑所得到的逻辑功能一般是不同的。

3. 基本逻辑关系有三种：**与**、**或**、**非**。**与**门、**或**门和**非**门能分别实现这三种逻辑关系，是三种基本逻辑门电路。在基本逻辑门电路的基础上还可以组成其他复合门电路，**与非**门是门电路中应用较多的一种。

门电路是数字电路的一种基本逻辑单元。研究其的主要目的是为了应用，因此在了解基本工作原理的基础上，重点是掌握它们的逻辑功能及逻辑符号。

4. 由于集成电路具有工作可靠、便于微型化等优点，因此现在的数字器件基本上都采用集成电路。目前常用的各种集成逻辑门电路多为 TTL 门电路和 CMOS 门电路。虽然它们的内部结构不同，但使用相同的逻辑符号表示的门电路具有相同的逻辑功能。

5. 逻辑代数是研究数字电路的一种数学工具，要掌握逻辑代数的运算法则和常用公式。对于由若干门电路组合而成的组合逻辑电路，可以根据逻辑图写出逻辑表达式并化简，得到比较简单的逻辑表达式，列出逻辑状态表，分析其逻辑功能。

6. 组合逻辑电路的特点是其输出状态只取决于现时刻的输入状态，而与电路原状态无关。具体的组合逻辑电路种类很多，已制作成一系列中规模集成器件，如编码器、译码器、数据选择器、数据分配器、加法器等，可通过对这些具体电路的分析来学习如何根据给定的组合逻辑电路分析其逻辑功能。

编码器用于将信息符号（十进制数码、字符、运算符等）转换为二进制代码；译码器则用于将二进制代码的特定含义“翻译”出来，即译码是编码的逆过程；数据选择器用于从多路输入数据中选择一路数据输出；数据分配器用于将一路输入数据传送到指定的输出端；加法器则用于实现二进制数的加法运算。

习题

一、填空题

1. 电子电路分为两大类：________和________。

2. 数字信号在时间和数值上都是________的。

3. 最基本的逻辑关系有三种，分别是________、________和________。

4. 研究逻辑关系的数学称为________，又称为________。

5. 在译码过程中，电路把某种________代码转换成一种特定的控制信息。

6. 半导体数码管分为________数码管和________数码管。

二、判断题（正确的题后面打√，错误的题后面打×）

1. 脉冲周期是指周期性脉冲信号相邻两个脉冲信号出现的时间间隔。 （ ）

2. 十进制数转换为二进制数的方法是按权展开相加。 （ ）

3. 加法器是用来进行二进制数加法运算的组合逻辑电路。 （ ）

4. 译码和编码互为逆过程。 （ ）

5. 组合逻辑电路的输出状态不只取决于现时刻的输入状态，还与电路原状态有关。 （ ）

三、分析计算题

1. 将下列二进制数转换为十进制数。

（1）**1011**； （2）**10101**； （3）**11101**； （4）**101001**； （5）**1000011**

2. 将下列十进制数转换为二进制数。

（1）27； （2）43； （3）127； （4）365； （5）539

3. 题图 5-1 所示为输入信号 A、B、C 的波形，试画出**与**门输出 $F=ABC$ 和**或**门输出 $F=A+B+C$ 及**与非**门输出 $F=\overline{ABC}$的波形。

4. 题图 5-2 中给出了输入信号 A、B、C 的波形，试画出**与非**门输出 $F=\overline{ABC}$的波形。

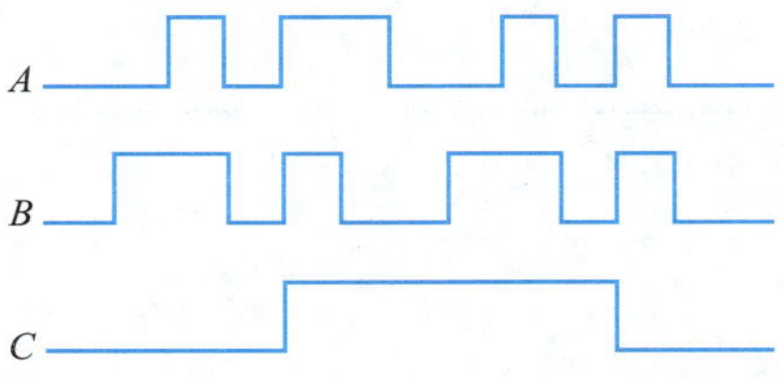

题图 5-1 分析计算题 3 图

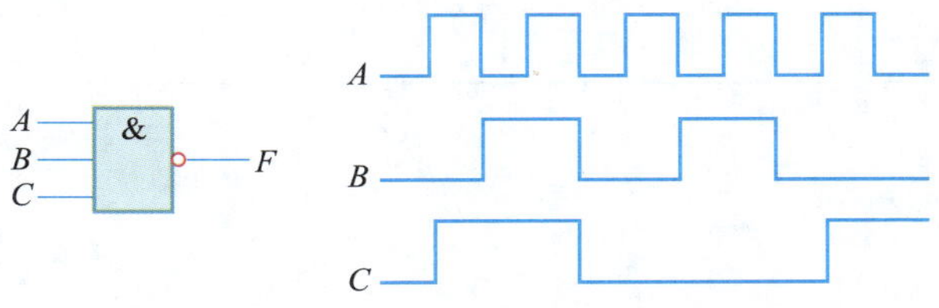

题图 5-2 分析计算题 4 图

5. 用公式法化简下列逻辑函数。

（1）$A\overline{B}C+\overline{A}BC+ABC+\overline{A}\,\overline{B}C$ （2）$\overline{A}\,\overline{B}+AB+\overline{A}\,\overline{B}C+ABC$

（3）$A\overline{B}+\overline{A}C+BC$ （4）$A\overline{B}+\overline{B}C+B\overline{C}+\overline{A}B$

6. 设三台电动机 A、B、C，今要求：（1）A 开机则 B 也必须开机；（2）B 开机则 C 也必须开机。如果不满足上述要求，即发出报警信号。试写出报警信号的逻辑表达式，并画出逻辑图。

7. 题图 5-3 是一个照明灯两处双掷开关控制电路（例如楼梯或楼道照明）。单刀双掷开关 A 装在甲处，B 装在乙处。在甲处开灯后可在乙处关灯，在乙处开灯后也可在甲处关灯。由图可以看出，只有当两个开关都处于向上或都处于向下位置时，灯才亮，否则灯就不亮。试设计一个实现这种关系的逻辑电路。

8. 题图 5-4 所示为一个编码电路，7 个输入端的状态如题表 5-1 所示。试把输出端 F_3、F_2、F_1 的对应状态填入题表 5-1 中。

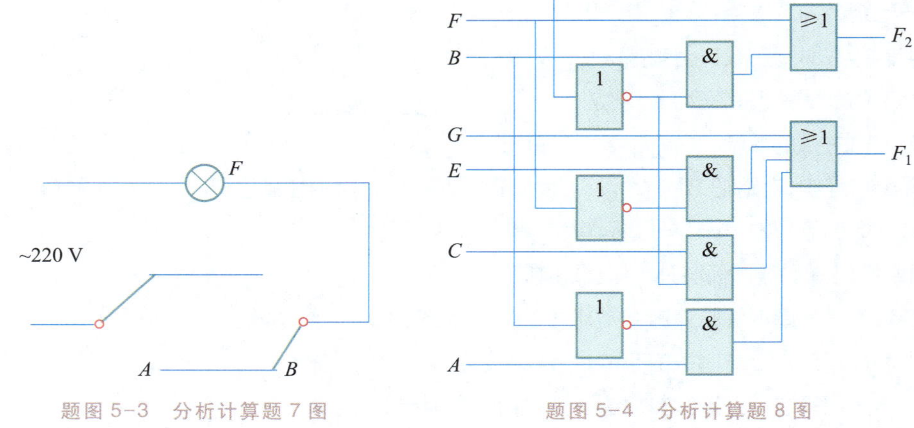

题图 5-3　分析计算题 7 图　　题图 5-4　分析计算题 8 图

题表 5-1　分析计算题 8 表

输入							输出		
A	B	C	D	E	F	G	F_3	F_2	F_1
0	0	0	0	0	0	0			
1	0	0	0	0	0	0			
1	1	0	0	0	0	0			
1	1	1	0	0	0	0			
1	1	1	1	0	0	0			
1	1	1	1	1	0	0			
1	1	1	1	1	1	0			
1	1	1	1	1	1	1			

第六章 触发器和时序逻辑电路

引言

对于上一章讨论的各种门电路及由其组成的组合逻辑电路，其输出变量状态仅由当时的输入变量的组合状态来决定，而与电路原来的状态无关，即它们不具有记忆功能。但是一个复杂的计算机或数字系统，要连续进行各种复杂的运算和控制，就必须在运算和控制过程中暂时保存（记忆）一定的代码（指令、操作数或控制信号），为此，需要利用触发器构成具有记忆功能的电路。这种电路某一时刻的输出状态不仅和当时的输入状态有关，而且还与电路原来的状态有关。它们属于另一类逻辑电路，称为时序逻辑电路。

双稳态触发器是各种时序逻辑电路的基础。本章将在分析双稳态触发器逻辑功能的基础上讨论几种典型的时序逻辑电路器件，并介绍几种简单实例来说明数字系统的构成和应用以及模拟量与数字量的相互转换。

教学课件：
触发器和时序
逻辑电路

微课：
时序逻辑
电路概念

6-1 双稳态触发器

双稳态触发器是组成时序逻辑电路的基本单元。它是一种具有记忆功能的逻辑元件，这是它区别于门电路的最大特点。

双稳态触发器有两种相反的稳定输出状态。其按逻辑功能可分为 *RS* 触发器、*JK* 触发器、*D* 触发器和 *T* 触发器等。对使用者来说，应主要了解各种触发器的逻辑功能及特点，而内部电路结构只作一般了解即可，因此本节重点介绍各类触发器的逻辑功能。

一、*RS* 触发器

1. 基本 *RS* 触发器

基本 *RS* 触发器由两个**与非**门交叉耦合组成。图 6-1-1(a)、(b)分别是它的逻辑电路和逻辑符号。$\overline{R}_D$、$\overline{S}_D$ 是信号输入端，Q、$\overline{Q}$ 是输出端。

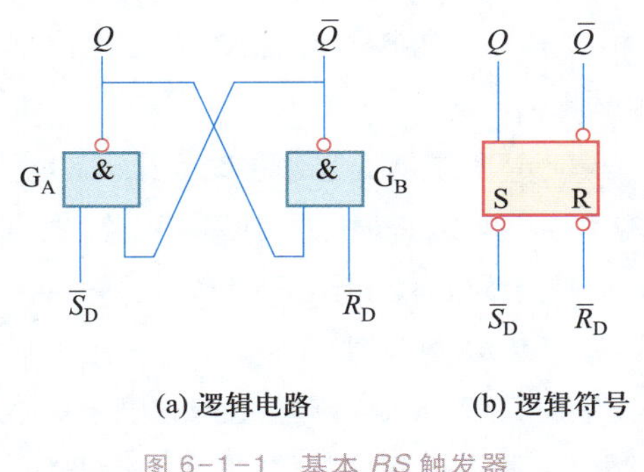

图 6-1-1 基本 *RS* 触发器

微课：
RS 触发器使用

动画：
基本 *RS* 触发器
工作原理

在正常条件下，两个输出端能保持相反的状态。一般把 Q 的状态规定为触发器的状态。当 $Q=\mathbf{1}$，$\overline{Q}=\mathbf{0}$ 时，称触发器为 **1** 状态；当 $Q=\mathbf{0}$，$\overline{Q}=\mathbf{1}$时，称触发器为 **0** 状态。这就是触发器的两个稳定状态，所以称之为双稳态触发器。

下面分析基本 *RS* 触发器的工作原理和逻辑功能。

① 当 $\overline{R}_D=\mathbf{0}$，$\overline{S}_D=\mathbf{1}$ 时，**与非**门 G_B 有一个输入端为 **0**，所以其输出端 $\overline{Q}=\mathbf{1}$；而此时**与非**门 G_A 的两个

输入端全为 **1**，故其输出端 $Q=\mathbf{0}$，即触发器处于 **0** 状态，这种情况也称为触发器置 **0** 或复位。

② 当 $\overline{R}_D=\mathbf{1}$，$\overline{S}_D=\mathbf{0}$ 时，**与非**门 G_A 有一个输入端为 **0**，所以其输出端 $Q=\mathbf{1}$；而**与非**门 G_B 的两个输入端全为 **1**，故其输出端 $\overline{Q}=\mathbf{0}$，即触发器处于 **1** 状态，这种情况也称为触发器置 **1** 或置位。

③ 当 $\overline{R}_D=\mathbf{1}$，$\overline{S}_D=\mathbf{1}$ 时，两个**与非**门的工作状态不受影响，各自的输出状态保持不变，即触发器保持原状态不变。

④ 当 $\overline{R}_D=\mathbf{0}$，$\overline{S}_D=\mathbf{0}$ 时，显然这时两个输出端 Q 和 $\overline{Q}$ 都为 **1**。根据对触发器状态的规定，它既不是 **1** 状态，也不是 **0** 状态，这与双稳态触发器两个输出端应该相反的要求相矛盾。而一旦去除输入信号，触发器的状态将由偶然因素决定，因此这种情况下触发器为不定状态，使用时应该禁止这种状态的出现。

将以上几种情况归纳起来，可得基本 *RS* 触发器的逻辑状态表，如表 6-1-1 所示。该表完整地表达了基本 *RS* 触发器的逻辑功能。

表 6-1-1　基本 *RS* 触发器逻辑状态表

$\overline{R}_D$	$\overline{S}_D$	Q	说明
0	**1**	**0**	复位
1	**0**	**1**	置位
1	**1**	保持原状态	记忆功能
0	**0**	不定	应禁止

上述基本 *RS* 触发器，由于 $\overline{R}_D=\mathbf{0}$，$\overline{S}_D=\mathbf{0}$ 时，输出为不定状态，所以在没有信号输入时 $\overline{R}_D$ 和 $\overline{S}_D$ 应处于高电平，有信号输入时，输入信号采用负脉冲。即当 $\overline{R}_D$ 输入负脉冲时，触发器置 **0**；当 $\overline{S}_D$ 输入负脉冲时，触发器置 **1**。为了表明这一特点，在逻辑符号中输入端靠近方框处画有小圆圈“∘”，其含义是负脉冲输入。

$\overline{R}_D$ 端加负脉冲（低电平）时，触发器被置成 **0** 状态，所以 $\overline{R}_D$ 端称为置 **0** 端或复位端；$\overline{S}_D$ 端加负脉冲（低电平）时，触发器被置成 **1** 状态，所以 $\overline{S}_D$ 端称为置 **1** 端或置位端。

由上述可得出结论：基本 *RS* 触发器具有两个稳定状态，可以通过在适当的控制端输入负脉冲使触发器从一种稳定状态翻转为另一种稳定状态。此外，当外加控制信号作用过后，即当$\overline{R}_D=\overline{S}_D=\mathbf{1}$ 时，电路能保持其输出状态不变，这就是触发器的记忆功能。

基本 *RS* 触发器也可以用其他门电路组成，所以有的采用正脉冲作为输入信号，即没有信号输入时 $\overline{R}_D$ 和 $\overline{S}_D$ 应处于低电平。用正脉冲作为输入信号的基本 *RS* 触发器的逻辑符号中输入端靠近方框处没有小圆圈。

基本 *RS* 触发器的电路简单，有记忆功能，可以用来表示或存储 1 位二进制数码，是组成功能更完善的其他各种双稳态触发器的基本部分。由于基本 *RS* 触发器的输出状态直接受输入信号的控制，一旦输入信号改变，其输出也随着改变，这一点使它的使用范围受到限制。

2. 可控 *RS* 触发器

动画：
可控 *RS* 触发器
工作原理

为克服基本 *RS* 触发器输出状态直接受输入信号控制的缺点，可在基本 *RS* 触发器电路基础上增加两个控制门和一个触发信号，让输入控制信号经过控制门传送。如图 6-1-2(a)所示，**与非**门 G_A 和 G_B 构成基本 *RS* 触发器，**与非**门 G_C 和 G_D 是控制门，*CP* 是时钟脉冲，起触发信号的作用。这就是可控 *RS* 触发器，也称为钟控 *RS* 触发器或同步 *RS* 触发器。它的逻辑符号如图 6-1-2(b)所示。

数字电路中常使用一种正脉冲信号来控制触发器的翻转时刻，这种正脉冲就称为时钟脉冲 *CP*，它是一种控制命令。图 6-1-2 所示触发器通过控制门来实现时钟脉冲对输入端 R 和 S 的控制，所以称为可控（或钟控）RS 触发器。在时钟脉冲到来之前，即 $CP=0$ 时，不论输入端 R 和 S 的电平如何变化，G_C 门和 G_D 门的输出均为 1，基本 RS 触发器保持原来的状态不变，只有当时钟脉冲到来之后，即 $CP=1$时，触发器才按 R、S 端的输入状态来决定其输出状态。时钟脉冲过去后，输出状态不变。

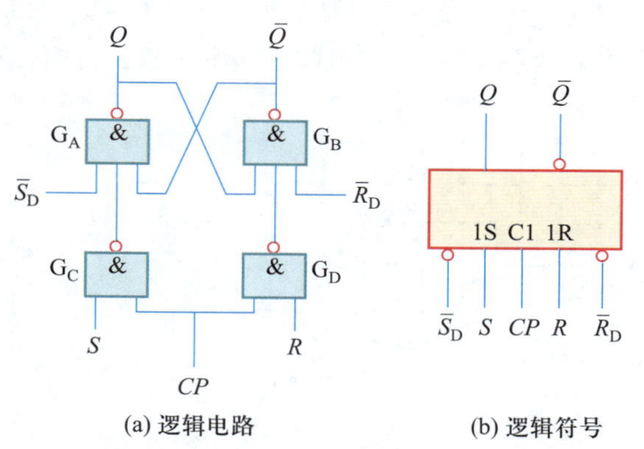

(a) 逻辑电路　(b) 逻辑符号

图 6-1-2　可控 RS 触发器

$\bar{R}_D$ 和 $\bar{S}_D$ 分别是直接复位端和直接置位端，用来使触发器直接置 0 和置 1，可实现数字电路中的清零和预置数功能。$\bar{R}_D$ 和 $\bar{S}_D$ 不受时钟脉冲 CP 的控制，在触发器工作过程中一般会用到，不用时应使其处于 1 状态（高电平或悬空）。

根据时钟脉冲到来后输入端 R、S 的不同状态，可以分析可控 RS 触发器的逻辑功能，具体如下。

时钟脉冲到来后，CP 端变为 1，触发器的输出就按 R 和 S 的状态来决定。如果此时 $R=0$，$S=1$，则 G_C 门输出将变为 0，而向 G_A 门送去一个置 1 负脉冲，不论触发器原来的状态如何，这种情况下输出端 Q 将处于 1 状态，即如果触发器原来是 0 状态，将翻转为 1 状态；原来是 1 状态，仍保持 1 状态。如果此时 $R=1$，$S=0$，同理可知，触发器在这种情况下将处于 0 状态。而当 $R=S=0$ 时，因 G_C 门和 G_D 门均保持 1 状态，不向基本 RS 触发器输送负脉冲，所以触发器保持原来的状态不变，即不翻转。如果 $R=1$，$S=1$，因 G_C 门和 G_D 门都向基本 RS 触发器送负脉冲，使 Q 和 $\bar{Q}$ 端都变为 1，这就违反了 Q 与 $\bar{Q}$ 应该相反的逻辑要求，当时钟脉冲过去后，输出状态是不定的，所以使用时应避免出现这种情况。

根据上述分析可列出可控 RS 触发器的逻辑状态表，如表 6-1-2 所示。其中，Q^n 表示时钟脉冲到来之前触发器的状态，称为现态；Q^{n+1} 表示时钟脉冲到来之后触发器的状态，称为次态。

表 6-1-2　可控 RS 触发器逻辑状态表

R	S	Q^{n+1}	说明
0	0	Q^n	输出状态不变
1	0	0	输出为 0 状态
0	1	1	输出为 1 状态
1	1	×	应禁止

由上述可知，这种触发器是在 $CP=1$ 时触发翻转。与基本 RS 触发器相比，对触发翻转增加了时间控制，即由外加时钟脉冲来控制触发器在某时刻（当 CP 上升为 1 时）按输入信号所决定的状态翻转。

例 6-1-1　已知可控 RS 触发器的输入信号 R、S 及时钟脉冲 CP 的波形如图 6-1-3 所示。设触发器的初始状态为 0 状态，试画出输出端 Q 的波形图。

分析：第一个时钟脉冲 CP 到来时，$R=S=0$，所以触发器保持原状态 0。第二个时钟脉冲 CP 到来时，$R=0$，$S=1$，触发器翻转为 1 状态。第三个时钟脉冲 CP 到来时，$R=1$，$S=0$，触发器翻转为 0 状态。第四个时钟脉冲 CP 到来时，$R=S=1$，触发器的输出端 $Q=\bar{Q}=1$，这种情况下，当时钟脉冲过去后，触发器的状态可能为 1 状态，也可能为 0 状态，这是不定状态。

根据以上分析所画出的 Q 端输出波形如图 6-1-3 所示，这称为触发器的工作波形。

例 6-1-2 图 6-1-4 所示是由可控 *RS* 触发器连成的计数式 *RS* 触发器。这里所谓的计数是指每到一个时钟脉冲，触发器的状态就翻转一次。试说明该触发器的计数功能。

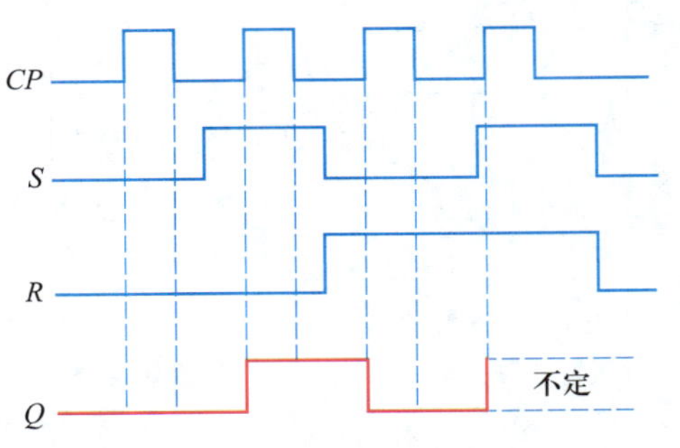

图 6-1-3 例 6-1-1 可控 *RS* 触发器工作波形

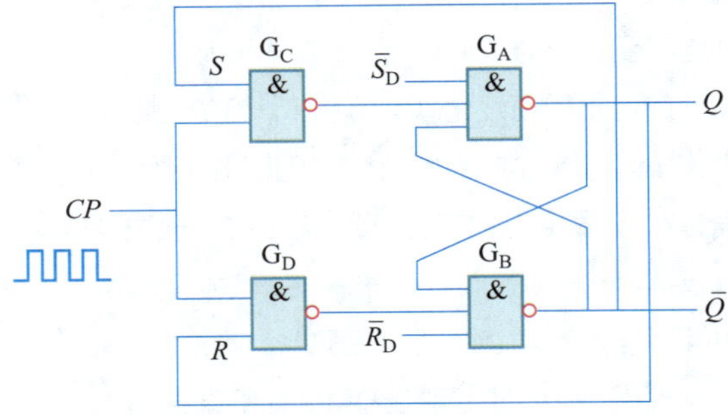

图 6-1-4 计数式 *RS* 触发器

分析：图中可控 *RS* 触发器的两个输入端分别接到触发器的两个输出端，即 *S* 端接 $\overline{Q}$ 端，*R* 端接 *Q* 端，因此两个输入端总处于相反的状态。在时钟脉冲 *CP* 端加上计数脉冲。当计数脉冲到来时，如果原来 $Q=\mathbf{0}$，$\overline{Q}=\mathbf{1}$，则 G_C 门输出一个置 **1** 负脉冲加到 G_A 门的输入端，使触发器翻转为 **1** 状态，即 $Q=\mathbf{1}$，$\overline{Q}=\mathbf{0}$。下一个计数脉冲到来时，又使 G_D 门输出一个置 **0** 负脉冲加到 G_B 门的输入端，所以触发器又由 **1** 状态翻转为 **0** 状态。由此可见，来一个计数脉冲它能翻转一次，翻转的次数等于计数脉冲的数量，所以它具有计数功能，是一个 1 位二进制计数器。

由上述分析不难发现，这种触发器是在时钟脉冲 *CP* 为高电平时触发翻转，即在 $CP=\mathbf{1}$ 时，触发器状态按 *R*、*S* 端的状态变化。若时钟脉冲 *CP* 宽度较长，而在 *CP* 维持 **1** 的时间内输入端 *R*、*S* 的状态又发生了变化，就会导致触发器状态的重新改变。这种情况往往会使由其构成的数字系统无法正常工作。例如在计数工作时，触发器在一个计数脉冲作用下可能产生两次或多次翻转，出现所谓“空翻”现象。这使该触发器的应用受到一定限制。

二、*JK* 触发器

微课：
JK 触发器使用

JK 触发器是一种功能比较完善、应用极广泛的触发器。图 6-1-5(a)是 *JK* 触发器的一种典型结构——主从型 *JK* 触发器的逻辑图。它由两个可控 *RS* 触发器串联构成，前一级称为主触发器，后一级称为从触发器。主触发器具有双 *R*、*S* 端，并将其中一对 *R*、*S* 端分别与从触发器的输出端 *Q*、$\overline{Q}$ 相连，另一对 *R*、*S* 端分别标以 *K*、*J*，作为整个主从型 *JK* 触发器的输入端，从触发器的输出端作为整个主从型 *JK* 触发器的输出端。主触发器的输出端与从触发器的输入端直接相连，用主触发器的状态来控制从触发器的状态。时钟脉冲直接控制主触发器，经过**非**门反相后控制从触发器，所以主、从两触发器的时钟脉冲信号 *CP* 恰好反相。

主从型 *JK* 触发器的逻辑符号如图 6-1-5(b)所示。它有一个直接置位端 $\overline{S}_D$ 和一个直接复位端 $\overline{R}_D$，两个控制输入端 *J* 和 *K*，一个时钟脉冲输入端 *CP*。

由图 6-1-5 可见，当 $CP=\mathbf{1}$ 时，主触发器的状态由控制输入端 *J*、*K* 的信号和从触发器的状态来决定，但此时因 $\overline{CP}=\mathbf{0}$，从触发器被封锁，而维持原来的状态不变，即主从型 *JK* 触发器的状态不变。

当 $CP=\mathbf{0}$ 时，主触发器被封锁，其状态不变；但是因 $\overline{CP}=\mathbf{1}$，从触发器因受主触发器输出状态的控制，其输出状态将变为与主触发器的输出状态相同。

由此可见，主从型 *JK* 触发器是分两步工作的：第一步，*CP* 为高电平时，*J*、*K* 的输入信号存入主触发

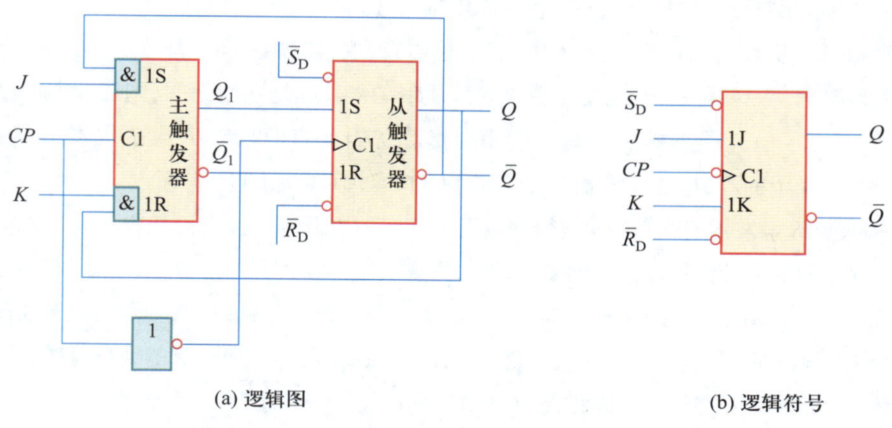

(a) 逻辑图　　(b) 逻辑符号

图 6-1-5　主从型 *JK* 触发器

器，从触发器状态不变；第二步，*CP* 下降到低电平时，信息从主触发器传送到从触发器，主触发器控制从触发器翻转，即将主触发器中保存的状态传送到从触发器，使两者的状态一致，而主触发器保持状态不变，不受 *J*、*K* 端输入信号改变的影响。也就是说，对整个触发器来说，相当于 *CP* 为高电平时做准备，*CP* 下降沿到来时才翻转。由于 *CP* 对主、从触发器有这种隔离作用，因此主从型 *JK* 触发器翻转可靠，有效地防止了多次翻转的空翻现象。

从图 6-1-5(a)可以看出，主触发器的 $R=KQ$，$S=J\overline{Q}$，因此可以由可控 *RS* 触发器的逻辑功能来推出主从型 *JK* 触发器的逻辑功能。根据分析（分析从略），可列出其逻辑状态表，如表 6-1-3 所示。

动画：主触发器工作原理

表 6-1-3　主从型 *JK* 触发器逻辑状态表

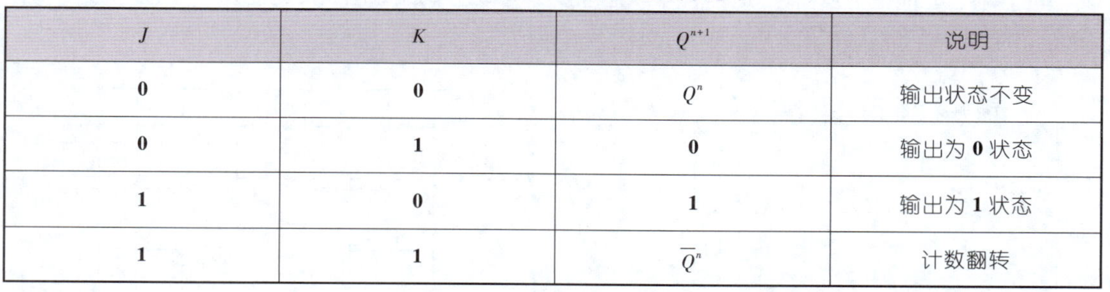

J	K	Q^{n+1}	说明
0	**0**	Q^n	输出状态不变
0	**1**	**0**	输出为 **0** 状态
1	**0**	**1**	输出为 **1** 状态
1	**1**	$\overline{Q}^n$	计数翻转

从逻辑状态表可以看出主从型 *JK* 触发器的逻辑功能为：

① $J=\mathbf{0}$，$K=\mathbf{0}$，时钟脉冲触发后，触发器的状态不变，即 $Q^{n+1}=Q^n$。

② $J=\mathbf{0}$，$K=\mathbf{1}$，不论触发器原来是何种状态，时钟脉冲触发后，输出均为 **0** 状态。

③ $J=\mathbf{1}$，$K=\mathbf{0}$，不论触发器原来是何种状态，时钟脉冲触发后，输出均为 **1** 状态。

④ $J=\mathbf{1}$，$K=\mathbf{1}$，时钟脉冲触发后，触发器的新状态总是与原来状态相反，即 $Q^{n+1}=\overline{Q}^n$。这种情况下，触发器具有计数功能。

主从型 *JK* 触发器具有在时钟脉冲下降沿触发的特点，该特点反映在逻辑符号中是在 *CP* 输入端靠近方框处用一小圆圈“∘”表示，如图 6-1-5(b)所示。

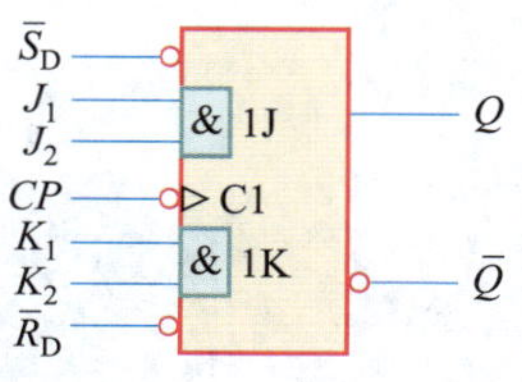

图 6-1-6　多输入主从型 *JK* 触发器逻辑图

为了扩大主从型 *JK* 触发器的使用范围，常将其做成多输入结构，如图 6-1-6 所示。各同名输入端为**与**逻辑关系，即

$$J=J_1J_2,\quad K=K_1K_2$$

与 TTL 门电路类似，对于 TTL 器件，若输入端悬空，相当于高电平 **1**。但在实际应用时，从工作可靠性

角度考虑，对多余的闲置输入端不宜悬空，以接高电平为好。

目前使用的触发器有TTL型，也有CMOS型，虽然它们的内部结构不同，但功能是一样的，也采用相同的逻辑符号。对使用者而言，应主要掌握其逻辑功能。在连接电路时，则应根据产品型号，查阅产品手册，以便了解其引脚排列和有关使用参数。例如，CT1072单*JK*集成触发器引脚排列如图6-1-7所示。常用的双*JK*主从型集成触发器有CT1107、CT2078、CT1111等。

上述主从型*JK*触发器的状态转换是分两段进行的：在*CP*脉冲的上升沿接收*J*、*K*端输入信号，主触发器翻转；而在*CP*脉冲的下降沿从触发器翻转，完成状态转换。如果在*CP*脉冲的上升沿到来时，*J*、*K*端信号已使主触发器翻转，则在 $CP=1$ 期间，即使*J*、*K*端再发生变化，也不会使主触发器改变状态。这种在 $CP=1$ 期间，*J*、*K*端的变化将引起主触发器状态的改变，且只改变一次的现象，称为主从型触发器的一次性翻转（或称一次变化）。因此，在 $CP=1$ 期间，要求*J*、*K*端信号维持不变，以免出现错误的翻转，因而这种触发器对输入信号的要求较高，抗干扰能力不强。为了克服这个缺点，可选用具有边沿触发方式的*JK*触发器。所谓边沿触发方式，是指仅在*CP*脉冲的上升沿或下降沿到来时，触发器才能接收输入信号，触发并完成状态转换，而在 $CP=0$ 和 $CP=1$ 期间，触发器状态均保持不变，因而降低了对输入信号的要求，具有很强的抗干扰能力。常用的边沿触发型*JK*集成触发器产品很多，如双*JK*边沿触发器CT3112/4112、CT2108、CT3114/4114、CT1109/4109等，均为下降沿触发；单*JK*边沿触发器CT2101/2102为下降沿触发，CT1070为上升沿触发。

动画：边沿*JK*触发器

例6-1-3 已知某型号的*JK*触发器的逻辑符号如图6-1-5(b)所示，触发器的输入信号*J*、*K*及*CP*波形如图6-1-8所示。设触发器的初始状态为**0**。试画出输出端*Q*的波形。

分析：根据*JK*触发器的逻辑功能，并注意它是主从型的（主触发器在 $CP=1$ 时翻转，从触发器在 $CP=0$ 时翻转，因而该触发器在*CP*脉冲下降沿触发），可画出*Q*端输出波形如图6-1-8所示。

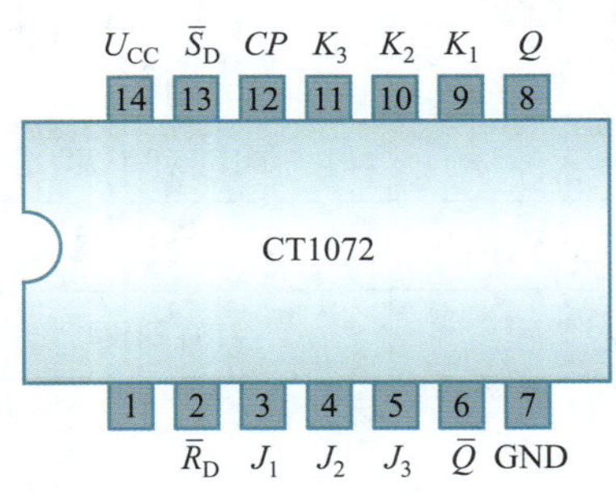

图6-1-7 CT1072单*JK*集成触发器引脚排列

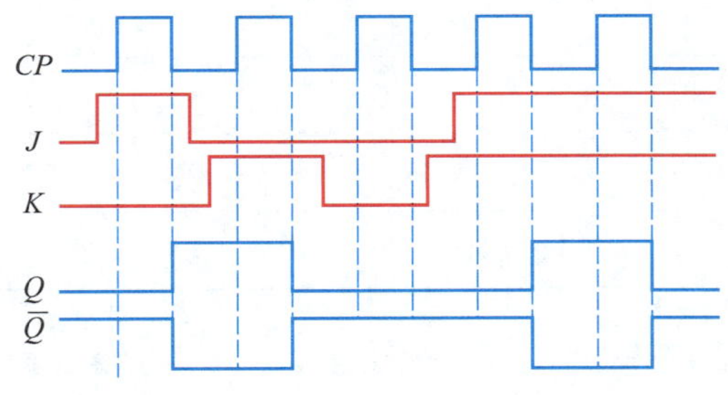

图6-1-8 例6-1-3 *JK*触发器工作波形

三、*D*触发器

*D*触发器也是一种应用广泛的触发器，图6-1-9(a)所示为维持阻塞型*D*触发器的逻辑符号。国产*D*触发器几乎全是维持阻塞型。其逻辑符号表明，维持阻塞型*D*触发器是由*CP*脉冲的上升沿触发的，因此是一种具有边沿触发方式的触发器。其逻辑状态表如表6-1-4所示。

微课：*D*触发器使用

由表6-1-4可以看出，*D*触发器的逻辑功能是：在时钟脉冲触发后，它的输出将成为输入端*D*的状态。图6-1-9(b)所示为维持阻塞型*D*触发器的工作波形。

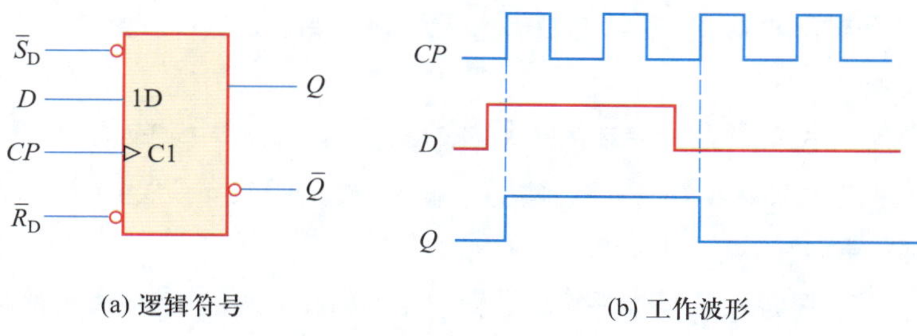

(a) 逻辑符号　　　　(b) 工作波形

图 6-1-9　维持阻塞型 D 触发器

表 6-1-4　D 触发器逻辑状态表

D	Q^{n+1}	说明
1	**1**	输出状态与 D 端相同
0	**0**	

动画：维持阻塞型 D 触发器

与 JK 触发器一样，为了扩大使用范围，也常将 D 触发器做成多输入结构，各 D 输入端是**与**逻辑关系。常用的集成 D 触发器组件有双 D 触发器 CT1074/2074/4074、八 D 触发器（仅 Q 端输出，无预置和复位端）CT4377 等。

动画：同步 D 触发器

例 6-1-4　逻辑电路如图 6-1-10(a)所示，分析其逻辑功能。已知输入信号 D 和时钟脉冲 CP 的波形如图 6-1-10(b)所示，画出输出端 Q 的波形。设电路的初始状态为 **0**。

分析：由逻辑电路可以看出，在 JK 触发器的输入端附加了一个**非**门，将 J 端通过此**非**门接到 K 端，即 $K=\bar{J}$，所以该 JK 触发器的 J、K 状态总是相反。于是当 $D=\mathbf{1}$，即 $J=\mathbf{1}$、$K=\mathbf{0}$时，在时钟脉冲 CP 下降沿到来时，$Q=\mathbf{1}$；当 $D=\mathbf{0}$，即 $J=\mathbf{0}$，$K=\mathbf{1}$时，在时钟脉冲 CP 下降沿到来时，$Q=\mathbf{0}$。可见该电路输出与输入之间的关系为

拓展阅读：几种双上升沿 D 触发器的主要参数

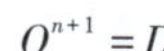

$$Q^{n+1}=D$$

所以该逻辑电路的逻辑功能与 D 触发器相同，它是利用主从型 JK 触发器构成的主从型 D 触发器。根据其逻辑功能，并注意到下降沿触发的特点，画出 Q 端的波形如图 6-1-10(b)所示。

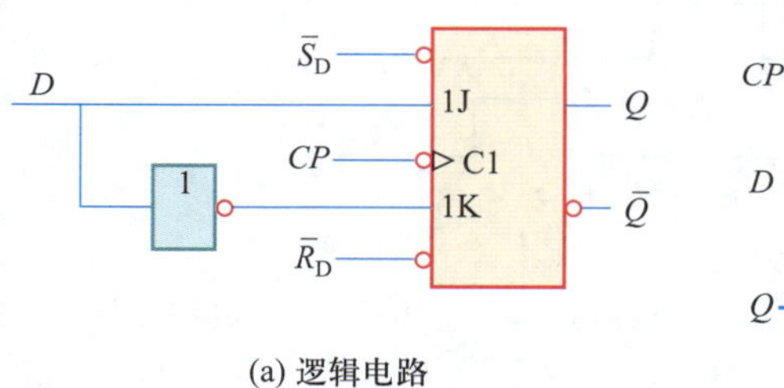

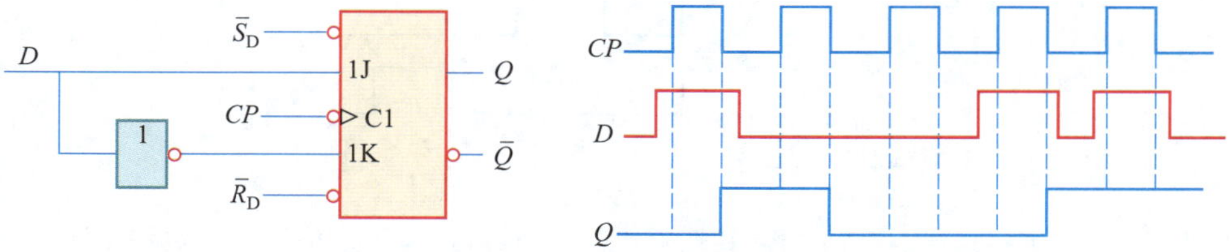

(a) 逻辑电路　　　　(b) 工作波形

图 6-1-10　例 6-1-4 图

例 6-1-5　分析图 6-1-11 中两个触发器的逻辑功能。

分析：图 6-1-11(a)所示电路中，D 触发器的输入端 D 与输出 $\bar{Q}$ 相连接，于是 $D=\bar{Q}$。如果该触发器的现态为 Q^n，则 $D=\bar{Q}^n$。由 D 触发器的功能可知，其次态为 $Q^{n+1}=D$，所以有

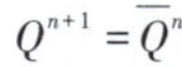

$$Q^{n+1}=\bar{Q}^n$$

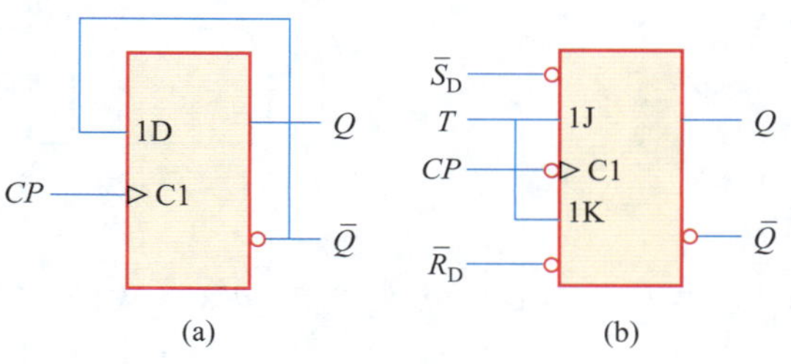

图 6-1-11　例 6-1-5 图

动画：T'触发器

可见，每来一个时钟脉冲 CP 上升沿，触发器翻转一次，具有计数功能。具有这种计数功能的触发器一般称为 T' 触发器。

图 6-1-11(b)所示电路中，JK 触发器的 J、K 端连接在一起作为一个输入端 T。根据 JK 触发器的逻辑功能，当 $T=\mathbf{0}$ 时，在时钟脉冲 CP 下降沿触发下，触发器输出状态不变；当 $T=\mathbf{1}$ 时，具有计数功能。具有这种功能的触发器称为 T 触发器。

微课：
T 触发器使用

从以上两例题可知，根据需要，可以将某种逻辑功能的触发器通过简单连线或附加控制门而转换成具有另一种逻辑功能的触发器，这在实际应用中是会经常遇到的。

点睛

1. 双稳态触发器是组成时序逻辑电路的基本单元，有 **0** 和 **1** 两个稳定输出状态。双稳态触发器是一种具有记忆功能的逻辑元件，这是它区别于门电路的最大特点。

2. 双稳态触发器按逻辑功能可分为 RS 触发器、JK 触发器、D 触发器和 T 触发器等。

3. 由于触发器内部电路结构形式不同，因而其触发方式和时刻不同。可控 RS 触发器为高电平触发，主从型触发器是在时钟脉冲下降沿（即后沿）触发，维持阻塞型触发器是在时钟脉冲上升沿（即前沿）触发。

4. 从应用的角度出发，应在理解的基础上熟练掌握各类常用触发器的逻辑功能，并熟记其逻辑符号。

练习与思考

6-1-1 为什么说双稳态触发器具有记忆功能？

6-1-2 画出 RS、JK、D、T 等各种触发器的逻辑符号并列出其逻辑状态表。

6-1-3 有一 TTL 主从型 JK 触发器，其初始状态 $Q=\mathbf{0}$，试画出在图 6-1-12 所示的时钟脉冲 CP 和 J、K 信号作用下触发器 Q 端的输出波形。

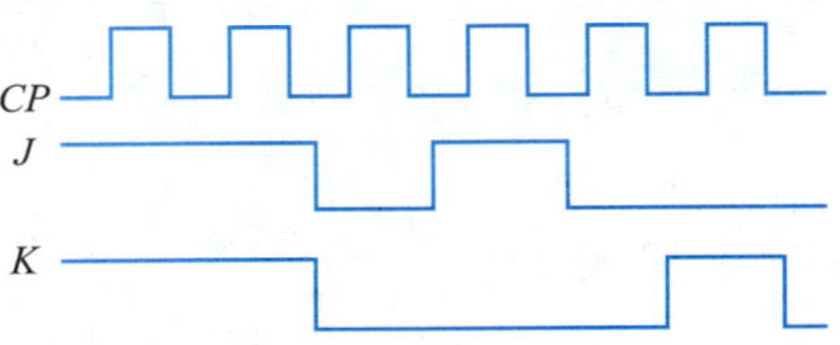

图 6-1-12 练习与思考 6-1-3 图

6-1-4 有一维持阻塞型 D 触发器，其初始状态 $Q=\mathbf{1}$，试画出在图 6-1-13 所示的时钟脉冲 CP 和 D 信号作用下触发器 Q 端的输出波形。

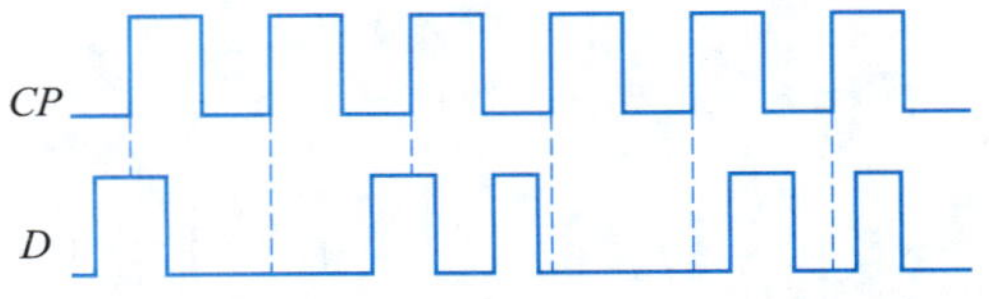

图 6-1-13 练习与思考 6-1-4 图

6-1-5 对于可控 RS 触发器、主从型 JK 触发器和维持阻塞型 D 触发器，如果 $\overline{R}_D=\overline{S}_D=\mathbf{1}$ 且没有时钟脉冲，触发器的状态能否改变？在不直接置 **0**、置 **1** 时，$\overline{R}_D$ 和 $\overline{S}_D$ 端应处于什么状态？为什么？

6-2 寄存器

数字系统中常用的时序逻辑部件有寄存器、计数器等，目前这些逻辑部件多为中规模集成电路。本节主要介绍寄存器的基本原理。

寄存器是一种重要的数字电路部件，常用来暂时存放指令、参与运算的数据或运算结果等。它是数字测量和数字控制系统中常用的部件，是计算机的主要部件之一。

寄存器的主要组成部分是具有记忆功能的双稳态触发器。一个触发器可以存放 1 位二进制代码，要存放 n 位二进制代码，就要有 n 个触发器。

从功能上说，寄存器可分为数码寄存器和移位寄存器两种。

一、数码寄存器

数码寄存器只供暂时存放数码，根据需要可以将存放的数码随时取出参加运算或进行处理。图 6-2-1是由 D 触发器组成的 4 位数码寄存器。存放及取出数码由清零脉冲、接收脉冲和取数脉冲来控制。待存数码由高位到低位依次排列为 $d_3d_2d_1d_0$。在接收数码之前，通常先清零，即发出清零脉冲，使各触发器复位。设寄存数码为 **1010**，将其送至各触发器的 D 输入端。当接收脉冲上升沿到达时，触发器 FF_3、FF_1 翻转为 **1** 状态，FF_2、FF_0 保持 **0** 状态不变，使 $Q_3Q_2Q_1Q_0=d_3d_2d_1d_0=$ **1010**，这样待存数码 **1010** 就暂存到寄存器中。需要取出寄存在寄存器中的数码时，各位数码在寄存器的输出端 $Q_3Q_2Q_1Q_0$ 上是同时取出的。每当 $d_3d_2d_1d_0$ 各端的新数据被接收脉冲送入寄存器后，原存的旧数据被自动刷新。

上述寄存器在输入时各位数码同时进入寄存器，取出时各位数码同时出现在输出端，因此也称为并行输入并行输出寄存器。

图 6-2-2 是触发器型 4 位集成寄存器 CT1175 的引脚排列，表 6-2-1 是其逻辑功能表。由表可知，CT1175 具有异步清零、并行输入/输出和保持功能。

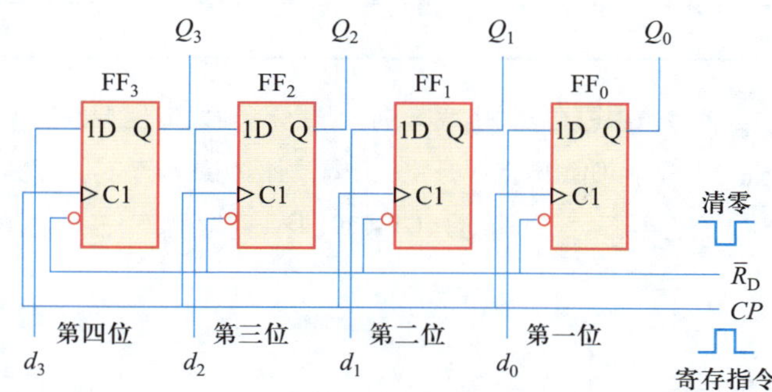

图 6-2-1 由 D 触发器组成的 4 位数码寄存器

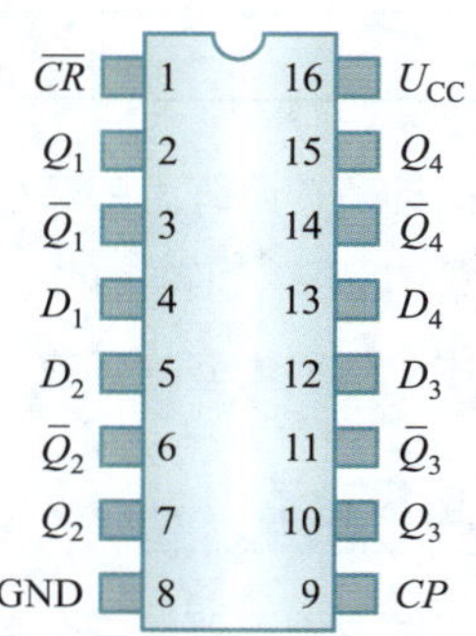

图 6-2-2 4 位集成寄存器 CT1175 引脚排列

表 6-2-1 CT1175 逻辑功能表

$\overline{CR}$	CP	$D_4 \sim D_1$	Q	$\overline{Q}$	功能
0	×	×	**0**	**1**	清零
1	↑	**1**	**1**	**0**	送数
1	↑	**0**	**0**	**1**	送数
1	**0**	×	Q^0	$\overline{Q}^0$	保持

Q^0：稳态输入条件建立前的 Q 端电平。

① 异步清零：或称直接清零。无论寄存器原来处于何种状态，只要清零端 $\overline{CR}=\mathbf{0}$，即可使输出端 $Q_4 \sim Q_1$ 全部清零，而与时钟 CP 无关。

② 并行输入/输出：当 $\overline{CR}=\mathbf{1}$ 时，CP 脉冲上升沿使 $Q_4Q_3Q_2Q_1=D_4D_3D_2D_1$，而 $\overline{Q}_4 \sim \overline{Q}_1$ 则以反码方式输出数据。

③ 保持：当 $\overline{CR}=\mathbf{1}$ 且 $CP=\mathbf{0}$ 时，寄存器保持原来状态。

除了用 D 触发器组成的寄存器外，还有一种锁存器型的寄存器（或称暂存器），通常由门电路组成，只有当选通信号 $LE=\mathbf{1}$ 时，锁存器才能接收信号。如 CT4375 是双 2 位锁存器，由两个独立的锁存器单元组成，有独立的选通输入信号 LE。图 6-2-3（a）是 CT4375 中一个锁存器单元的逻辑电路，图 6-2-3（b）是它的引脚排列，表 6-2-2 为其逻辑功能表。这一类型的器件还有 CT1116（双 4 位）等。

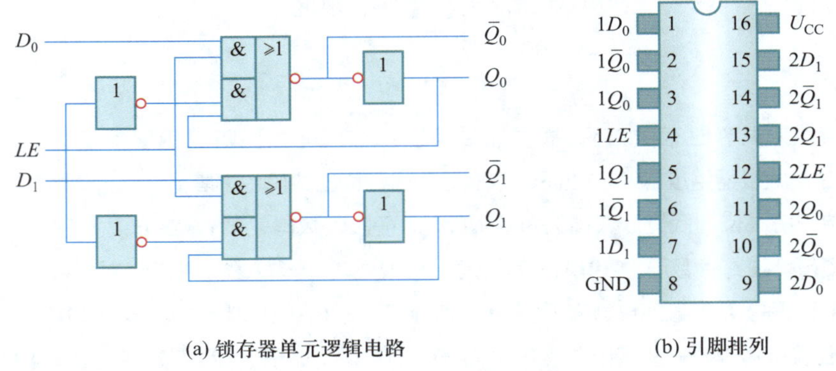

(a) 锁存器单元逻辑电路　　(b) 引脚排列

图 6-2-3　双 2 位锁存器 CT4375

表 6-2-2　CT4375 逻辑功能表

D	LE	Q	$\overline{Q}$	功能
0	**1**	**0**	**1**	置 **0**
1	**1**	**1**	**0**	置 **1**
×	**0**	Q^0	$\overline{Q}^0$	保持

另一种寄存器阵型的寄存器，其内部包含多组寄存器，排成阵列，可寄存多字、位信息。如 CT4170 为 4×4 寄存器阵，可存放四个 4 位二进制数，采用 OC（集电极开路）结构，可接成**线与**方式，广泛应用于计算机中。这种类型的还有 CT1172（8×2 寄存器阵，三态输出）、CT4670（4×4 寄存器阵，三态输出）等。

二、移位寄存器

移位寄存器不仅能寄存数码，而且具有移位功能，即在移位脉冲作用下实现数码逐次左移或右移。它在计算机和其他数字系统中获得广泛应用。

图 6-2-4 是由 JK 触发器组成的 4 位移位寄存器。FF_0 接成 D 触发器，数码由 D 端串行输入。所谓串行输入，就是寄存的数码从高位到低位（或从低位到高位）由第一个触发器的 D 端依次输入。工作之初先清零。设寄存的二进制数为 **1011**，就可按移位脉冲（时钟脉冲）的工作节拍从高位到低位依次串行送到 D 端。首先，$D=\mathbf{1}$，第一个移位脉冲的下降沿到来时使触发器 FF_0 翻转，$Q_0=\mathbf{1}$，其他触发器仍保持 **0** 状态。接着，$D=\mathbf{0}$，第二个移位脉冲的下降沿到来时使 FF_0 和 FF_1 同时翻转，由于 FF_1 的 J 端为 **1**，FF_0 的 J 端为 **0**，所以 $Q_1=\mathbf{1}$，$Q_0=\mathbf{0}$，Q_2 和 Q_3 仍为 **0**。以此类推，移位一次，存入一个新数码，直到第四个移位脉冲的下降沿到来时，四个数码便依次全部寄存到寄存器中，存数结束。在移位脉冲作用

图 6-2-4　由 *JK* 触发器组成的 4 位移位寄存器

下寄存器中数码的移动情况，即移位寄存器的状态表如表 6-2-3 所示。可以看出，当第四个移位脉冲作用之后，**1011** 这 4 位数码就出现在四个触发器的 Q 端，这时可以从 $Q_3Q_2Q_1Q_0$ 取出这个数据。这种取数方式为并行输出。如果再继续送来四个移位脉冲，可以使寄存的这 4 位数码 **1011** 逐位从 Q_3 端输出，这种取数方式为串行输出。

表 6-2-3　移位寄存器状态表

移位脉冲数	寄存器中的数码				移位过程
	Q_3	Q_2	Q_1	Q_0	
0	**0**	**0**	**0**	**0**	清零
1	**0**	**0**	**0**	**1**	左移 1 位
2	**0**	**0**	**1**	**0**	左移 2 位
3	**0**	**1**	**0**	**1**	左移 3 位
4	**1**	**0**	**1**	**1**	左移 4 位

动画：D 触发器构成左移寄存器原理

以上讨论的为左移寄存器。右移寄存器的构成原理相同，但应将被寄存的数码从低位到高位，顺序送入高位触发器的输入端。读者可自行分析其移位过程。除了单向移位寄存器外，还有既可左移也可右移的双向移位寄存器。如常用的 CT4194（74LS194）寄存器组件就是 4 位双向移位寄存器，它的引脚排列和逻辑功能表分别见图 6-2-5 和表 6-2-4。这是一种功能较强的寄存器，除具有清零及保持功能外，既可左移又可右移，还可并行输入、并行取出数据。这些功能均在时钟脉冲上升沿作用下实现。表 6-2-4 中，“×”表示任意状态，“↑”表示时钟脉冲上升沿触发。

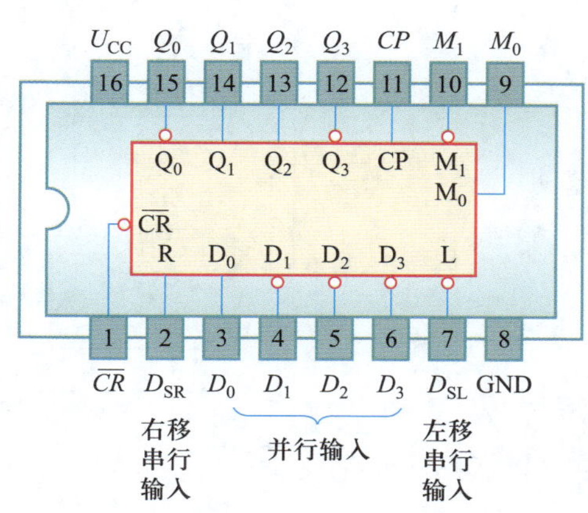

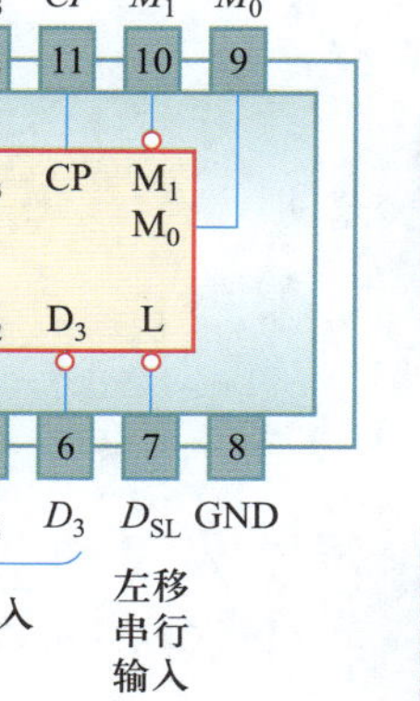

图 6-2-5　CT4194（74LS194）引脚排列

动画：D 触发器构成右移寄存器原理

动画：双向移位寄存器原理

表 6-2-4　CT4194（74LS194）逻辑功能表

$\overline{CR}$	CP	M_1	M_0	功能
0	×	×	×	直接清零
1	↑	**0**	**0**	保持
1	↑	**0**	**1**	右移（Q_0 向 Q_3 方向移位）
1	↑	**1**	**0**	左移（Q_3 向 Q_0 方向移位）
1	↑	**1**	**1**	并行置数（$Q_3Q_2Q_1Q_0=D_3D_2D_1D_0$）

图 6-2-5 中，$\overline{CR}$为清零端（低电平有效），$D_0 \sim D_3$ 为并行数据输入端，D_{SR} 为右移串行输入端，D_{SL} 为左移串行输入端，$Q_0 \sim Q_3$ 为输出端，M_0、M_1 为工作方式控制端，CP 为时钟脉冲输入端。

CT4194 的功能和工作过程如下。

（1）清零

当$\overline{CR}=\mathbf{0}$，即为低电平时，各触发器清零，清除原有的数据，输出端 $Q_0 \sim Q_3$ 均为低电平。

（2）保持

当工作方式控制端 M_0 和 M_1 均为低电平时，CP 被禁止，各触发器不动作，处于保持状态。

（3）并行输入

当 M_0 和 M_1 均为高电平时，在 CP 上升沿作用下，并行数据 $D_0 \sim D_3$ 被送入相应的输出端 $Q_0 \sim Q_3$。此时串行数据输入端 D_{SR}、D_{SL} 被禁止。

（4）右移串行输入

当 M_0 为高电平、M_1 为低电平时，在 CP 上升沿作用下进行右移操作，数据由 D_{SR} 送入。

（5）左移串行输入

当 M_0 为低电平、M_1 为高电平时，在 CP 上升沿作用下进行左移操作，数据由 D_{SL} 送入。

常用的移位寄存器还有 CT1198（8 位双向，并行输入/并行输出）、CT1199（8 位单向，并行输入/并行输出）、CT1164（8 位单向，串行输入/串行输出）、CT1166（8 位单向，并行输入/串行输出）等。

例 6-2-1 寄存器应用实例之一是串行加法器。串行加法器是实现两个二进制数逐位依次相加的部件，它的原理电路如图 6-2-6 所示，图中 SRG4（1）~ SRG4（3）均为移位寄存器。

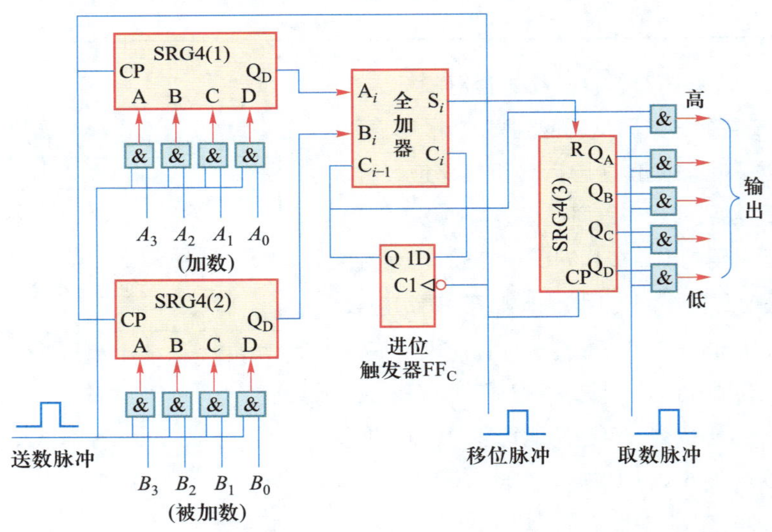

图 6-2-6 串行加法器原理电路

工作过程如下。

① 进行运算之前先将各寄存器、触发器清零。

② 令 SRG4（1）和 SRG4（2）处于并行输入状态，利用送数脉冲将加数 $A_3A_2A_1A_0$ 和被加数 $B_3B_2B_1B_0$ 分别送入相应的寄存器中。

③ 在移位脉冲 CP 的作用下，SRG4（1）和 SRG4（2）中的数据逐位右移（低位在前，高位在后），并在全加器中逐位相加，即串行相加。

④ 每次相加结束，本位和 S_i 存入寄存器 SRG4(3)中，进位 C_i 存入进位触发器 FF_C 中，供全加器下一位相加时使用。

点睛

寄存器是数字系统常用的逻辑部件，用来存放数码或指令等。它由触发器和门电路组成。一个触发器只能存放 1 位二进制数，存放 n 位二进制数，要用 n 个触发器。寄存器按功能分有数码寄存器和移位寄存器。

练习与思考

6-2-1 数码寄存器和移位寄存器有什么区别？

6-2-2 分析已学过的各种类型触发器，其中哪些能用作移位寄存器？哪些不能？为什么？

6-2-3 在表 6-2-3 中增加 4 行，说明再经过四个移位脉冲，将寄存器中所存的 **1011** 逐位从 Q_3 端串行输出的过程。

6-3 计数器

计数器是一种累计输入脉冲数量的逻辑部件。在数字测量、数字控制系统和计算机中都广泛应用各种计数器。计数器有多种分类方式：按计数功能，计数器可分为加法计数器、减法计数器以及兼有这两种功能的可逆计数器；按计数进位制，计数器可分为二进制计数器、十进制计数器和其他进制计数器；按计数器内部各触发器的动作步调，计数器可分为异步计数器和同步计数器。本节主要讨论二进制加法计数器和十进制加法计数器。

一、二进制加法计数器

我们知道，二进制只有 **0** 和 **1** 两个数码，二进制加法的规律是逢二进一，即 **0+1=1**，**1+1=10**。也就是说，当本位是 **1** 再加 **1** 时，本位就变为 **0**，而向高位进位，使高位加 **1**。

由于双稳态触发器有 **0** 和 **1** 两个状态，所以一个触发器可以表示 1 位二进制数。如果要表示 n 位二进制数，就要用 n 个双稳态触发器。

可以列出 4 位二进制加法计数器的状态表，如表 6-3-1 所示。

要实现表 6-3-1 所列的 4 位二进制加法计数，必须用 4 个双稳态触发器，它们具有计数功能。采用不同的触发器，可得出不同的逻辑电路。即使采用同一种触发器，也可得出不同的逻辑电路。

1. 异步二进制加法计数器

从表 6-3-1 可以看出二进制加法计数器的特点是：每来一个计数脉冲，最低位触发器翻转一次，而高位触发器是在相邻的低位触发器从 **1** 变为 **0** 进位时翻转。根据上述特点，可用 4 个主从型 JK 触发器组成 4 位二进制加法计数器，如图 6-3-1 所示。图中各触发器的 J、K 端都悬空，相当于 **1**，所以均处于计数状态。最低位触发器的 C 端作为计数脉冲的输入端，其他各触发器的 C 端与相邻的低位触发器的 Q 端相连接，使低位触发器的进位脉冲从 Q 端输出后送到相邻的高位触发器的 C 端，这符合主从型触发器在正脉冲下降沿触发的特点。这样，最低位触发器每来一个计数脉冲就翻转一次，而高位触发器只有当相邻的低位触发器从 **1** 变 **0** 向其输出进位脉冲时才翻转。这种连接方式恰好符合二进制加法计

表 6-3-1 4 位二进制加法计数器状态表

计数脉冲	二进制数				十进制数
	Q_3	Q_2	Q_1	Q_0	
0	**0**	**0**	**0**	**0**	0
1	**0**	**0**	**0**	**1**	1
2	**0**	**0**	**1**	**0**	2
3	**0**	**0**	**1**	**1**	3
4	**0**	**1**	**0**	**0**	4
5	**0**	**1**	**0**	**1**	5
6	**0**	**1**	**1**	**0**	6
7	**0**	**1**	**1**	**1**	7
8	**1**	**0**	**0**	**0**	8
9	**1**	**0**	**0**	**1**	9
10	**1**	**0**	**1**	**0**	10
11	**1**	**0**	**1**	**1**	11
12	**1**	**1**	**0**	**0**	12
13	**1**	**1**	**0**	**1**	13
14	**1**	**1**	**1**	**0**	14
15	**1**	**1**	**1**	**1**	15
16	**0**	**0**	**0**	**0**	0

数器的特点，因此该电路是一个二进制加法计数器。

工作时，先将各触发器清零，使计数器变为 **0000** 状态。第一个计数脉冲到来时，触发器 FF_0 翻转为 **1**，其余各位触发器不变，计数器变为 **0001** 状态。第二个计数脉冲输入后，触发器 FF_0 由 **1** 变为 **0**，并向 FF_1 输出一个负跳变的进位脉冲，使 FF_1 翻转为 **1**，FF_3 及 FF_2 不变，计数器变为 **0010** 状态。以此类推，计数器状态变化的规律与表 6-3-1 所示相同。计数器的工作波形如图 6-3-2 所示。由波形图不难看出，每个触发器输出脉冲的频率是它的低一位触发器输出脉冲频率的二分之一，称为 2 分频。因此，Q_0、Q_1、Q_2、Q_3 输出脉冲频率分别是计数脉冲 CP 的 2 分频、4 分频、8 分频和 16 分频。所以这种计数器也可作为分频器使用。

动画：由 *JK* 触发器构成加法计数器

由于该计数器的计数脉冲不是同时加到各触发器的 C 端，因而各触发器的状态变化时刻不一致，与计数脉冲不同步，所以称为异步二进制加法计数器。

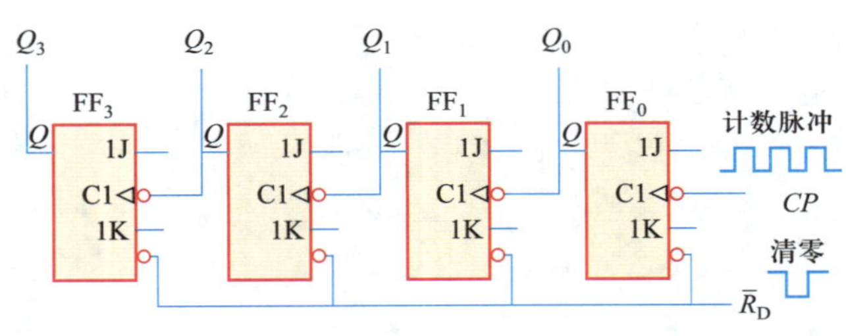

图 6-3-1 4 位异步二进制加法计数器

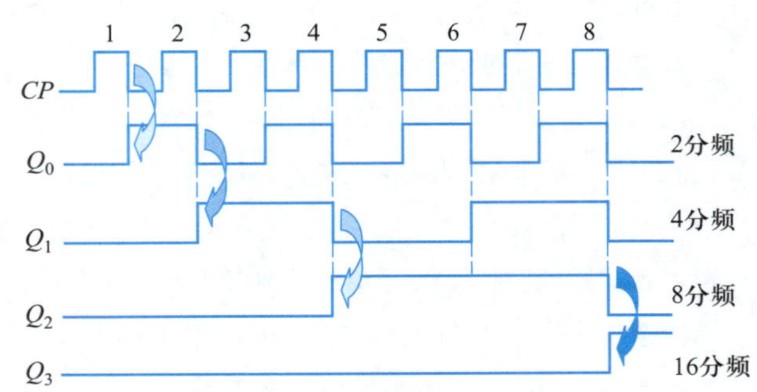

图 6-3-2 图 6-3-1 所示二进制加法计数器工作波形

2. 同步二进制加法计数器

异步计数器中，由于进位信号是逐级传送的，因而计数速度受到限制。为了提高计数器的工作速度，可将计数脉冲同时加到计数器中各触发器的 C 端，使各触发器的状态变换与计数脉冲同步。这种计数器称为同步计数器。

同步二进制加法计数器一般由 T 触发器组成，它可由 JK 触发器或者 D 触发器转换而成。图 6-3-3 所示是由主从型 JK 触发器组成的 4 位同步二进制加法计数器。当 $T=\mathbf{1}(J=K=\mathbf{1})$ 时，计数脉冲使触发器翻转；当 $T=\mathbf{0}(J=K=\mathbf{0})$ 时，计数脉冲来到触发器 C 端后触发器状态不变。图中有的触发器有多个 J 端和 K 端。如前所述，各 J 端之间和各 K 端之间都是**与**逻辑关系，即对于每一个触发器而言，只有它的几个 J 端全为 **1** 时，才能认为 J 端是 **1**，否则只能认为是 **0**，几个 K 端也是这样。据此，可分析各触发器状态变化规律如下。

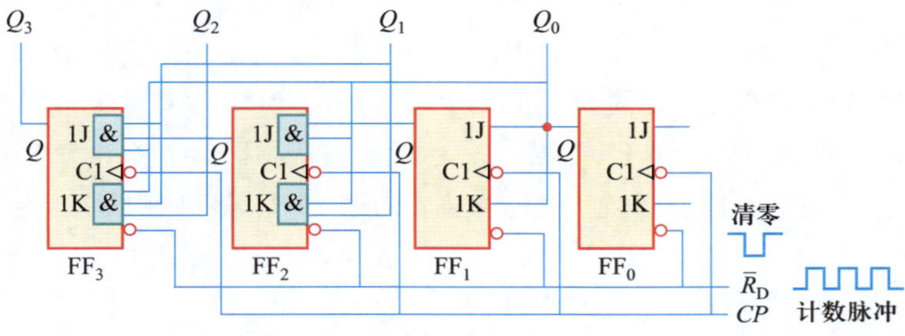

图 6-3-3　4 位同步二进制加法计数器

① 最低位触发器 FF_0：$J_0=K_0=\mathbf{1}$，每来一个计数脉冲就翻转一次。

② 第二位触发器 FF_1：$J_1=K_1=Q_0$，只有当 $Q_0=\mathbf{1}$ 时再来一个计数脉冲才翻转。

③ 第三位触发器 FF_2：$J_2=K_2=Q_1Q_0$，只有当 $Q_1=Q_0=\mathbf{1}$ 时再来一个计数脉冲才翻转。

④ 第四位触发器 FF_3：$J_3=K_3=Q_2Q_1Q_0$，只有当 $Q_2=Q_1=Q_0=\mathbf{1}$ 时再来一个计数脉冲才翻转。

清零后连续输入计数脉冲，计数器中各触发器的状态以及工作波形与异步二进制加法计数器完全一致。由于计数脉冲同时加至各触发器的 C 端，因此应该翻转的触发器同时翻转。

在上述的 4 位二进制加法计数器中，当输入第十六个计数脉冲时，计数器返回到初始状态 **0000**，如果还有第五位触发器的话，这时应是 **10000**，即十进制数 16。但是现在只有 4 位触发器，这个数就记录不下来，这称为计数器的溢出。因此，4 位二进制加法计数器能计的最大十进制数为 $2^4-1=15$。n 位二进制加法计数器能计的最大十进制数为 2^n-1。

一个 4 位二进制加法计数器也是一个 1 位十六进制加法计数器，因为它“逢十六进一”。

例 6-3-1　分析图 6-3-4 所示逻辑电路的逻辑功能，说明其用途。设初始状态为 **000**。

分析：(1) 由图可得出各触发器 J、K 端的逻辑关系式如下。

FF_0：$J_0=\overline{Q_2}$，　　$K_0=\mathbf{1}$

FF_1：$J_1=\mathbf{1}$，　　$K_1=\mathbf{1}$

FF_2：$J_2=Q_1Q_0$，　　$K_2=\mathbf{1}$

(2) 因初始状态为 **000**，所以这时各触发器 J、K 端的电平如下。

FF_0：$J_0=\mathbf{1}$，　　$K_0=\mathbf{1}$

FF_1：$J_1=\mathbf{1}$，　　$K_1=\mathbf{1}$

FF_2：$J_2=\mathbf{0}$，　　$K_2=\mathbf{1}$

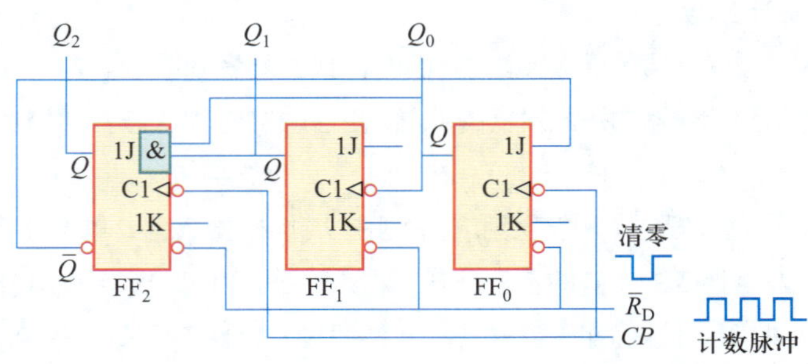

图 6-3-4 例 6-3-1 逻辑电路

根据 JK 触发器的逻辑功能，当第一个计数脉冲到来时得出各触发器的下一状态。由于第二位触发器 FF_1 的触发信号来自 Q_0，所以它只在 Q_0 从 **1** 变 **0** 时才能翻转。因此第一个计数脉冲到来时只有 FF_0 翻转，其他触发器不翻转，故下一状态为 **001**。

然后，再以 **001** 分析下一状态，这时 FF_0 和 FF_1 都翻转，得出 **010**。以此类推，一直分析到恢复初始状态 **000** 为止。由上述分析列出状态表，如表 6-3-2 所示。由表可见，累计数递增，经过五个计数脉冲循环一次，所以该逻辑电路是 1 位五进制加法计数器。由于计数脉冲不是同时加到各触发器，因此它是异步计数器。

表 6-3-2 例 6-3-1 逻辑电路状态表

计数脉冲	原状态	控制端						下一状态
		FF$_2$		FF$_1$		FF$_0$		
CP	$Q_2Q_1Q_0$	$J_2=Q_1Q_0$	$K_2=1$	$J_1=1$	$K_1=1$	$J_0=\overline{Q_2}$	$K_0=1$	$Q_2Q_1Q_0$
0	**0 0 0**							**0 0 0**
1	**0 0 0**	**0**	**1**	**1**	**1**	**1**	**1**	**0 0 1**
2	**0 0 1**	**0**	**1**	**1**	**1**	**1**	**1**	**0 1 0**
3	**0 1 0**	**0**	**1**	**1**	**1**	**1**	**1**	**0 1 1**
4	**0 1 1**	**1**	**1**	**1**	**1**	**1**	**1**	**1 0 0**
5	**1 0 0**	**0**	**1**	**1**	**1**	**0**	**1**	**0 0 0**

3. 集成二进制计数器

TTL 中规模集成二进制计数器种类很多，如 CT1177、CT1197/4197、CT1293/4293 为异步 4 位二进制计数器，CT1393/4393 为异步双 4 位二进制计数器，CT1161/4161、CT1163/3163/4163 为同步 4 位二进制计数器，CT3169/4169、CT1191/4191、CT1193/4193 为同步 4 位二进制可逆计数器等。下面介绍 CT4169 的功能和应用。

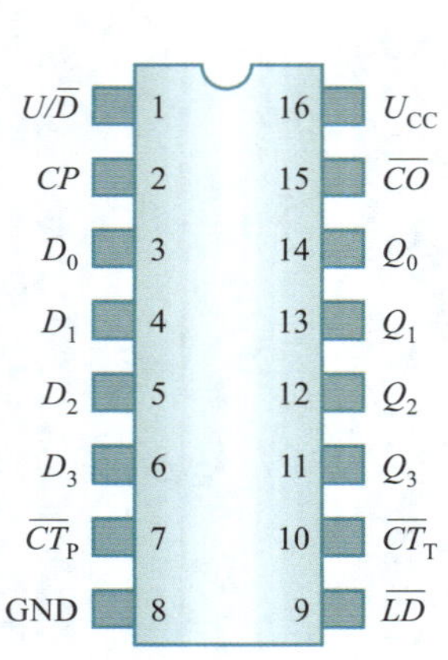

图 6-3-5 CT4169 引脚排列

CT4169 为可预置的 4 位二进制可逆（加减）计数器，图 6-3-5 是它的引脚排列，表 6-3-3 是它的逻辑功能表。各引脚的含义如下。

CP：计数器时钟脉冲输入端。

$\overline{CT}_P$、$\overline{CT}_T$：计数控制端，低电平有效。

$U/\overline{D}$：可逆计数控制输入端（**1**：加法计数，**0**：减法计数）。

D_3、D_2、D_1、D_0：预置数输入端。

Q_3、Q_2、Q_1、Q_0：计数器输出端。

$\overline{CO}$:进位/借位输出端,低电平有效。

表 6-3-3 CT4169 逻辑功能表

$\overline{LD}$	$\overline{CT}_P$	$\overline{CT}_T$	$U/\overline{D}$	CP	D_3	D_2	D_1	D_0	Q_3	Q_2	Q_1	Q_0
0	×	×	×	↑	d_3	d_2	d_1	d_0	d_3	d_2	d_1	d_0
1	**0**	**0**	**1**	↑	×	×	×	×	加法计数			
1	**0**	**0**	**0**	↑	×	×	×	×	减法计数			
1	**1**	×	×	×	×	×	×	×	保持			
1	×	**1**	×	×	×	×	×	×	保持			

CT4169 具有如下功能。

(1) 同步预置

动画：同步置数法工作原理

预置功能使计数器从某一预置值开始计数,当达到计数最大值并产生进位(或借位)信号时,使预置控制有效,计数器接收预置值并从该值开始新一轮计数,因而可通过设置不同的预置值(即开始值)来构成任意进制的计数器。由功能表可见,当$\overline{LD}=\mathbf{0}$ 时,在 CP 上升沿的作用下,输出端 $Q_3 \sim Q_0$ 与预置数输入端 $D_3 \sim D_0$ 相一致,即具有同步并行置数功能。

(2) 同步加/减法计数

当$\overline{LD}=\mathbf{1}$、$\overline{CT}_P$ 和$\overline{CT}_T=\mathbf{0}$ 时,若 $U/\overline{D}=\mathbf{1}$,则对 CP 脉冲进行加法计数;若 $U/\overline{D}=\mathbf{0}$,则进行减法计数。计数时,$Q_3 \sim Q_0$ 同时变化,故为同步计数。

(3) 保持

当$\overline{LD}=\mathbf{1}$、$\overline{CT}_P$ 和$\overline{CT}_T$ 至少有一端为 **1** 时,计数器保持原来状态不变。

图 6-3-6 是用 CT4169 构成的五进制加法计数器。由于 CT4169 是 4 位二进制计数器,故构成五进制计数器时,其预置数应为 $2^4-5=11$(即二进制数 **1011**)。在图 6-3-6 中,将预置端 $D_3 \sim D_0$ 置为 **1011** 状态,$U/\overline{D}$ 端为 **1**(悬空即可)。计数器从初始值 **1011** 开始计数,第一个 CP 脉冲到来时,计数值为 **1100**;第四个 CP 脉冲到来时,计数值为 **1111**;第五个 CP 脉冲到来时,计数器变为 **0000**,此时进位端向高位送出一个进位脉冲,并使预置数控制端$\overline{LD}=\mathbf{0}$,将预置数重新送入计数器,开始下一轮计数。这种方法通过重复预置某个数值,使计数器跳过若干不需要的状态,从而得到任意进制的计数器,称为反馈置数法。

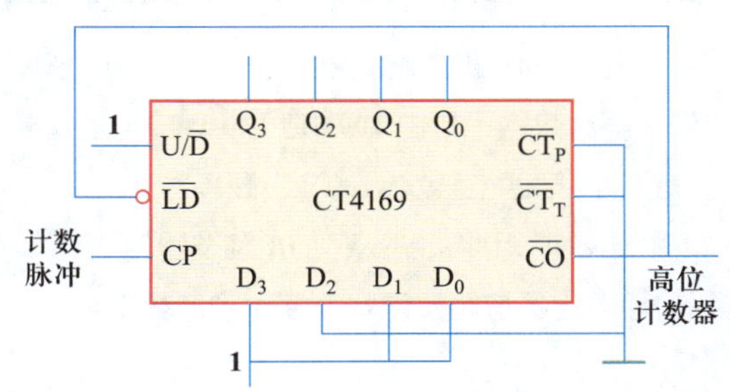

图 6-3-6 CT4169 构成的五进制加法计数器

微课：用置数法实现任意进制计数器

二、十进制加法计数器

二进制计数器结构简单,但是人们对二进制数毕竟不如常用的十进制数那样习惯,所以在有些场合要采用十进制计数器。例如在数字装置终端中,广泛采用十进制计数器进行计数并将结果加以显示。

在十进制数中,有 0,1,2,…,9 十个数码,每一位数都可能是这十个数码中的任何一个;从 0 开始计数，遇到 9+1 时，这一位就要回到 0，并向高位进一，即“逢十进一”。

如前所述，一个 4 位二进制加法计数器的状态表如表 6-3-1 所示，共有十六个状态。为了表示十进制的十个数码，就要设法在十六个状态中去掉六个状态而选取剩余十个状态。至于去掉哪六个状态，可有不同的安排，这就是编码方式。上一章已讲过最常用的 8421BCD 编码方式，是取 4 位二进制数前面的 **0000**~**1001** 来表示十进制数的 0~9 十个数码，而去掉后面的 **1010**~**1111** 六个数。按此编码方式，要求 4 位二进制加法计数器从 **0000** 开始计数，到第九个计数脉冲作用后变为 **1001**，再输入第十个计数脉冲，就要返回到初始状态 **0000**，并输出一个进位脉冲，即经过十个脉冲循环一次，实现“逢十进一”。由此可列出 8421BCD 码十进制加法计数器的状态表，如表 6-3-4 所示。

表 6-3-4 8421BCD 码十进制加法计数器状态表

计数脉冲	二进制数				十进制数
	Q_3	Q_2	Q_1	Q_0	
0	**0**	**0**	**0**	**0**	0
1	**0**	**0**	**0**	**1**	1
2	**0**	**0**	**1**	**0**	2
3	**0**	**0**	**1**	**1**	3
4	**0**	**1**	**0**	**0**	4
5	**0**	**1**	**0**	**1**	5
6	**0**	**1**	**1**	**0**	6
7	**0**	**1**	**1**	**1**	7
8	**1**	**0**	**0**	**0**	8
9	**1**	**0**	**0**	**1**	9
10	**0**	**0**	**0**	**0**	进位

与 4 位二进制加法计数器状态表相比，前九个计数脉冲作用后的状态两者相同，只是第十个计数脉冲到来后计数器不是由 **1001** 变为 **1010**，而是恢复初始状态 **0000**，即要求第二位触发器 FF_1 不得翻转，保持 **0** 态，第四位触发器 FF_3 应翻转为 **0**。

按上述要求，用 4 个主从型 *JK* 触发器组成的 1 位同步十进制加法计数器如图 6-3-7 所示。根据逻辑图，可得出各位触发器状态变化规律如下。

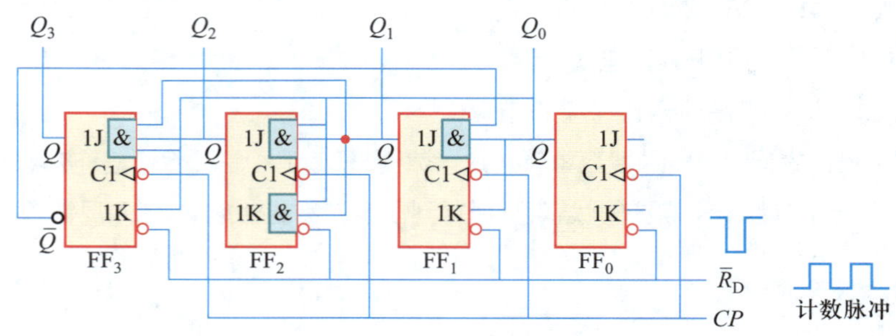

图 6-3-7 1 位同步十进制加法计数器

① 第一位触发器 FF_0：$J_0 = K_0 = \mathbf{1}$，每来一个计数脉冲翻转一次。

② 第二位触发器 FF_1：$J_1 = \overline{Q}_3 Q_0$，$K_1 = Q_0$，在 $\overline{Q}_3 = \mathbf{1}$ 和 $Q_0 = \mathbf{1}$ 时再来一个计数脉冲才翻转。

③ 第三位触发器 FF_2：$J_2 = K_2 = Q_1Q_0$，在 $Q_1 = Q_0 = \mathbf{1}$ 时再来一个计数脉冲才翻转。

④ 第四位触发器 FF_3：$J_3 = Q_2Q_1Q_0$，$K_3 = Q_0$，在 $Q_2 = Q_1 = Q_0 = \mathbf{1}$ 时来到第八个计数脉冲才由 **0** 翻转为 **1**，而在第十个计数脉冲时由 **1** 翻转为 **0**，发生溢出或向高一位计数器送出进位信号。

各触发器清零后，根据上述逻辑关系，对其工作过程分析如下。

① 初始状态为 **0000**，$J_0 = K_0 = \mathbf{1}$，$J_1 = K_1 = \mathbf{0}$，$J_2 = K_2 = \mathbf{0}$，$J_3 = K_3 = \mathbf{0}$，在第一个计数脉冲作用下，FF_0 翻转为 **1**，即 $Q_0 = \mathbf{1}$，其他触发器不翻转，保持 **0** 态。所以计数器状态为 **0001**。

② 再根据 $Q_3Q_2Q_1Q_0 = \mathbf{0001}$，求得各位触发器控制端的电平，由此可得第二个计数脉冲作用后的下一状态为 **0010**。这是因为 $J_0 = K_0 = \mathbf{1}$，$J_1 = K_1 = \mathbf{1}$，当第二个计数脉冲到来时，FF_1 和 FF_0 翻转，使 $Q_0 = \mathbf{0}$，$Q_1 = \mathbf{1}$，而其他触发器因 $J_2 = K_2 = \mathbf{0}$，$J_3 = \mathbf{0}$，$K_3 = \mathbf{1}$，所以保持 **0** 状态不变。

③ 以此类推，最后当 $Q_3Q_2Q_1Q_0 = \mathbf{1001}$ 时，有 $J_0 = K_0 = \mathbf{1}$，$J_1 = \mathbf{0}$，$K_1 = \mathbf{1}$，$J_2 = K_2 = \mathbf{0}$ 和 $J_3 = \mathbf{0}$，$K_3 = \mathbf{1}$，所以当第十个计数脉冲到来时，使 FF_0 翻转为 **0**，FF_3 翻转为 **0**，FF_2 和 FF_1 保持 **0** 状态不变，因此得到 $Q_3Q_2Q_1Q_0 = \mathbf{0000}$，又回到初始状态。

上述过程可列表如表 6-3-5 所示。其工作波形如图 6-3-8 所示。

表 6-3-5　十进制加法计数器时序表

计数脉冲	计数器状态				控制端							
					FF_3		FF_2		FF_1		FF_0	
CP	Q_3	Q_2	Q_1	Q_0	$J_3=Q_2Q_1Q_0$	$K_3=Q_0$	$J_2=Q_1Q_0$	$K_2=Q_1Q_0$	$J_1=\overline{Q}_3Q_0$	$K_1=Q_0$	$J_0=\mathbf{1}$	$K_0=\mathbf{1}$
0	**0**	**0**	**0**	**0**	**0**	**0**	**0**	**0**	**0**	**0**	**1**	**1**
1	**0**	**0**	**0**	**1**	**0**	**1**	**0**	**0**	**1**	**1**	**1**	**1**
2	**0**	**0**	**1**	**0**	**0**	**0**	**0**	**0**	**0**	**0**	**1**	**1**
3	**0**	**0**	**1**	**1**	**0**	**1**	**1**	**1**	**1**	**1**	**1**	**1**
4	**0**	**1**	**0**	**0**	**0**	**0**	**0**	**0**	**0**	**0**	**1**	**1**
5	**0**	**1**	**0**	**1**	**0**	**1**	**0**	**0**	**1**	**1**	**1**	**1**
6	**0**	**1**	**1**	**0**	**0**	**0**	**0**	**0**	**0**	**0**	**1**	**1**
7	**0**	**1**	**1**	**1**	**1**	**1**	**1**	**1**	**1**	**1**	**1**	**1**
8	**1**	**0**	**0**	**0**	**0**	**0**	**0**	**0**	**0**	**0**	**1**	**1**
9	**1**	**0**	**0**	**1**	**0**	**1**	**0**	**0**	**0**	**1**	**1**	**1**
10	**0**	**0**	**0**	**0**	**0**	**0**	**0**	**0**	**0**	**0**	**1**	**1**

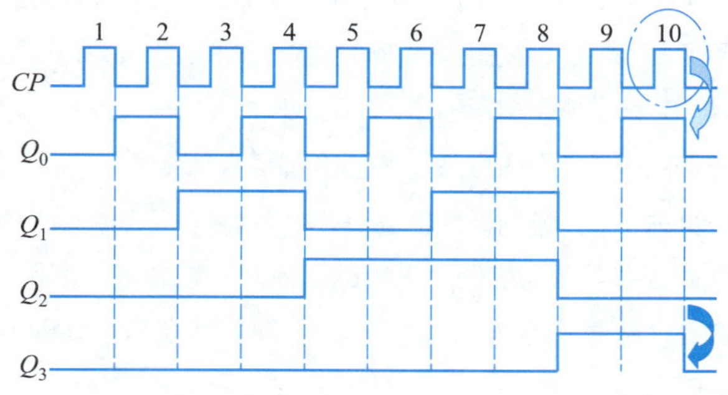

图 6-3-8　十进制加法计数器工作波形

常用的 TTL 中规模集成十进制计数器有 CT1196/3196/4196、CT1290/4290（异步计数器），CT1160/4160、CT1162/3162/4162（同步计数器），CT3168/4168、CT1190/4190、CT1192/4192（同步可逆计数器）等。

动画：
十进制计数器
74LS160（CT4160）

图 6-3-9 是同步十进制可逆计数器 CT4190 的引脚排列，表 6-3-6 是其逻辑功能表。CT4190 和前面介绍过的二进制可逆计数器类似，也具有预置、加法计数、减法计数和保持等功能，但它只有一个计数控制端 $\overline{CT}$，却多了一个也是低电平有效的行波时钟输出端 $\overline{RC}$。

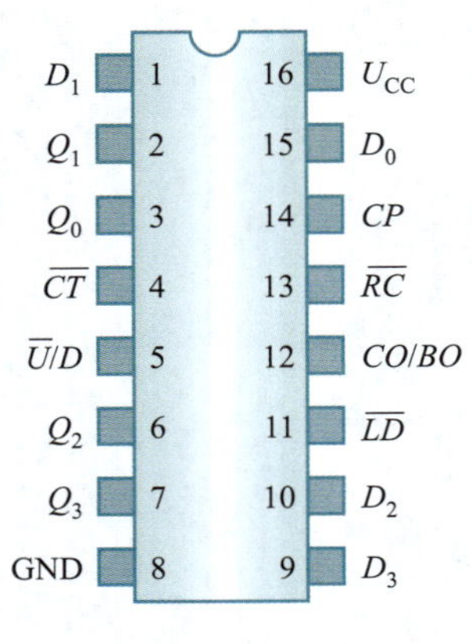

图 6-3-9 CT4190 引脚排列

表 6-3-6 CT4190 逻辑功能表

$\overline{LD}$	$\overline{CT}$	$\overline{U}/D$	CP	D_3	D_2	D_1	D_0	Q_3	Q_2	Q_1	Q_0
0	×	×	×	d_3	d_2	d_1	d_0	d_3	d_2	d_1	d_0
1	**0**	**0**	↑	×	×	×	×	加法计数			
1	**0**	**1**	↑	×	×	×	×	减法计数			
1	**1**	×	×	×	×	×	×	保持			

$\overline{CT}$	CO/BO	CP	$\overline{RC}$
0	**1**	⊔	⊔
1	×	×	**1**
×	**0**	×	**1**

CT4190 具有以下四种功能。

（1）异步预置

当 $\overline{LD}=\mathbf{0}$ 时，无论时钟端 CP 处于什么状态，都可将输出端 $Q_3 \sim Q_0$ 预置成 $D_3 \sim D_0$ 端的输入数 $d_3 \sim d_0$。

（2）同步加/减法计数

当 $\overline{LD}=\mathbf{1}$、$\overline{CT}=\mathbf{0}$ 时，若 $\overline{U}/D=\mathbf{0}$，为加法计数；若 $\overline{U}/D=\mathbf{1}$，则为减法计数。片内为并行进位，所以是同步计数。

（3）保持

当 $\overline{LD}=\mathbf{1}$、$\overline{CT}=\mathbf{1}$ 时，计数器保持原来状态不变。

（4）级间进位/借位

当计数上溢（加法计数）或下溢（减法计数）时，进位/借位输出端 CO/BO 输出一个宽度约等于 CP 脉冲周期的高电平脉冲，而行波时钟输出端 $\overline{RC}$ 则输出一个宽度等于 CP 低电平部分的低电平脉冲，因而利用 $\overline{RC}$ 端可以将 N 片 CT4190 级联为 N 位十进制同步计数器。连接方法是：当级间采用并行 CP 控制时，将 $\overline{RC}$ 接到后一级的 $\overline{CT}$，于是当发生溢出时，$\overline{RC}$ 端输出一个低电平脉冲，使后一级的 $\overline{CT}=\mathbf{0}$，进入计数状态；若级间采用并行 $\overline{CT}$ 控制，则将 $\overline{RC}$ 接到后一级的 CP。

为了使集成计数器的使用更加方便和灵活，某些中规模集成计数器采用了复合结构，即由两个独立的计数器组成，如 CT4090 为二-五进制计数器，即其中包含一个二进制计数器和一个五进制计数器。

利用二进制或十进制计数器可以构成任意进制的计数器。前面讲了利用计数器的预置数功能，采用反馈置数法构成任意进制计数器的方法，下面再介绍一种反馈置零法，即利用计数器的复位（清零）功能构成任意进制计数器的方法。

图 6-3-10（a）是用具有复位功能的同步 4 位二进制计数器 CT4161（其引脚排列和逻辑功能表可

从产品手册上查出）组成的十进制计数器基本电路，当它的复位端$\overline{CR}$=**0** 时，其输出端 $Q_3 \sim Q_0$ 被全部清零。图中，CT_P 和 CT_T 是计数控制端，高电平有效，故接至高电平 **1**。设计数器从 **0000** 开始计数，输入第九个计数脉冲之后，计数器状态为 **1001**，第十个计数脉冲的上升沿使计数器状态成为 $Q_3Q_2Q_1Q_0$ = **1010**，此时**与非**门 G 的输出$\overline{CR}=\overline{Q_3Q_1}$ = **0**，使得计数器异步（即与 CP 状态无关）清零，回到初始状态 **0000**，并从 CO 端输出一个进位信号。

图 6-3-10（a）所示电路接线虽然简单，但工作可靠性比较差。因为当计数器一进入 **1010** 状态，便立即使计数器清零，脱离 **1010** 状态，清零信号也随即消失，其作用时间极短，而计数器内各触发器的复位速度很难做到完全同步，只要有一个动作较快的触发器首先翻回到 **0** 状态，清零信号$\overline{CR}$立即无效，而动作稍慢的触发器可能来不及复位，造成计数器不能正常清零和继续正确计数。为此可采用图 6-3-10（b）所示的改进电路，当第十个计数脉冲使计数器进入 **1010** 状态后，**与非**门 G 输出低电平，使基本 RS 触发器复位，Q 端输出的低电平将使 CT4161 清零，这时虽然 G 门的低电平输出信号消失，但基本 RS 触发器的状态不会发生改变，将维持清零信号，直到计数脉冲 CP 回到低电平，基本 RS 触发器被置 **1**，计数器的清零信号才消失。

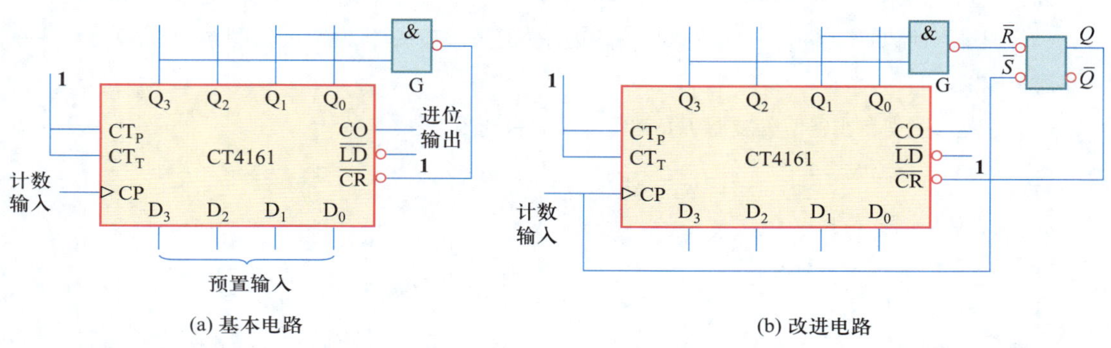

(a) 基本电路　(b) 改进电路

图 6-3-10　由 CT4161 组成的十进制计数器

例 6-3-2　图 6-3-11 所示为 CT4090（二-五-十进制计数器）的逻辑图和引脚排列，其功能表如表 6-3-7 所示。由功能表可知：$R_{0(1)}$ 和 $R_{0(2)}$ 是清零输入端，当两端全为 **1** 时，将四个触发器清零；$R_{9(1)}$ 和 $R_{9(2)}$ 是置 9 输入端，当两端全为 **1** 时，$Q_3Q_2Q_1Q_0$ = **1001**，即表示十进制数 9。清零时，$R_{9(1)}$ 和 $R_{9(2)}$ 中至少有一端为 **0**，以保证可靠清零。它有两个时钟脉冲输入端 CP_0 和 CP_1。试分析：(1) 只输入计数脉冲

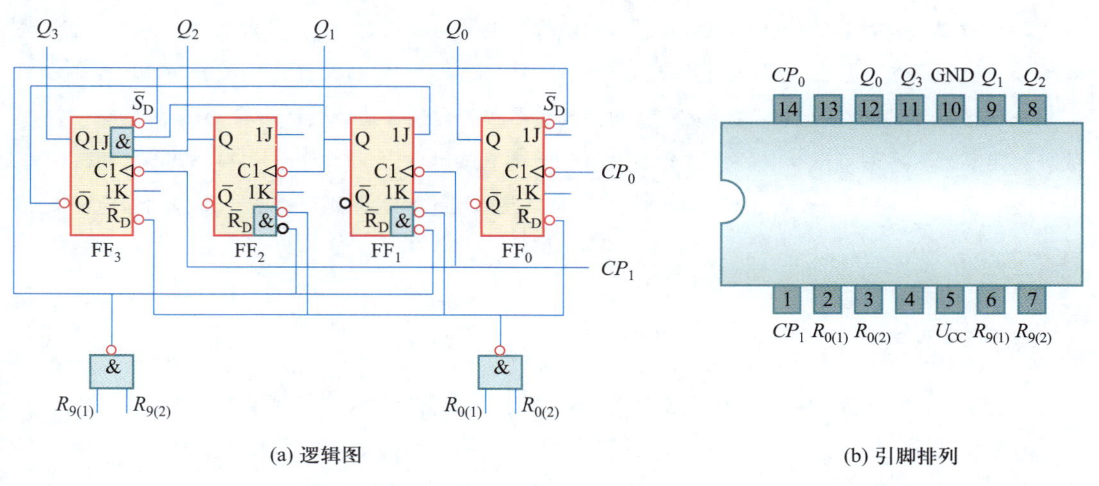

(a) 逻辑图　(b) 引脚排列

图 6-3-11　CT4090 逻辑图和引脚排列

CP_0 时，是几进制计数器？（2）只输入计数脉冲 CP_1 时，是几进制计数器？（3）将 Q_0 端与 CP_1 端连接，输入计数脉冲 CP_0，是几进制计数器？

表 6-3-7　CT4090 功能表

$R_{0(1)}$	$R_{0(2)}$	$R_{9(1)}$	$R_{9(2)}$	Q_3	Q_2	Q_1	Q_0
1	1	0	×	0	0	0	0
		×	0				
0	×	1	1	1	0	0	1
×	0						
×	0	×	0	计数			
0	×	0	×	计数			
0	×	×	0	计数			
×	0	0	×	计数			

动画：8421BCD 码十进制加法计数器

动画：十进制计数器 CD4518

分析：（1）只输入计数脉冲 CP_0，由 Q_0 端输出，$FF_1 \sim FF_3$ 三个触发器不用，为二进制加法计数器。

（2）只输入计数脉冲 CP_1，由 Q_3、Q_2、Q_1 端输出，为五进制加法计数器，即为例 6-3-1 中图 6-3-4 所示逻辑电路。

（3）由逻辑图可得出各位触发器 J、K 端的逻辑关系式如下。

$FF_0: J_0 = 1$，　　$K_0 = 1$

$FF_1: J_1 = \overline{Q}_3$，　　$K_1 = 1$

$FF_2: J_2 = 1$，　　$K_2 = 1$

$FF_3: J_3 = Q_2Q_1$，　　$K_3 = 1$

然后从初始状态 **0000** 开始逐步由现状态分析得出下一状态，一直分析到恢复初始状态 **0000** 为止。读者可自行分析并列出时序状态表，可知其为 8421BCD 码十进制加法计数器。

点睛

1. 计数器是数字电路和计算机中广泛应用的一种逻辑部件，可累计输入脉冲的个数，可用于定时、分频、时序控制等。

2. 计数器按计数功能分，有加法计数器、减法计数器和可逆计数器；按计数脉冲引入方式分，有异步计数器和同步计数器；按计数进位制分，有二进制计数器、十进制计数器和 N 进制计数器。

3. 反馈置零法：当满足一定的条件时，利用计数器的复位端强迫计数器清零，重新开始新一轮计数。利用反馈置零法可用已有的计数器得出小于原进制的计数器。如用一片 74LS290 可构成十进制计数器，再将十进制计数器适当改接，利用其清零端进行反馈清零，则可得出十以内的任意进制计数器。

练习与思考

6-3-1　某数控机床用一个 20 位的二进制计数器，它最多能计多少个脉冲？

6-3-2　试画出一个 5 位的二进制加法计数器，设初始状态为 **01001**，当最低位触发器再接收 19 个计数脉冲时，触发器 FF_4、FF_3、FF_2、FF_1、FF_0 各是什么状态？

6-3-3　图 6-3-12 所示是由维持阻塞型 D 触发器转换为 T'触发器而组成的二进制加法计数器，试述其工作原理。

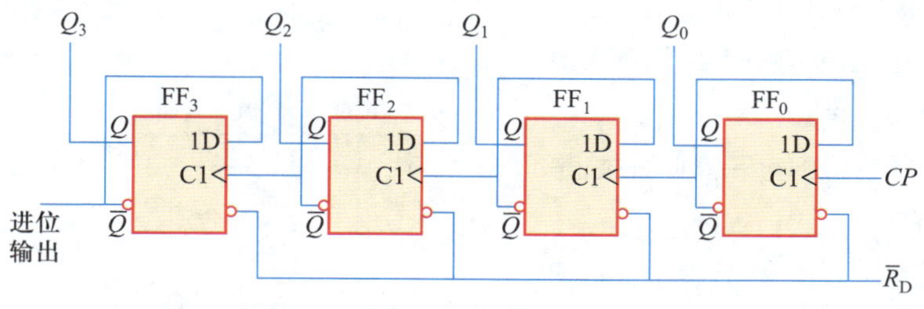

图 6-3-12　练习与思考 6-3-3 图

6-3-4　用反馈置数法或反馈置零法构成任意进制的计数器时，所用的计数器芯片必须具有何种功能？

6-3-5　加法计数器和加法器（全加器或半加器）的区别是什么？

6-4　数模和模数转换器

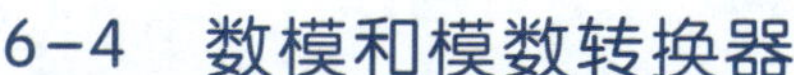

在电子技术中，模拟量和数字量的互相转换是很重要的。例如，用电子计算机对某生产系统进行控制，首先要将被控制的模拟量转换为数字量，才能送到计算机中去进行运算和处理；然后又要将运算和处理得出的数字量转换为模拟量，才能驱动执行机构实现对被控制的模拟量进行控制。再如，在数字仪表中，也必须将被测的模拟量转换为数字量，才能实现数字显示。

微课：模数和数模转换

能将数字量转换为模拟量的装置称为数模转换器，简称 D/A 转换器或 DAC（Digital Analog Converter）。能将模拟量转换为数字量的装置称为模数转换器，简称 A/D 转换器或 ADC（Analog Digital Converter）。

数模转换器和模数转换器是计算机与外部设备的重要接口，也是数字测量和数字控制系统的重要部件。随着微机和集成电路的发展，数模转换器和模数转换器的应用越来越普遍。本节将对这两种器件的基本工作原理进行简要介绍。

一、数模转换器

数模转换器输入的是数字量，输出的是模拟量。由于构成数字代码的每一位都有一定的“权”，因此为了将数字量转换成模拟量，必须将数字量中每一位代码按其“权”转换成相应的模拟量，然后再将代表各位代码的模拟量相加，即可得到与该数字量成正比的模拟量。这就是构成数模转换器的基本思想。

数模转换器种类很多，下面只介绍目前用得较多的 T 形电阻网络数模转换器。图 6-4-1 所示为 4 位 T 形电阻网络数模转换器的原理电路。它用于对 4 位二进制数字量进行数模转换，由电子模拟开关、T 形电阻网络、运算放大器和基准电压源等部分组成。

动画：T 形电阻网络 DAC 工作原理

T 形电阻网络由 R 和 $2R$ 两种阻值的电阻构成。4 位数模转换器的 T 形电阻网络由 8 个电阻构成，n 位数模转换器的 T 形电阻网络由 $2n$ 个电阻构成。T 形电阻网络的输出端接到运算放大器的反相输入端。

运算放大器接成反相输入比例运算电路，它与T形电阻网络一起构成反相输入加法运算电路，它的输出是模拟电压 u_O。

U_R 是由基准电压源提供的，称为参考电压或基准电压。

S_3、S_2、S_1、S_0 是各位的电子模拟开关，是由电子器件构成的。

$D_3D_2D_1D_0$ 是输入数字量，是存放在数码寄存器中的4位二进制数，各位数码分别控制相应位的电子模拟开关。当二进制数第 k 位 $D_k = \mathbf{1}$ 时，开关 S_k 接到位置 $\mathbf{1}$ 上，即将基准电源 U_R 经第 k 条支路电阻 R_k 的电流汇集到运算放大器的反相输入端。当 $D_k = \mathbf{0}$ 时，S_k 接到位置 $\mathbf{0}$，则相应电流将直接流入地。

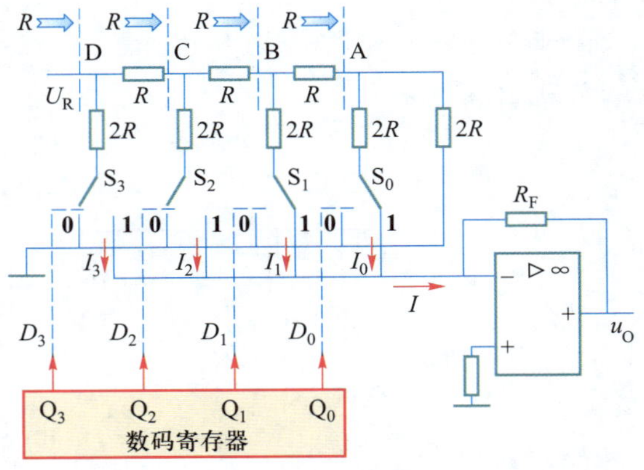

图 6-4-1 4位T形电阻网络数模转换器原理电路

下面分析输入数字量和输出模拟电压 u_O 间的关系。分析时注意到这个电阻网络的主要特点是：不论数字量 D_k 为 $\mathbf{1}$ 或为 $\mathbf{0}$，每节电路的输入电阻都为 R，所以电路中D、C、B、A各节点的电位逐节减半，即 $u_D = U_R$，$u_C = \frac{U_R}{2}$，$u_B = \frac{U_R}{4}$，$u_A = \frac{U_R}{8}$。因此，每节 $2R$ 支路中的电流也逐节减半。当 D_k 为 $\mathbf{1}$ 时，此电流引入运算放大器的反相输入端；当 D_k 为 $\mathbf{0}$ 时，此电流直接流入地，对运算放大器输出电压 u_O 无影响。

根据加法运算电路输出电压与各输入电压的关系式，可得图6-4-1所示电路的模拟量输出 u_O 为

$$\begin{aligned} u_O &= -\left(\frac{u_D}{2R}D_3 + \frac{u_C}{2R}D_2 + \frac{u_B}{2R}D_1 + \frac{u_A}{2R}D_0\right) R_F \\ &= -\left(\frac{U_R}{2R}D_3 + \frac{U_R}{4R}D_2 + \frac{U_R}{8R}D_1 + \frac{U_R}{16R}D_0\right) R_F \\ &= -\frac{U_R R_F}{16R}(2^3 D_3 + 2^2 D_2 + 2^1 D_1 + 2^0 D_0) \end{aligned} \tag{6-4-1}$$

上式也可写成

$$u_O = KU_R(2^3 D_3 + 2^2 D_2 + 2^1 D_1 + 2^0 D_0) \tag{6-4-2}$$

式中，$K = -\frac{R_F}{16R}$；括号中的部分是4位二进制数按“权”的展开式，即其相应的十进制数。

由此推广到一般情况，若有 n 位二进制数 $D_{n-1}D_{n-2}D_{n-3}\cdots D_2D_1D_0$，其相应的十进制数为

$$N = 2^{n-1}D_{n-1} + 2^{n-2}D_{n-2} + \cdots + 2^1 D_1 + 2^0 D_0 \tag{6-4-3}$$

如果将其输入到 n 位数模转换器中，相应的输出模拟电压为

$$u_O = KU_R(2^{n-1}D_{n-1} + 2^{n-2}D_{n-2} + \cdots + 2^1 D_1 + 2^0 D_0) \tag{6-4-4}$$

式中，$K = -\frac{R_F}{2^n R}$。可见，输入的数字量被转换为模拟电压，而且输出模拟电压的大小直接与输入二进制数的大小成正比，从而实现了数字量到模拟电压的转换。

例如，对于4位数模转换器，当 $D_3D_2D_1D_0 = \mathbf{1111}$ 时，$u_O = -\frac{15}{16}\frac{R_F}{R}U_R$；当 $D_3D_2D_1D_0 = \mathbf{1001}$ 时，$u_O = -\frac{9}{16}\frac{R_F}{R}U_R$。

其他类型的数模转换器电路形式各异，但输出模拟电压与输入数字量的关系基本与上述关系相同。

随着集成电路技术的发展，由于数模转换器的应用十分广泛，所以制成了各种数模转换集成电路芯片供选用，按输入的二进制数的位数分有 8 位、10 位、12 位和 16 位等。集成芯片有多种型号，如 DAC0832 是 8 位 D/A 转换器，它可与 Z80、I8085 等微处理器芯片直接连用，它的输出要外接运算放大器，模拟电子开关则集成在芯片上。

DAC0832 是带有双缓冲的、分辨率为 8 位的 D/A 转换器，功耗仅 200 mW。图 6-4-2 是 DAC0832 的原理框图，由图可见，它包含两个 8 位寄存器和一个 8 位 D/A 转换器。DAC0832 有两种工作方式。

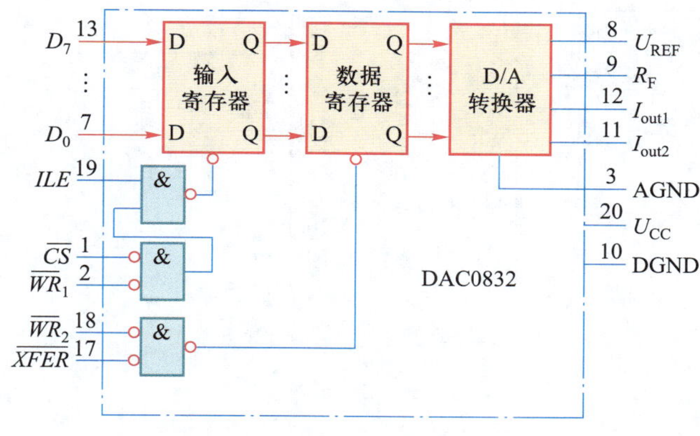

图 6-4-2　DAC0832 原理框图

（1）单级缓冲

输入寄存器处于受控状态，数据寄存器处于直通状态，输入数据先送到输入寄存器，并立即送入 D/A 转换器完成数模转换。这种方式一般用于一路 D/A 转换。

（2）双级缓冲

两级寄存器均处于受控状态，数字量的输入锁存和 D/A 转换分两步完成，这种方式一般用于多路 D/A 的同步转换。因此，DAC0832 在运行过程中可以同时保留两组数据：一组是即将转换的数据，保存在 D/A 转换器中；另一组是下一组数据，保存在输入寄存器中。

图 6-4-3 是 DAC0832 的引脚排列，各引脚功能简介如下。

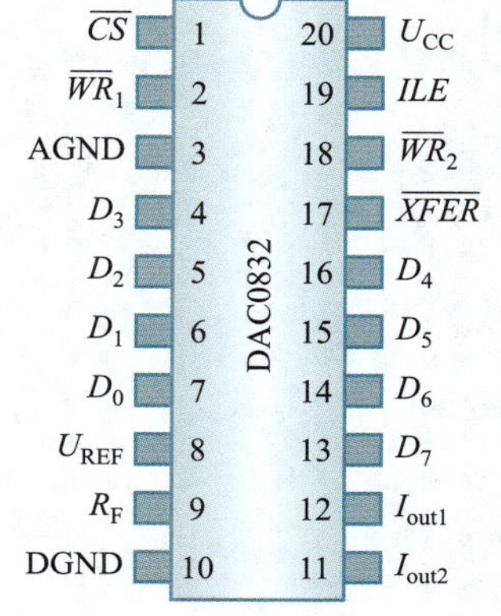

图 6-4-3　DAC0832 引脚排列

I_{out1}、I_{out2}：电流（模拟信号）输出端。

$D_7 \sim D_0$：数据（数字信号）输入端（D_7 为最高有效位，D_0 为最低有效位）。

R_F：反馈电阻，用作外接运算放大器的负反馈电阻，与 DAC 具有相同的温度特性。

U_{REF}：参考电压输入，可在 $-10 \sim +10$ V 之间选择。

U_{CC}：电源电压，可在 $+5 \sim +15$ V 之间选择（推荐值为 +15 V）。

AGND：模拟地。

DGND：数字地。

$\overline{CS}$：片选信号，低电平有效，$\overline{CS}=\mathbf{0}$ 时，本芯片选通，可以运行。

ILE：输入寄存器选通信号，高电平有效。

$\overline{WR_1}$：写信号 1，低电平有效。当 $\overline{CS}=\mathbf{0}$、$ILE=\mathbf{1}$、$\overline{WR_1}=\mathbf{0}$ 时，输入数据被送入输入寄存器；当 $\overline{WR_1}=\mathbf{1}$ 时，输入寄存器中的数据被锁存，不能修改其中的内容。

$\overline{XFER}$：传输控制信号，低电平有效。

$\overline{WR_2}$：写信号2，低电平有效。当$\overline{XFER}=\mathbf{0}$、$\overline{WR_2}=\mathbf{0}$时，输入寄存器的内容被送入数据寄存器，并进行D/A转换。

图6-4-4是DAC0832与单片机8031的单缓冲方式接口电路，$\overline{CS}$和$\overline{XFER}$与8031的地址选择线P_{27}相连，ILE接高电平（+5 V），$\overline{WR_1}$和$\overline{WR_2}$都由8031的写信号$\overline{WR}$端控制。当8031的地址线选通DAC0832后，只要发出$\overline{WR}$信号（即$\overline{WR}=\mathbf{0}$），就能一步完成数字量的输入锁存和D/A转换输出。

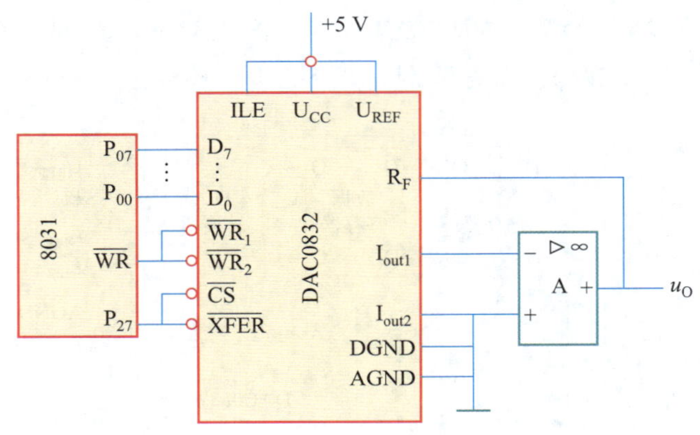

图6-4-4　DAC0832配接单片机的典型电路

二、模数转换器

模数转换器与数模转换器相反，它的任务是将模拟量输入信号（如电压或电流信号）转换成数字量输出。模数转换器类型也较多，下面只介绍目前用得较多的逐次逼近型模数转换器。

逐次逼近型模数转换器的工作原理可用天平称量过程做比喻来说明。若有四个质量分别为8 g、4 g、2 g、1 g的砝码，去称质量为13 g的物体，可采用表6-4-1所示步骤进行称量。

表6-4-1　逐次逼近型称量举例

顺序	砝码质量	比较判断	该砝码是保留或除去	暂时结果
1	8 g	砝码质量<待测物质量	保留	8 g
2	加4 g	砝码总质量<待测物质量	保留	12 g
3	加2 g	砝码总质量>待测物质量	除去	12 g
4	加1 g	砝码总质量=待测物质量	保留	13 g

由表6-4-1可见，上述称量过程遵循如下几条规则：

① 按砝码质量逐次减半的顺序加入砝码。

② 每次所加砝码是否保留，取决于加入新的砝码后天平上的砝码总质量是否超过待测物质量。若超过，新加砝码应除去；若未超过，新加砝码应保留。

③ 直到质量最轻的一个砝码也试过后，则天平上所有砝码的质量总和就是待测物质量。

逐次逼近型模数转换器的工作原理与上述称量过程十分相似。逐次逼近型模数转换器一般由顺序脉冲发生器、逐次逼近寄存器、数模转换器（DAC）和电压比较器几部分组成，其原理框图如图6-4-5所示。

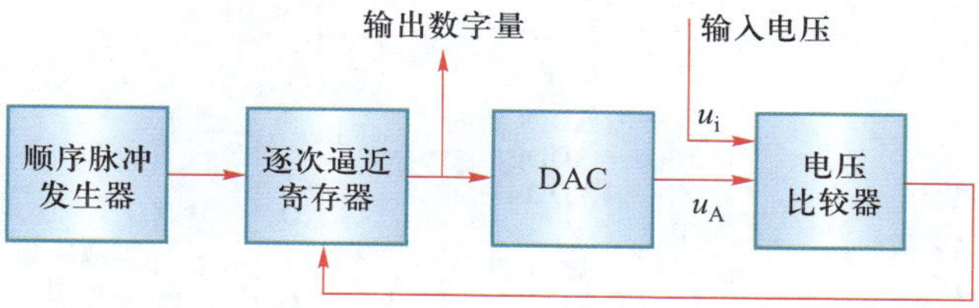

图 6-4-5 逐次逼近型模数转换器原理框图

转换前先将寄存器清零。转换开始后顺序脉冲发生器输出的顺序脉冲首先将寄存器的最高位置 **1**，经数模转换器转换为相应的模拟电压 u_A 送入电压比较器与待转换的输入电压 u_i 进行比较。若 $u_A > u_i$，说明数字量过大，将最高位的 **1** 除去，而将次高位置 **1**；若 $u_A < u_i$，说明数字量还不够大，应将这一位的 **1** 保留，还需将次高位置 **1**。这样逐次比较下去，一直到最低位比较完为止。最后，寄存器的逻辑状态（即其存数）就是输入电压 u_i 转换成的输出数字量。

因为模拟电压在时间上一般是连续变化的量，而要输出的是数字量（二进制数），所以在进行转换时必须在一系列选定的时间间隔对模拟电压采样，经采样保持电路得出的每次采样结束时的电压就是上述待转换的输入电压 u_i。

目前，一般用的大多是单片集成模数转换器，其种类很多，如 ADC0801、ADC0804、ADC0809 等。ADC0801 是 8 位逐次逼近型模数转换器，在使用时可查阅产品手册，以了解其引脚排列及使用要求。

以 ADC0809 为例，它是采用 CMOS 工艺制成的逐次逼近型 A/D 转换器，有 8 路模拟量输入通道，输出为 8 位二进制数，转换时间约为 100 μs。ADC0809 的引脚排列如图 6-4-6 所示，各引脚功能简介如下。

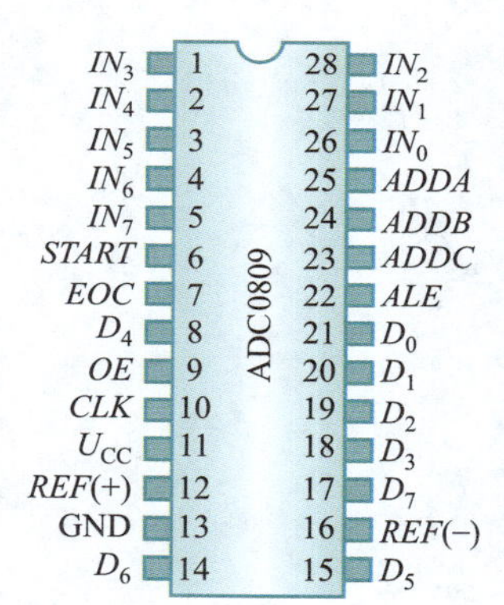

图 6-4-6 ADC0809 引脚排列

$IN_0 \sim IN_7$：8 个模拟量输入通道，可以对 8 路不同的模拟输入量进行 A/D 转换。

ADDC、*ADDB*、*ADDA*（*C*、*B*、*A*）：通道号选择端口，例如 *CBA* = **000**，选通 IN_0 通道；*CBA* = **001**，选通 IN_1 通道；*CBA* = **101**，选通 IN_5 通道；等等。

$D_7 \sim D_0$：数字量输出端。

START：当 *START* = **1** 时，启动 A/D 转换。

EOC：转换结束信号，当 A/D 转换结束后，*EOC* 端发出一个正脉冲，作为判断 A/D 转换是否完成的检测信号，或作为向计算机申请中断（请求对转换结果进行处理）的信号。

OE：输出允许控制端，当 *OE* = **1** 时，将 A/D 转换结果送入数据总线（即读取数字量）。

CLK：实时时钟，可通过外接 *RC* 电路改变芯片的工作频率。

U_{CC}：电源电压，+5 V。

REF(+)、*REF*(−)：外接参考电压端口，为片内 D/A 转换器提供标准电压，一般 *REF*(+) 接+5 V，*REF*(−) 接地。

GND：接地端。

ALE：地址锁存信号，高电平有效，当 *ALE* = **1** 时，允许 *C*、*B*、*A*（通道号选择端口）所示通道地址读入地址锁存器，并将所选择通道的模拟量接入 A/D 转换器。

图 6-4-7 是 ADC0809 的典型应用连线图，其中地址输入 *CBA* = **000**，即选中通道 IN_0 为输入通道（*C*、*B*、*A* 端可由计算机控制，以选择不同的模拟量输入通道）。由计算机发出的片选信号 $\overline{CS}$ 使本片 A/D 转换器被选中，写控制信号 $\overline{WR}$ 控制 A/D 转换开始，读控制信号 $\overline{RD}$ 允许输出数字量。*EOC* 信号可作为 A/D 转换器的状态查询信号，也可用作向计算机申请中断处理的信号。

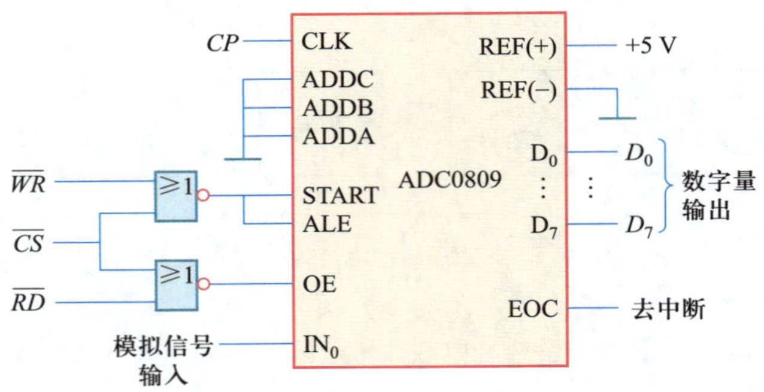

图 6-4-7 ADC0809 的典型应用连线图

除了逐次逼近型之外，A/D 转换器还有双积分型，其特点是抗干扰能力强，但转换速度不高。常用的双积分型 A/D 转换器如 MC14433，精度为 $3\frac{1}{2}$ 位(指 4 位十进制数，但最高位只能是 **0** 或 **1**，通称"半位"，相当于 11 位二进制数)，具有功耗低、功能完备、使用灵活等优点，但其转换速度仅为 3～10 次/s，主要用于各种数字式仪表中。

点睛

数模转换器和模数转换器是数字系统中不可缺少的组成部分，因此了解其原理和用途是很有意义的。

练习与思考

6-4-1 试分析图 6-4-8 所示框图的含义。

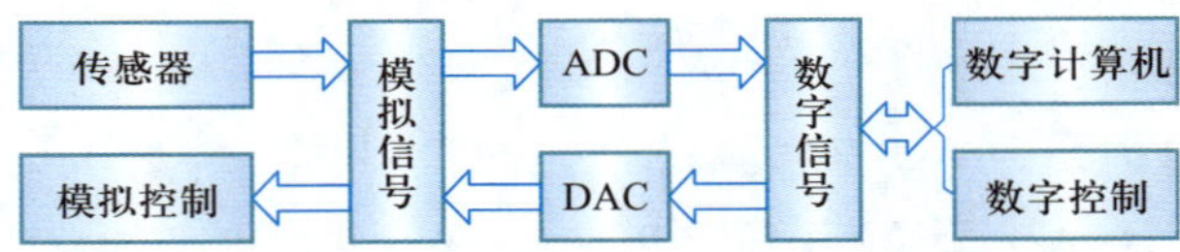

图 6-4-8 练习与思考 6-4-1 图

6-4-2 图 6-4-9 所示为 4 位权电阻网络 D/A 转换器的原理图。它由电子模拟开关、权电阻求和网络、运算放大器和基准电压源等部分组成。电子模拟开关、运算放大器和基准电压源的作用与

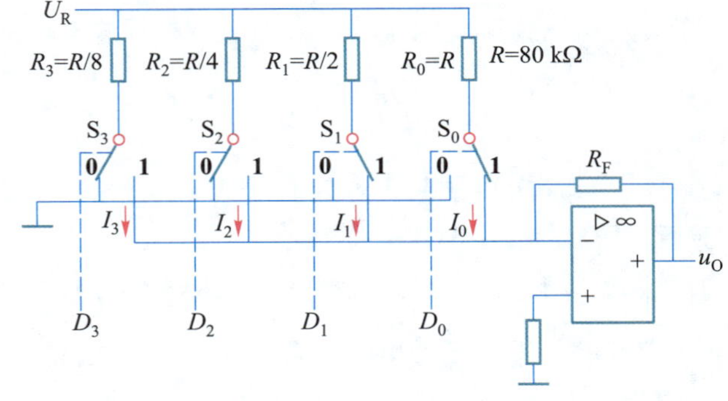

图 6-4-9 练习与思考 6-4-2 图

本节所介绍的 T 形电阻网络 D/A 转换器中的相同。现对权电阻求和网络说明如下：对应于 n 位二进制数，权电阻求和网络由 n 个电阻组成（如图中的 $R_0 \sim R_3$）。各电阻取值是按二进制数各位的权成反比减小的，即高一位的电阻值是相邻低位电阻值的二分之一。

试根据电路求出输出模拟电压 u_O 与输入二进制数 $D_3D_2D_1D_0$ 的关系式。

6-4-3　试举一实例，说明 D/A 和 A/D 转换的实际应用。

6-5　555 定时器

555 定时器是一种将模拟电路和数字电路集成于一体的电子器件，属于中规模集成电路。它使用方便，应用非常广泛。

一、555 定时器的工作原理

下面简要介绍 555 定时器的电路及工作原理。图 6-5-1 所示是 555 定时器的逻辑框图和引脚排列。由图可见，555 定时器的内部电路包括以下几部分：一个由三个阻值相等的电阻（5 kΩ）组成的分压器，两个电压比较器 A_1 和 A_2，一个 RS 触发器，一个晶体管 VT 和一个反相器。由于它的电路中有三个 5 kΩ 的电阻，故取名 555。整个组件共有 8 个出线端。各引脚及内部器件的作用说明如下。

动画：
555 定时器结构

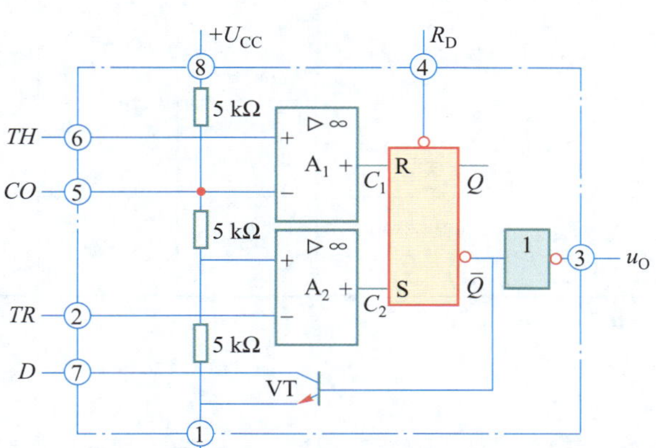

(a) 逻辑框图

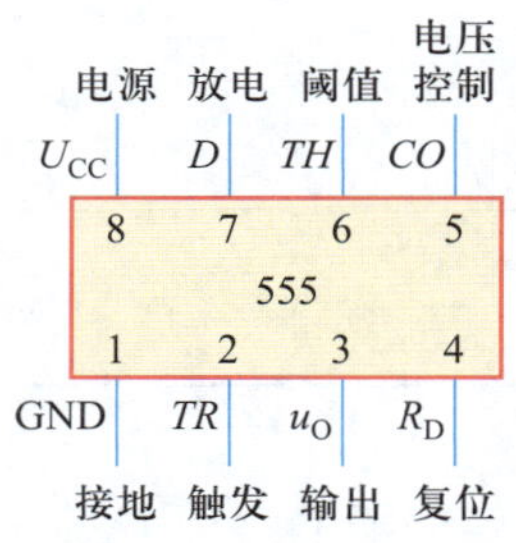

(b) 引脚排列

图 6-5-1　555 定时器

8 脚和 1 脚分别为电源和地，电源电压范围为 4.5～18 V。

动画：
555 定时器
工作原理

三个等值电阻组成的分压器为两个电压比较器提供基准电压。电压比较器 A_1 的基准电压为 $\frac{2}{3}U_{CC}$，加在 A_1 的“−”端；电压比较器 A_2 的基准电压为 $\frac{1}{3}U_{CC}$，加在 A_2 的“+”端。A_1 的“+”端为阈值端 6（TH），A_2 的“−”端为触发端 2（TR）。在阈值端 6 和触发端 2 外加输入信号与两基准电压比较，决定电压比较器的输出状态，用来启动电路。当阈值端输入的电压大于 $\frac{2}{3}U_{CC}$ 时，电压比较器 A_1 输出高电平，$C_1 = \mathbf{1}$；当阈值端输入的电压小于 $\frac{2}{3}U_{CC}$ 时，A_1 输出低电平，$C_1 = \mathbf{0}$。同理，当触发端输入的电压小于 $\frac{1}{3}U_{CC}$

时，电压比较器 A_2 输出高电平，$C_2=\mathbf{1}$；当触发端输入的电压大于$\frac{1}{3}U_{CC}$时，A_2 输出低电平，$C_2=\mathbf{0}$。两个电压比较器的输出作为 RS 触发器的输入信号，因而两个电压比较器的输出状态可确定触发器的状态。在引脚 4 复位端 R_D 施加 $\mathbf{0}$ 信号，可使触发器强制复位，使 Q 端为 $\mathbf{0}$。在不打算使用强制复位时，通常将复位端 4 直接接到电源 U_{CC}，保持高电平。RS 触发器的 $\overline{Q}$ 端经反相器驱动后由引脚 3 输出，所以输出 u_O 的逻辑值与 RS 触发器的 Q 端相同。由于是经反相器驱动输出的，所以输出端带负载能力较强，输出电流可达 200 mA，而且能提供与 TTL 电路一致的逻辑电平。

晶体管 VT 起放电作用，称为放电晶体管。放电端 7 与放电晶体管的集电极相连，晶体管 VT 的状态受 RS 触发器的 $\overline{Q}$ 端控制，当 $\overline{Q}=\mathbf{1}$ 时，VT 导通，外接电容器通过放电晶体管放电。

由电压比较器 A_1 的“-”端引出的 5 脚为电压控制端，此引脚外加电压时，可在一定范围内改变两个电压比较器的基准电压。当此引脚不用时，一般通过 0.01 μF 电容接地，以旁路高频干扰。

综上所述，可列出 555 定时器的功能表，如表 6-5-1 所示。由上述可知，555 定时器的基本 RS 触发器不仅有阈值端、触发端的输入信号可控制其复位和置位，而且可通过复位端直接从外部强制复位。放电晶体管直接受 RS 触发器的控制。因此，555 定时器使用起来极为灵活方便。

表 6-5-1　555 定时器功能表

R_D	TH	TR	$C_1(R)$	$C_2(S)$	$\overline{Q}$	u_O	VT
0	×	×			**1**	**0**	导通
1	$U_{TH}>\frac{2}{3}U_{CC}$	$U_{TR}>\frac{1}{3}U_{CC}$	**1**	**0**	**1**	**0**	导通
1	$U_{TH}<\frac{2}{3}U_{CC}$	$U_{TR}<\frac{1}{3}U_{CC}$	**0**	**1**	**0**	**1**	截止
1	$U_{TH}<\frac{2}{3}U_{CC}$	$U_{TR}>\frac{1}{3}U_{CC}$	**0**	**0**	保持	保持	保持

二、555 定时器的应用举例

555 定时器只需外接少量元件，即可组成多种功能的电路，可以构成脉冲产生或波形变换电路，还可实现多种定时等功能。这里仅举两个典型例子。

1. 用 555 定时器组成多谐振荡器

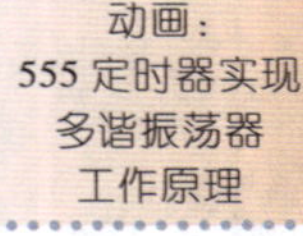

多谐振荡器也称为无稳态触发器，是通过自激振荡能输出一定频率矩形脉冲的电子器件。在数字系统、微型计算机中，各种部件都是用统一的时钟脉冲来定时操作的，时钟脉冲一般由多谐振荡器产生。

图 6-5-2(a)所示为用 555 定时器组成的一种多谐振荡器电路。R_1、R_2 和 C 为外接元件。

刚接通电源时，$u_C=0$（设电容 C 原先未充电），所以 $U_{TH}=U_{TR}<\frac{1}{3}U_{CC}$，由表 6-5-1 可知，此时 $u_O=\mathbf{1}$，555 定时器中的晶体管 VT 截止，电源 U_{CC} 通过电阻 R_1、R_2 对电容 C 充电，在 u_C 达到$\frac{2}{3}U_{CC}$之前，$u_O=\mathbf{1}$ 的状态保持不变。当 u_C 上升到$\frac{2}{3}U_{CC}$时，电压比较器 A_1 输出高电平，使 RS 触发器置 $\mathbf{0}$，555 定时器的

输出状态翻转，u_O 由 **1** 变 **0**。同时 $\overline{Q}$ 端的高电平使晶体管 VT 导通，使电容 C 通过 R_2 和 VT 放电，u_C 下降。在 u_C 下降到$\frac{1}{3}U_{CC}$之前，$u_O=\mathbf{0}$ 的状态保持不变。当 u_C 下降到$\frac{1}{3}U_{CC}$时，电压比较器 A_2 输出高电平，使 RS 触发器置 **1**，555 定时器的输出状态再次翻转，u_O 又由 **0** 变为 **1**。与此同时，$\overline{Q}$ 端的低电平使 VT 截止，于是电容 C 再次充电。如此不断反复，重复上述过程，在多谐振荡器的输出端就可得到一串矩形波脉冲信号。其工作波形如图 6-5-2(b)所示。

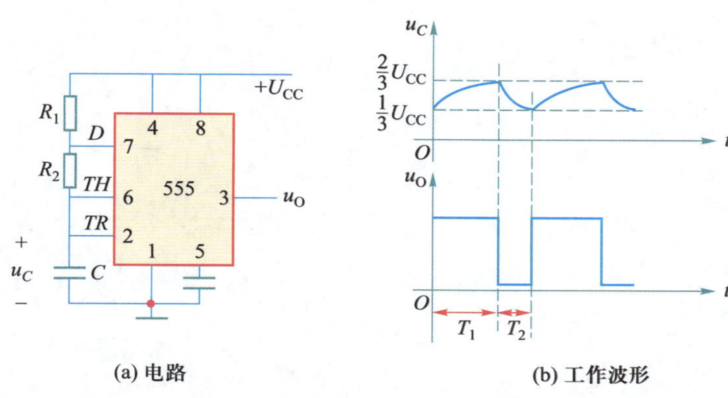

图 6-5-2　用 555 定时器组成的多谐振荡器

矩形波的周期取决于电容充、放电的时间常数。充电时间常数为$(R_1+R_2)C$，放电时间常数为 R_2C。u_C 由$\frac{1}{3}U_{CC}$充电上升到$\frac{2}{3}U_{CC}$所需的时间为

$$T_1=(R_1+R_2)C\ln 2\approx 0.7(R_1+R_2)C \tag{6-5-1}$$

u_C 由$\frac{2}{3}U_{CC}$放电下降到$\frac{1}{3}U_{CC}$所需的时间为

$$T_2=R_2C\ln 2\approx 0.7R_2C \tag{6-5-2}$$

所以多谐振荡器输出的矩形波周期为

$$T=T_1+T_2\approx 0.7(R_1+2R_2)C \tag{6-5-3}$$

振荡频率为

$$f=\frac{1}{T}\approx\frac{1.43}{(R_1+2R_2)C} \tag{6-5-4}$$

改变充、放电时间常数，便可改变矩形波的频率。

如果将扬声器接到多谐振荡器的输出端，当振荡器开始振荡时，扬声器即可发声，因此可用 555 定时器组成的多谐振荡器构成液位监控电路和电子琴电路等。

2. 用 555 定时器组成单稳态触发器

微课：
555 定时器构成的单稳态触发器工作原理

单稳态触发器有一个稳定状态和一个暂稳状态，在无外来脉冲触发时电路处于稳定状态，在外来脉冲触发下，电路由稳定状态翻转为暂稳状态，而暂稳状态维持一定时间后便会自动返回到稳定状态。暂稳状态持续时间的长短与触发脉冲无关，仅取决于单稳态触发器电路的参数。

动画：
555 定时器实现单稳态触发器工作原理

单稳态触发器电路的组成形式很多。图 6-5-3(a)所示为用 555 定时器组成的单稳态触发器电路。R、C 为外接元件，在引脚 2 的触发端加触发信号 u_I。

接通电源后，U_{CC} 经 R 给电容 C 充电，当 u_C 上升到超过$\frac{2}{3}U_{CC}$时，则 $U_{TH}>\frac{2}{3}U_{CC}$，$U_{TR}>\frac{1}{3}U_{CC}$，由

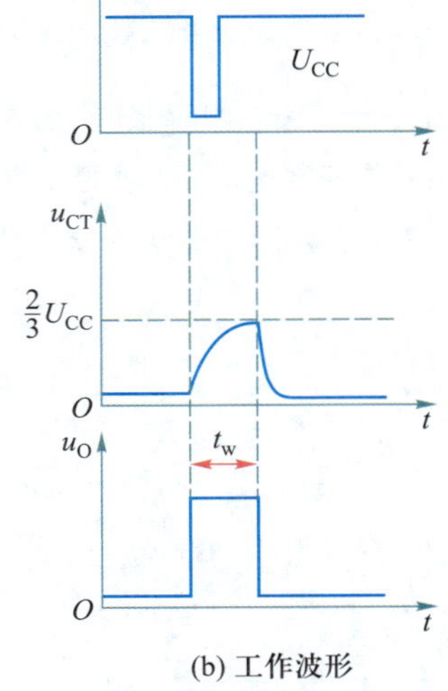

(a) 电路　　(b) 工作波形

图 6-5-3　用 555 定时器组成的单稳态触发器

表 6-5-1 可知，此时 RS 触发器置 **0**，使输出 $u_O=\mathbf{0}$，与此同时，555 定时器内的晶体管 VT 导通，使电容 C 放电。此后，$U_{TH}<\frac{2}{3}U_{CC}$，$U_{TR}>\frac{1}{3}U_{CC}$，使 u_O 保持 **0** 状态，这是单稳态触发器的稳定状态。若不外加触发信号，u_O 将一直保持 **0** 状态。

当在引脚 2 的触发端加一低电平的触发脉冲 $u_I<\frac{1}{3}U_{CC}$ 时，将按钮 SB 按下一次，即相当于在触发端加负脉冲 u_I，则 $U_{TH}<\frac{2}{3}U_{CC}$，$U_{TR}<\frac{1}{3}U_{CC}$，由表 6-5-1 可知，此时输出 u_O 将变为 **1**，晶体管 VT 截止，电路进入暂稳状态。此后，电源又经 R 向电容 C 充电，只要电压 $u_C<\frac{2}{3}U_{CC}$，u_O 便保持 **1** 状态，即电路处于暂稳状态。

随着电容 C 的充电，u_C 逐渐升高，当 u_C 稍大于 $\frac{2}{3}U_{CC}$ 时（设此时触发脉冲已撤销，即按钮已松开），则 $U_{TH}>\frac{2}{3}U_{CC}$，$U_{TR}>\frac{1}{3}U_{CC}$，因此 u_O 便自动由 **1** 恢复为 **0**，回到稳定状态。如果再次输入触发脉冲，将重复上述过程。

该单稳态触发器的工作波形如图 6-5-3(b)所示。输出脉冲宽度，即暂稳态的持续时间为

$$t_w = RC\ln 3 \approx 1.1RC \tag{6-5-5}$$

由此，可得出两个结论：

① 改变 R、C 的值，输出脉冲宽度可在数微秒到数十秒范围内变化，利用这一特点可以定时。

② 在 R、C 值一定时，输出脉冲的幅度和宽度是一定的，利用这一特性可对脉冲整形。

应该注意，为了保证每个触发脉冲都能触发，触发脉冲的重复周期必须大于 t_w。

单稳态触发器在数字系统中一般用于定时、整形以及延时。

例 6-5-1　图 6-5-4 为用 555 定时器组成的液位监控电路，当液面低于正常值时，监控器发声报警。

（1）说明监控报警的原理；

（2）计算扬声器的发声频率。

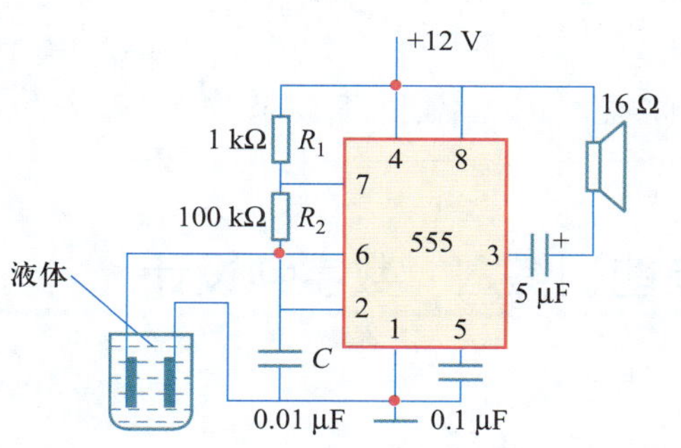

图 6-5-4　液位监控电路

解：(1) 图中由 555 定时器接成多谐振荡器，其振荡频率由外接元件 R_1、R_2 和 C 决定。电容 C 两端引出两个探测电极插入液体内。液位正常时，探测电极为液体所短路，振荡器不振荡，扬声器不发声。一旦液面下降到探测电极以下，探测电极开路，电源通过 R_1、R_2 给 C 充电，当 u_C 上升到$\frac{2}{3}U_{CC}$时，振荡器开始振荡，扬声器发声报警。

(2) 扬声器的发声频率即为多谐振荡器的振荡频率，其值为

$$f=\frac{1.43}{(R_1+2R_2)C}=\frac{1.43}{(1+2\times100)\times10^3\times0.01\times10^{-6}}\ \text{Hz}\approx711\ \text{Hz}$$

例 6-5-2　图 6-5-5 是信号频率测量示意图。试说明如何测量信号的频率。

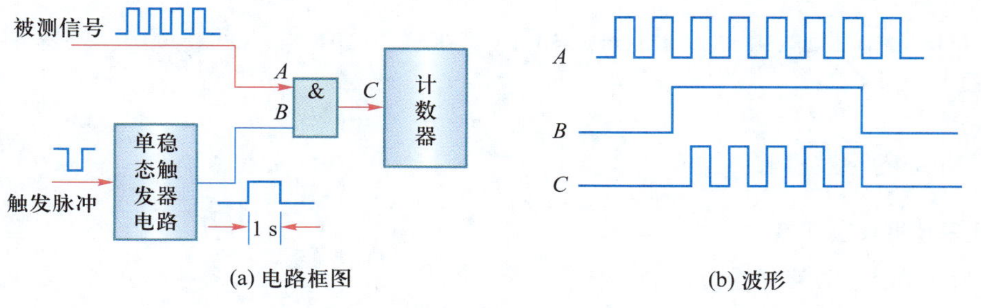

图 6-5-5　信号频率测量示意图

分析：调节单稳态触发器电路的 R、C 值，使 $t_w=1$ s，在触发脉冲作用下，单稳态触发器输出一正脉冲将**与**门打开 1 s，经过整形的被测信号通过**与**门使计数器计数，1 s 内所计得的输入脉冲数就是被测信号的频率。

动画：
555 定时器实现施密特触发器工作原理

> 点睛
>
> 555 定时器是一种将模拟电路和数字电路集成于一体的电子器件。用它可以构成单稳态触发器、多谐振荡器和施密特触发器等多种电路。555 定时器在工业控制、定时、检测、报警等方面有广泛应用。

练习与思考

6-5-1　图 6-5-6 所示为一洗相曝光定时器电路。在由 555 定时器构成的单稳态触发器的输出端接一继电器线圈 KM，并利用继电器触点控制洗相曝光用的红灯和白灯，使构成一个洗相曝光定时器。图中的两个二极管，VD_1 起隔离作用；VD_2 为续流二极管，防止继电器线圈断电时产生过高的反电动势。试分析洗相曝光定时器的工作情况。

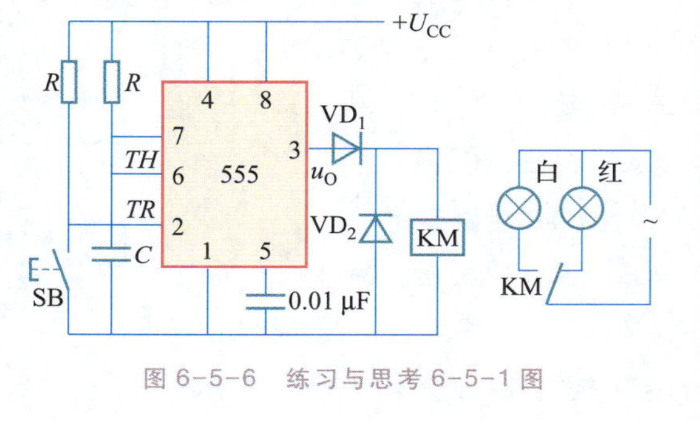

图 6-5-6　练习与思考 6-5-1 图

6-5-2 在图6-5-3所示单稳态触发器中,如果输入的触发脉冲宽度大于单稳态触发器的输出脉冲宽度 t_w,电路还能工作吗?为什么?

技能训练六 数字钟设计

一、技能训练目的

① 掌握数字电路中555定时器、计数器、译码器和半导体显示器件的综合设计应用。

② 设计一个数字钟电路,要求用LED数码管显示时、分、秒。

③ 掌握数字电路设计、组装、调试及故障排除的方法。

二、技能训练使用器材

HCF4518B、CD4511B、NE555、74LS00、LC5011共阴极LED数码管、390 Ω电阻、导线若干、直流电源、万用表。

三、技能训练内容及步骤

1. 电子仪器仪表训练

(1) 用万用表判断电路通断

把万用表调至蜂鸣器挡,首先令红、黑色表笔相触碰,此时蜂鸣器发出声响,说明万用表该功能正常;接着将红色表笔和黑色表笔放在电路任意两端,如果蜂鸣器不响,说明红、黑色表笔之间的电路断路,反之则说明电路导通。

(2) 用万用表判断LED数码管为共阴极还是共阳极

第一步,找到公共端。LED数码管一般为10个引脚,其中有两个引脚为公共端,它们之间为导通状态。把万用表调至蜂鸣器挡,将其中一个表笔接1号引脚,另一个表笔依次触碰其余9个引脚,如果触碰到某一个引脚时蜂鸣器发出声响,说明1号引脚和该引脚是公共端。如果蜂鸣器一直没有响,将刚才接1号引脚的表笔接2号引脚,按照与之前相同的测试方法再测试一遍。以此类推,直到找到两个公共端。一般来说,LED数码管的公共端是3号和8号引脚。

第二步,将黑色表笔接公共端,红色表笔触碰任意非公共端的引脚,如果LED数码管其中一段变亮,说明是共阴极数码管。反之,将红色表笔接公共端,黑色表笔触碰任意非公共端的引脚,如果LED数码管其中一段变亮,说明是共阳极数码管。

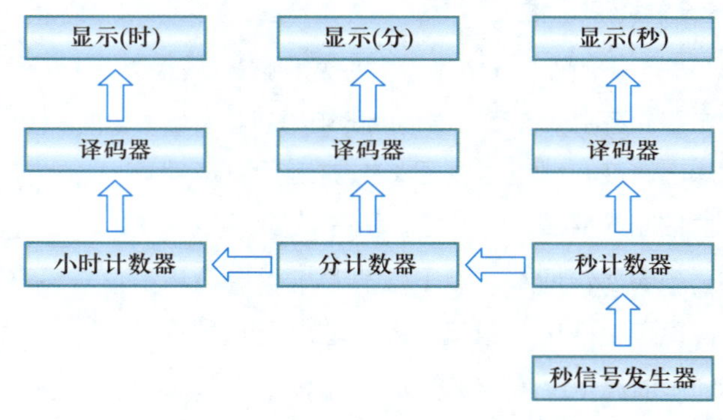

图6-6-1 数字钟电路基本原理框图

2. 数字钟电路设计

数字钟电路的基本原理框图如图6-6-1所示。电路由555定时器组成的多谐振荡器构成秒信号产生器,产生秒信号。由计数器构成计时电路。因为

1 min＝60 s，所以秒计数器为六十进制计数器，从 0 开始计数，满 60 后即向分计数器进位；因为 1 h＝60 min，所以分计数器同样也是六十进制计数器，从 0 开始计数，满 60 后向小时计数器进位；因为 1 d＝24 h，所以小时计数器是二十四进制计数器。每个计数器的输出信号分别经过其所对应的译码器传送到对应的 LED 数码管显示时间。

数字钟电路原理图如图 6-6-2 所示。

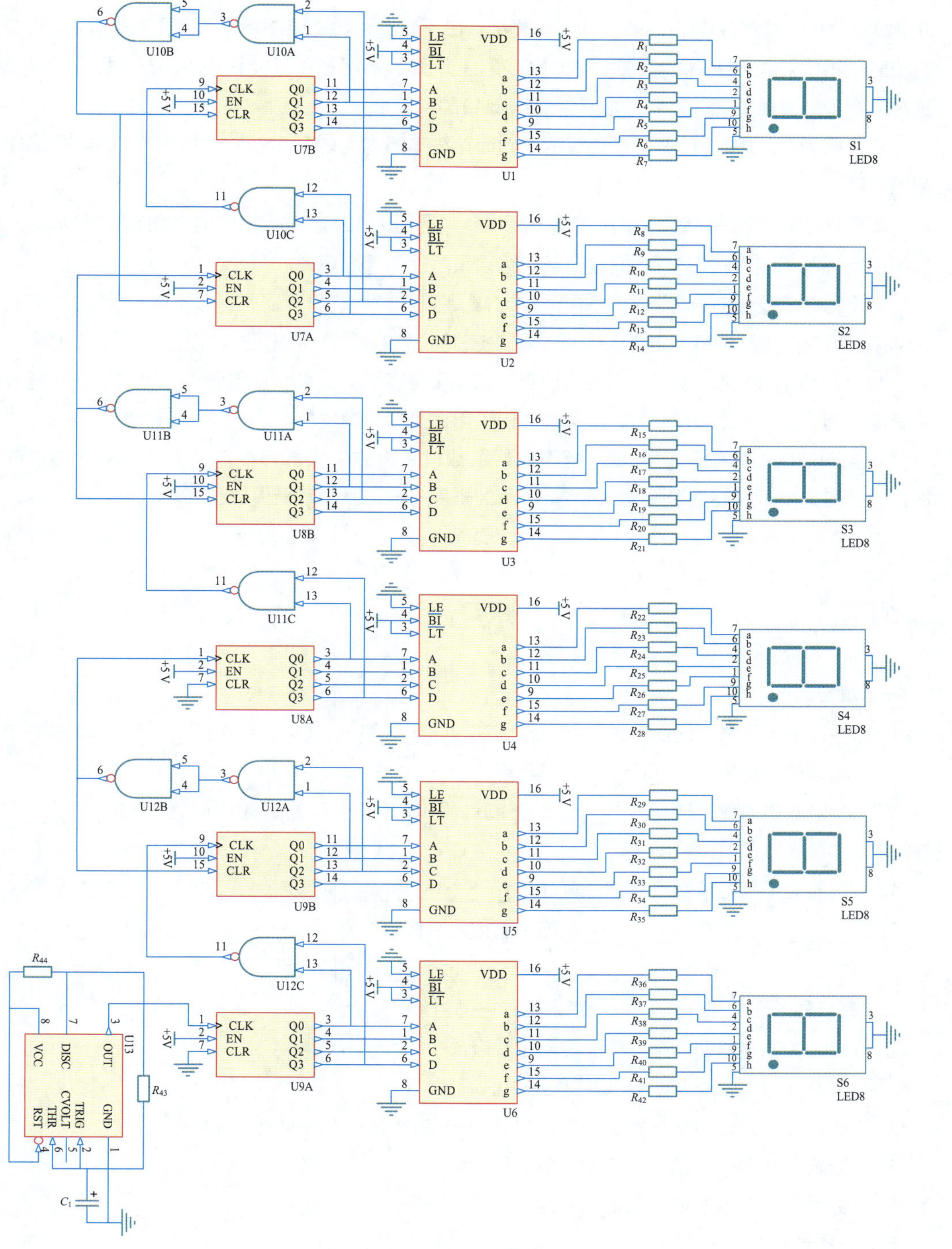

图 6-6-2　数字钟电路原理

本章小结

1. 触发器是数字电路的另一种基本逻辑单元。双稳态触发器有 **0** 和 **1** 两个稳定输出状态，在一定外界信号的作用下可以从一个稳定状态翻转为另一个稳定状态。因此，双稳态触发器是具有记忆功能的元件。

触发器的逻辑功能可用逻辑状态表来表示。根据逻辑功能的不同，触发器可分为 *RS* 触发器、*JK* 触发器、*D* 触发器、*T* 触发器等几种不同类型。由于触发器内部电路结构形式不同，因而其触发方式和时刻不同。可控 *RS* 触发器为高电平触发，主从型触发器是在时钟脉冲下降沿（即后沿）触发，维持阻塞型触发器是在时钟脉冲上升沿（即前沿）触发。

从应用的角度出发，读者应在理解的基础上熟练掌握常用的各类触发器的逻辑功能，并记住其逻辑符号。

2. 时序逻辑电路一般是由组合逻辑电路和具有记忆功能的触发器组成的，它的特点是其输出状态不仅与现时的输入状态有关，而且还与电路原来所处的状态有关。

常用的时序逻辑电路有许多种，本章主要介绍了几种常用的寄存器和计数器电路，通过对它们的讨论来了解这些电路的基本工作原理及逻辑功能，同时为如何分析时序逻辑电路打下一定的基础。

3. 从应用实践出发，本章介绍了模拟量与数字量的转换。数模转换器和模数转换器往往是数字系统中不可缺少的组成部分，因此了解其原理和用途是很有意义的。

4. 目前使用的各种触发器、寄存器、计数器、数模和模数转换器等都有 TTL 和 CMOS 的集成器件。为了对集成数字器件产品有所了解，本章列举了一些实际集成器件的型号。

习题

一、填空题

1. 时序逻辑电路某一时刻的输出状态不仅和________有关，而且还与电路________有关。

2. 双稳态触发器是组成________的基本单元。

3. 一个触发器可以存放________位二进制代码，要存放 n 位二进制代码，就要有________个触发器。

4. 寄存器常用来存放数码或指令等，由________和________组成。

5. 将________量转换为________量的装置称为数模转换器。

6. 555 定时器可以构成________、________、________等多种电路。

二、判断题（正确的题后面打√，错误的题后面打×）

1. 双稳态触发器有两个相反的稳定输出状态。 （ ）

2. 移位寄存器可以寄存数码，但不能移位。 （ ）

3. 计数器按计数功能可分为二进制计数器、十进制计数器和其他进制计数器。 （ ）

4. 多谐振荡器有一个稳定状态和一个暂稳状态。 （ ）

5. 计数器属于时序逻辑电路中的一种。 （ ）

三、分析计算题

1. 设基本 *RS* 触发器的初始状态分别为 **1** 和 **0** 两种情况，$\overline{R}_D$ 端和 $\overline{S}_D$ 端的输入信号波形如题图 6-1

所示，试画出 Q 端的输出波形。

2. 设可控 RS 触发器的初始状态分别为 **0** 和 **1** 两种情况，R、S 端和 CP 端的输入信号波形如题图 6-2 所示，试画出 Q 端的输出波形。

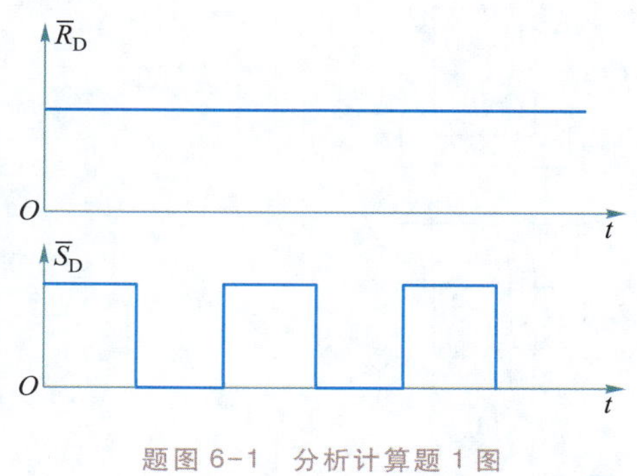

题图 6-1　分析计算题 1 图

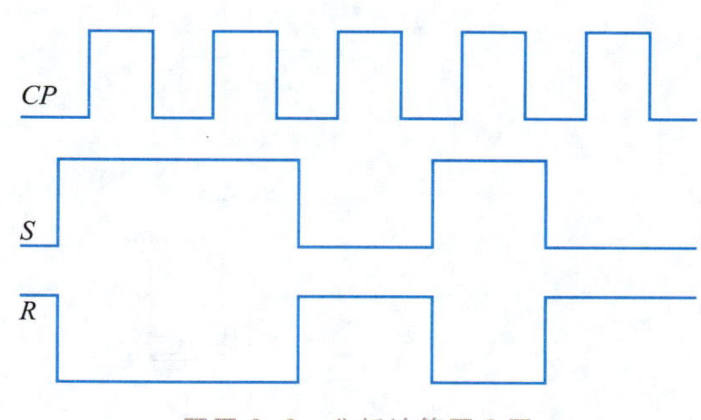

题图 6-2　分析计算题 2 图

3. 设主从型 JK 触发器的初始状态为 **0**，J、K 端和 CP 端的输入信号波形如题图 6-3 所示，试画出 Q 端的输出波形。

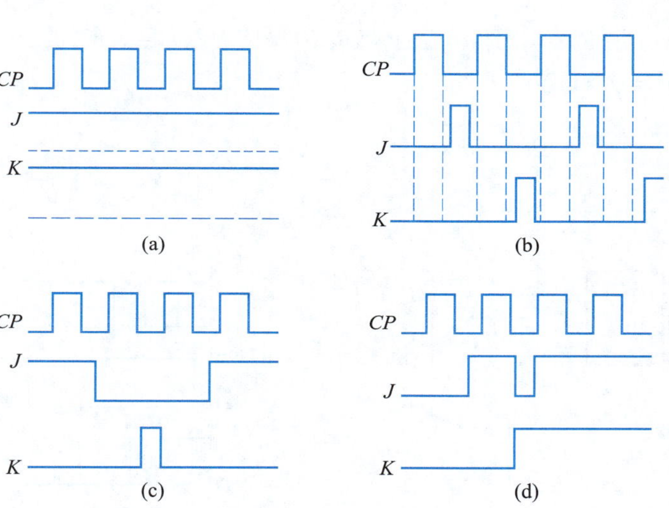

题图 6-3　分析计算题 3 图

4. 设主从型 JK 触发器的初始状态为 **0**，J、K 端和 CP 端的输入信号波形如题图 6-4 所示，试画出 Q 端的输出波形。（提示：要考虑主从型 JK 触发器的一次性翻转。）

5. 设维持阻塞型 D 触发器的初始状态为 **0**，D 端和 CP 端的输入信号波形如题图 6-5 所示，试画出 Q 端的输出波形。

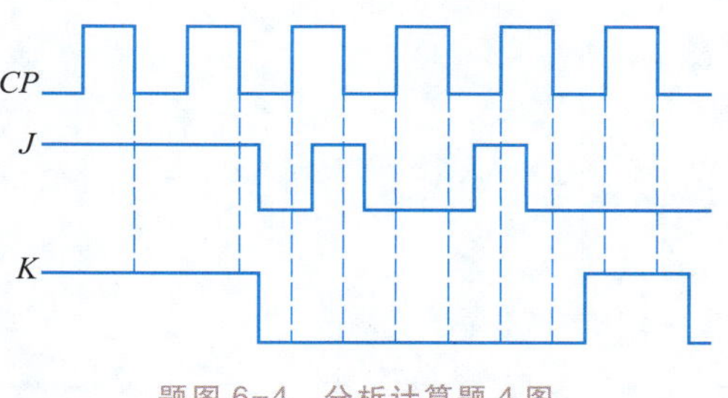

题图 6-4　分析计算题 4 图

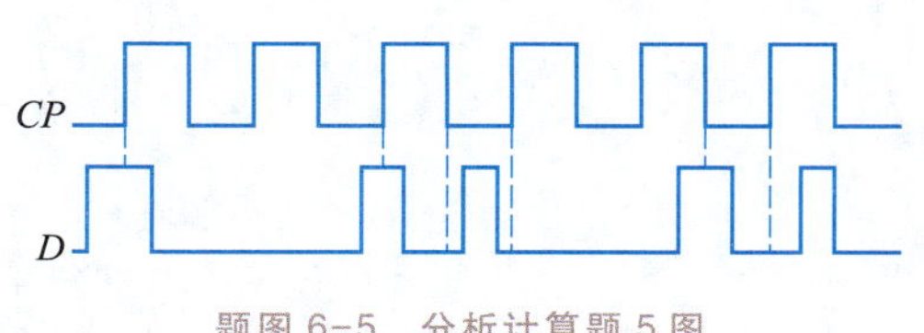

题图 6-5　分析计算题 5 图

6. 根据 CP 脉冲，画出题图 6-6 所示各触发器的 Q 端波形。(1) 设初始状态为 **0**；(2) 设初始状态为 **1**。

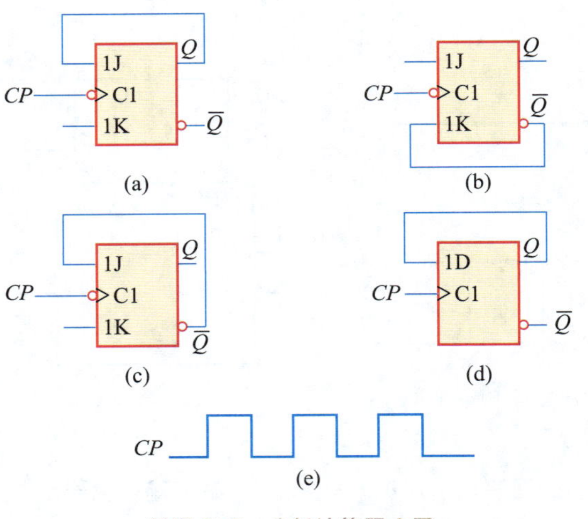

题图 6-6 分析计算题 6 图

7. 根据题图 6-7 所示的逻辑图和相应的CP、$\overline{R}_D$、D 端的输入信号波形，试画出 Q_1 和 Q_2 端的输出波形。设初始状态 $Q_1=Q_2=\mathbf{0}$。

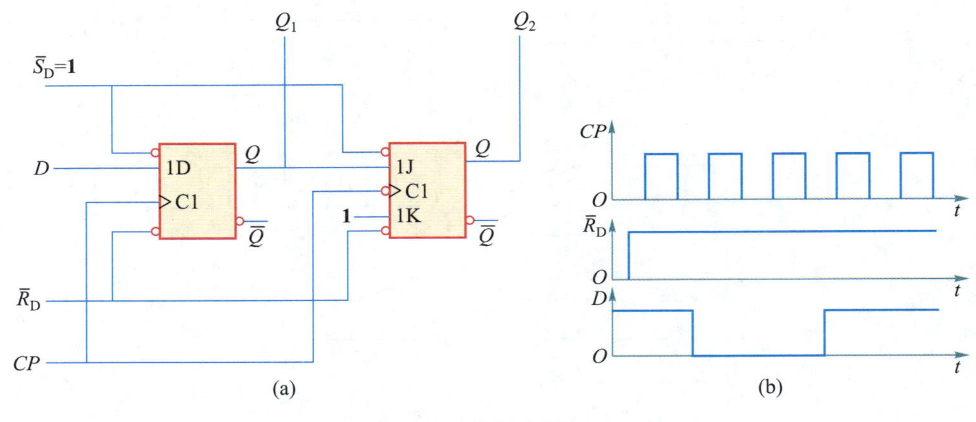

题图 6-7 分析计算题 7 图

8. 试设计一个带有进位输出端的十三进制计数器。

第七章 半导体存储器和可编程逻辑器件

引言

半导体存储器和可编程逻辑器件均属于大规模集成组合逻辑电路。半导体存储器是用来存储大量二值(**0**、**1**)数据信息代码的一种半导体器件。半导体存储器具有集成度高、体积小、存储信息容量大(如动态存储器容量达 10^9 位/片)、工作速度快(如高速随机存储器的存取时间仅为 10 ns 左右)的特点,因此在电子计算机和数字系统中得到广泛应用。

可编程逻辑器件是一种功能特殊的大规模集成电路,可由用户定义和设置逻辑功能,取代中小规模的标准集成逻辑器件并创建大型复杂的数字系统,具有结构灵活、集成度高(如高密度可编程逻辑器件集成度达 3 万门/片以上)和可靠性高等特点,因而在产品开发、工业控制以及高科技电子产品设计等方面得到了广泛应用。

本章先介绍只读存储器和随机存取存储器的几种典型电路结构和工作原理,然后再介绍几种典型的可编程逻辑器件的结构和逻辑功能。

教学课件:
半导体存储器和
可编程逻辑器件

拓展阅读:
从一粒沙诞生
出神奇的芯片

7-1 存储器概述

一、概述

存储器是一种能存储二进制代码的器件。存储器按其材料组成主要可分为磁存储器和半导体存储器。磁存储器的主要特点是存储容量大,但读写速度较慢。早期的磁存储器是磁芯存储器,后来有磁带、磁盘存储器,目前微机系统还在应用的硬盘就属于磁盘存储器。半导体存储器是由半导体存储单元组成的存储器,读写速度快,但存储容量相对较小。随着半导体存储器技术的快速发展,半导体存储器的容量越来越大,已在逐步取代磁盘存储器的过程之中。本章介绍半导体存储器。

半导体存储器按存取功能可分为两大类。

1. 只读存储器(ROM)

ROM 一般用来存放固定的程序和常数,如微机的管理程序、监控程序、汇编程序以及各种常数、表格等。其特点是信息写入后能长期保存,不会因断电而丢失,但使用时信息(程序和常数)不能被改写。所谓"只读",是指不能随机写入。

2. 随机存取存储器(RAM)

RAM 主要用于存放各种现场的输入、输出数据和中间运算结果。其优点是能随机读出或写入,读写速度快(能跟上微机快速操作)、方便(无需特定条件);缺点是断电后被存储的信息丢失,不能保存。

二、存储器的主要技术指标

1. 存储容量

能够存储 1 位二进制数码 **1** 或 **0** 的电路称为存储单元，一个存储器中有大量的存储单元。存储容量即存储器含有存储单元的数量。存储容量通常用位（bit，缩写为小写字母 b）或字节（Byte，缩写为大写字母 B）表示。位是构成二进制数码的基本单元，通常 8 位组成一个字节，由一个或多个字节组成一个字（Word）。因此，存储器存储容量的表示方式有两种。

① 按位存储单元数表示。例如，存储器有 32 768 个位存储单元，存储容量可表示为32 Kb（位，bit）。其中 1 Kb = 1 024 b，1 024 b×32 = 32 768 b。

② 按字节单元数表示。例如，存储器有 32 768 个位存储单元，存储容量可表示为 4 KB（字节，Byte），4×1 024×8 b = 32 768 b。

2. 存取周期

连续两次读（写）操作间隔的最短时间称为存取周期。存取周期表明了读写存储器的工作速度，不同类型的存储器存取周期相差很大。快的为纳秒级，慢的为几十毫秒。

点睛

半导体存储器按功能分为只读存储器（ROM）和随机存取存储器（RAM）。

半导体存储器按元件分为双极型和 MOS 型。双极型晶体管存储器速度快，功耗大。MOS 型场效应管存储器速度较慢，功耗小，集成度高。

练习与思考

7-1-1　什么叫 ROM？什么叫 RAM？它们各有什么特点和用途？

7-1-2　简述存储器容量用位或字节表示的区别。

7-2　只读存储器（ROM）

只读存储器（ROM）是存储器中结构最简单的一种，它存储的信息是固定不变的。工作时，只能读出信息，不能随时写入信息，所以称为只读存储器。

图 7-2-1 是 ROM 的结构框图，ROM 是由存储矩阵和地址译码器两个主要部分组成的。为了增加带负载能力，在存储矩阵的输出端接有读出电路，通过读出电路读出 ROM 中所存储的信息。

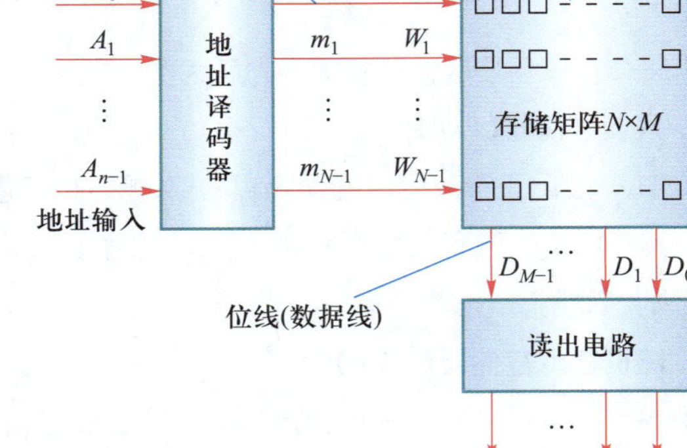

图 7-2-1　ROM 的结构框图

存储矩阵是 ROM 的主体，含有大量存储单元，每个存储单元可以存放 1 位二进制数码（或二元信息代码）**1** 或 **0**。存储单元排成若干行和若干列，形成矩阵结构。通常数据和信息是用若干位（如 4 位、8 位、16 位等）二进制数码（或二元代码）来表示的。这样的二进制数码称为一个字，一个字的位数称为字长 M。存储器以字为单位进行存储，即用一组存储单元存放一个字。存放一个字长为 M 的字，需要 M 个存储单元，这 M 个存储单元称为字单元。在图 7-2-1 中共有 N 个字单元，存储单元的总数为 N 字×M 位，$N\times M$ 称为存储器的存储容量。存储容量越大，存储的信息就越多，存储功能就越强。

为了从存储矩阵中取出信息，每个字单元都有一个标号，即地址。在图 7-2-1 中，$A_0\sim A_{n-1}$ 分别为 N 个字单元的地址；$W_0\sim W_{N-1}$ 这 N 条线称为字线，也称为地址选择线，地址选择由地址译码器来完成。

地址译码器是 ROM 的另一主要组成部分，它有 n 位输入地址码（$A_0\sim A_{n-1}$），由此组合出 N（$N=2^n$）个输出译码地址，即 N 个最小项，用 $W_0\sim W_{N-1}$ 表示，它们对应于 N 条字线或 N 个字单元的地址（$W_0\sim W_{N-1}$）。选择哪一条字线，这取决于地址码的哪一种取值。任何情况下，只能有一条字线被选中。于是，被选中的那条字线所对应的一组存储单元中的各位数码便经位线（也称数据线）$D_0\sim D_{M-1}$ 通过读出电路输出。

ROM 器件按制造工艺的不同，可分为二极管、双极型和 MOS 型三种；按存储内容存入方式的不同，可分为固定和可编程两种，而可编程 ROM 又可分为一次可编程 ROM（PROM）、光可擦除可编程 ROM（EPROM）、电可擦除可编程 ROM（E^2PROM）和快闪存储器（Flash）等。

一、固定 ROM

固定 ROM 内部所存储的信息是由生产工厂制造时采用掩模工艺予以固定的，故又称其为掩模 ROM，其结构如图 7-2-1 所示。

1. 二极管掩模 ROM

图 7-2-2 表示了 4×4 位存储容量的二极管掩模 ROM，存储单元中 **1** 或 **0** 代码用有或无二极管来设置。由图可知，2 根地址输入线经地址译码器译出 4 根字线 $W_0\sim W_3$，每根字线存储 4 位二进制数，总存储容量为 4×4 位 = 16 位。地址译码器由最简单的**与**门电路组成，并由片选信号 $\overline{CS}$ 控制。

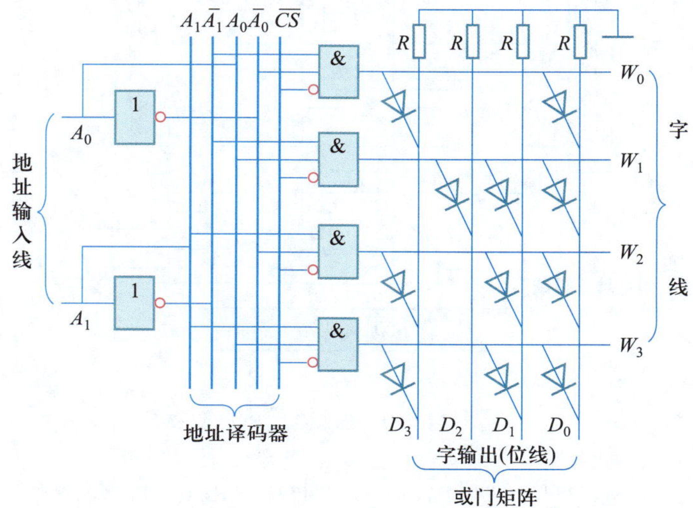

图 7-2-2　4×4 位二极管掩模 ROM

当 $\overline{CS}=\mathbf{0}$ 时，地址译码器工作，表示该片 ROM 被选中，允许输出存储内容。存储体为一个二极管**或**门矩阵电路，每一位数据线 D_j 实质上为二极管**或**门电路。当 $W_i=\mathbf{1}$ 的字线上有二极管时，相应位线

的 $D_j = \mathbf{1}$，而 $W_i = \mathbf{1}$ 的字线上无二极管的位线的 $D_j = \mathbf{0}$。例如，当地址码$A_1A_0 = \mathbf{00}$ 时，$W_0 = \mathbf{1}$，而 $W_1 = W_2 = W_3 = \mathbf{0}$，在字线 W_0 上有二极管的位线 $D_3 = D_0 = \mathbf{1}$，无二极管的位线 $D_2 = D_1 = \mathbf{0}$，这时输出数码为 $D_3D_2D_1D_0 = \mathbf{1001}$。地址码 A_1A_0 改变后，输出数码也相应改变，如表 7-2-1 中所列。

表 7-2-1 图 7-2-2 中电路存储内容

地址输入		字线	位输出			
A_1	A_0	W_i	D_3	D_2	D_1	D_0
0	**0**	$W_0 = \mathbf{1}$	**1**	**0**	**0**	**1**
0	**1**	$W_1 = \mathbf{1}$	**0**	**1**	**1**	**1**
1	**0**	$W_2 = \mathbf{1}$	**1**	**0**	**1**	**1**
1	**1**	$W_3 = \mathbf{1}$	**1**	**0**	**1**	**1**

2. MOS 管掩模 ROM

用 MOS 管组成的掩模 ROM 电路如图 7-2-3 所示。其上面第一行 MOS 管为负载管，各管栅极与漏极连接 U_{DD}，总是处于导通状态，可等效为一个电阻。在存储单元中，以有或无 MOS 管表示存储信息 **1** 或 **0**。图中所示的地址输入线为 $A_9 \sim A_0$，共 10 根。如果采用图 7-2-2 所示的**与**门组成地址译码器，则字线输出为 $2^{10} = 1\ 024$ 根。为了减少地址译码器的输出线，将地址输入线分为两组：$A_4 \sim A_0$ 作为行地址译码器的输入线，译出行地址选择线（2^5）为 $X_0 \sim X_{31}$；$A_9 \sim A_5$ 作为列地址译码器的输入线，译出列地址选择线（2^5）为 $Y_0 \sim Y_{31}$。两者的总和仅 64 根地址选择线，使地址译码器的输出线大为减少。由图中所示可知，行地址选择线与列地址选择线的矩阵交点共为 $32 \times 32 = 1\ 024$ 个，每一个交点为一个存储单元，在交点上有 MOS 管的表示信息 **1**，无 MOS 管的表示信息 **0**，输出数码只是 1 024 中的某一位，故该存储器的存储容量为1K×1 位。

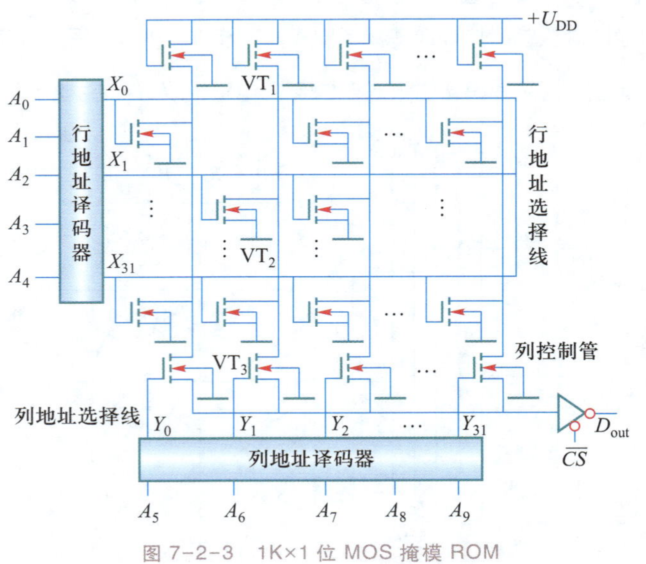

图 7-2-3 1K×1 位 MOS 掩模 ROM

例如，当地址码为 $A_9 \sim A_0 = \mathbf{0000100001}$ 时，$A_9 \sim A_5 = \mathbf{00001}$，译出 $Y_1 = \mathbf{1}$，而 $A_4 \sim A_0 = \mathbf{00001}$，译出 $X_1 = \mathbf{1}$。由于 $Y_1 = \mathbf{1}$，使控制管 VT$_3$ 导通，而 $X_1 = \mathbf{1}$，只能使选中的 Y_1 列上的 VT$_2$ 导通，因此 VT$_2$ 的漏极为低电平，经 VT$_3$ 源极输出也为低电平。当片选信号 $\overline{CS} = \mathbf{0}$ 时，表示 ROM 可工作，经三态反相器输出数码 $D_{out} = \mathbf{1}$。如果该存储单元上不存在 VT$_2$ 管，则经 VT$_3$ 源极输出为高电平，经三态反相器输出数码 $D_{out} = \mathbf{0}$。

由此可知，被行、列地址选择线选中的存储单元中，有 MOS 管信息为 **1**，无 MOS 管信息为 **0**。

为了获得 1K×8 位存储器，可将 8 片 1K×1 位存储器芯片并联起来。将每片相同的地址线 A_i 并接，这样每片处在相同地址码下的存储单元被选中，在某一地址码下，每片输出 1 位数据，组成相应 8 位数据 $D_7 \sim D_0$ 输出，如图 7-2-4 所示。这种方法的连接称为存储器的位线扩展。

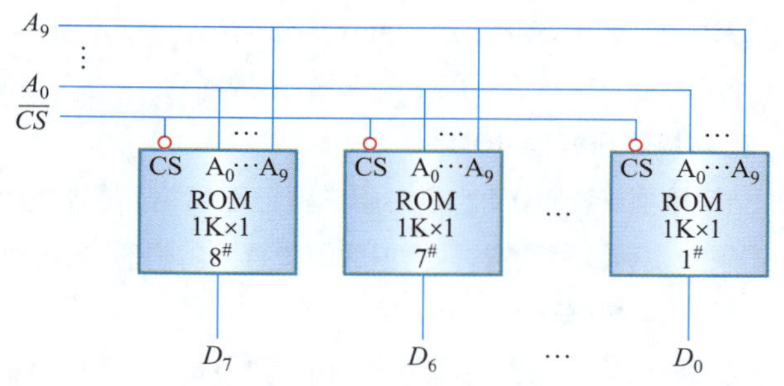

图 7-2-4　用 1K×1 位 ROM 组成 1K×8 位 ROM

此外，还有双极型（晶体管）掩模 ROM，这里不再赘述。

二、可编程 ROM

1. 一次可编程 ROM（PROM）

一次可编程 ROM（PROM）可由用户根据自己的需要将信息代码存入存储单元内，一旦写入，就不能更改。

PROM 的结构原理如图 7-2-5 所示。在存储矩阵中，字线和位线的交叉处，以晶体管发射极与位线相连的快速熔丝作为存储单元，熔丝通常用低熔点的合金或很细的多晶硅导线制成。在编程存入信息时，如果使熔丝烧断，表示存储单元信息为 **0**，熔丝不烧断，表示信息为 **1**。

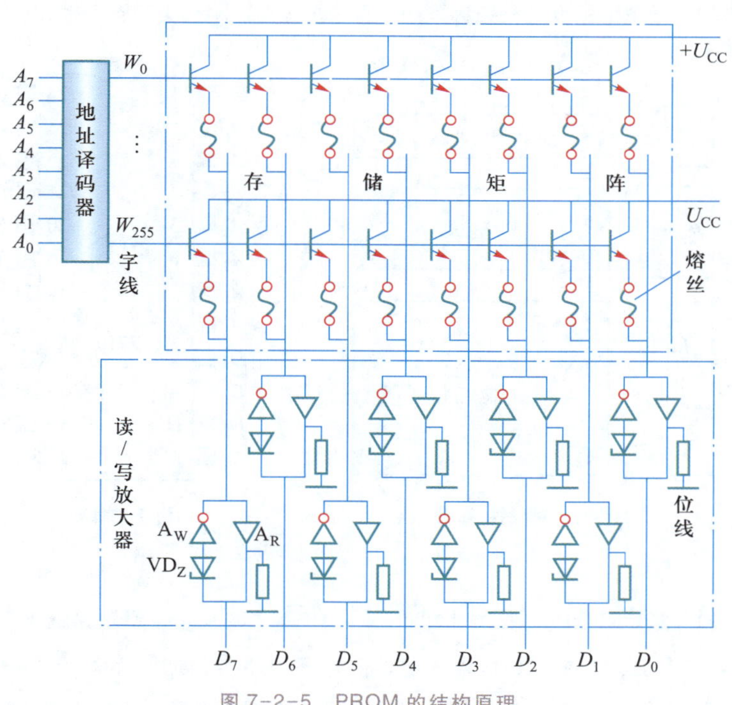

图 7-2-5　PROM 的结构原理

当要写入信息代码时，首先输入相应的地址码，使相应的字线 W_i 被选中为高电平。然后对要求写入 **0** 的位线上按规定加入高电压脉冲，使该位线上读/写放大器中的稳压管 VD_Z 导通，反相器 A_W 输出低电平，使被选中字线的相应位熔丝烧断。对要求写入 **1** 的位线上加低电平信号，VD_Z 不导通，熔丝不烧断。

正常读出时，字线被选中后，对于有熔丝的存储单元，其读出放大器 A_R 输出的高电平不足以使

VD_Z 导通,A_W 截止,输出为 **1**。而无熔丝的存储单元输出为 **0**。

PROM 由于熔丝烧断后不能恢复,故只能写入一次,给使用者带来不便。

2. 可擦除可编程 ROM

可擦除可编程 ROM 也是由用户将自己所需要的信息代码写入存储单元内。其与 PROM 不同的是,如果要重新改写信息,只需擦除原先存入的信息,再进行重写。

(1) 光可擦除可编程 ROM(EPROM)

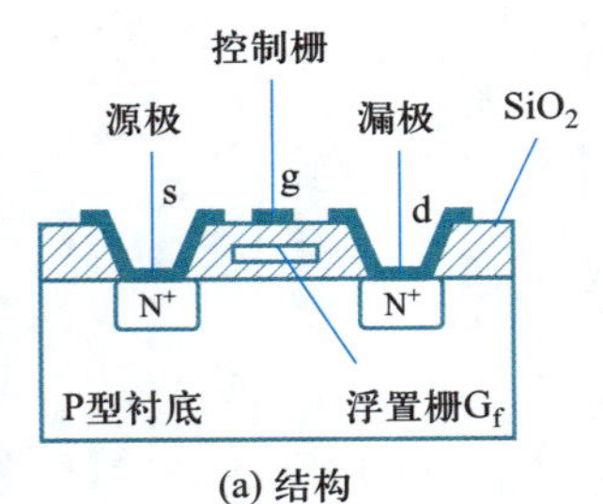

(a) 结构

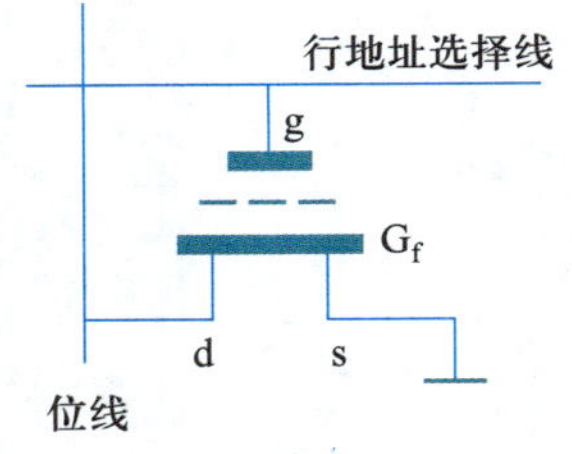

(b) 符号及单元电路

图 7-2-6 N 沟道增强型浮置栅 MOS 管组成的存储单元

用紫外线(或 X 射线)擦除的可编程 ROM 简称 EPROM,这是早期对可擦除可编程 ROM 的通称,现在也称 UVEPROM。

图 7-2-6(a)所示为 EPROM 内用 N 沟道增强型浮置栅 MOS 管(简称 SIMOS 或叠栅 MOS)组成的一个存储单元结构,其符号及单元电路如图 7-2-6(b)所示。控制栅 g 用于控制其下方内部的浮置栅 G_f,用于存储信息 **1** 或 **0**。

在漏、源极间加高电压+25 V,使之产生雪崩击穿。同时,在控制栅 g 上加幅度为+25 V、宽度为 50 ms 左右的正脉冲,这样,在栅极电场作用下,高速电子能穿过 SiO_2,在浮置栅上注入负电荷,使单元管开启电压升高,控制栅在正常电压作用下,MOS 管仍处于截止状态,这样该单元被编程为 **0**。产品出厂时,浮置栅上不带负电荷,全部单元为 **1**。

编程时,要擦除原有存储信息,是在器件的石英玻璃盖板上用紫外线照射 15 min,将浮置栅上的电荷移去。经过擦除后的芯片,所有存储信息均为 **1**,然后可以进行写操作。

使用较多的 EPROM 有 2716 型。其存储容量为 2K×8 位,工作电压 U_{CC} = +5 V,图7-2-7(a)、(b)所示为 EPROM 2716 内部逻辑结构框图和引脚排列。芯片表面有透明石英玻璃盖板,供紫外线照射用。

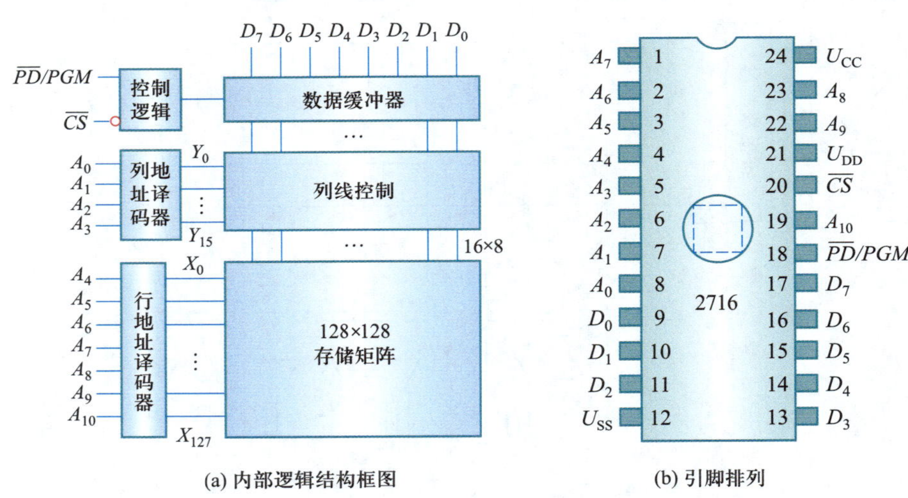

图 7-2-7 EPROM 2716

EPROM 2716 的存储矩阵组成方式为:地址码 $A_0 \sim A_3$ 通过列地址译码器译出 $Y_0 \sim Y_{15}$ 共 16 根列地址选择线,地址码 $A_4 \sim A_{10}$ 通过行地址译码器译出 $X_0 \sim X_{127}$ 共 128 根行地址选择线,而每根列地址选择线控制 $D_0 \sim D_7$ 代码输出,因此共构成 128×16×8 位的存储单元矩阵,存储容量为 2K×8 位。

EPROM 2716 的工作方式如表 7-2-2 中所列。由表可知,$D_7 \sim D_0$ 数据线为双向输入、输出数据线,在禁止输出和功率下降方式下,D_i 呈高阻状态。$\overline{CS}$ 为片选信号控制端,当 $\overline{CS}$ = **0** 时,必须 $\overline{PD}/PGM$ 也为 **0**,数据才可输出。编程检验方式下,数据输出后,用以检验所写入数据是否正确。数据写好并检验完毕后,应用不透明的胶带遮蔽石英玻璃盖板,以防数据丢失。

表 7-2-2　EPROM 2716 工作方式

工作方式	$D_7 \sim D_0$	$\overline{PD}/PGM$	$\overline{CS}$	U_{DD}	U_{CC}	U_{SS}	说明
读出	输出	**0**	**0**	+5 V	+5 V	0 V	$\overline{CS}=\mathbf{0}$ 有效，D_i 作输出端
禁止输出	高阻	**0**	**1**	+5 V			D_i 呈高阻状态
功率下降	高阻	**1**	×	+5 V			功耗由 525 mW 降到 132 mW
编程	输入	50 ms 正脉冲	**1**	+25 V			D_i 作输入端
编程检验	输出	**0**	**0**	+25 V			D_i 作输出端
编程禁止	高阻	**0**	**1**	+25 V			D_i 呈高阻状态

常用的 EPROM 还有 2732（4K×8 位）、2764（8K×8 位）、27128（16K×8 位）、27256（32K×8 位）等。其型号的后几位数表示存储容量，单位为 Kb。

（2）电可擦除可编程 ROM（E^2PROM）

由于 EPROM 必须把芯片放在专用设备上用紫外线进行擦除，因此耗时较长，又不能在线进行，使用起来很不方便。后来出现了采用电信号擦除的可编程 ROM，称为 E^2PROM，它可进行在线擦除和编程。由于器件内部具有由 5 V 产生 21 V 的转变电路和编程电压形成电路，因此在擦除信息和编程时无需专用设备，且擦除速度较快。E^2PROM 存储单元结构有两种，一种为双层栅介质 MOS 管，另一种为浮栅隧道氧化层 MOS 管。后者的型号有 2816、2816A、2817、2817A，均为2K×8位；2864 为 8K×8 位。它们的擦写次数可达 10^4 次以上。

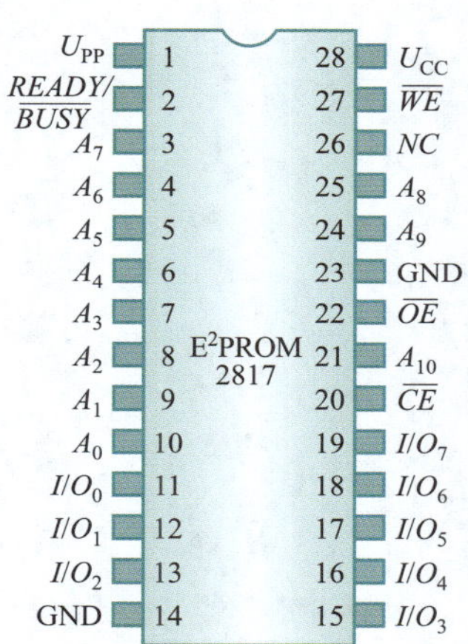

图 7-2-8　E^2PROM 2817 引脚排列

图 7-2-8 所示为 E^2PROM 2817 的引脚排列，共 28 个引脚。电源电压 $U_{PP}=U_{CC}=+5$ V，$I/O_7 \sim I/O_0$ 为输入/输出端，$A_{10} \sim A_0$ 为地址输入端，$\overline{CE}$为片选控制输入端，$\overline{WE}$为写控制输入端，$\overline{OE}$为读控制输入端，$READY/\overline{BUSY}$ 为准备/忙输入端。

写入时，只需置$\overline{CE}=\mathbf{0}$，$\overline{WE}=\mathbf{0}$，$\overline{OE}=\mathbf{1}$，$READY=\mathbf{1}$，加入地址码和存入数码即可；读出时，置$\overline{CE}=\mathbf{0}$，$\overline{OE}=\mathbf{0}$，$\overline{WE}=\mathbf{1}$，$READY$ 为任意，即可输出对应地址码的存储数据。

E^2PROM 可以根据地址码选择按字节擦除和写入，也可以全部擦除和重写。

（3）快闪存储器（Flash）

快闪存储器采用类似于 EPROM 单管叠栅结构的存储单元，为新一代用电信号擦除的可编程 ROM。它具有结构简单、编程可靠、擦除快捷的特性，而且集成度可以很高，又能在线电擦除。但是它不能像 E^2PROM 那样按字节擦除，只能全片擦除。如 CM48F512 快闪存储器具有 512 字节的存储单元，所有存储单元的电擦除最大时间为 7.5 s。

快闪存储器还具有成本低、使用方便等优点，可取代大容量的 EPROM 和 E^2PROM，其存储容量逐年提高，并得到了广泛应用。

三、ROM 的应用实例

由于 ROM 具有断电后所存信息不丢失的特点，因此广泛应用于计算机程序的存储。同时，利用对其内部存储矩阵的编程，还能实现各种组合逻辑电路。

1. 用 ROM 实现组合逻辑电路

例如，用 ROM 实现全加器。前面介绍过用组合逻辑电路实现全加器的方法，其真值表如表 7-2-3 所示。

表 7-2-3 全加器真值表

输入			输出	
A_i	B_i	C_{i-1}	S_i	C_i
0	0	0	0	0
0	0	1	1	0
0	1	0	1	0
0	1	1	0	1
1	0	0	1	0
1	0	1	0	1
1	1	0	0	1
1	1	1	1	1

由真值表得到全加器的逻辑表达式后再画出相应的逻辑图，就可实现全加器逻辑功能。

用 ROM 实现组合逻辑函数，只要把函数自变量的不同取值作为 ROM 的不同地址，把每种取值所对应的函数值存入 ROM 对应地址的存储单元，ROM 就成了一个函数表。根据全加器的要求，其输入逻辑变量有 3 个，即 A_i、B_i、C_{i-1}；输出变量有两个，即 S_i、C_i。如采用 EPROM 实现，只要把 3 个输入变量 A_i、B_i、C_{i-1} 作为地址码输入，两个输出变量 S_i 和 C_i 作为线数据输出，依次写入 EPROM 即可。

用 EPROM 实现全加器的电路阵列结构如图 7-2-9 所示。

地址 A_i、B_i、C_{i-1} 通过地址译码器（**与**阵列）输出 8 条字线，即 8 种输出组合。在位线处输出一个 2 位的二进制代码 S_i、C_i，与其真值表输出相对应，则实现了全加器的功能。

2. 存储数据和程序

单片机系统中都含有一定单元的程序存储器 ROM。图 7-2-10 所示为 EPROM 2764 与 MCS-51 型单片机（8031）的典型连接电路，用于存放编好的程序和表格常数。

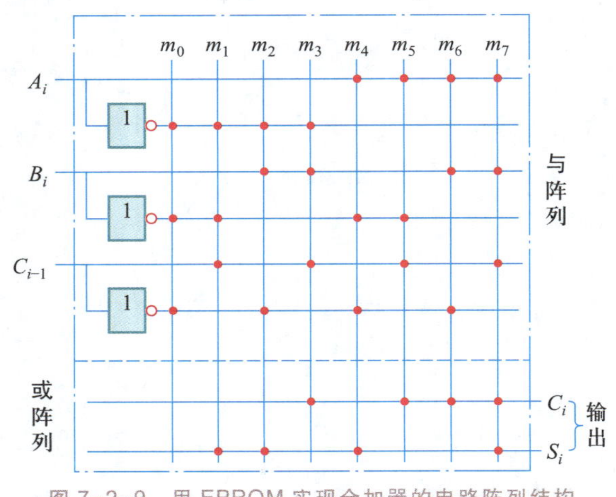

图 7-2-9 用 EPROM 实现全加器的电路阵列结构

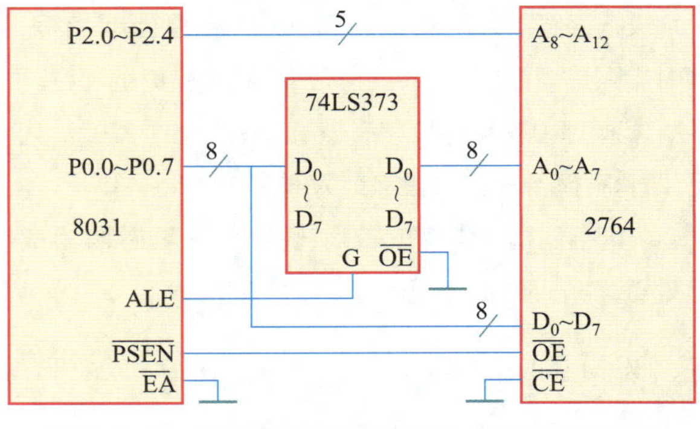

图 7-2-10 EPROM 2764 与 8031 的典型连接电路

四、逻辑门电路的简化画法

在绘制中、大规模集成电路的逻辑图时，为方便起见，经常采用图 7-2-11 所示的简化画法。图 7-2-11（a）是一个多输入端**与**门，竖线为一组输入信号线，与横线的交叉点状态表示是否接到了这

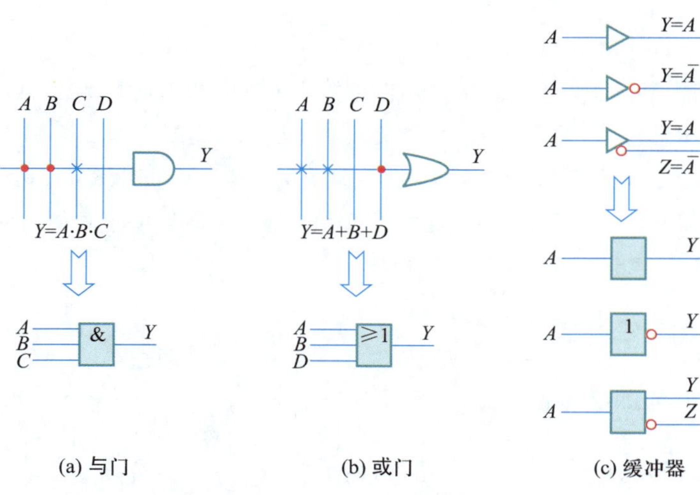

(a) 与门　(b) 或门　(c) 缓冲器

图 7-2-11　门电路的简化画法

个门的输入端上。交叉点上画"•"的表示硬连接，不能通过编程改变；交叉点上画"×"的表示编程连接，即编程后熔丝未熔断或 MOS 管处于导通状态。图 7-2-11(b)表示多输入端**或**门。图 7-2-11(c)是同相输出、反相输出和具有互补输出的各种缓冲器的画法。

点睛

1. ROM 存储的信息是固定不变的。工作时，只能读出信息，不能写入信息。ROM 主要由存储矩阵和地址译码器构成。

2. ROM 的特点：存储单元存 **0** 还是存 **1** 在设计和制造时已确定，不能改变；而且存入信息后，即使断开电源，所存信息也不会消失。所以 ROM 也称为固定存储器。

3. 在数字系统中 ROM 的应用十分广泛，如用于组合逻辑、波形变换、字符产生以及计算机的数据和程序存储等。

练习与思考

7-2-1　ROM 是由哪两个主要部分构成的？它们的主要作用是什么？

7-2-2　ROM 为什么只能随时读出信息而不能随时写入信息？为什么断电时也不会丢失信息？

7-2-3　说明 ROM 的特点，并比较 ROM、PROM、EPROM 的不同点。

7-3　随机存取存储器(RAM)

随机存取存储器(RAM)也称为读/写存储器，它不仅可以随时从指定的存储单元读出数据，而且可以随时向指定的存储单元写入数据。因此，RAM 的读、写非常方便，使用起来更加灵活。但 RAM 有丢失信息的缺点(断电时存储的数据会随之消失)，不利于数据和信息的长期保存。

一、RAM 的分类

RAM 有双极型和 MOS 型两大类。两者相比，双极型存储速度快，但集成度较低，制造工艺复杂，功耗大，成本高，主要用于高速场合；MOS 型存储速度较慢，但集成度高，制造工艺简单，功耗小，成本低，主要用于对工作速度要求不高的场合。MOS 型 RAM 又分为静态 RAM(SRAM)和动态 RAM(DRAM)两种，动态 RAM 存储单元所用元件少，集成度高，功耗小，但不如静态 RAM 使用方便。一般，大容量存储器使用动态 RAM，小容量存储器使用静态 RAM。

二、RAM 的结构和工作原理

图 7-3-1 是 RAM 的结构框图，它由如下几部分组成。

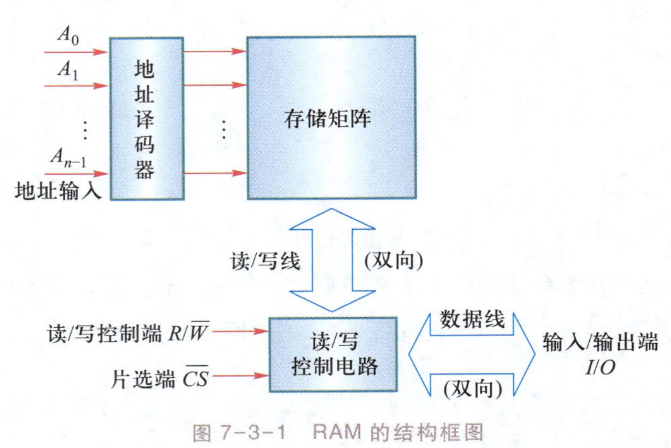

图 7-3-1 RAM 的结构框图

1. 存储矩阵

RAM 的存储矩阵与 ROM 一样，也是由大量存储单元构成的。与 ROM 存储单元不同的是，RAM 存储单元中的数据不是预先固定的，而是随时由外部输入。为了保存这些数据，RAM 的存储单元由具有记忆功能的电路构成。

2. 地址译码器

地址译码器的作用与 ROM 相似，也是对输入的地址码进行译码，一个地址对应着一条字线(地址选择线)。当某条地址选择线被选中，与该地址选择线相联系的字单元中的数据便与位线(数据线)相通，就可以进行读数或写数。

3. 读/写控制电路

当一个地址选中存储矩阵中相应一组存储单元时，是进行读数，还是进行写数，这由读/写控制端 $R/\overline{W}$ 来决定：当 $R/\overline{W}=\mathbf{1}$ 时，执行读操作，RAM 将存储矩阵中的内容送到输入/输出端 I/O；当 $R/\overline{W}=\mathbf{0}$ 时，执行写操作，RAM 将 I/O 上的输入数据写入存储矩阵中。在同一时间，不会同时发出读和写的指令，RAM 的读和写是有序进行的。因此，可以把原来分开的输入线和输出线合用一条双向数据线。同理，读/写线也应是双向的。

4. 片选控制

数字系统中的随机存取存储器容量很大，一般由多片 RAM 组成。访问存储器时，每次只与其中的一片或几片来往，交流信息。因此，在每片 RAM 上均加有片选端 $\overline{CS}$，低电平有效，即当 $\overline{CS}=\mathbf{0}$ 时，该片(或几片)RAM 工作；当 $\overline{CS}=\mathbf{1}$ 时，RAM 不工作。于是，只有 $\overline{CS}=\mathbf{0}$ 的一片(或几片)RAM 的 I/O 与外部总线接通，交换数据，而其他各片 RAM 的 I/O 呈高阻状态，不能与总线交换数据。

三、集成 RAM 存储器

图 7-3-2 是集成静态存储器 SRAM 2114 的引脚排列，它采用 18 脚双列直插结构，由+5 V 电源供电，$A_0 \sim A_9$ 为 10 条地址输入线，$\overline{CS}$和 $R/\overline{W}$ 为 2 条控制线，$\overline{CS}$ 为片选端，低电平有效，$R/\overline{W}$ 为读/写控制端，$I/O_1 \sim I/O_4$ 为 4 条数据输入/输出线。显然，SRAM 2114 可存储的字数为 $2^{10}=1\ 024$(1K)，字长为 4 位。

SRAM 2114 有以下三种工作方式：

① 写入方式。当 $\overline{CS}=0$，$R/\overline{W}=0$ 时，数据线 I/O_1 ~ I/O_4 上的内容存入 A_0 ~ A_9 相应的单元。

② 读出方式。当 $\overline{CS}=0$，$R/\overline{W}=1$ 时，A_0 ~ A_9 相应单元上的内容输出到数据线 I/O_1 ~ I/O_4。

③ 低功耗维持方式。当 $\overline{CS}=1$ 时，芯片进入这种工作方式，输出为高阻态，存储器内部电路与外部总线隔离。

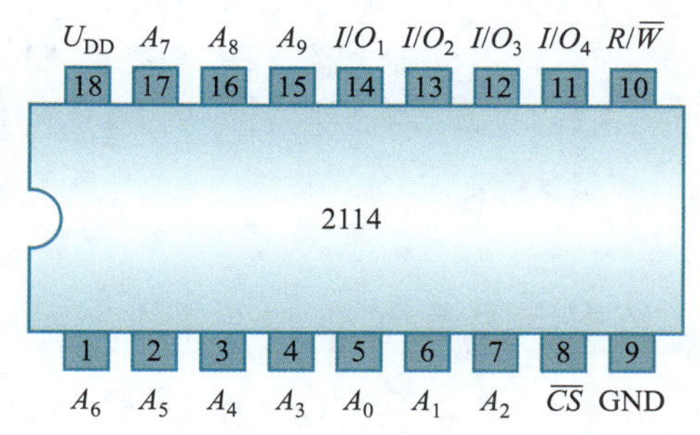

图 7-3-2　SRAM 2114 引脚排列

四、RAM 存储容量的扩展

数据存储器广泛应用于微处理器和计算机系统中。在实际应用中，如果单片 RAM 无法满足存储容量的要求，可将若干芯片相连，通过字数和位数的扩展来扩充其容量。

动画：RAM 的扩展

1. RAM 的位扩展

将多片 RAM 并联时可实现位数的扩展（简称位扩展）。如每片 SRAM 2114 的容量为 1K×4 位，若用两片并联即可组成 1K×8 位的存储器，只要将地址线、读/写信号线和片选信号线对应相连，各芯片的输入/输出端作为 1K×8 位存储器的输入/输出端 I/O，如图 7-3-3 所示，即实现了 RAM 的位扩展。

2. RAM 的字扩展

利用 RAM 芯片的片选端可实现 RAM 字数的扩展（简称字扩展）。图 7-3-4 所示为用两片1K×4位的 RAM 实现 2K×4 位 RAM 的接线图，用一个高位地址线 A_{10} 加一个**非**门对两片存储器芯片实现片选，低电平时选中 RAM（Ⅰ），高电平时选中 RAM（Ⅱ），由此可得各芯片的地址，RAM（Ⅰ）的地址为 0 ~ 1 023，RAM（Ⅱ）的地址为 1 024 ~ 2 047，从而实现了 2K×4 位的字扩展。

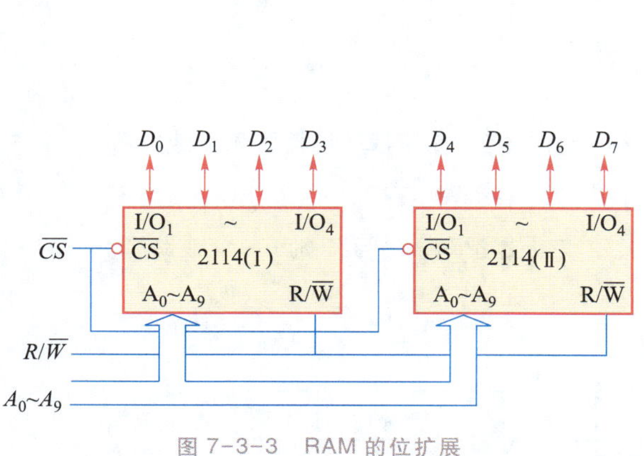

图 7-3-3　RAM 的位扩展

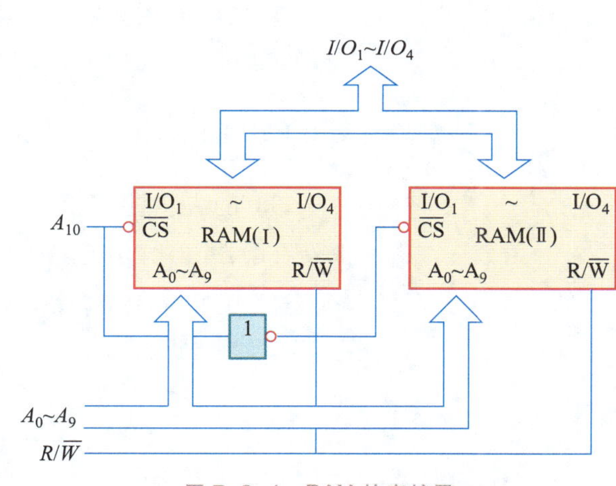

图 7-3-4　RAM 的字扩展

点睛

1. RAM 不仅可以随时从指定地址的存储单元读出数据，而且可以随时向指定的存储单元写入数据。因此，RAM 也称为读/写存储器。

2. RAM 读/写方便，但信息容易丢失，一旦断电，所存储的信息会随之消失，不利于数据的长期保存。

3. RAM 由存储矩阵、地址译码器、读/写控制电路和片选控制构成。存储矩阵由大量存储单元构成,存储单元有静态和动态两种类型。与 ROM 不同的是,RAM 存储单元中的数据不是预先固定的,而是取决于外部输入信息,其存储单元必须由具有记忆功能的电路构成。

4. 根据需要,RAM 可进行位数的扩展和字数的扩展。

练习与思考

7-3-1 RAM 是由哪些主要部分组成的?它的读/写控制端和片选端各起什么作用?

7-3-2 什么是 RAM 的位数扩展和字数扩展?它们有何实际意义?如何实现位数和字数的同时扩展?

7-3-3 试比较 ROM 和 RAM 的基本结构和主要功能的异同。

7-4 可编程逻辑器件(PLD)

可编程逻辑器件(PLD)是 20 世纪 80 年代发展起来的逻辑器件,是一种可用编程的方法设计定义其功能的大规模集成电路。

在前面的章节中介绍了 TTL 和 MOS 数字集成电路,如译码器、计数器等。这些器件一经制作,其内部逻辑功能就已被限定了,用户只能去使用,而不能改变这些器件的逻辑功能。当需要构成复杂的数字系统时,将要使用大量不同功能的芯片,同时要进行大量的连线工作。这会导致系统可靠性降低,同时系统的体积和功耗也会增加,设计的周期长,难以实现最优化设计。而 PLD 的出现使设计观念发生了改变,设计工作变得非常容易,因而 PLD 得到了迅速的发展和应用。

现代数字系统越来越多地采用 PLD 来组成,这不仅能大大简化系统的设计过程,而且还能使系统结构简单,可靠性提高。PLD 技术从一个方面反映了现代电子技术的发展趋势。

一、PLD 的结构框图

PLD 的结构框图如图 7-4-1 所示,其核心部分由两个逻辑门阵列(**与**阵列和**或**阵列)所组成。**与**阵列在前,通过输入电路接收输入逻辑变量 A、B、C、…;**或**阵列在后,通过输出电路送出输出逻辑变量。不同类型的 PLD,其结构差异很大,但它们的共同之处是都有一个**与**阵列和一个**或**阵列。有的 PLD 内部还有反馈电路。

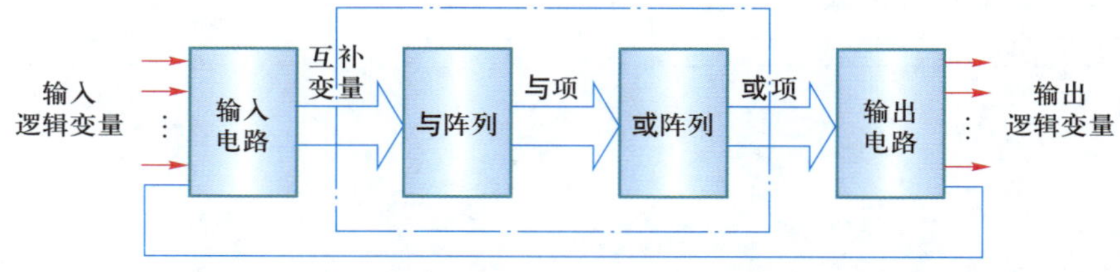

图 7-4-1 PLD 的结构框图

作为用户,可根据实际需要,将厂家提供的 PLD 产品按规定的编程方法自行改变其内部的**与**阵列和**或**阵列结构(或者其中之一),从而获得所需要的逻辑关系和逻辑功能。

PLD 主要分为可编程逻辑阵列(PLA)、可编程阵列逻辑(PAL)、通用阵列逻辑(GAL)、现场可编程门阵列(FPGA)、在系统可编程逻辑器件(ispPLD)等,下面分别加以介绍。

二、可编程逻辑阵列(PLA)简介

可编程逻辑阵列(PLA)是 20 世纪 70 年代中期出现的逻辑器件,它既包括可编程的**与**阵列,也包括可编程的**或**阵列;不仅可用于实现组合逻辑电路功能,如果在**或**阵列的输出外接触发器,还可用于实现时序逻辑电路功能。PLA 是为了解决 ROM 存在的问题而设计的。用 ROM 实现逻辑函数时,其主要问题是不经济。如一个 10 变量的逻辑函数,经过化简后,其**与或**表达式中的乘积项通常不会超过 40 个,而一个 10 输入变量的 ROM 的全译码**与**阵列却有 $2^{10}=1\ 024$ 个乘积项,这不仅使芯片面积很大,利用率低,而且还会导致信号开关延迟时间长、工作速度慢等问题。所以,ROM 一般只作存储器用。PLA 阵列结构如图 7-4-2 所示。

由图可知,PLA 的**与**阵列不是全译码,而是可编程的。同时,其**或**阵列也是可编程的。用它来实现同样的逻辑函数,其阵列规模要比 ROM 小得多。由于 PLA 在编程实现给定的逻辑功能时,一般只需不多的阵列,但在制造时却一个也不能省略,利用率太低,因而大大增加了产品的成本,而且其只能一次编程写入,不能改写,因此 PLA 在简单的逻辑设计中并不实用。

三、可编程阵列逻辑(PAL)简介

可编程阵列逻辑(PAL)是 20 世纪 70 年代末期出现的产品,它是由可编程的**与**阵列和固定的**或**阵列所组成的**与或**逻辑阵列,其阵列结构如图 7-4-3 所示。

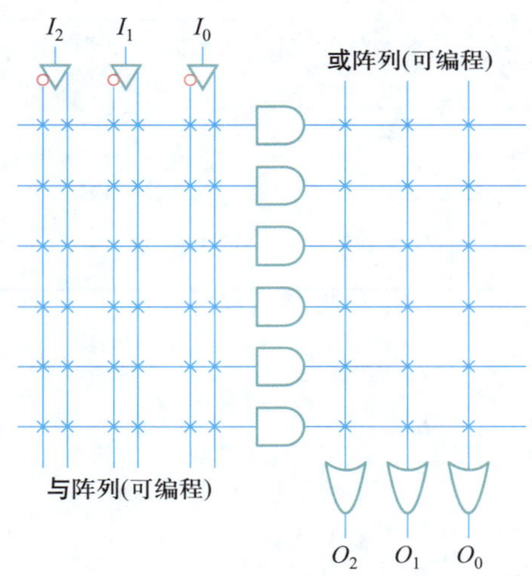

图 7-4-2　PLA 阵列结构

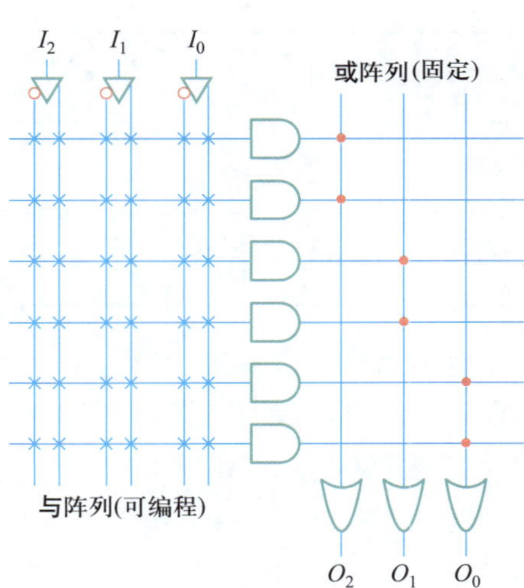

图 7-4-3　PAL(GAL)阵列结构

PAL 有不同品种,以满足各种不同的需要。用户可根据使用要求选择其阵列结构的大小、输入/输出的数量与方式,以实现各种组合逻辑功能和时序逻辑功能。PAL 比 PLA 工艺简单,易于编程和实现,既有规则的阵列结构,又有灵活多变的逻辑功能,使用较方便。但其输出方式固定而不能重新组态,编程是一次性的,因此它的使用仍有较大的局限性。

四、通用阵列逻辑(GAL)简介

通用阵列逻辑(GAL)是 20 世纪 80 年代中期推出的可电擦除、可重复编程、可硬件加密的一种可编程逻辑器件，是第二代 PAL 产品。从阵列结构上看，它与 PAL 器件类似，也具有可编程的**与**阵列和固定的**或**阵列，如图 7-4-3 所示。由于其输出采用了可编程的输出逻辑宏单元，可由用户定义所需的输出状态，同时其芯片类型少、功能全、速度快、集成度高，并可多次编程重复使用，能仿真所有 PAL 芯片所能完成的功能，因此，GAL 芯片成为各种 PLD 器件的理想产品，在研制和开发新的数字系统时极为方便。目前常用的芯片有 GAL16V8 和 GAL20V8 两种。

以上三种类型可编程逻辑器件的共同特点是可实现速度特性好的逻辑功能，但其过于简单的结构也使它们只能实现规模较小的电路。

目前使用较多的为复杂可编程逻辑器件（CPLD），它采用基于乘积项技术和 E^2PROM（或 Flash）工艺的逻辑块编程，能实现较大规模的逻辑电路设计。

五、现场可编程门阵列（FPGA）

与前面所述的可编程逻辑器件相比，现场可编程门阵列（FPGA）的结构不受**与-或**阵列限制，也不受触发器和 *I/O* 端数量限制，可以构成任意复杂的逻辑电路，更适合构成多级逻辑功能。由于内部可编程逻辑模块的排列形式与前述可编程器件门阵列中的排列形式相似，因而沿用门阵列名称。FPGA 属于高密度 PLD，集成度高达 3 万门/片以上。

目前生产 FPGA 的厂家较多，种类也多，但其结构大致相似，下面以 Xilinx 公司的 XC4000E 系列为例进行简单介绍。它有 8 种型号，现列出容量最小和最大的两个产品，对其内部结构数量进行一般介绍，如表 7-4-1 所示。

表 7-4-1 XC4000E 系列的 FPGA 典型容量

器件型号	门数	CLB 数量/个（行×列）	IOB 数量/个	触发器数量/个	数据结构长度/bit	数据结构数量/个	编程数据总量/bit	PROM 容量/bit
XC4003E	3 000	100（10×10）	80	360	126	428	53 936	53 984
XC4025E	25 000	1 024（32×32）	256	2 560	346	1 220	442 128	442 176

FPGA 产品的种类较多，结构也各不相同，但其基本结构有共同之处。图7-4-4是一个典型的 FPGA 基本结构。

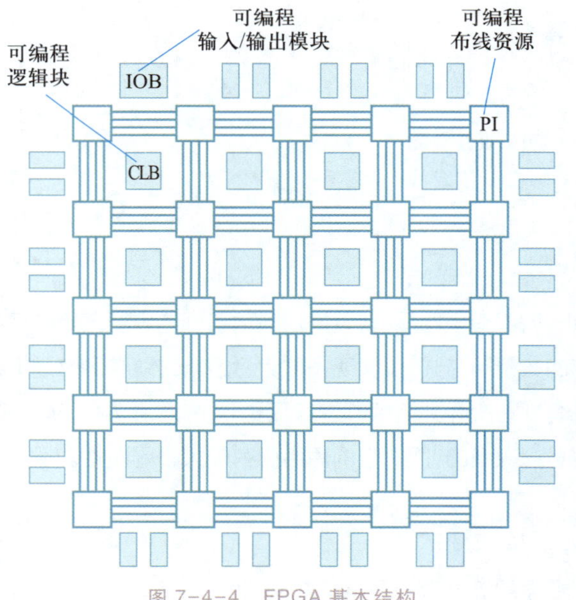

图 7-4-4 FPGA 基本结构

FPGA 通常包括三类可编程资源。

（1）可编程逻辑块（CLB）

CLB 是排列规则的、可实现基本逻辑功能的单元，即可编程逻辑单元，又称宏单元。由于实现的逻辑功能难易不同，所以 CLB 的大小差异很大，小的只有两个晶体管，如实现反相器功能的 CLB，大的可完成极复杂的逻辑功能。

（2）可编程输入/输出模块（IOB）

IOB 通常分布于可编程逻辑块四周，其功能是连接芯片与外部封装。

（3）可编程布线资源（PI）

PI 又称为可编程内部互连，是一些各种长度的连线和可编程的连接开关。通过 PI 的配置，可将内部各个 CLB、IOB 连接起来，实现系统的逻辑功能，构成用户电路。

目前 FPGA 已成为设计数字电路的首选器件之一，它在个人计算机接口卡的总线接口、程控交换机的信号处理与接口、图像控制与数字处理、数控机床的测试系统等方面获得应用，许多电子系统已采用 CPU+RAM+FPGA 的设计模式，电路简单而灵活。

六、在系统可编程逻辑器件（ispPLD）

上述 PLA、PAL 和 GAL 等可编程逻辑器件编程时，都要把它们从系统的电路板上取下来，插到编程器上，由编程器对器件实施“离线”编程。这种编程方式很不方便。在系统可编程逻辑器件（ispPLD）是 20 世纪 90 年代推出的一种高性能大规模数字集成电路，它成功地将原属于编程器的有关电路也集成于 ispPLD 中。因此，ispPLD 的最大特点是，编程时既不需要使用编程器，也不需要将器件从系统的电路板上取下，用户可以直接在系统上进行编程。

可编程逻辑器件从“离线”编程发展到“在线”编程，具有重要意义，它改变了产品生产的先编程后装配的惯例，可以先将器件全部安装在电路底板上，然后编程制成产品。这就简化了产品设计和生产流程，降低了产品成本。成为产品后还可“在线”反复编程，修改逻辑设计，重构逻辑系统，实现新的逻辑功能，对产品实行升级换代。

在系统编程技术更新了人们的设计观念，为电子设计自动化（EDA）开创了新的途径。

ispPLD 有低密度和高密度两种类型。后者比前者复杂得多，功能也更强，也称为复杂可编程逻辑器件（CPLD）。

低密度 ispPLD 是在 GAL 的基础上增加了写入/擦除控制电路而构成的。例如，ispGAL16Z8 有正常、诊断和编程三种工作方式，工作方式由输入控制信号指定。其正常工作状态与 GAL16V8 的工作状态相同。

在高密度 ispPLD 中，下面以 ispLSI1016 为例进行简单介绍。它的电路结构框图和逻辑功能划分框图分别如图 7-4-5 和图 7-4-6 所示。

由图 7-4-5 可见，ispLSI1016 芯片有 $A_0 \sim A_7$ 和 $B_0 \sim B_7$ 共 16 个通用逻辑块（Generic Logic Block，GLB）、32 个输入/输出单元（I/O Cell，IOC）、全局布线区（Global Routing Pool，GRP）、输出布线区（Output Routing Pool，ORP）、时钟分配网络（Clock Distribution Network，CDN）和编程控制电路。$N_0 \sim N_3$ 是 4 个专用输入。

（1）全局布线区（GRP）

GRP 位于芯片中央。通过编程，可实现 16 个 GLB 的互相连接，以及与 IOC 和 ORP 的连接，任何一个 GLB 都能与任何一个 IOC 相连。

（2）通用逻辑块（GLB）

GLB 位于 GRP 的两边，每边 8 块，共 16 块。GLB 主要由可编程的**与**阵列、乘积项共享的**或**阵列和四输出逻辑宏单元（OLMC）三部分组成，如图 7-4-7 所示。它的**与**阵列有 18 个输入端，其中 16 个来自 GRP，2 个是专用输入。每个 GLB 有 20 个**与**门，组成 20 个乘积项。4 个**或**门的输入按 4、4、5、7 配置，它们的 4 个输出送至 4 个 OLMC，OLMC 的 4 个输出送至 GRP、ORP 和 IOC。

（3）输出布线区（ORP）

ORP 是可编程互连阵列，阵列的输入是 8 个 GLB 的 32 个输出。阵列的 16 个输出端分别与该侧的

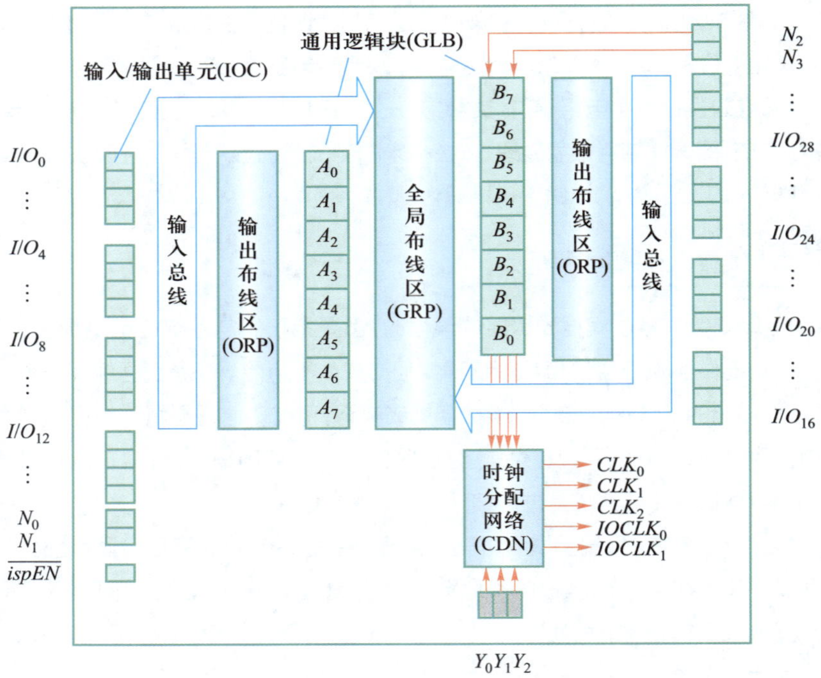

图 7-4-5 ispLSI1016 的电路结构框图

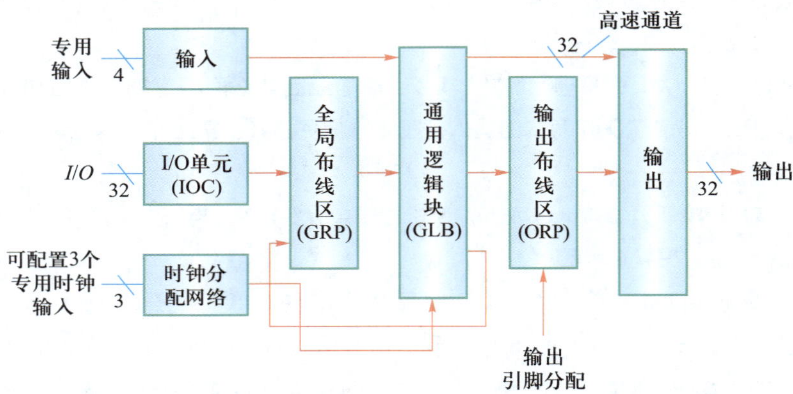

图 7-4-6 ispLSI1016 的逻辑功能划分框图

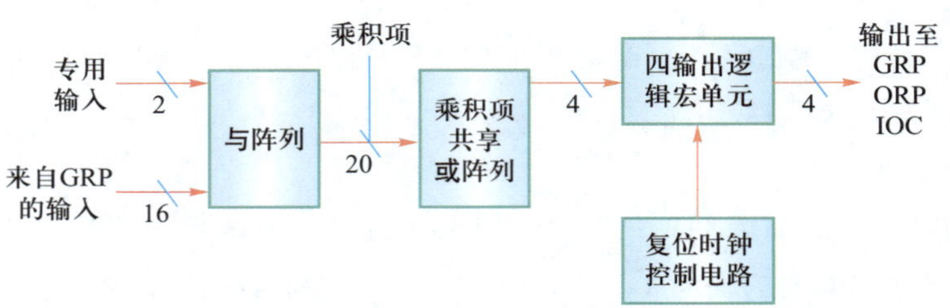

图 7-4-7 GLB 的电路结构框图

16 个 IOC 相连，这就是把 GLB 的输出信号接到 IOC。不仅可以将一个 GLB 的输出送至 16 个 IOC 的某一个，还可以通过输入总线和 GRP 送至另一侧的 16 个 IOC。ORP 逻辑功能示意图如图 7-4-8 所示。

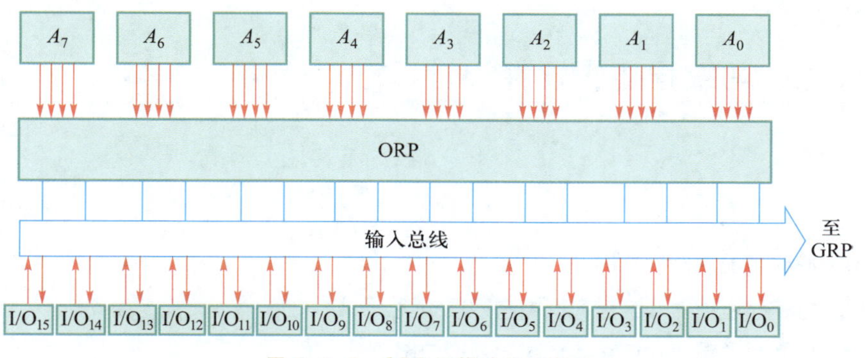

图 7-4-8　ORP 逻辑功能示意图

七、PLD 发展趋势

可编程逻辑器件最早用于制作某些专用数字集成电路，这些专用数字集成电路可以用中小规模通用数字集成电路组合，若能将这些中小规模通用数字集成电路组合集成在一片芯片上，便可缩小体积，提高可靠性，增加保密性。但这种专用数字集成电路由于其专用性，一般使用面较窄，生产批量小，研制周期长，费用昂贵。为了解决这些问题，通常先制作一批通用的半成品集成电路，然后根据用户要求再加工为专用数字集成电路。这类半成品集成电路称为半定制集成电路或可编程逻辑器件（PLD）。20 世纪 70～80 年代，PLD 器件发展很快，性价比最好的是通用阵列逻辑（GAL）器件。进入 20 世纪 90 年代后，PLD 并未像人们原来预期的那样迅速发展和广泛应用。由于微控制器（Micro Controller Unit，MCU），也就是通常所说的单片机的迅猛发展，提供了用软件替代和实现硬件功能的更佳途径，再加上原有专用数字集成电路和中小规模通用数字集成电路已具备了足够强大和丰富的功能，因此，PLD 的应用主要处于中小规模通用数字集成电路与微控制器（MCU）的中间地带，即规模和功能比中小规模通用数字集成电路复杂，但又不需要智能化应用的场合。目前，PLD 发展的趋势是高速度、高密度、应用灵活和在系统可编程。

点睛

可编程逻辑器件（PLD）是由用户自行定义逻辑功能（编程）的一类逻辑器件的总称，主要包括可编程逻辑阵列（PLA）、可编程阵列逻辑（PAL）、通用阵列逻辑（GAL）、现场可编程门阵列（FPGA）、在系统可编程逻辑器件（ispPLD）等。

练习与思考

7-4-1　PLD 基本结构中的核心部分是什么？

7-4-2　试比较 PAL 和 PLA 的**与**阵列和**或**阵列有何异同。

7-4-3　GAL 的突出优点是什么？

7-4-4　在系统编程技术有什么优越性？

技能训练七　可编程逻辑器件设计

一、技能训练目的

① 熟悉可编程逻辑器件的结构。

② 练习用可编程逻辑器件编程实现组合逻辑电路。

③ 练习用可编程逻辑器件编程实现时序逻辑电路。

二、技能训练内容及步骤

1. 可编程逻辑器件编程实现组合逻辑电路

利用 FPGA 芯片 Xilinx Artix-7 XC7A35T 编程实现 3 线-8 线译码器（见图 7-5-1），程序采用 VHDL 语言编写（可自行参考可编程逻辑器件和 VHDL 语言的相关教材）。

图 7-5-1　3 线-8 线译码器

参考程序如下：

```
LIBRARY IEEE;
USE IEEE.STD_LOGIC_1164.ALL;
ENTITY decoder_38 IS
  PORT (A,B,C,STA,STB,STC: IN STD LOGIC;
          Y: OUT STD LOGIC VECTOR (7 DOWNTO 0));
END decoder_38;
ARCHITECTURE struct OF decoder_38 IS
      SIGNAL indata: STD LOGIC VECTOR (2 DOWNTO 0);
BEGIN
     indata<= A&B&C;
     PROCESS (indata,STA,STB,STC)
     BEGIN
     IF (STA='+1' AND STB='0' AND STC='0') THEN
       CASE indata is
         WHEN "000" => Y<= "11111110";
```

```
            WHEN "001" => Y<= "11111101";
            WHEN "010" => Y<= "11111011";
            WHEN "011" => Y<= "11110111";
            WHEN "100" => Y<= "11101111";
            WHEN "101" => Y<= "11011111";
            WHEN "110" => Y<= "10111111";
            WHEN "111" => Y<= "01111111";
            WHEN OTHERS => Y<= "ZZZZZZZZ";
        END CASE;
    ELSE
        Y<= "11111111";
    END IF;
    END PROCESS;
END struct;
```

2. 可编程逻辑器件编程实现时序逻辑电路

利用 FPGA 芯片 Xilinx Artix-7 XC7A35T 编程实现带有同步清零端的计数器，程序采用 VHDL 语言编写。

参考程序如下：

```
LIBRARY IEEE;
USE IEEE.STD_LOGIC_1164.ALL;
USE IEEE.STD_LOGIC_UNSIGNED.ALL;
ENTITY countclr IS
PORT ( clk: IN STD_LOGIC;
       clr: IN STD_LOGIC;
       q: BUFFER STD_LOGIC_VECTOR (7 DOWNTO 0));
END countclr;
ARCHITECTURE a OF countclr IS
BEGIN
    PROCESS (clk)
    VARIABLE qtmp: STD_LOGIC_VECTOR (7 DOWNTO 0);
    BEGIN
    IF clk'event AND clk='1' THEN
            IF clr='0' THEN qtmp: ="00000000";
            ELSE qtmp: = qtmp+1;
            END IF;
    END IF;
    q<= qtmp;
    END PROCESS;
END a;
```

本章小结

1. 半导体存储器是一种具有强大存储功能的半导体器件，按功能可分为 ROM 和 RAM 两大类。

ROM 在正常工作状态下仅能从中读取数据，不能随意写入。按数据写入方式的不同，ROM 可分为固定 ROM、PROM、EPROM、E^2PROM、Flash。ROM 内部结构主要由地址译码器、存储矩阵和读出电路组成，其最大的应用领域是在微机系统中作为程序存储器来存放程序。同时，它也能实现简单的组合逻辑函数，只需根据要求产生的函数写入相应的数据即可。目前，数字系统中常用的有 EPROM 中的 2764 和 E^2PROM 中的 2864A 芯片。

RAM 在正常工作状态下不仅可以随时快速读出数据，还可以随时快速写入数据。由于它有数据易失性，因此只用来存放各种临时数据和中间结果。RAM 分为 SRAM 和 DRAM 两种，其内部结构由地址译码器、存储矩阵、读/写控制电路、片选控制组成。微机系统中常用的有 SRAM 中的 6116 和 6264 芯片。

2. 可编程逻辑器件（PLD）内部集成了大量的门电路和触发器等单元，用户可通过编程的方法，将 PLD 内部的门电路、触发器等按用户要求连成所需各种功能的电路，可实现各种组合逻辑电路和时序逻辑电路。早期 PLD 可分为 PLA、PAL、GAL 三种类型。PLA 是**与**阵列和**或**阵列均可编程，且只能编程一次，成本较高，目前较少使用。PAL 是**与**阵列可编程、**或**阵列固定，有多种类型，使用较 PLA 灵活，但也只能编程一次。GAL 也是**与**阵列可编程、**或**阵列固定，但与 PAL 不同的是，它的输出采用了可编程的逻辑宏单元，可由用户定义所需的输出状态，并可多次编程重复使用，因此，GAL 成为早期 PLD 器件的理想产品。目前使用较多的为复杂可编程逻辑器件（CPLD），用于实现较大规模的电路设计。

3. FPGA 器件兼容了 PLD 和通用门阵列的优点，可实现更大规模的电路。几乎所有门阵列、PLD 和中小规模通用数字集成电路的场合均可采用 FPGA，于是其得到了越来越广泛的应用。

习题

一、填空题

1. 半导体存储器是用来存储大量________数据信息代码的一种半导体器件。

2. 存储器按其材料组成主要可分为________和________。

3. 半导体存储器按存取功能可分为________和________两大类。

4. 存储容量通常用________或________表示。

5. ROM 存储的信息是________的，工作时，只能读出信息，不能________。

6. RAM 的存储单元必须由具有________的电路构成。

二、判断题（正确的题后面打√，错误的题后面打×）

1. 一个字节是 8 位。（　　）

2. 只读存储器（ROM）不仅可以随时从指定的存储单元读出数据，而且可以随时向指定的存储单元写入数据。（　　）

3. 可编程 ROM 可由用户根据自己的需要将信息代码存入存储单元内，一旦写入，就不能更改。（　　）

4. RAM 断电时存储的数据不会消失，有利于数据和信息的长期保存。（　　）

5. 可编程逻辑器件（PLD）是由用户自行定义逻辑功能（编程）的一类逻辑器件的总称。（　　）

三、分析计算题

1. 设存储器的起始地址为全 **0**，计算下列存储系统中最高地址的十六进制地址码：（1）16K×4 位；（2）4K×1 位。

2. 用容量为 16K×1 位的存储器芯片构成一个 16K×8 位的存储系统，总共需要多少根地址线？多少根数据线？多少个 16K×1 位的存储器芯片？

附 录

附录一　半导体分立器件型号命名方法（国家标准 GB/T 249—2017）

1. 型号组成原则

半导体分立器件的型号由五部分组成：

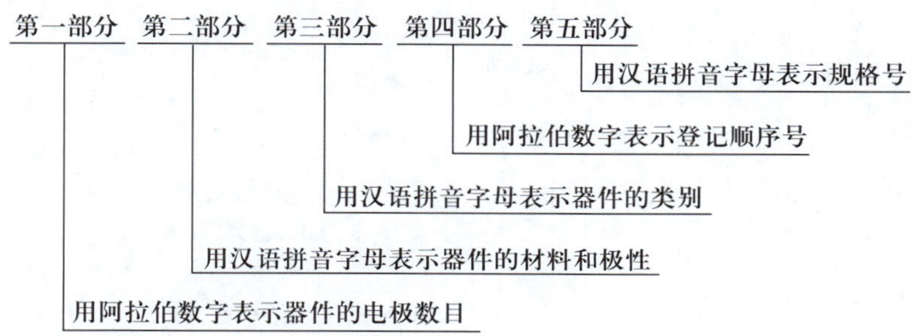

注：场效应晶体管、特殊晶体管、复合管、PIN 二极管、激光二极管等器件的型号命名只有第三、四、五部分。

示例：锗 PNP 型高频小功率晶体管

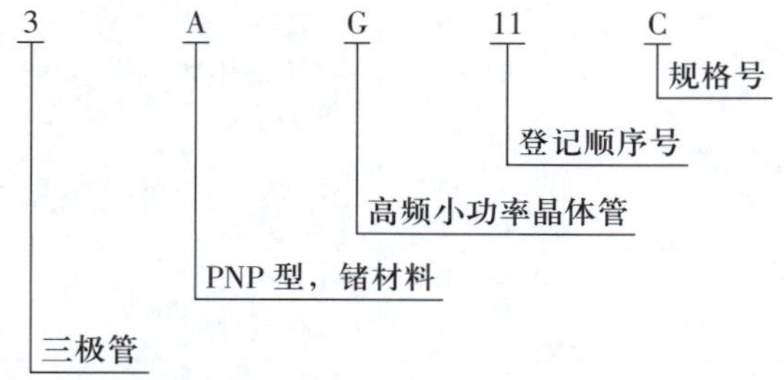

2. 型号组成部分的符号及其意义

第一部分		第二部分		第三部分		第四部分	第五部分
用阿拉伯数字表示器件的电极数目		用汉语拼音字母表示器件的材料和极性		用汉语拼音字母表示器件的类别		用阿拉伯数字表示登记顺序号	用汉语拼音字母表示规格号
符号	意义	符号	意义	符号	意义		
2	二极管	A	N 型，锗材料	P	小信号管		
		B	P 型，锗材料	H	混频管		
		C	N 型，硅材料	V	检波管		
		D	P 型，硅材料	W	电压调整管和电压基准管		
		E	化合物或合金材料	C	变容管		
3	三极管	A	PNP 型，锗材料	Z	整流管		
		B	NPN 型，锗材料	L	整流堆		
		C	PNP 型，硅材料	S	隧道管		
		D	NPN 型，硅材料	K	开关管		
		E	化合物或合金材料	N	噪声管		
				F	限幅管		
				X	低频小功率晶体管（截止频率 <3 MHz，耗散功率 <1 W）		
				G	高频小功率晶体管（截止频率 $\geqslant 3$ MHz，耗散功率 <1 W）		
				D	低频大功率晶体管（截止频率 <3 MHz，耗散功率 $\geqslant 1$ W）		
				A	高频大功率晶体管（截止频率 $\geqslant 3$ MHz，耗散功率 $\geqslant 1$ W）		
				T	闸流管		
				Y	体效应管		
				B	雪崩管		
				J	阶跃恢复管		
无		无		CS	场效应晶体管		
				BT	特殊晶体管		
				FH	复合管		
				JL	晶体管阵列		
				PIN	PIN 二极管		
				GJ	激光二极管		
				XT	肖特基二极管		
				GF	发光二极管		
				GD	光电二极管		
				GT	光电晶体管		
				⋮			

附录二　常用半导体器件的参数

一、半导体二极管

（1）检波与整流二极管

参数		最大整流电流	最大整流电流时的正向压降	最高反向工作电压	最高工作频率	用途
符号		I_{OM}	U_F	U_{RM}	f_M	
单位		mA	V	V	kHz	
型号	2AP1	16	≤1.2	20	150×10^3	检波及小电流整流
	2AP2	16		30		
	2AP3	25		30		
	2AP4	16		50		
	2AP5	16		75		
	2AP6	12		100		
	2AP7	12		100		
	2CP10	100	≤1.5	25	50	整流
	2CP11			50		
	2CP12			100		
	2CP13			150		
	2CP14			200		
	2CP15			250		
	2CP16			300		
	2CP17			350		
	2CP18			400		
	2CP19			500		
	2CP20			600		
	2CP21	300	≤1	100	3	
	2CZ11A	1 000	≤1	100	3	用于频率为 3 kHz 以下的电子设备的整流电路中。使用时，2CZ11 型二极管应加 60 mm×60 mm×1.5 mm的铝散热片，2CZ12 型二极管应加 120 mm×120 mm×3 mm 的铝散热片
	2CZ11B			200		
	2CZ11C			300		
	2CZ11D			400		
	2CZ11E			500		
	2CZ11F			600		
	2CZ11G			700		
	2CZ11H			800		
	2CZ12A	3 000	≤0.8	50	3	
	2CZ12B			100		
	2CZ12C			200		
	2CZ12D			300		
	2CZ12E			400		
	2CZ12F			500		
	2CZ12G			600		

（2）稳压管

参数		稳定电压	稳定电流	最大耗散功率	最大稳定电流	动态电阻	用途
符号		U_Z	I_Z	P_{ZM}	$I_{Z(max)}$	r_Z	
单位		V	mA	mW	mA	Ω	
测试条件		工作电流等于稳定电流	工作电压等于稳定电压	-60～50 ℃	-60～50 ℃	工作电流等于稳定电流	
型号	2CW11	3.2～4.5	10	250	55	≤70	用于稳压电路
	2CW12	4～5.5	10	250	45	≤50	
	2CW13	5～6.5	10	250	38	≤30	
	2CW14	6～7.5	10	250	33	≤15	
	2CW15	7～8.5	5	250	29	≤15	
	2CW16	8～9.5	5	250	26	≤20	
	2CW17	9～10.5	5	250	23	≤25	
	2CW18	10～12	5	250	20	≤30	
	2CW19	11.5～14	5	250	18	≤40	
	2CW20	13.5～17	5	250	15	≤50	
	2DW7A	5.8～6.6	10	200	30	≤25	
	2DW7B	5.8～6.6	10	200	30	≤15	
	2DW7C	6.1～6.5	10	200	30	≤10	

（3）开关二极管

参数		反向击穿电压	反向工作峰值电压	反向压降	反向恢复时间	零偏压电容	反向漏电流	最大正向电流	正向压降	用途
单位		V	V	V	ns	pF	μA	mA	V	
型号	2AK1	30	10	≥10	≤200	≤1		≥100		用于开关电路
	2AK2	40	20	≥20	≤200	≤1		≥150		
	2AK3	50	30	≥30	≤150	≤1		≥200		
	2AK4	55	35	≥35	≤150	≤1		≥200		
	2AK5	60	40	≥40	≤150	≤1		≥200		
	2AK6	75	50	≥50	≤150	≤1		≥200		
	2CK1	≥40	30	30	≤150	≤30	≤1	100	≤1	用于开关电路、逻辑电路、高频电路等
	2CK2	≥80	60	60	≤150	≤30	≤1	100	≤1	
	2CK3	≥120	90	90	≤150	≤30	≤1	100	≤1	
	2CK4	≥150	120	120	≤150	≤30	≤1	100	≤1	
	2CK5	≥180	180	150	≤150	≤30	≤1	100	≤1	
	2CK6	≥210	210	180	≤150	≤30	≤1	100	≤1	

二、晶体管

（1）3AX 型低频小功率锗管

型号	集电极最大耗散功率 P_{CM}/mW	集电极最大允许电流 I_{CM}/mA	反向击穿电压			反向饱和电流		共发射极电流放大系数 $h_{fe}(\beta)$	最高允许结温 T_{JM}/℃	用途
			集-基 $U_{(BR)CBO}$/V	集-射 $U_{(BR)CEO}$/V	射-基 $U_{(BR)EBO}$	集-基 I_{CBO}/μA	集-射 I_{CEO}/μA			
3AX21	100	30	≥30	≥12	≥12	≤12	≤325	30~85	75	用于低频放大及功率放大电路
3AX21A	100	30	≥30	≥9	≥10	≤20		20~200	75	
3AX22	125	100	≥30	≥18	≥18	≤12	≤300	40~150	75	
3AX22A	125	100	≥30	≥10	≥12	≤15		20~200	75	
3AX31A	125	125	≥20	≥12	≥10	≤20	≤1 000	30~200	75	
3AX31B	125	125	≥30	≥18	≥10	≤10	≤750	50~150	75	
3AX31C	125	125	≥40	≥25	≥20	≤6	≤500	50~150	75	
3AX31D	100	30	≥30	≥12	≥10	≤12	≤750	30~150	75	
3AX31E	100	30	≥30	≥12	≥10	≤12	≤500	20~80	75	
3AX45A	200	200	≥20	≥10	≥7	≤30	≤1 000	20~250	75	
3AX45B	200	200	≥30	≥15	≥10	≤15	≤750	40~200	75	
3AX45C	200	200	≥20	≥10	≥7	≤30	≤1 000	30~250	75	
3AX61	500	500	≥50	≥30		≤100		≥20	85	
3AX62	500	500	≥50	≥30		≤100		≥50	85	
3AX63	500	500	≥80	≥60		≤100		≥20	85	

h_{fe}的分挡标记

管顶色点	红	橙	黄	绿	蓝	紫	灰	白	黑
3AX21~24	20~35		35~50	50~65	65~85	85~115			115~200
3AX31	20~30	30~40	40~50	50~65	65~85	85~115	115~150	150~200	
3AX45	20~30	30~40	40~50	50~65	65~85	85~115		>115	

（2）3DX 型低频小功率管

型号	集电极最大耗散功率 P_{CM}/mW	集电极最大允许电流 I_{CM}/mA	反向击穿电压			反向饱和电流		共发射极电流放大系数 $h_{fe}(\beta)$	最高允许结温 T_{JM}/℃	用途
			集-基 $U_{(BR)CBO}$/V	集-射 $U_{(BR)CEO}$/V	射-基 $U_{(BR)EBO}$/V	集-基 I_{CBO}/μA	集-射 I_{CEO}/μA			
3DX2A	500	100	≥30	≥15		≤5	≤25	10~20	150	用于低频功率放大电路
3DX2B	500	100	≥40	≥30		≤5	≤25	10~20	150	
3DX2C	500	100	≥30	≥15		≤5	≤25	20~30	150	
3DX2E	500	100	≥30	≥15		≤5	≤25	≥30	150	
3DX3A	200	30	≥30	≥15		≤3	≤10	9~20	150	
3DX3B	200	30	≥40	≥30		≤3	≤10	9~20	150	
3DX3C	200	30	≥30	≥15		≤3	≤10	20~30	150	
3DX3E	200	30	≥30	≥15		≤3	≤10	≥30	150	

（3）3AD 型和 3DD 型低频大功率管

型号	集电极最大耗散功率 P_{CM}/mW	集电极最大允许电流 I_{CM}/mA	反向击穿电压			反向饱和电流		共发射极电流放大系数 $h_{fe}(\beta)$	最高允许结温 T_{JM}/℃	用途
			集-基 $U_{(BR)CBO}$/V	集-射 $U_{(BR)CEO}$/V	射-基 $U_{(BR)EBO}$/V	集-基 I_{CBO}/μA	集-射 I_{CEO}/μA			
3AD6A	1	2		18	20	≤400	≤2 500	≥12	90	用于低频功率放大电路
3AD6C	10	2		30	20	≤300	≤2 500	≥12	90	
	（加散热片）									
3AD30A	2	4	50	12	20	≤500	≤15 mA	12~100	85	
	（加散热片）		70							
3AD30C	20			24	20	≤500	≤10 mA	12~100	85	
3DD2	3	4	50		≥4	≤50		≥10	175	
3DD3	5	0. 5			≥4	≤100		≥10	175	
3DD5	25. 5	0. 75	70		≥4	≤300		≥10	175	
	（加散热片）	2. 5								
3DD6A	50	5		30	≥4	≤500		≥10	175	
3DD6E	50	5		100	≥4	≤500		≥10	175	

（4）3AG 型和 3DG 型高频小功率管

型号	集电极最大耗散功率 P_{CM}/mW	集电极最大允许电流 I_{CM}/mA	反向击穿电压			反向饱和电流		共发射极电流放大系数 $h_{fe}(\beta)$	最高允许结温 T_{JM}/℃	特征频率 f_T/MHz	用途
			集-基 $U_{(BR)CBO}$/V	集-射 $U_{(BR)CEO}$/V	射-基 $U_{(BR)EBO}$/V	集-基 I_{CBO}/μA	集-射 I_{CEO}/μA				
3AG55A	150	50		≥15		≤8	≤500	30~200	75	≥100	用于高频放大和振荡电路
3AG55B	150	50		≥15		≤8	≤500	30~200	75	≥200	
3AG55C	150	50		≥15		≤8	≤500	30~200	75	≥300	
3DG6A	100	20	≥30	≥15	≥4	≤0. 1		10~200	150	≥100	
3DG6B	100	20	≥45	≥20	≥4	≤0. 01		20~200	150	≥150	
3DG6C	100	20	≥45	≥20	≥4	≤0. 01		20~200	150	≥250	
3DG6D	100	20	≥45	≥30	≥4	≤0. 1		20~200	150	≥150	
3DG12	700	300	≥20	≥15	≥4	≤10		20~200	175	≥100	
3DG12B	700	300	≥60	≥45	≥4	≤1		20~200	175	≥200	
3DG27A	1 000	300	≥75	≥75	≥5	≤1		≥10	175	≥100	

（5）3AK 型和 3DK 型开关管

型号	集电极最大耗散功率 P_{CM}/mW	集电极最大允许电流 I_{CM}/mA	反向击穿电压		集-基反向饱和电流 I_{CBO}/μA	饱和压降		开关参数		共发射极电流放大系数 $h_{fe}(\beta)$	特征频率 f_T/MHz	用途
			集-射 $U_{(BR)CEO}$/V	射-基 $U_{(BR)EBO}$/V		集-射 U_{CES}/V	射-基 U_{BES}/V	开启时间 t_{on}/ns	关闭时间 t_{off}/ns			
3AK20A	50	20	12	3	≤5	≤0.4	≤0.5	≤100	≤150	30~150	≥100	用于高速开关脉冲电路
3AK20B	50	20	12	3	≤5	≤0.35	≤0.5	≤80	≤100	30~150	≥150	
3DK2A	200	30	20	4	≤0.1	≤0.35	≤1	30	60	≥20	150	
3DK2B	200	30	20	4	≤0.1	≤0.35	≤1	20	40	≥20	200	
3DK4	700	800	15	4	≤1	≤1	≤1.5	50	100	20~200	100	
3DK4C	700	800	30	4	≤1	≤1	≤1.5	50	50	20~200	100	
3DK7F	300	50	15	5	≤0.1	<0.3	<0.9	45	40	20~200	≥120	

附录三 集成电路型号命名（原部颁标准）

集成电路的型号由四部分组成，其符号及意义如下表所列：

第一部分		第二部分		第三部分		第四部分	
电路的类型，用汉语拼音字母表示		电路的系列及品种序号，用 3 位阿拉伯数字表示		电路的规格号，用汉语拼音字母表示		电路的封装，用汉语拼音字母表示	
符号	意义	符号	意义	符号	意义	符号	意义
T	TTL	001	由有关工业部门制定的“电路系列和品种”中所规定的电路品种	A	每个电路品种的主要电参数分挡	A	陶瓷扁平
H	HTL	⋮		B		B	塑料扁平
E	ECL	999		C		C	陶瓷双列
I	IIL			⋮		D	塑料双列
P	PMOS					Y	金属圆壳
N	NMOS					F	F 型
C	CMOS						
F	线性放大器						
W	集成稳压器						
J	接口电路						
⋮							

示例 1：

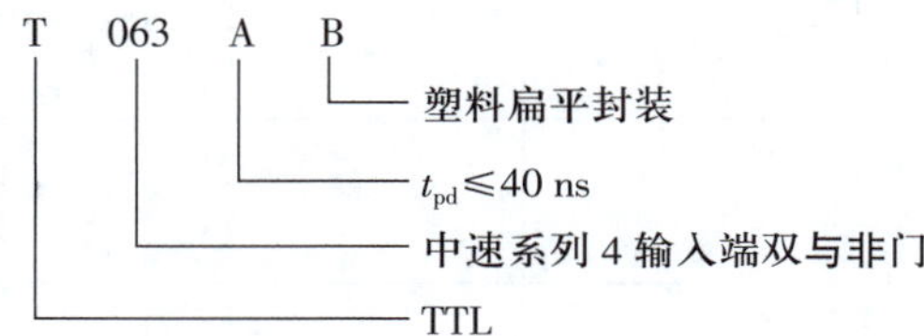

示例 2：

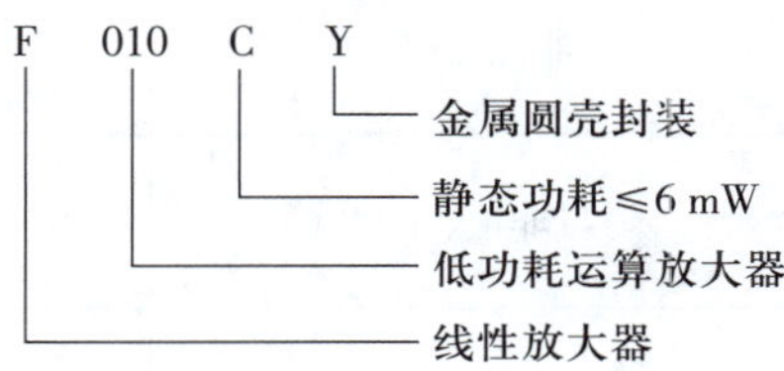

附录四　常用电路图形符号新旧标准对照表

名称	新符号	旧符号
半导体二极管		
发光二极管		
光电二极管		
稳压管		
NPN 型晶体管		
PNP 型晶体管		
增强型 PMOS 管		
增强型 NMOS 管		
极性电容器	+	
晶闸管		
理想运算放大器	▷∞ − + +	− +
与门	&	
或门	≥1	+
非门	1	
与非门	&	
或非门	≥1	+
异或门	=1	⊕
同或门	=1	⊙

续表

名称	新符号	旧符号
三态门	& ▽ EN	$\bar{E}$
触发器(正电位触发)	$\bar{S}_D$ CP $\bar{R}_D$ C1 Q $\bar{Q}$	$\bar{S}_D$ CP Q $\bar{Q}$ $\bar{R}_D$
触发器(负电位触发)	$\bar{S}_D$ CP $\bar{R}_D$ C1 Q $\bar{Q}$	$\bar{S}_D$ CP Q $\bar{Q}$ $\bar{R}_D$
触发器 (正边沿触发及维持阻塞触发)	$\bar{S}_D$ CP $\bar{R}_D$ >C1 Q $\bar{Q}$	$\bar{S}_D$ CP Q $\bar{Q}$ $\bar{R}_D$
触发器 (负边沿触发及主从触发)	$\bar{S}_D$ CP $\bar{R}_D$ >C1 Q $\bar{Q}$	$\bar{S}_D$ CP Q $\bar{Q}$ $\bar{R}_D$
主从型 *JK* 触发器	$\bar{S}_D$ J CP K $\bar{R}_D$ 1J >C1 1K Q $\bar{Q}$	$\bar{S}_D$ J CP K Q $\bar{Q}$ $\bar{R}_D$
维持阻塞型 *D* 触发器	$\bar{S}_D$ D CP $\bar{R}_D$ 1D >C1 Q $\bar{Q}$	$\bar{S}_D$ D CP Q $\bar{Q}$ $\bar{R}_D$
A/D 转换器	#/∩	
D/A 转换器	∩/#	

附录五　常用电阻、电容器型号

一、电阻

1. 直接标印

电阻的标志代号由下列几部分组成：

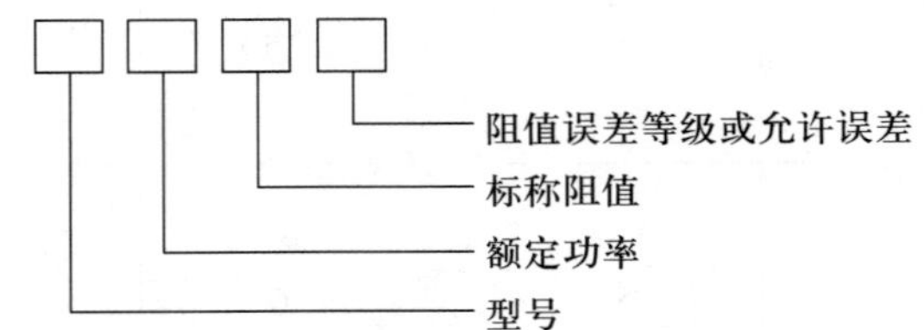

（1）电阻型号的意义

R 电阻器

T 碳膜	X 线绕
P 硼膜	S 实心
U 硅膜	M 压敏
H 合成膜	G 光敏
J 金属膜	R 热敏
Y 氧化	W 微调

（2）电阻额定功率系列表（单位：W）

0.025	0.05	0.125	0.25	0.5	1	2	5	10	25	50	100	250

（3）电阻标称阻值系列表（或表中所列数值乘以 10^n，n 为正整数或负整数）

<table>
<tr><th colspan="3">允许误差</th><th colspan="3">允许误差</th></tr>
<tr><th>±5% - Ⅰ</th><th>±10% - Ⅱ</th><th>±20% - Ⅲ</th><th>±5% - Ⅰ</th><th>±10% - Ⅱ</th><th>±20% - Ⅲ</th></tr>
<tr><td>1</td><td rowspan="2">1</td><td rowspan="4">1</td><td>3.3</td><td rowspan="2">3.3</td><td rowspan="4">3.3</td></tr>
<tr><td>1.1</td><td>3.6</td></tr>
<tr><td>1.2</td><td rowspan="2">1.2</td><td>3.9</td><td rowspan="2">3.9</td></tr>
<tr><td>1.3</td><td>4.3</td></tr>
<tr><td>1.5</td><td rowspan="2">1.5</td><td rowspan="4">1.5</td><td>4.7</td><td rowspan="2">4.7</td><td rowspan="4">4.7</td></tr>
<tr><td>1.6</td><td>5.1</td></tr>
<tr><td>1.8</td><td rowspan="2">1.8</td><td>5.6</td><td rowspan="2">5.6</td></tr>
<tr><td>2</td><td>6.2</td></tr>
<tr><td>2.2</td><td rowspan="2">2.2</td><td rowspan="4">2.2</td><td>6.8</td><td rowspan="2">6.8</td><td rowspan="4">6.8</td></tr>
<tr><td>2.4</td><td>7.5</td></tr>
<tr><td>2.7</td><td rowspan="2">2.7</td><td>8.2</td><td rowspan="2">8.2</td></tr>
<tr><td>3</td><td>9.1</td></tr>
</table>

(4) 示例

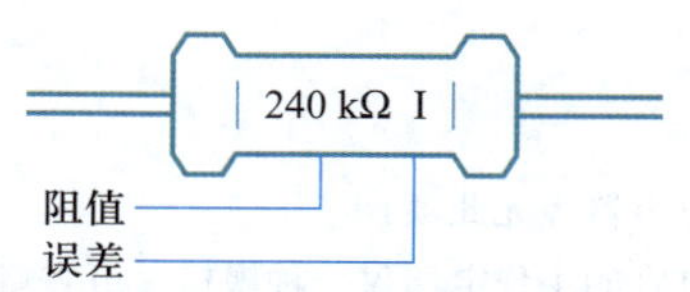

表示该电阻阻值为 240 kΩ,误差为±5%
(阻值、误差、功率都用数字直
接标印在表面漆膜上)

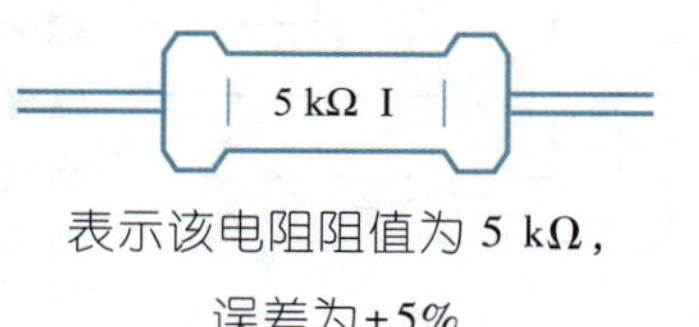

表示该电阻阻值为 5 kΩ,
误差为±5%

2. 色环标志

(1) 电阻色标法的具体规定

符号	A	B	C	D
颜色	第一位	第二位	倍乘数	误差
黑		0	×1	
棕	1	1	×10	±1%
红	2	2	$\times 10^2$	±2%
橙	3	3	$\times 10^3$	
黄	4	4	$\times 10^4$	
绿	5	5	$\times 10^5$	±0. 5%
蓝	6	6	$\times 10^6$	±0. 25%
紫	7	7	$\times 10^7$	±0. 10%
灰	8	8	$\times 10^8$	
白	9	9	$\times 10^9$	
金				±5%
银				±10%
无				±20%

(2) 示例

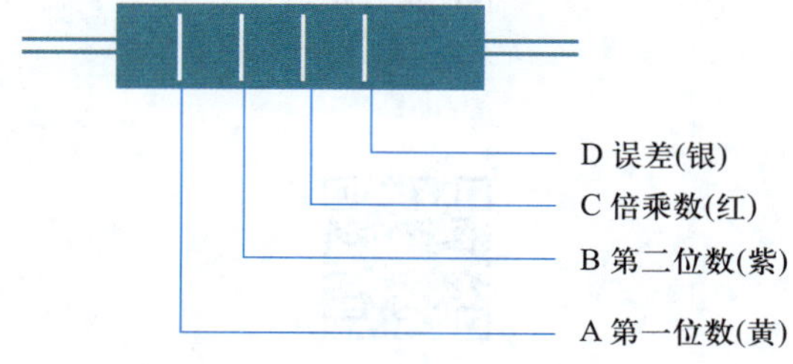

表示该电阻阻值为 4. 7 kΩ,误差为±10%

二、电容器

电容器的标志代号由下列几部分组成:

□□□□□

- 容量误差等级
- 标称容量
- 电容温度系数组别（纸介电容器等无此项）
- 额定工作电压（若该型号电容的工作电压仅一种规格，可省略）
- 型号（包括类别、出头数）

（1）电容器型号的意义

C 电容器

C 瓷介	Y 云母	S 聚碳酸酯
N 铌	I 玻璃釉	Q 漆膜
T 钛	O 玻璃（膜）	Z 纸介
M 压敏	B 聚苯乙烯	H 混合介质
T 铁电	F 聚四氟乙烯	D（铝）电解
W 微调	L 涤纶	A 钽
J 金属化		

（2）示例

CY2-500-D-180-±5%电容器，表示额定直流工作电压为 500 V 的 CY 型云母电容器，标称容量为 180 pF，尺寸大小的代号为 2，电容器的温度系数为 D 组（$\pm 50\times 10^{-6}$），容量误差等级为±5%。

附录六　拓展阅读

一、正弦波振荡电路

二、非电量电测技术

汉英名词对照

第一章

二画

PN 结　PN junction

P 型半导体　P-type semiconductor

PNP 型晶体管　PNP transistor

二极管　diode

三画

N 型半导体　N-type semiconductor

NPN 型晶体管　NPN transistor

四画

反向电压　reverse voltage

反向电阻　backward resistance

反向漏电流　reverse drain current

反向击穿电压　reverse breakdown voltage

反向偏置　backward bias

少数载流子　minority carrier

五画

半导体　semiconductor

本征半导体　intrinsic semiconductor

电子　electron

电流放大系数　current amplification factor

发射极　emitter

发射区　emitter region

功耗　power depletion

击穿　breakdown

正向电压　forward voltage

正向电阻　forward resistance

正向偏置　forward bias

六画

导通　on, turn-on

多数载流子　majority carrier

伏安特性　volt-ampere characteristic

光敏电阻　photosensitive resistor

光电二极管　photodiode

共发射极接法　common-emitter configuration

扩散　diffusion

死区　dead zone

阳极　anode

阴极　cathode

杂质　impurity

杂质半导体　impurity semiconductor

自由电子　free electron

七画

阻挡层　barrier

八画

饱和　saturation

饱和区　saturation region

饱和管压降　saturation voltage drop of transistors

参数　parameter

单向导电　unidirectional conduction

放大区　amplification region

空穴　hole

空间电荷区　space-charge layer, space charge region

九画

点接触型二极管　point-contact diode

穿透电流　penetration current

复合　recombination

结电容　junction capacitance

面接触型二极管　junction diode

十画

耗尽层　depletion layer, depletion region

钳位　clamping, clamp

热敏电阻　thermistor

特性曲线　characteristic curve

载流子　carrier

十一画

硅　silicon

硅稳压二极管　Zener diode

掺杂半导体　doped semiconductor

基极　base

基区　base region

阈值电压　threshold voltage

十二画

集电极　collector

集电区　collector region

晶体　crystal

晶体管　transistor

十三画

输入特性　input characteristic

输出特性　output characteristic

锗　germanium

十四画

截止　cut-off

截止区　cut-off region

漂移　drift

十六画

激发　excitation

第　二　章

三画

工作点　operating point

上限频率　upper cut-off frequency

四画

反馈　feedback

反馈电路　feedback circuit

反馈信号　feedback signal

反馈系数　feedback coefficient

方框图　block diagram

分压式偏置电路　voltage division type bias circuit power amplifier

中间隔离级　middle insulating stage

五画

电压放大器　voltage amplifier

电压放大电路　voltage amplification circuit

电压放大倍数　voltage gain, voltage amplification factor

电压负反馈　voltage negative feedback

电压跟随器　voltage follower

电流负反馈　current negative feedback

功率放大器　power amplifier

失真　distortion

正反馈　positive feedback

六画

并联负反馈　parallel negative feedback

闭环放大电路　closed-loop amplification circuit

闭环放大倍数　closed-loop amplification factor

多级放大器　multistage amplifier

多级放大电路　multistage amplification circuit

动态　dynamics

负反馈　negative feedback

负载电阻　load resistance

负载线　load line

共发射极放大电路　common-emitter amplification circuit

共集电极放大电路　common-collector amplification circuit

交流放大电路　A. C. amplification circuit

交流分量　alternating current component

七画

低频放大器 low-frequency amplifier

串联负反馈 series negative feedback

阻容耦合放大器 resistance-capacitance coupled amplifier

八画

放大器 amplifier

固定式偏置电路 fixed-bias circuit

净输入信号 net input signal

受控源 controlled source

受控电流源 controlled current source

直流分量 direct current component

直流通路 direct current path

九画

恒流源 constant-current source

信号源 message source

十画

倒相作用 inverting action

旁路电容 bypass capacitor

射极耦合 emitter coupling

射极输出器 emitter follower

通频带 transmission frequency band, pass band

效率 efficiency

十一画

接地 ground, grounding; earth, earthing

偏置电流(偏流) biasing current, current bias

偏置电路 biasing circuit

偏置电压 bias voltage

偏置电阻 biasing resistance

深度负反馈 strong negative feedback

十二画

幅频特性 amplitude-frequency characteristic

温度补偿 temperature (thermal) compensation

十三画

输入级 input stage

输入电阻 input resistance

输出级 output stage

输出电阻 output resistance

输出功率 output power

十四画

静态 statics

静态工作点 quiescent point

十五画

耦合 couple

耦合电容 coupled capacitor

第三章

三画

大规模集成电路 Large Scale Integrated Circuit (LSIC)

小规模集成电路 Small Scale Integrated Circuit (SSIC)

四画

比较器 comparator

比例运算 propotional operation

比例积分调节器 propotional-integral regulater

反相输入端 inverting input terminal

反相输入方式 inverting configuration

分立电路 discrete circuit

双端输入 two-terminal input

双端输出 two-terminal output

中规模集成电路 Medium Scale Integrated Circuit (MSIC)

五画

失调电压 offset voltage

失调电流 offset current

电压比较器 voltage comparator

六画

共模信号 common-mode signal

共模电压放大倍数 common-mode voltage amplification factor

共模输入 common-mode input

共模抑制比 Common-Mode Rejection Ratio (CMRR)

同相输入端　noninverting input terminal

同相输入方式　noninverting configuration

七画

运算放大器　operational amplifier

八画

单端输入　one-terminal input

单端输出　one-terminal output

直接耦合放大器　direct-coupled amplifier

九画

测量放大器　instrumentation amplifier

差分放大器　differential amplifier

差分输入运算放大器　differential input operational amplifier

差模信号　differential-mode signal

差模输入　differential-mode input

差模电压放大倍数　differential-mode voltage amplification factor

十画

积分运算　integrated operation

十一画

减法运算　substraction operation

理想集成运算放大器　ideal integrated operational amplifier

偏差信号　error signal

虚地　imaginary ground

十二画

集成电路　Integrated Circuit (IC)

超大规模集成电路　Very Large Scale Integrated Circuit (VLSIC)

十三画

零点漂移　zero drift

微分运算　differential operation

第 四 章

三画

三相整流器　three-phase rectifier

五画

电感滤波器　inductance filter

电容滤波器　capacitor filter

电阻电容滤波器　*RC* filter

平均值　average value

六画

导通角　turn-on angle

七画

串联型直流稳压电源　series type D. C. regulated power supply

八画

单相桥式整流电路　single-phase bridge rectification circuit

十画

桥式整流器　bridge rectifier

十二画

集成稳压电源　integrated regulated power supply

十三画

滤波　filtration

十四画

稳压电路　regulating circuit, stabilized voltage circuit

十六画

整流　rectification

第 五 章

二画

二极管钳位　diode clamp

二进制　binary system

二进制译码器　binary decipherer

二-十进制　Binary Coded Decimal (BCD) system

二-十进制译码器　binary-decimal decipherer

十进制　decimal system

三画

干扰　interference

门电路　gate circuit

三态逻辑门　tri-state logic gate

与门　AND gate

与非门　NAND gate

与或非门　AND-OR-INVERT（AOI）gate

四画

反相器　inverter

互补型金属-氧化物-半导体　Complementary Metal-Oxide-Semiconductor（CMOS）

开门电平　turned-on level

开启电压　threshold voltage

五画

布尔代数　Boolean algebra

半加器　half-adder

电压传输特性　voltage transmission characteristic

发光二极管　Light-Emitting Diode（LED）

加法运算　addition operation

平均传输延迟时间　average propagation delay time

正逻辑　exclusive logic

六画

负逻辑　negative logic

关门电平　turned-off level

全加器　full adder

异或门　exclusive-OR gate

七画

译码器　decipherer, decoder, code-translator

八画

非门　NOT gate

或门　OR gate

或非门　NOR gate

使能端　enable terminal

组合逻辑电路　combination logic circuit

转移特性　transfer characteristic

九画

矩形脉冲　rectangular pulse

脉冲　pulse

脉冲幅度　pulse amplitude

脉冲后沿　pulse trailing edge

脉冲宽度　pulse width

脉冲前沿　pulse leading edge

脉冲上升沿　pulse positive edge

脉冲下降沿　pulse negative edge

脉冲周期　pulse period

显示器　indicator, display equipment

显示译码器　decoder for display

总线　bus

十画

扇出系数　fan-out coefficient

十一画

逻辑　logic

逻辑表达式　logical expression

逻辑代数　logical algebra

逻辑电路　logical circuit

逻辑功能　logical function

逻辑门　logic gate

逻辑运算　logical operation

逻辑状态表　logical state table

十二画

编码器 coder encipherer

晶体管-晶体管逻辑电路　Transistor-Transistor Logic（TTL）circuit

十三画

输出低电平　output lower level

输出高电平　output upper level

数码显示　digital display

数字电路　digital circuit

数字显示器　digital display device

数字系统　digital system

数字集成电路　digital integrated circuit

十四画

模拟电路　analog circuit

十五画

摩根定理　De. Morgan's theorem

第 六 章

二画

D 触发器　*D* flip-flop

JK 触发器　*JK* flip-flop

二进制计数器　binary counter

二进制加法计数器　binary adding counter

十进制计数器　decimal counter

T 触发器　*T* flip-flop

四画

分频　frequency division

分频器　divider

计数器　counter

双稳态触发器　bistable flip-flop

无稳态触发器　astable flip-flop

五画

加法计数器　adding counter

主从型触发器　master-slave flip-flop

六画

次态　next state

多路开关　multi-way switch

多谐振荡器　multi-vibrator

同步计数器　synchronous counter

异步计数器　asynchronous counter

七画

初态　initial state

采样保持　sample and hold

时序逻辑电路　sequential logic circuit

时钟脉冲　clock pulse

八画

参考电压　reference voltage

单稳态触发器　monostable flip-flop

定时器　timer

直接复位端　direct-reset terminal

直接置位端　direct-set terminal

九画

复位端　reset terminal

脉冲顺序分配器　pulse sequential distributor

十一画

基本 *RS* 触发器　basic *RS* flip-flop

寄存器　register

清零　clear

移位寄存器　shift register

十二画

集成定时器　integrated timer, integrated timing device

十三画

触发器　flip-flop trigger

数据选择器　digital date selector

数-模转换器　Digital-Analog Converter (DAC)

数字石英电子钟　digital quartz electronic clock

置位端　set terminal

十四画

模-数转换器　Analog-Digital Converter (ADC)

第 七 章

四画

中央处理单元　Central Processing Unit(CPU)

五画

可编程控制器件　Programmable Logic Device (PLD)

只读存储器　Read Only Memory(ROM)

可编程只读存储器　Programmable ROM(PROM)

可编程逻辑阵列　Programmable Logic Array(PLA)

可编程阵列逻辑　Programmable Array Logic(PAL)

电可擦除可编程只读存储器　Electrically Erasable Programmable ROM(EEPROM)

六画

半导体存储器　semiconductor memory

动态 RAM　Dynamic RAM(DRAM)

光可擦除可编程只读存储器　Erasable Programmable ROM(EPROM)

十画

通用阵列逻辑　Generic Array Logic(GAL)

十一画

随机存取存储器　Random Access Memory(RAM)

十四画

静态 RAM　Static RAM (SRAM)

拓展阅读一

一画

LC 振荡器　LC oscillator

三画

RC 振荡器　RC oscillator

五画

电感三点式振荡器　tapped-coil oscillator

电容三点式振荡器　tapped-condencer oscillator

正弦波振荡器　sinusoidal oscillator

六画

自激振荡　self-excited oscillation

自激振荡器　self-excited oscillator

七画

扰动　disturbance

八画

变压器反馈 *LC* 振荡器　transformer-feedback *LC* oscillator

九画

选频网络　frequency selection network

十画

振荡频率　oscillation frequency

振荡器　oscillator

拓展阅读二

四画

开关特性　switch characteristic

五画

电阻湿敏元件　resistance-humidity element

电容湿敏元件　capacitance-humidity element

电荷耦合摄像器件　Charge Coupled Device (CCD)

生物传感器　biosensor

六画

传感器　sensor/transducer

传输　transmission

动态测量　dynamic measure

动态特性　dynamic characteristic

动作频率　operating frequency

光电传感器　photoelectric sensor

光电二极管　photodiode

光电晶体管　phototriode

光电位置敏感器件　Position-Sensitive Detector (PSD)

光电流　photoelectric current

光电特性　photoelectric characteristic

光敏电阻　photo-resistor

光谱响应特性　spectral response characteristic

光照强度　luminous intensity

光照特性　luminous characteristic

七画

冷端　cold end

灵敏度　sensitivity

八画

图像传感器　image sensor

九画

标度因子　scale factor

差分输出　differential output

测量精度　accuracy of measure

绝对误差　absolute error

绝对温度 absolute temperature
绝对零度 absolute zero degree
绝对湿度 absolute humidity
结露传感器 dew sensor
相对误差 relative error
相对湿度 relative humidity

十画

热电偶 thermocouple
热电效应 thermoelectric effect
热端 hot end
热敏电阻 thermistor
调制 modulation

十一画

接近开关 approach switch

十二画

温度补偿 temperature compensation
温度传感器 temperature sensor
温度特性 temperature characteristic
湿敏元件 humidity-sensitive element
湿敏特性 humidity characteristic

十三画

解调 demodulation
暗电流 dark current

十四画

静态特性 static characteristic
静态测量 static measure
磁感应强度 magnetic induction density
稳定性 stability

十六画

霍尔传感器 Hall sensor
霍尔元件 Hall element

参考文献

[1] 童诗白,华成英．模拟电子技术基础[M].6 版．北京:高等教育出版社,2023.
[2] 阎石．数字电子技术基础[M].6 版．北京:高等教育出版社,2016.
[3] 康华光,张林．电子技术基础[M].7 版．北京:高等教育出版社,2021.
[4] 秦曾煌,姜三勇．电工学(下册)[M].8 版．北京:高等教育出版社,2024.
[5] 孙骆生．电工学基本教程[M].4 版．北京:高等教育出版社,2008.
[6] 杨福生．电子技术(电工学Ⅱ)[M]．北京:高等教育出版社,1989.
[7] 黄义源．电子技术[M]．长沙:湖南大学出版社,1989.
[8] 吴项．电工与电子技术[M]．北京:高等教育出版社,1990.
[9] 傅成立．数字电子技术[M]．上海:上海科技文献出版社,1986.
[10] 童本敏．标准集成电路数据手册 TTL 集成电路[M]．北京:电子工业出版社,1989.
[11] 罗守信．电工学(下册)[M].2 版．北京:高等教育出版社,1985.
[12] 方佩敏．新编传感器原理、应用、电路详解[M]．北京:电子工业出版社,1994.
[13] 刘迎春．传感器原理、设计与应用[M]．长沙:国防科技大学出版社,1989.
[14] 赵良炳．现代电力电子技术基础[M]．北京:清华大学出版社,1995.
[15] 严钟豪,谭祖根．非电量电测技术[M].2 版．北京:机械工业出版社,2006.
[16] 周良权,方向乔．数字电子技术基础[M].5 版．北京:高等教育出版社,2021.
[17] 孙丽霞．数字电子技术[M].2 版．北京:高等教育出版社,2010.

读者意见反馈

为收集对教材的意见建议，进一步完善教材编写并做好服务工作，读者可将对本教材的意见建议通过如下渠道反馈至我社。

咨询电话　400-810-0598

反馈邮箱　gjdzfwb@pub.hep.cn

通信地址　北京市朝阳区惠新东街4号富盛大厦1座

高等教育出版社总编辑办公室

邮政编码　100029

资源服务提示

授课教师如需本书配套教辅资源，请登录"高等教育出版社产品信息检索系统"(https://xuanshu.hep.com.cn/)搜索下载，首次使用本系统的用户，请先进行注册并完成教师资格认证。

高教社高职工科分社电板块教材服务中心　gzdz@pub.hep.cn